DEZ ANOS
OODA

ENSAIOS DE
ANA ARAGÃO
ASHLEY SIMONE
FERNANDO SERAPIÃO
PEDRO GADANHO

JOÃO RAPAGÃO

Nota de Autor

João Rapagão

Aceitei o desafio da narrativa da acção e produção arquitectónica que se segue, por motivações pessoais e por convicções profissionais sobre o que é a disciplina da arquitectura. Por um lado, acompanho interessado e animado o avanço dos três *partners* iniciais desde a academia, onde fundamentámos e permutámos ensinamentos. Por outro, ainda, sempre, mantenho a esperança na capacidade e qualidade das gerações futuras e a crença na oportunidade e diversidade infinita da arquitectura para se reinterpretar e regenerar permanentemente.
É um livro de celebração do colectivo OODA, acrónico de Oporto Office for Design and Architecture, revelador das motivações e convicções obstinadas do Diogo Brito, do Rodrigo Vilas-Boas, do Francisco Lencastre, do João Jesus e do Julião Pinto Leite. É, também, um incentivo para as gerações seguintes, um exemplo mais de exercício da profissão, um modelo inspirador e encorajador, independentemente dos códigos instrumentais e culturais adoptados por cada um.
Capazes de coerentemente respeitar e assimilar as práticas ortodoxas, historicamente instaladas e confirmadas, propõem práxis reais e actuais onde a arquitectura, longe dos tempos dos papas e dos príncipes, atende a investidores e promotores que reconhecem na arquitectura uma oportunidade e capacidade de afirmação das catedrais e dos palácios da contemporaneidade.
O OODA, fiel aos desejos de importação de uma arquitectura global e de exportação de uma arquitectura regional, e descomplexado em relação à manipulação das ferramentas virtuais ou tradicionais, crê que a grande liberdade da arquitectura corresponde à vitalidade e imprevisibilidade da vida actual.
O livro está dividido em três tempos, correspondentes à revisão dos dez anos iniciais e à projecção dos seguintes em Retrospecção e Extrospecção, à apresentação dos estudos e projectos segundo seis alinhamentos e desenvolvimentos cognitivos – Inserções, Segunda Vida, Intimidade, Iconografias, Pontuações e Genealogias – e à Dissecção dos dez anos decorridos, correspondentes à exclamação – ! – do título, para além da apresentação da estrutura funcional e empresarial do OODA.
Ana Aragão, a partir de Portugal, com recurso a uma dialéctica histórica e metafórica, faz uma recensão de análise e síntese desenhada.

Ashley Simone, a partir dos Estados Unidos da América, Fernando Serapião do Brasil e Pedro Gadanho de Portugal, escrevem ensaios tematicamente focados e especializados sobre a produção e previsão do colectivo, correspondentes à interrogação – ? – do livro. A estes testemunhos juntam-se as opiniões de Guilherme Wisnik, Inês Moreira, Nuno Grande e Paulo Martins Barata que, directa ou indirectamente, se relacionaram ou relacionam com os *partners* do colectivo OODA.
A partir de Matosinhos, entre o mar e a terra, linha de uma fronteira que é, aqui, ambiciosamente infinita nos mandamentos ideológicos e práticos da arquitectura, somos convidados a meditar e desafiar as margens aparente e recorrentemente incontestadas do pensamento. Mais do que apresentar e dissecar a produção do colectivo, o livro é uma aventura de trocas técnicas e artísticas disciplinares.
O Diogo, o Rodrigo, o Francisco, o João e o Julião lembram Les Enfants Terribles (1929) de Jean Cocteau. À medida que crescem, envolvem-se em situações racionais e emocionais provocadoras que representam o colapso das convenções e convicções instaladas, onde as ideias nascem da discórdia e da insónia quotidiana.
Juntos, há dez anos, percorrem uma via solitária, focada e determinada, e, sobretudo, confiante relativamente ao futuro da arquitectura. Esta é a sua condição e, simultaneamente, talvez, a sua maldição. Este é, para mim, o motivo maior e melhor para deles se gostar genuinamente.

1. RETROSPECÇÃO

OS PRIMEIROS DEZ ANOS E SEUS ANTECEDENTES

João
Rapagão Parte 1

Conhecer

Portugal atravessa 2010 com uma instabilidade económica e estratégica originada por uma crise internacional, iniciada em 2007 e gerada por fenómenos de expansão e contracção de créditos financeiros no universo da banca, de financiamento e desenvolvimento, comparável apenas às crises de 1929 e 1973. Tempos como este constituem momentos de alavancagem com vitalidade e oportunidade empresarial, nos quais o colectivo OODA está interessado e empenhado, como ocorre, hoje, na viragem de 2019 para 2020, com uma pandemia mundialmente alastrada e inesperada, com consequências difíceis de antecipar e avaliar, tanto económica como social e culturalmente.

Após diversas colaborações estimulantes, Diogo Brito, com Promontório em Lisboa e Zaha Hadid em Londres, e Rodrigo Vilas-Boas, com Rem Koolhaas em Roterdão e Manuel Ventura no Porto, regressam a Portugal em 2009 com entendimentos e posicionamentos disciplinares futuros coincidentes. Uma formação académica e científica comum junta Francisco Lencastre que se associa à dupla, em 2011, após uma colaboração com Menos é Mais de Cristina Guedes e Francisco Vieira de Campos.

Em 2018, em tempo de asserção e consolidação do colectivo, João Jesus, *partner* de LIKEarchitects após integrar os escritórios de Rem Koolhaas e de João Luís Carrilho da Graça em Lisboa, e Julião Pinto Leite, colaborador de José Carlos Cruz depois de colaborações com Serôdio, Furtado & Associados no Porto e com Allies and Morrison em Londres, integram o OODA ampliando-lhes capacidades e qualidades.

Milton Friedman "(...) apenas uma crise – real ou percebida – produz mudança real. Quando a crise ocorre, as acções tomadas dependem das ideias que estejam a circular."[1]

Francisco Lencastre "Em Portugal, nós não somos pioneiros no formato do nosso escritório. Somos, antes, muito diferentes no pensamento."

Diogo Brito e Rodrigo Vilas-Boas, Roterdão, 2006

1. FRIEDMAN, Milton – Capitalismo e Liberdade, 2002.

Para lá das visões e aspirações comuns, o eixo de fundação e ampliação do colectivo é, também, a dilatação e consubstanciação de uma amizade antiga entre os cinco *partners*, útil na cumplicidade e proximidade de valores que os une. Juntos assumem uma dedicação exclusiva empresarial e disciplinarmente tonificante, importante para a vertigem do pensamento e crescimento ocorrido entre 2010 e 2020.
Diogo Brito e Rodrigo Vilas-Boas elaboram, ainda em 2009, o OODA Business Plan, um documento que é um compromisso ideológico e estratégico perante o exercício da arquitectura, apoiado nos modelos provados e experienciados por ambos em Londres e Roterdão.
Elencam-se as preocupações e motivações disciplinares, capazes de accionar um guião intelectual e material para

OODA Business Plan, 2009

o colectivo OODA. Reúne-se a matéria-prima transportada e acumulada nos anos da academia com estas colaborações europeias úteis, para além das viagens de aprendizagem que se entendem prospectivas e projectivas para os anos que se seguem.
Motivados e apoiados em modelos empresariais e profissionais similares como BIG na Dinamarca, JDS na Bélgica e MAD na China, recorrem a financiamento e investimento empresarial semelhante a uma *start-up*, com capital de risco capaz de proporcionar meios estáveis, de apoio ao seu desenvolvimento e crescimento futuro, inspirados em empresas bem-sucedidas e surgidas

Rua das Carmelitas, 100, Porto

OODA Business Plan

"Assumimos uma atitude determinada de procura de significado e propósito com base num princípio de investigação permanente, visando concepções que apresentem inovação, substância e que sintetizem qualidade."

durante crises semelhantes.
O OODA adopta no Porto um modelo influenciado e aproximado ao da dupla Nuno Mateus e José Mateus do ARX Portugal em Lisboa, inicialmente fundado em Berlim em 1991, depois de passagens por Nova Iorque e Berlim, respectivamente com colaborações com Peter Eisenman e Daniel Libeskind. À sua semelhança, defende-se a miscigenação entre as linguagens globais, mais genéricas, e as locais, mais específicas.
Instalados inicialmente na Rua das Carmelitas, no Centro Histórico do Porto, encontram no Baixaria o lugar de encontro com a cidade, com amigos e com ideias, mas também de sustento dos difíceis anos de prospecção e exploração de mercado. Coincidentemente, guiados e enquadrados pelo OODA Business Plan, operam obstinadamente com uma proactividade e criatividade traduzida em *concept design* actuais, simultaneamente locais o globais, referenciados em léxicos que jogam entre a experimentação e a auscultação do mercado, aproximando--se com seriedade da provocação formal e material.

Benguela 88, 2015

Piratininga Tower, 2012

Paralelamente especulam arquitecturas em *booklets* com viabilidades e oportunidades de negócio em Benguela 88 em Angola, Piratininga Tower no Brasil, Hotel Transparente no Porto e European Medicines Agency no Porto.
A imagem e o *site* do colectivo são assumidos em 2010 como um projecto ou uma obra de uma narrativa motivacional e profissional mais ampla, apelativa a outras componentes empresarias e profissionais exteriores às do exercício do desenho e da construção. Assumem que, hoje,

OODA Showreel, 2012

João Jesus "Trabalhamos imenso com as ferramentas digitais, com o esquisso virtual e a maqueta digital. Com o uso de ferramentas digitais, encurtamos o tempo de idealização ou produção de maquetas de um ou dois dias para 10 minutos."

a arquitectura extravasa claramente este universo tradicional e convencional, para ser e ter uma componente negocial e promocional associada que é indissociável e indispensável à arquitectura. Paralelamente às encomendas iniciais, pontuais e locais – 227 Flat (2010), Taberna (2011), Baixaria (2011), Chengdu Gym (2012) ou 1770 Apartment (2014), por exemplo –, competem nacional e internacionalmente, arriscando várias escalas em lugares como Taiwan, Holanda, Turquia, Coreia do Sul, Portugal, Kosovo ou Alemanha com linguagens referenciadas num léxico global e transversal, onde também consideram encontrar e enquadrar os heróis Álvaro Siza e Eduardo Souto de Moura, recusando regimes de excepção ou segregação da arquitectura regional ou local. Igualmente vinculados aos valores culturais e instrumentais da

Baixaria Bar, Porto

Escola do Porto, acreditam na sua inclusão e conciliação com os modelos internacionais e actuais, manipulando-os e validando-os como retórica disciplinar de transformação e afirmação do *status quo* corrente.
À vertente inicial mais experimental e laboratorial, disciplinarmente especulatória e exploratória, juntam-se os primeiros projectos e obras capazes de se aproximar à realidade e materialidade, agora, com uma componente tectónica e tecnológica em D. Manuel II (2010), Lóios (2013), Jorge Reinel (2014) e Monte dos Judeus (2015), entre outros.

OODA Business Plan

"(...) essencialmente por entendermos que o ser humano só evolui quando experimenta e se coloca a si próprio numa posição de inconformismo e desconforto, insistindo nesse paradigma de reivindicação do erro enquanto alavanca da solução. Daí a ideia de laboratório."

Descomplexadamente, ancorados no conceito de colectivo de arquitectos e mais leais à arquitectura que a fidelizações ou obrigações estilísticas, crêem que, mais que a unicidade de instrumentos e entendimentos disciplinares, importa a diversidade, aberta, capaz de se renovar e acrescentar, riscando e arriscando linguagens capazes de aditar ou renovar a arquitectura.
O colectivo OODA instala-se em Matosinhos em 2014, ocupando uma nave industrial e longitudinal com 400 metros quadrados em dois pisos, necessária ao crescimento do colectivo.
A convicção de que as permutas culturais e instrumentais sustentam a criatividade, quer internas quer externas ao OODA, leva-o a desafiar parceiros nacionais e internacionais para trocas coincidentes ou não nas suas crenças estéticas ou filosóficas, mas sempre capazes de acrescentar e maturar a experiência. Convergindo, quando confirmam e afirmam ideais, ou divergindo, quando são capazes de corrigir ou introduzir *modi operandi* no colectivo, resultam sempre estimulantes e relevantes para o OODA. Esta vontade e liberdade, associadas à irreverência e importância dos desafios, merece parcerias

Parceria para o Art Mill Museum

internacionais com Bence Pap, Ezhil Vignesh, Fernando Romero, OOIIO, AJA, Metro Arquitetos, Meandre ETC, Kengo Kuma ou Bjarke Ingels, ou nacionais com And-Ré, Menos é Mais, José Manuel Carvalho Araújo e Eduardo Souto de Moura.

A colaboração com o colectivo Menos é Mais ocorre para o Bavarian Museum e o Art Mill Museum. Cristina Guedes e Francisco Vieira de Campos do Menos é Mais revelam-se essenciais na aproximação, participação e coordenação de Eduardo Souto de Moura no concurso internacional para o Catar. Acontece, ainda, uma aproximação e coligação cúmplice com o colectivo And-Ré de que resulta a publicação OODA International Group on Design and Architecture de 2015.

Diogo Brito "Os arquitectos que conhecemos estão geralmente encapsulados nas suas agendas, nas suas narrativas, nas suas bolhas auto-induzidas (...) em que, a única forma de contactarem com os seus pares (e com a sociedade em geral) é através de uma palestra pontual ou na faculdade, mas no tempo restante estão ali herméticos no seu mundo. O OODA é o oposto desde o início. Somos uma esponja de aprendizagem. Temos feito a nossa verdadeira formação a trabalhar e em múltiplas colaborações. E isso foi e é uma enorme mais-valia da nossa estrutura."

Centrada em temas como inovação, concepção, comunicação e exploração do *concept design* de arquitectura, está dirigida a investidores e promotores nos Emirados Árabes Unidos.

A partilha instrumental e cultural entre OODA e And-Ré gera uma colaboração no concurso internacional para a Central Mosque no Kosovo e outra no *concept design* para Al Barsha Villas 1 e 2 no Dubai. A vontade e necessidade de afirmação do OODA obriga ainda à realização de *lectures* em meios academiais e profissionais, e à participação em mostras de arquitectura internacionais e nacionais. O reconhecimento surge, também, com diversas publicações e premiações.

O Matadouro, atribuído em concurso internacional em parceria com Kengo Kuma em 2018, cria uma visibilidade e sustentabilidade encorajadora, da qual resultam encomendas com escalas superiores às anteriores, de promotores nacionais e internacionais interessados em investir em Portugal. Hoje, o colectivo OODA amplia as suas instalações, ocupando agora três espaços, dois em Matosinhos, Porto, e um em Lisboa.

Conferência de Imprensa, FIAC 2012,
São Paulo, Brasil

Conferência, FIAC 2012,
São Paulo, Brasil

Diogo e Rodrigo com Luis
Fernández-Galiano

João
Rapagão Parte 2

Crescer

Inês Moreira "O OODA não só constrói obra como constrói o seu negócio. Penso que isso é honesto, e é interessante ver como dedicam tanto tempo a isso como a alguns dos outros projectos."

Os primeiros anos do colectivo OODA estão marcados por ensaios espaciais e materiais de descoberta, exercitados entre a contenção na pequena escala e o oposto na grande escala dos concursos internacionais, onde se arriscam e riscam os seus desígnios iniciais. O tempo é de interrogações instrumentais e, sobretudo, culturais sobre as margens de uma arquitectura global genérica ou regional específica. A acção de reconfiguração e remodelação do 227 Flat em 2010 representa um teste de contacto com a aventura da arquitectura. Revela, assim, o empenhamento e envolvimento dedicado aos primeiros projectos e obras, com um léxico local ainda transportado e marcado pela academia, e uma motivação gerada pelos modelos arquitectónicos e linguísticos internacionais. Acusam-se, assim, as premissas ideológicas e metodológicas de uma arquitectura regional e global, defendendo-se simultaneamente uma reconfiguração e actualização do modelo de produção e promoção da arquitectura. Acredita-se, principalmente, por esta via, na demanda da contemporaneidade.

227 Flat, 2012

Desde logo, destacam-se os *concept design* apresentados em concursos internacionais. Desde logo, também, acusam-se os mencionados desejos dicotómicos do colectivo ser simultaneamente regional e global. Actua, assim, entre o desejo do desenho e da construção adquirido na academia, marcadamente específico, e a vontade de invadir e erigir à escala mundial com modelos genéricos referenciados nos heróis da arquitectura global – Rem Koolhaas, Zaha Hadid, Jacques Herzog e Pierre de Meuron, Paulo Mendes da Rocha, Jean Nouvel e Bjarke Ingels.

Entre 2010 e 2012, só ou associado a OOIIO, FR-EE de Fernando Romero, Bence Pap e Ezhil Vignesh, apresenta-se em concursos internacionais com arquitecturas isoladas e marcadas na paisagem, auto-referenciadas e auto-induzidas, com presenças metafóricas e icónicas como a Taiwan Tower (Menção Honrosa), a Opera House, o Art Museum (Menção Honrosa), o Disaster Prevention Centre, a Porto Business School e a Central Library.
As premissas tão desejadas e enunciadas no OODA Business Plan afloram como a Torre de Babel em Metropolis (1927)

Taiwan Tower, 2010

New Taipei Art Museum, 2011

de Fritz Lang, protagonizando, entre a ficção e a concreção, arquitecturas de uma quimera para o futuro.

Nuno Grande "Há sempre uma grande generosidade a fazer arquitectura, um grande empenho, mas também há uma posição um pouco pueril, jovem, irreverente."

São ícones que procuram estimular e fixar a comunicação colectiva que tende actualmente a falhar ou a acabar substituída por *gadgets*. Também Fritz Lang desejou compensar e superar a falta de som do seu filme com o fascínio das imagens e linguagens formais dos *décors* de Metropolis.
Em 2013 e 2014, o Bavarian History Museum, a Central Mosque e o Maritime Science Centre, respectivamente com Menos é Mais, And-Ré e AJA, evidenciam desenhos que cruzam as premissas internacionais e locais anteriormente enunciadas, vacilando agora entre códigos genéricos e específicos, denunciando um momento de interrogação e discussão ideológica estrategicamente mais informada e focada.
O OODA investe em territórios emergentes e promitentes, como Taiwan, Coreia do Sul, Turquia e Kosovo que entendem a oportunidade e vitalidade da nova arquitectura, mas estão simultaneamente atentos à Europa, em Helsínquia ou em Regensburg, e a Portugal, em Matosinhos ou Porto, onde obtêm o primeiro prémio para a Casa do Futuro em 2014.

Taberna e Baixaria de 2011 no Porto, entretanto alterados e demolidos, são transformações interiores dedicadas à espacialização e pormenorização. Uma e outra, submissas ao envelope, não deixam de introduzir e assumir uma postura espacial e material cosmopolita, adoptando modelos importados e domesticados com iconografias e infografias nacionais.

Rodrigo Vilas-Boas "O que nos move é o exemplo que tentamos dar. E sermos reconhecidos pela qualidade do que desenhamos."

São actuações de experimentação e exaustão do desenho, também verificáveis no Chengdu Gym de 2012 e no 1770 Apartment de 2014. Resgatam paralelamente 12 parcelas abandonadas ou degradadas do Centro Histórico do Porto, apresentando viabilidades a investidores e promotores interessados em oportunidades, com a demonstração de resultados financeiros.
Às intervenções pontuais e locais iniciais seguem-se as primeiras incursões e actuações a uma escala superior. D. Manuel II (2010), Lóios (2013), Santa Catarina (2015) e Monte dos Judeus (2015) tornam-se *case studies* para o OODA, proporcionados pela reabilitação e auscultação

da variedade e complexidade tectónica na arquitectura. A estes juntam-se ainda a Quinta da Cascalheira (2013), Jorge Reinel (2014) e Mouzinho da Silveira (2015).
A variação e ampliação dos temas transformam agora a aventura em laboratório medular e material, de evidenciação e conciliação de tempos, em actualização e transformação contínua. Interpretam-se ingredientes da estrutura e arquitectura, onde a fidelização e exultação do global contamina a história e memória local, validando assim as premissas do OODA. As heranças são preservadas e valorizadas com a manutenção do corpo e dos seus órgãos estruturantes, dos vãos aos pavimentos e revestimentos dominantes. As transformações proporcionam uma habitabilidade e funcionalidade contemporânea, proporcionadas com a inversão de acessos, a racionalização de infra-estruturas ou a instalação de *ready-mades* versáteis e úteis.
O acto de conciliação ou intercalação de valores inversos no OODA assume simultaneamente uma complexidade e uma simplicidade que lembram a modernidade de opostos do jovem poeta apaixonado e obstinado Arthur Rimbaud, expresso em As Cartas do Vidente escritas em 1871.

D. Manuel II, em construção, 2012

Gera-se, aí, um labirinto de vocábulos utilizados aos pares igualmente válidos: longevo e novo, tradição e criação, imitação e inovação, evolução e revolução. O Leeuwarden Masterplan na Holanda, desenvolvido com o colectivo OOIIO de Madrid, onde se estreiam na escala paisagística e urbanística, surge bastante contextualizador e prossecutor do tempo, domesticado e escalado pela envolvente, eventualmente por se tratar de um desafio Europan 11. Apesar da evidente contenção e subordinação ao lugar, os desenhos constroem uma unidade com variabilidade e pluralidade linguística descomplexada. Introduz-se uma diversidade que é,

afinal, a da cidade e a dos infinitos usos e formas da arquitectura que a desenha, também encontrada ainda na Avenida Gabriel (2016) em São Paulo, em parceria com José Manuel Carvalho Araújo, em EMA Camilo (2017) no Porto e na Quinta do Pinhal (2017) em Vila do Conde.
2014 permite testar e manipular temas de racionalidade da repetição e adição de fogos em DAG 1, 2 e 3 em Vila Nova de Gaia, criando modelações com deslocações diagonais, horizontais e verticais, recicladas e reutilizadas pelo colectivo em intervenções futuras, por exemplo, em torres e outras morfologias e tipologias de habitação ou unidades hoteleiras em Angola.
Esta reutilização e recapacitação de modelos anteriores do OODA constrói um arquivo cultural e instrumental aberto, também linguístico e estético, onde, em qualquer momento, um conceito ou ideia é levantado,

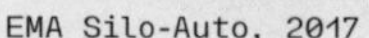

EMA Silo-Auto, 2017

Pedro Cabrita Reis, Central Tejo

utilizado e manipulado em novos estudos ou projectos. Questionando ou não ainda as premissas, as provas agora observáveis e avaliáveis publicamente, consensualmente validadas e aprovadas pela crítica nos *case studies* identificados, dão origem aos primeiros concursos por convite para o Grande Hotel de Paris no Porto e para o Parish Centre em Lousada, ambos em 2015 e classificados em segundo lugar.
O Toy Museum & Library em Torres Vedras de 2016, quinto classificado em concurso internacional, confirma a maioridade e maturidade anunciada em 2013. É um exercício de modelação e estabilização urbana, integrado em contexto histórico e arquitectónico classificado, como acontece numa escala maior com o Lycée Français Extension em Lisboa, desenvolvido em parceria com Meandre ETC, e numa escala menor com Gondarém no Porto, ambos de 2017. Assiste-se, então, progressivamente, à entrada em cena dos heróis nacionais Fernando Távora, Álvaro Siza e Eduardo Souto de Moura.
Em 2016 e 2017 assinala-se um outro momento de consolidação e maturação originado pela encomenda de novos temas, concretamente as primeiras habitações unifamiliares formatadas pela especificidade e personalidade dos seus utentes, quer em objectos individuais e pontuais que lembram o desejo inicial

Álvaro Siza e Eduardo Souto de Moura, 2018

de protagonismo marcado e isolado – Villa Fresca de 2016 e Villa Delphis de 2017 – quer em associações de casas, como acontece em 2017 nas Casas Nevogilde 1, 2 e 3 e Cerca Guesthouse no Porto. Hoso, em 2017, destinado a habitares temporários para estudantes, surge como a primeira de diversas encomendas de torres destinadas maioritariamente ao Porto e Matosinhos.
Este momento de transição e transformação interna no OODA deve-se também à aproximação a Angola, com a encomenda do Lobito Hotel em 2017 e do Luanda Bay Hotel em 2018, marcados pela dualidade entre os pisos destinados a usos colectivos e os pisos de repetição e modulação dos quartos. Paralelamente assiste-se à gestão das heranças culturais e locais no Alcochete Hotel em 2017, um valioso ensaio laboratorial dos temas patrimoniais e materiais que anunciam a intervenção e transformação a operar, entre outros, no Matadouro (2018) no Porto.

Guilherme Wisnik "É uma arquitectura que bebe na geometria lacónica do minimalismo, mas que absorve muito das imagens *pop*."

A utilização e manipulação de fontes não tem intervalos que delimitem ou eliminem matrizes de pensamento. Entende-se que a memória e a história, o lugar e suas condições físicas, de exposição e ventilação, as contaminações da literatura, pintura ou escultura, entre tantas outras como o cinema, constituem antecedentes disciplinares para a promoção ou sustentação de uma ideia de arquitectura. Acredita-se ainda que quanto mais dilatada e variada se tornar esta captação tendente ao cumprimento dos objectivos do projecto e da obra, melhor será a sustentação e validação do conceito. Esta absorção e tradução admite, por exemplo, retomar modelos internos como Benguela 88 ou investigar outros externos como Qatar Foundation do OMA de Rem Koolhaas, como ocorre no *concept design* do Harare Radisson Blu em 2018. O colectivo procura, com esta diversidade e transversalidade de universos, reivindicar um espaço para todos, justificando assim a sua ambição pelas capacidades e possibilidades universais da arquitectura. As fontes variam entre a abstracção *minimal art* e a figuração *pop art*, acudindo a um tempo em que a arquitectura se reconhece no desejo de continuar valor social e, simultaneamente, afirmar valor cultural, com ambição global e referenciação local. Evocam-se, aqui, por isso, os escritos de Colin Rowe ou Hal Foster e de Kenneth Frampton ou Hans Ibelings.

Julião Pinto Leite

"Nós somos todos suficientemente próximos para não resvalar, mas não somos demasiado próximos para ser perigoso. Nós temos a dose certa de proximidade."

À abertura conceptual e inicial segue-se o *concept design*, entendido como análise e síntese da ideia e como comunicação eficaz com o promotor ou investidor. Este instrumento representa ainda um investimento de credibilização e sustentação do conceito que reúne as condicionantes históricas, topográficas, climáticas, paisagísticas, morfológicas, os estímulos culturais e instrumentais úteis à materialidade, as normas reguladoras e condicionadoras, para além de opções e soluções formais e funcionais com dados para uma ponderação e decisão concertada entre investidores e autores. A arquitectura valida-se, assim, também, pela oportunidade e sustentabilidade da acção. Entende-se que a aprovação e fixação das premissas ocorre nos *booklets* do *concept design* onde constam, simultaneamente, as variáveis que operam sobre a acção arquitectónica e a operação económica. Converge-se, assim, seguidamente, para um projecto de execução e uma pormenorização seguros. Metodologicamente cada caso é único e as narrativas constroem-se a partir da sua especificidade e singularidade. No entanto, a crença na infinita criatividade e pluralidade da arquitectura na resolução e satisfação de um problema, acrescida aqui pelo desenvolvimento operacional e funcional em equipa cultural e instrumentalmente diversa, permite o desenvolvimento paralelo de opções com soluções igualmente capazes e eficazes, questionando cânones disciplinares de coerência e competência autoral, como

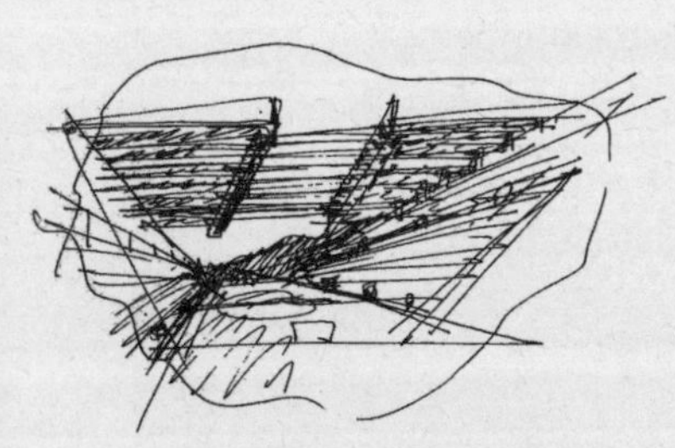

Eduardo Souto de Moura, Esquisso, Estádio Municipal de Braga

Douro Hotel & Winery, Maquetas de Apresentação, 2019

acontece no Language Museum 1 e 2 de 2017 em Bragança e nas duas ideias para o Douro Hotel & Winery de 2019. Aparentemente desafiador, este procedimento e desenvolvimento duplo lembra Robert Venturi quando aborda a dualidade e a ambiguidade de significados na arquitectura em busca de um sentimento poético e estético universal, semelhante a um Maneirismo actual e global.
O OODA opta, por isso, pelos valores estimulantes da criatividade, variedade e multiplicidade de significados a favor da arquitectura.
A dicotomia entre unicidade e diversidade entre *partners*, onde as mais-valias individuais são incentivos para os restantes parceiros, aplica-se ao OODA. As motivações e vocações individuais acrescentam colectivamente, promovendo progressões instrumentais e culturais úteis. Ocorre, assim, um contágio valorizado e acrescentado pelos diversos *backgrounds* e, consequentemente, pelas diferentes perspectivas sobre cada enunciado.
Recorre-se inicialmente ao desenho livre, fácil para desbravar, ilustrar e comunicar uma ideia à equipa constituída pelos *partners* designados e pelo *project leader* alocado, responsável pela equipa constituída por arquitectos, para além de *trainees*. Posteriormente recorre-se a meios informáticos e tecnológicos, através de simulações tridimensionais ou virtuais e maquetas de experimentação para discussão e resolução de temas ou problemas. Estas ferramentas de visualização e aproximação imediata à realidade, apresentam uma velocidade e qualidade de comunicação que interessa ao colectivo.
Os conceitos são, então, modelados e experimentados para se sujeitarem a nova reunião e discussão alargada.

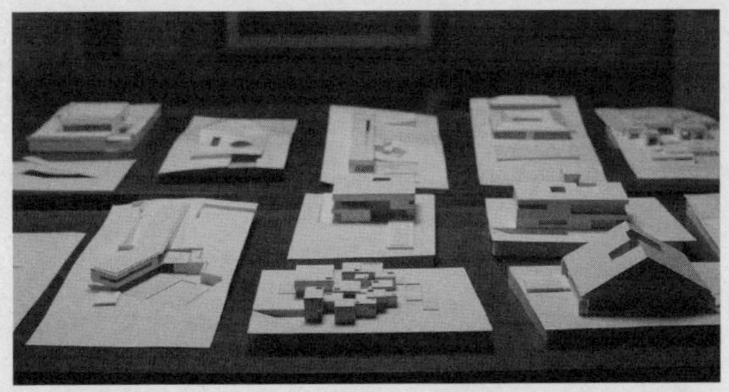

Villa Delphis, Maquetas de Estudo, 2017

2. EXTROSPECÇÃO

MISSÃO, MOTIVAÇÃO E FUTURO

João
Rapagão

Fixar

Kengo Kuma, 2018

Durante um jantar realizado a 24 de Julho de 2019, com o autor e os *partners* do colectivo OODA para uma entrevista de conhecimento e aprofundamento dos temas da actual publicação, coincidentemente ou não, serviu-se comida japonesa. Reconheceu-se, então, a importância da vitória no concurso internacional para o Matadouro em 2018 no Porto, em parceria com o arquitecto japonês Kengo Kuma, a partir da qual surgiram novos promotores e investidores com encomendas maioritariamente localizadas no Porto e Matosinhos. Curiosamente, nove anos após o início da aventura em 2010, à volta da mesa do espaço de Matosinhos, menciona-se Kengo Kuma a propósito do Matadouro e da Gulbenkian Extension. Se, por um lado, se trata de um nome associado ao desejo de internacionalização, associado a esta viragem estratégica e económica do colectivo, por outro, evoca o regresso à arquitectura

Mark Rothko "São o poeta e o filósofo que fornecem os objectivos comuns em que o artista participa. A sua maior preocupação, como do artista, é a expressão concreta da sua noção de realidade. Como ele, eles trabalham com variações de tempo e espaço, vida e morte, com o pico da exaltação e as profundezas do desespero. A preocupação com estas questões eternas cria uma plataforma comum que transcende a diferença de meios utilizada para lhes dar resposta."[2]

2. ROTHKO, Mark – The Artist's Reality: Philosophies of Art, 1941.

japonesa tão emotiva e evocativa para a arquitectura regional de Fernando Távora, Álvaro Siza e Eduardo Souto de Moura.
Coerentes com o tempo narrado e comentado em Retrospecção, os anos que se seguem correspondem ainda à afirmação e fixação das premissas presentes no guião OODA Business Plan.
Agora, a diversidade e complexidade da encomenda, em escala e programa, coincide com a associação de João Jesus e Julião Pinto Leite aos *partners* iniciais, introduzindo competências e valências experimentadas, respectivamente, na concepção de estudos ou projectos e na pormenorização ou materialização em obra.
Estes anos ficam agora marcados por menos concursos e parcerias internacionais e nacionais com diversas gerações, disciplinarmente enriquecedoras e produtoras de mudanças nos pensamentos e instrumentos adquiridos, por exemplo, em diagramas e na utilização e manipulação do Adobe Illustrator e Photoshop. A actividade está actualmente dominada por encomendas directas, pontualmente animadas com parcerias estratégicas e proporcionadas em concursos internacionais ou por convite. Estão, ainda, vocacionadas e concentradas em

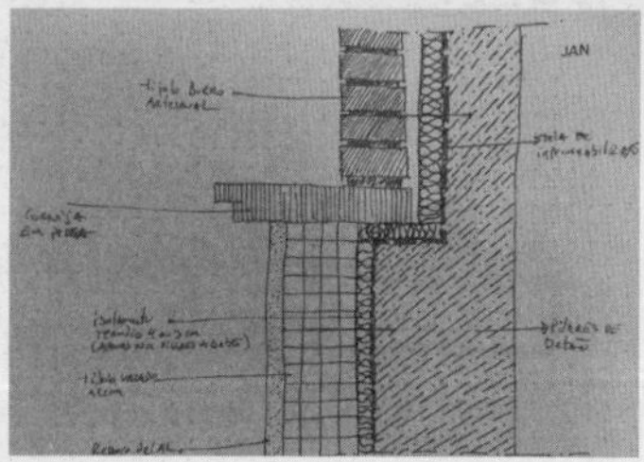

determinados lugares, programas e temas como habitação plurifamiliar e unifamiliar, usos mistos, unidades hoteleiras e programas institucionais de representação e exposição pública.
O quotidiano operacional e funcional depende das ferramentas presentemente em uso, e que prevalecem actualizadas e ampliadas. Os recursos de *hardware* restringem-se a computadores com torre, excepto para os *partners* munidos de portáveis com monitores adicionais quando estão em postos fixos. O *software* utiliza Rhino para criação e modelação, AutoCAD para 2D ou 3D e Adobe Illustrator para edição e revisão dos *concept design* de análise e síntese das ideias.
Em licenciamentos e desenvolvimentos posteriores, recorre-se ao AutoCAD e introduz-se o Revit, juntando e conciliando especialidades, nomeadamente engenharias

e consultorias, para além de fornecedores e construtores. Em projectos de execução e pormenorização manipula-se o Revit, o AutoCAD e, novamente, o Rhino, quando ajustado e apropriado a cada caso. Paralelamente, utiliza-se a totalidade do Office e o Adobe Illustrator.

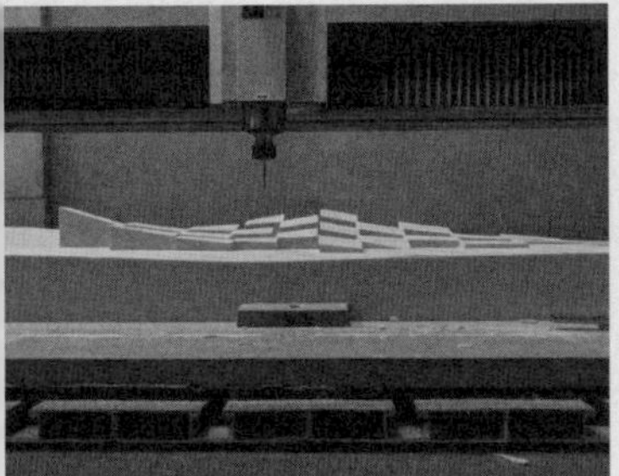

A produção de modelos de exploração ou apresentação recorre a uma CNC com velocidade e capacidade para grandes dimensões, para além de diversas *foam-cutters* e impressoras 3D.
O OODA dedica especial atenção à identificação dos códigos formais e materiais dos lugares e à investigação das heranças a preservar e qualificar na ruralidade ou na cidade, independentemente de se localizarem em Vila Nova de Famalicão ou Vila Nova de Gaia, Porto ou Lisboa, Matosinhos ou S. Brás de Alportel, no Bussaco ou no Douro, Luanda, Harare ou Nova Iorque. Esta prospecção e extracção de valores surge vertida nos *concept design*, cada vez mais explicitados e disciplinarmente sustentados.

Álvaro Siza "Começo um projecto quando visito um sítio (programa e condicionalismos vagos, como quase sempre acontece). Outras vezes começo antes, a partir da ideia que tenho de um sítio (uma descrição, uma fotografia, alguma coisa que li, uma indiscrição). Não quer dizer que muito fique de um primeiro esquisso. Mas tudo começa. Um sítio vale pelo que é, e pelo que pode ou deseja ser – coisas talvez opostas, mas nunca sem relação. Muito do que antes desenhei (muito do que outros desenharam) flutua no interior do primeiro esquisso. Sem ordem. Tanto que pouco aparece do sítio que tudo invoca. Nenhum sítio é deserto. Posso sempre ser um dos habitantes."[3]

3. SIZA, Álvaro – Oito Pontos, in Álvaro Siza Obras e Projectos, 1983.

Sobre os temas, investe-se ainda no protagonismo da arquitectura, ora assumidamente assinalada ora extremamente simulada na paisagem, em desenvolvimentos horizontais de integração ou verticais de pontuação no território, em torres que marcam o regresso a um tópico sempre presente na expressão da funcionalidade e modernidade da arquitectura desde a Escola de Chicago.

Transversais aos valores elencados em cada estudo ou projecto, abordam-se os usos, do mais ao menos público, do mais ao menos colectivo. Assinala-se uma investigação e experimentação de modelos destinados a trabalhar e habitar, em soluções flexíveis e versáteis, abertas a uma utilização e identificação pessoal por parte de quem os utiliza. Depois de, nos anos iniciais, investigar e ensaiar habitares em escalas reduzidas, o colectivo depara-se agora com escalas luxuosas e dedica-se simultaneamente à classe média. O pátio exterior ou o pátio interior que é a sala constituem-se mecanismos geradores e modeladores do habitar, tanto em casas unifamiliares luxuosas e isoladas – Casa CM de 2018, Casa Harlem e Casa Jervell de 2019, e Casa RC de 2019 – como em configurações e associações modulares nos cerca de mil fogos presentemente em estudo, em actuações como Montevideu 156, Vímara Peres Avenue, Foco e Luanda Bay Residences de 2018, Miramar Tower, Tower 15, 86 Açucar, Cedofeita Corner e Jardins da Arrábida

Guilherme Wisnik "O *blob* dissolvido em Lisboa (86 Açucar), o volume em movimento racionalista de Leça da Palmeira (Torre 15) e o empilhamento com desfasagens no Zimbabué (Harare Radisson Blu) são três caminhos. Isso mostra o ecletismo nessa diversidade de linguagem. (...) Quando a gente olha para a obra de Herzog e de Meuron também existe essa questão. Nas obras de Herzog e de Meuron você pode pensar que são muitos escritórios diferentes porque há uma diversidade de linguagem muito grande."

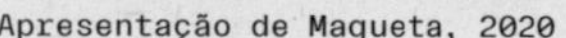

Apresentação de Maqueta, 2020

de 2019, e Palácio de Belomonte e Tower 1 de 2020. A investigação e especulação sobre o habitar prevalece quando se observam as mesmas premissas aplicadas e testadas em usos mistos — Antas (2018), Fábrica de Conservas, e CCB Extension de 2019 —, em torres, em quarteirões, em bandas contínuas ou em reabilitações de maior ou menor escala.
Nas tipologias uni e plurifamiliares, respectivamente, recorre-se à excepção e à regra, um mecanismo referenciado no Norte e Centro da Europa, especialmente na Dinamarca, capaz de acrescentar e potenciar valores, ora quando se é ambivalente em áreas reduzidas ora quando há espaço para referenciar e prolongar narrativas.
Nas diversas tipologias, a sala é um pátio, com o jantar e o estar juntos, um espaço de distribuição e reunião de vivências, como ocorre desde sempre nos pátios. Privilegia-se o estar e partilhar da casa, com a cozinha presente, antes e depois da chegada dos filhos à família. Promove-se, por isso, a sala central que monopoliza as áreas úteis e versáteis do fogo, e minimiza-se a circulação e distribuição, e as áreas de serviço. Surgem espaços com competências e valências de complementaridade, com estares comunais que podem ser um jardim, uma galeria, uma lavandaria ou um *kids room*.

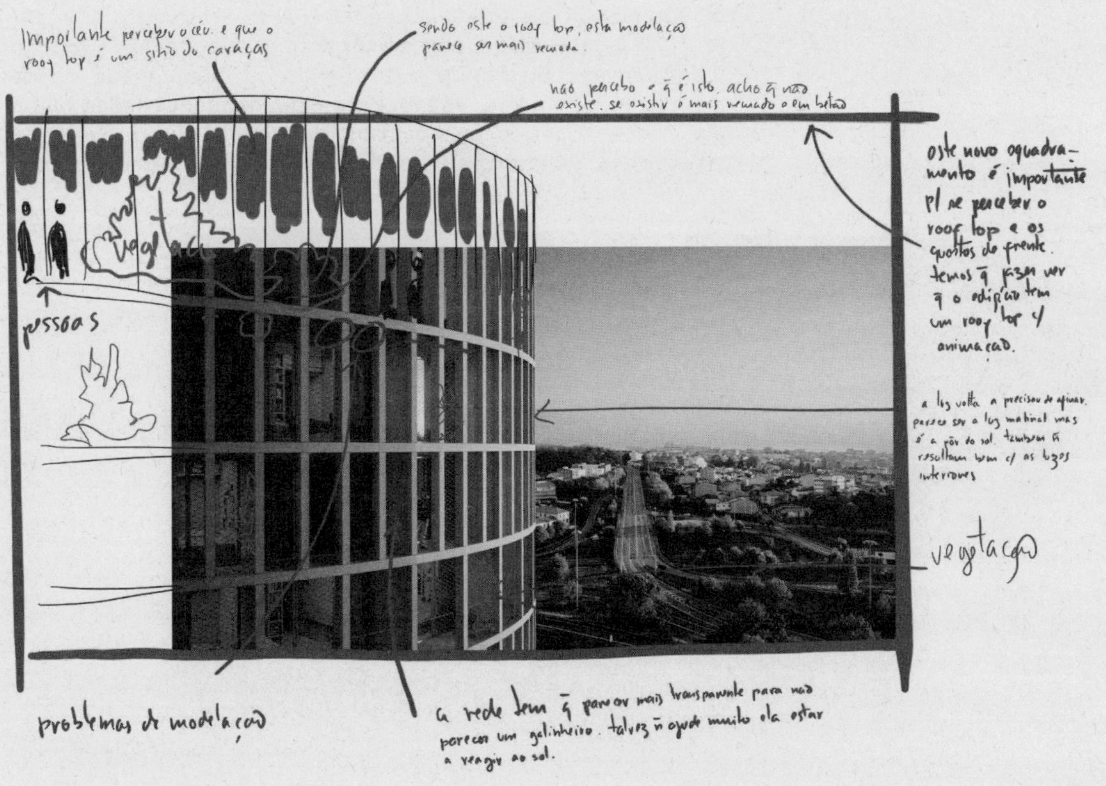

Steven Holl "Vivenciar a poética da luz e do espaço, confirma o potencial estimulante da Arquitectura, receptáculo da vida quotidiana. O espaço deve ser uma expressão plástica, com o objectivo de abrir com luz os corredores estreitos no interior dos apartamentos, portas pivotantes cuja função é permitir que os ocupantes alterem constantemente o interior do espaço, transformação dinâmica, que, nos novos programas de habitação colectiva pode ser realizada em grande escala."[4]

Entre a repetição e conjugação tipológica e as excepções dos usos destacados e partilhados colectivamente, potencia-se a forma da arquitectura. Exploram-se ainda novos segmentos dedicados ao habitar mínimo e temporário para estudantes ou visitantes. Há também um regresso ao pensar e viabilizar um habitar para a classe média onde se vive com menos área, originada por quartos menores integrados num ecossistema com compensações nos espaços comuns. Curiosamente o enunciado elenca agora o quarto da empregada com entrada autonomizada, uma opção e solução dos habitares da modernidade dos anos 40 e 50 do século passado. Há um importante investimento laboratorial e experimental porque, acredita-se, o habitar permite pensar e trabalhar o futuro.

Campanhã Offices de 2018, Fábrica de Conservas de 2019 e Leça Offices Lotes 3, 4 e 14 de 2020 assumem-se com abstracção e conexão funcional urbana, mais ou menos autistas, mas capazes de colmatar descontinuidades e estabilizar heterogeneidades urbanas. São contentores translúcidos de ocultação do seu interior e de representação empresarial inequívoca.

Booklets, 2020

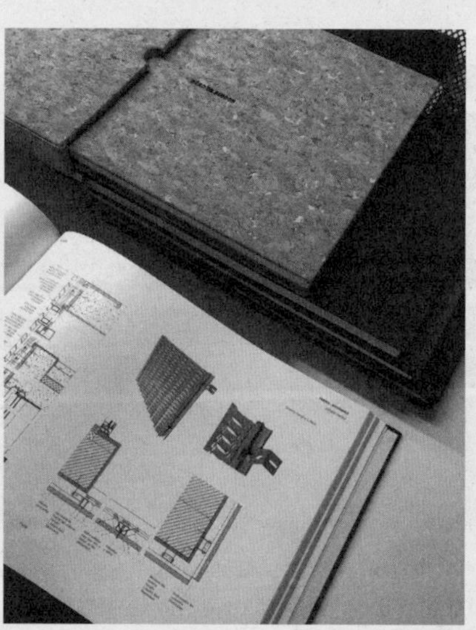

Acodem à mutabilidade, sua velocidade e diversidade programática, fixando e racionalizando as estruturas e infra-estruturas.

4. HOLL, Steven – Dwellings. Arc en Rêve, Bordeaux, 1992.

Os Harare Radisson Blu, Luanda Bay Hotel e The Student Hotel de 2018, os Douro Hotel & Winery, apresentados e classificados em segundo lugar, e o Hotel Jornal de 2019, e o Botanical Hotel de 2020, representam exercícios onde o limite da arquitectura se joga na fronteira entre diferenciação e repetição do tema, exacerbado nas torres por uma pormenorização e estandardização máxima. A paisagem, no entanto, é um valor superior capaz de criar a excepção e exaltação da arquitectura, como acontece com as intervenções no Bussaco ou no Alto Douro Vinhateiro.

O lugar é sempre específico, mas o espaço público desenvolve-se genérico e democrático, aberto a vivências e experiências colectivas. Torna-se, por isso, enquanto objecto de atracção e tentação, em vertigem do pensamento e desenvolvimento de um conceito, temática introduzida pelo Matadouro debatido com Kengo Kuma. Aqui, os usos públicos cumprem esta dimensão de maravilhar e estimular imaginários de uma cidadania, capaz de produzir cenários de liberdade e elasticidade espacial, longe das métricas de racionalização dos espaços para trabalhar e habitar. Deve finalmente possuir atributos que permitam vivências e valências diversas, mesmo quando são institucionais – Liga Portugal HQ ou Gulbenkian Extension em 2019 e Catim ou Moagem em 2020 – e criam fóruns públicos.

Pêro de Amigos, em 2018, e Botanical Hotel e Grijó Masterplan, em 2020, são a evidência das vantagens da diversidade e disparidade das parcerias ou dos modelos antecedentes. Entre o Weissenhofsiedlung (1927) em Estugarda, exposição materializada e comissariada por Mies van der Rohe, laboratório inicial e experimental dos heróis do Movimento Moderno, e os assentamentos de Herman Hertzberger ou Norman Foster, o *life style* criado e potenciado pela arquitectura convive com uma natureza domesticada e tematizada, simultaneamente lúdica e ecológica. Independentemente das formalizações mais ou menos zonadas, mantém-se o debate entre cidade tradicional e cidade ideal, com noções de centro, eixos e sequências espaciais e tangenciais. A topografia insere, ainda, movimentos físicos e dinâmicos pontuados com arquitecturas de excepção e utilização colectiva.

À investigação e exploração dos requisitos geradores e estruturadores do pensamento do OODA, explanada e explicitada em Retrospecção e Extrospecção, contrapõem-se seguidamente alinhamentos e desenvolvimentos cognitivos identificados na acção e produção disciplinar do colectivo: Inserções, Segunda Vida, Intimidade, Iconografias, Pontuações e Genealogias.

O OODA questiona presentemente as vias ideológicas e metodológicas futuras. O intervalo enunciado e seguido oscila entre o *star system* da arquitectura e uma arquitectura mantida em redutos suíços, austríacos, espanhóis ou portugueses, conotados com a Escola do Porto, para apenas citar alguns.

Opta-se, com recurso a uma economia nos meios utilizados, pelo desenho de volumes puros e de estruturas evidentes ou aparentes que se deixam seduzir, hoje, pelas infinitas peles da arquitectura.
Os últimos dois anos, com as encomendas de novos promotores e investidores, aparentemente indiferentes

Porto, Portugal

Nova Iorque, EUA

à epidemia na transição de 2019 para 2020, levou à criação de instalações do colectivo em Lisboa, antecipando uma evolução e projecção futura com uma instalação em Nova Iorque, recentemente iniciada, mas interrompida pela pandemia.
À pergunta sobre o futuro, o OODA reforça ética e disciplinarmente a cadeia entre produtores, promotores e consumidores de arquitectura, cumprindo e assumindo o compromisso da arquitectura entre cliente e utente. Ambiciona-se ainda uma dedicação e evolução centrada numa continuidade, acrescida de uma maturidade e qualidade resultante da acumulação de experiências, com mais coragem e vantagem para a superação das expectativas da disciplina.

Norman Foster

"Como Arquitectos projectamos para o presente, com conhecimento do passado, para um futuro que essencialmente desconhecemos."[5]

Exige-se, por isso, encerrando o processo desenhado e empenhado de cada ideia, mais pormenorização e construção, propósito final e primordial da arquitectura. Deseja-se um método ainda mais pensado e posicionado, tanto nacional como internacionalmente, actuando globalmente em mercados como o americano ou o brasileiro a Ocidente e o chinês, por exemplo, a Oriente. Investigam-se agora David Chipperfield, Eduardo Souto de Moura, Thomas Phifer ou Vincent Van Duysen, e as duplas Aires Mateus ou Barozzi e Veiga, onde antes se dissecavam as lições teóricas e práticas de Rem Koolhaas ou Mansilla e Tunõn. Acompanha-se, ainda e sempre, Herzog e de Meuron.
Após uma formação inicial cultivada nos epicentros europeus, associada ao desejo de internacionalização e exportação do regional, as encomendas nacionais ou locais, centradas em programas habitacionais e multifuncionais, obrigam a uma concentração

5. FOSTER, Norman - TED Talk, DLD 2007 Conference, 2007.

e depuração dos modelos. *Quo vadis* colectivo OODA? Voltar ao exterior, após a afirmação e confirmação das respostas? Prosseguir nacional e, sobretudo, regional, investindo em práxis mais musculadas, principalmente, pela construção e confirmação das ideias? Continuar a miscigenação, exportando o regional portuense e importando uma arquitectura global e universal, ou, pelo contrário, apurar uma linhagem ideológica e imagética variada? Acredita-se numa antitética e genética colectiva, a desfavor da lógica do *one man show*. Pretende-se ser exemplo para a arquitectura e estrutura dos escritórios locais e nacionais. Uma lição para os estudantes que terminam estudos e iniciam projectos na aventura da arquitectura em Portugal, num Porto com dois Prémio Pritzker, mas com estruturas funcionais e operacionais débeis, desactualizadas e desestruturadas profissionalmente, incapazes de se sustentar e avançar. Acima da qualidade do pensar e desenhar, o colectivo OODA deseja um reconhecimento pela qualidade, tanto profissional como academial. Reivindica, acima de tudo, um espaço para todos, na importância do arquitecto na sociedade e na cidade, e na acção sobre os espaços e, consequentemente, sobre as pessoas.

João Jesus "Tentamos sempre enquadrar a parte do cliente com a nossa, de modo a que a pureza da arquitectura não se sobreponha às necessidades, às vontades e aos recursos que ele tem."

3.

INSERÇÕES

WOLF PRIX E AS NUVENS NO CÉU E NA TERRA DE HANNAH ARENDT

Intro

Wolf Prix associa as nuvens que se formam e transformam segundo diversas interacções, expressão e descodificação das mudanças dos fenómenos atmosféricos, aos valores do lugar. As variações na observação e coloração das mesmas dependem, também, da luz e da localização do observador. O lugar está carregado de substantivos empíricos, históricos e simbólicos, e de qualidades ideais e ambientais que interessam ao homem. O espaço é quantitativo e depende de dimensões, posições e relações que se apresentam e representam com geometrias tridimensionais, lógicas, científicas e matemáticas. É, por isso, uma concretização e construção abstracta.
A história e memória colectiva dos lugares são hoje lidas como histogramas de realidades e dualidades imateriais, com as suas condições e relações capazes de despoletar imaginários de arquitectura. Reinterpretam-se os espaços enquanto acontecimentos simbólicos, metafóricos, mediáticos e, até, irónicos, integrados em fluxos das redes de comunicação reais ou virtuais.
As ideias do colectivo OODA e, principalmente, os conceitos, não surgem das permanências. Pelo contrário, atendem às metamorfoses constantes e actuantes, fruto de variáveis previsíveis ou imprevisíveis geradas por causas naturais ou não. A composição e organização ortodoxa gerada por eixos centrais ou axiais e por narrativas espaciais e temporais da academia é agora

motivada por vectores tangenciais e espaciais e por gráficos temporais de prospecção e mutação da alma do lugar, onde a topografia é uma valência e experiência mais. A quadrícula inicial e original, gerada pela razão, torna-se agora mais dinâmica nos *upgrades* e *updates* morfológicos, onde a arquitectura se forma e transforma com dinamismo a cada interpretação ou avaliação.

Inês Moreira "A desconstrução da fachada que simula um sistema construtivo tradicional, ainda que não o seja, simula uma vernacularidade que não tem, assume uma modularidade que corresponde depois a outros projectos."[1]

Guilherme Wisnik "São muitas linguagens e muitas lógicas. Então, no fundo, a gente está falando mais de uma linguagem ou de uma lógica que é feita de múltiplas linguagens e múltiplas lógicas."[2]

Os lugares surgem analisados e sintetizados pelo colectivo OODA em diagramas que criam empatias de abstracção ou figuração.
Gera-se uma arquitectura onde entram a necessidade, escalabilidade e subjectividade, com imagens e linguagens tradutoras do meio, a que se junta a resiliência do lugar.
Prolongando e respeitando os lugares nas matrizes dinâmicas mais ou menos densas, consumam Monte dos Judeus em 2015 e Moagem em 2020, respectivamente, com actos de uma introspecção encenadora e de uma extrospecção transformadora da história.
No Porto – Gondarém em 2017 – ou Nova Iorque – Casa Harlem em 2019 –, obedecem às estruturas urbanas morfologicamente inquestionadas e cristalizadas.
Em testemunhos de liberdade e capacidade da arquitectura para acrescentar e transformar os lugares, incorporam valores de imensidade no Lobito Hotel (2017) e de intimidade no Douro Hotel & Winery (2019), exercícios de dispersão e concentração na paisagem, perante respectivamente a vastidão do Oceano Atlântico ou a segmentação do vale serpenteado do Rio Douro.
Perante perdas de identidade e continuidade urbana em territórios expectantes de Vila Nova de Gaia, ligam fragmentos com uma identidade e unidade abrangente em Jardins da Arrábida de 2019.
Às atmosferas geradas pelas nuvens cambiantes e estimulantes de Wolf Prix, tradução das disposições e alterações do lugar e, consequentemente, das possibilidades da arquitectura, contrapõe-se o céu e a terra de Hannah Arendt, verdades absolutas que não desaparecem, seja no Porto, seja a Norte ou Sul, Oriente ou Ocidente.

1. A propósito de Monte dos Judeus; 2. A propósito da produção do OODA.

Monte dos Judeus

DATA_2015
LOCALIZAÇÃO_Porto, Portugal
TIPO_Adjudicação
COLABORAÇÃO_Jerónimo Araújo
Botelho Júnior
FOTOGRAFIA_João Morgado
FASE_Construído

Monte dos Judeus

Evocação e figuração para uma arquitectura futura

Integrados na topografia e morfologia irregular de Miragaia, os volumes estão marcados pela matriz ancestral e cultural hebraica no Porto, associada à fixação da Judiaria de Monchique, com uma sinagoga e um cemitério contíguo para judeus. As pendentes acentuadas geram um povoamento escalonado que é, aqui, evidenciado e exponenciado com as adições aos dois volumes existentes. A ideia distingue claramente os diversos tempos – herdados e adicionados – sem equívocos de integração e preservação patrimonial, onde o presente é uma interpretação e tradução dos valores tipológicos e tectónicos tradicionais. Genericamente destinada a habitação, a actuação concilia as cotas e os vãos das diversas frentes urbanas, validando espacial e funcionalmente a herança. A composição e organização do espaço expressa-se sobretudo em secção vertical e surge naturalmente como uma evolução e criação do tempo. A quantidade e variedade de acontecimentos introduzidos prolonga as sucessivas adições e adaptações às necessidades humanas. Os habitares são abertos à multifuncionalidade e versatilidade. A fixação das circulações e a racionalização das distribuições, juntamente com a das instalações técnicas, rentabilizam as parcelas exíguas, mas com excelente ventilação, iluminação e exposição ao Rio Douro. Entre a preservação das linguagens formais e materiais e o desejo de continuar e acrescentar tempo ao tempo, a acção é descomplexada, simultaneamente evocativa e interpretativa, mas, ao mesmo tempo, figurativa para uma arquitectura futura.

Planta de Implantação

Existente

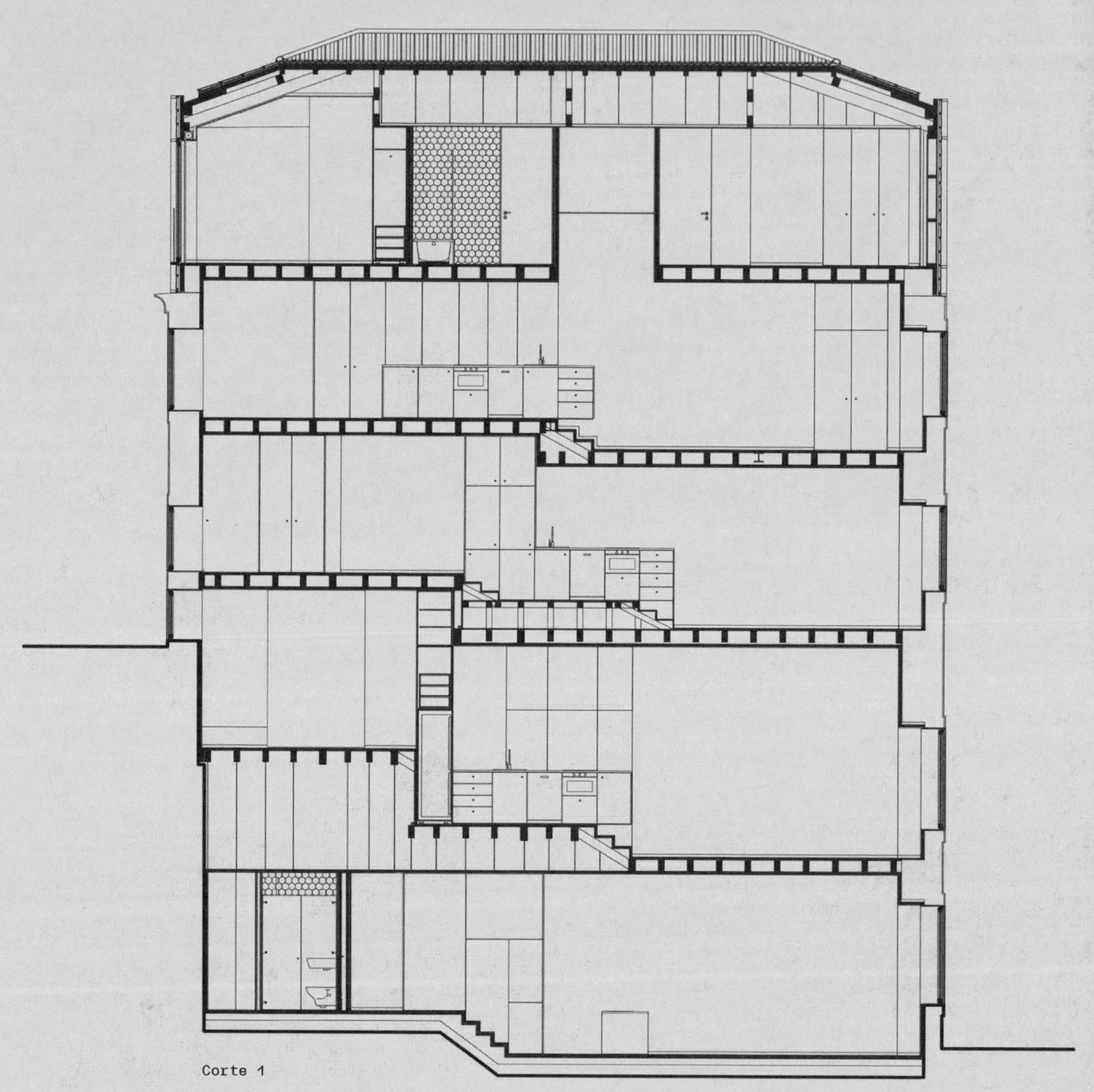
Corte 1

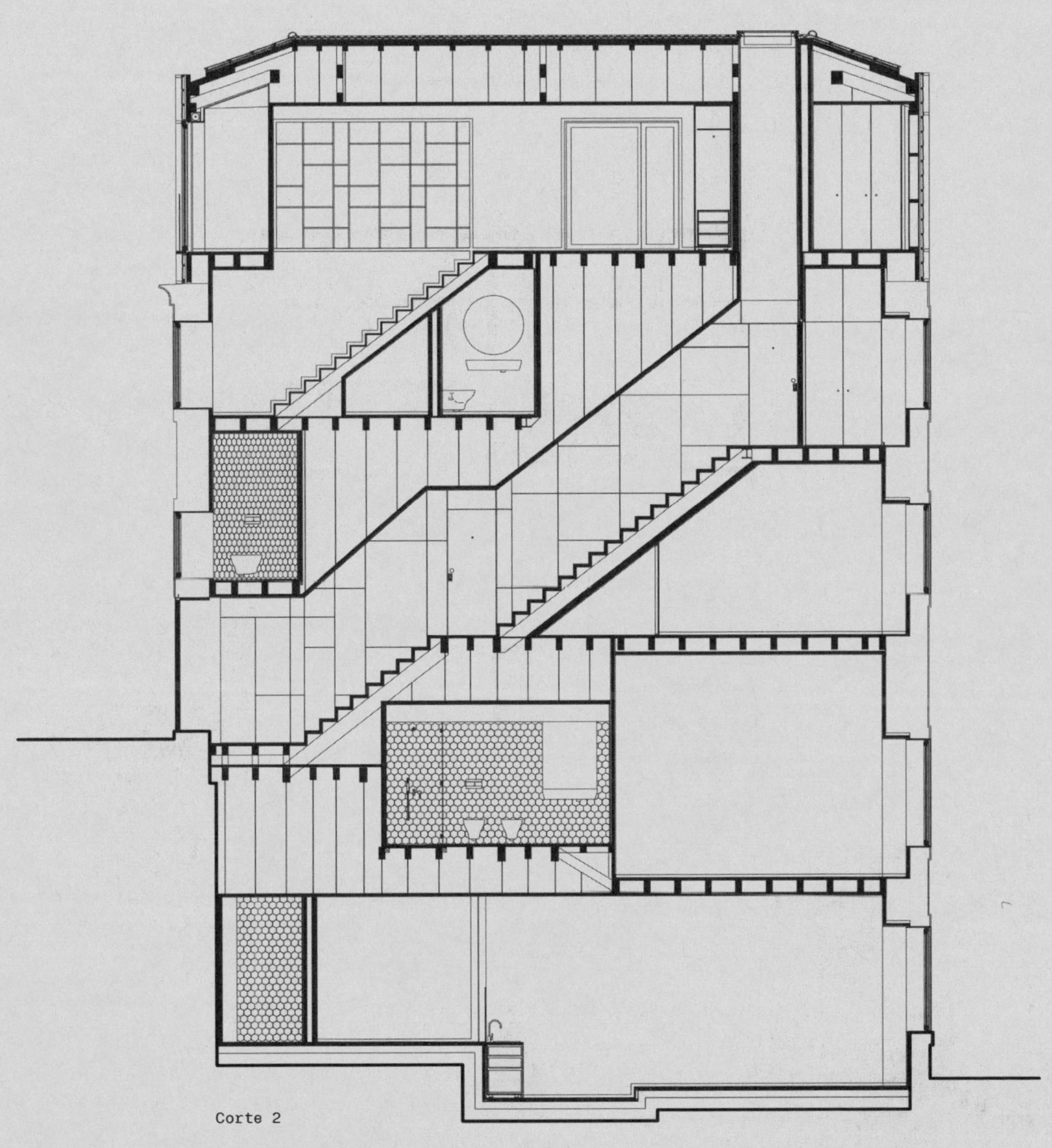

Corte 2

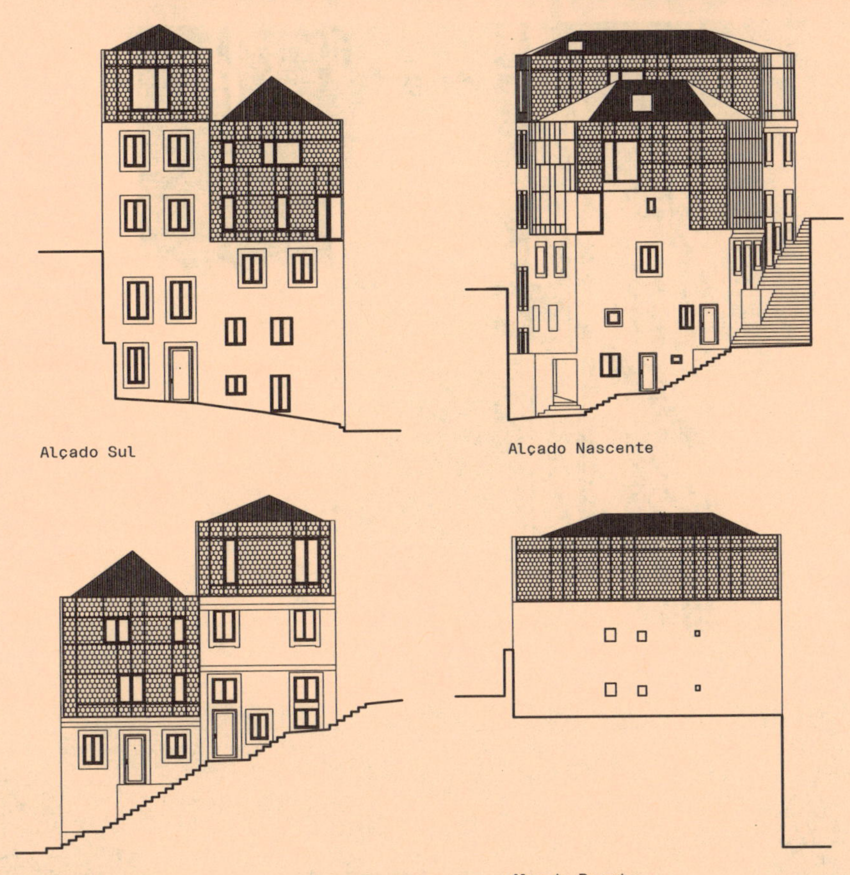
Alçado Sul
Alçado Nascente
Alçado Norte
Alçado Poente

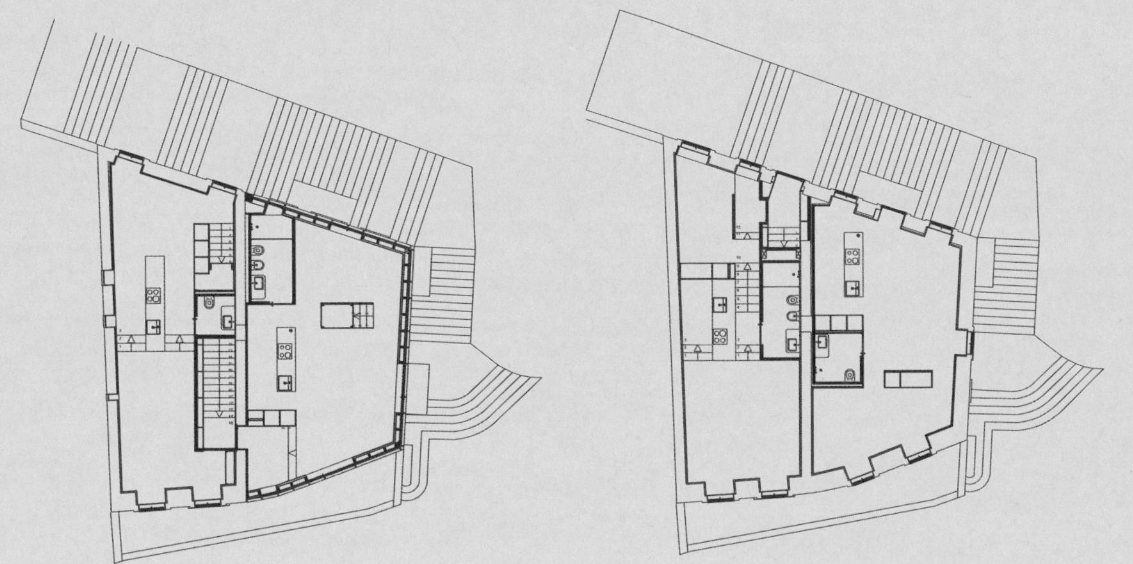

Plantas

Maqueta Conceptual

Gondarém

DATA_2017
LOCALIZAÇÃO_Porto, Portugal
TIPO_Concurso, Adjudicação
COLABORAÇÃO_Abel Almeida, Penman, Penrea
FASE_Obra em curso

Gondarém

Afirmação e validação do poder da arquitectura

Planta de Implantação

A ideia observa o alçado normalizado e estabilizado em que se insere. No entanto, perante as intervenções contíguas a Norte e Sul, de preservação e integração dos testemunhos balneares em primeiro plano e de ampliação em planimetria e altimetria em segundo plano, a estratégia adoptada recusa nostalgias irreais ou sentimentais irrecuperáveis. Entre a desvalorização do existente e a conceptualização de um objecto equilibrado e qualificado, opta-se pela afirmação e validação da arquitectura. Aponta-se ainda que a preservação é, muitas vezes, a perversão dos seus valores intrínsecos. A excepção dos pisos inferiores cria tipologias diferenciadas e relacionadas com o solo no logradouro e a fixação de acessos proporcionados e qualificados. Os habitares privilegiam as frentes a Nascente e a Poente com a proximidade do mar. As plantas orientam os usos comuns a Poente e os individuais a Nascente. A estruturação formal e funcional é clara. Mantêm-se genericamente os alinhamentos dos dois planos contíguos, sem mimetismos. A escala da parcela e, adicionalmente, a partição do alçado frontal originam a depuração das formas e a gestão dos usos da habitação, acreditando na obrigatoriedade da integração – na preservação das duas águas, por exemplo – o na capacidade de transformação da arquitectura. Encastradas entre vocabulários contíguos diversos, as varandas contrariam as lógicas verticais vizinhas e surgem horizontais, ligantes e dialogantes.

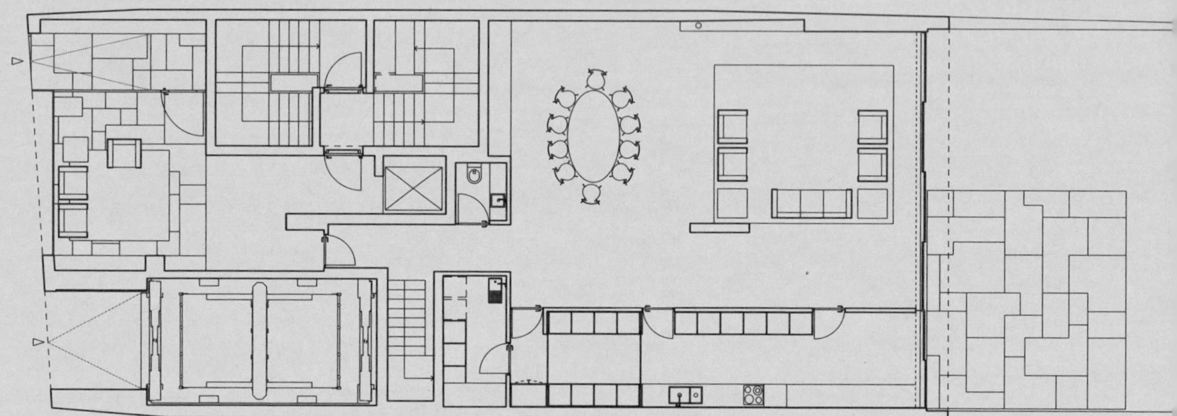

Planta Piso Térreo

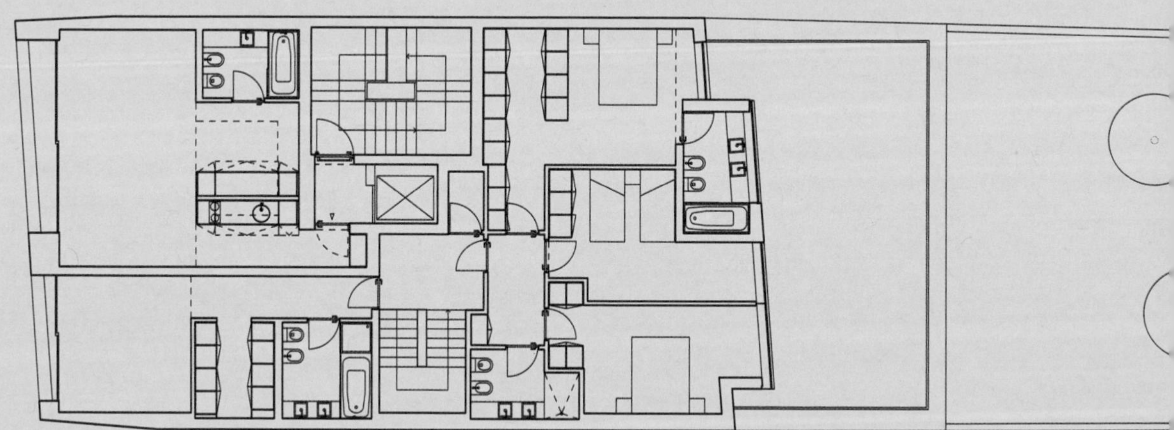

Planta Piso Tipo

Construção em Curso, 2020

Alçado Frontal

"Preenche um vazio urbano
e emancipa-se do edificado
adjacente com a inserção
de grandes vãos."

Francisco Lencastre

Lobito Hotel

DATA_2017
LOCALIZAÇÃO_Lobito, Angola
TIPO_Adjudicação
COLABORAÇÃO_Fusão
FASE_Em curso, Licenciamento

Lobito Hotel

Horizonte com liberdade e densidade

Planta de Implantação

Implantada entre a terra e o mar, a unidade hoteleira revela-se longitudinal e horizontalmente segundo a perspectiva do Oceano Atlântico. O conceito adopta a qualidade e diversidade do assentamento disperso tradicional e local envolvente, na multiplicação das possibilidades e capacidades espaciais, resultantes de jogos de contração e dilatação volumétrica. A sua desmaterialização e deslocação gera uma grande escala com escalas menores dóceis e compatíveis com o lugar. Um piso térreo recuado e sombreado permite que o mar e a terra se encontrem com a fluidez desejada e partilhada nos usos sociais, em volumes livremente dispostos sob uma laje responsável pela gestão e regulação da intervenção. Os quartos, contrariando circulações e distribuições infinitas desreferenciadas, acompanham esta estratégia de composição e organização seccionada. Densos, constituem copas de troncos comuns travados e ligados por vazios de iluminação e ventilação vertical. A imagem tem vocação urbanística para a cidade e paisagística para a praia. A laje que avança é limitada sobre a marginal, mas é ampliada e organizada com usos lúdicos que se perdem no oceano. A liberdade descrita equilibra-se com uma materialidade e modularidade fiel à estrutura e arquitectura da construção, acusando o tema e equilibrando o todo. A versatilidade e as possibilidades compositivas das aberturas ocasionais dos vãos dos quartos originam uma mutação que é, também ela, linguagem e paisagem.

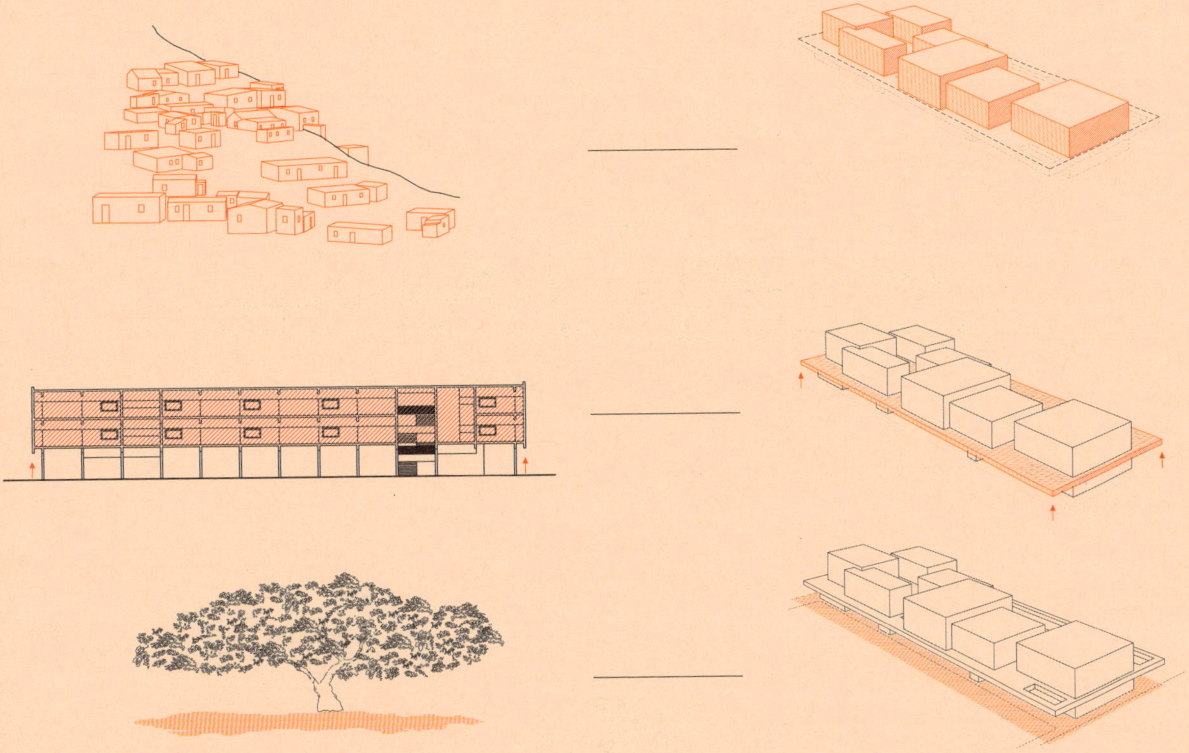

Diagrama Conceptual,
Inspiração e Abordagem

Corte Transversal

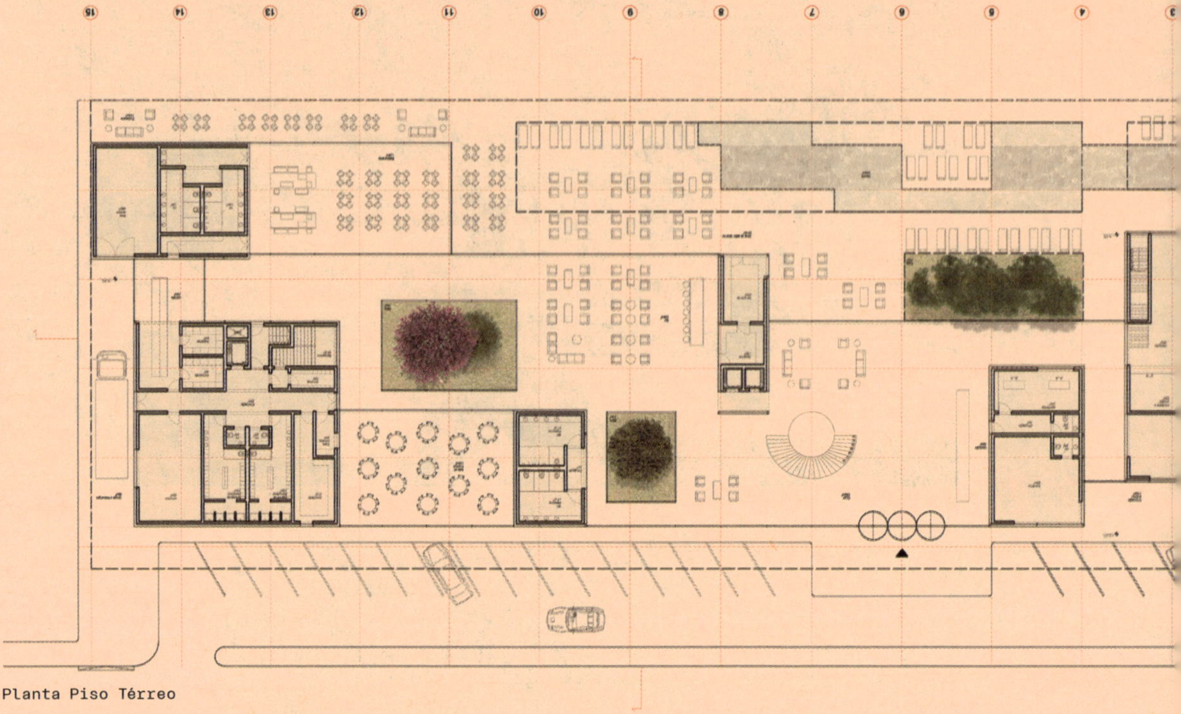

Planta Piso Térreo

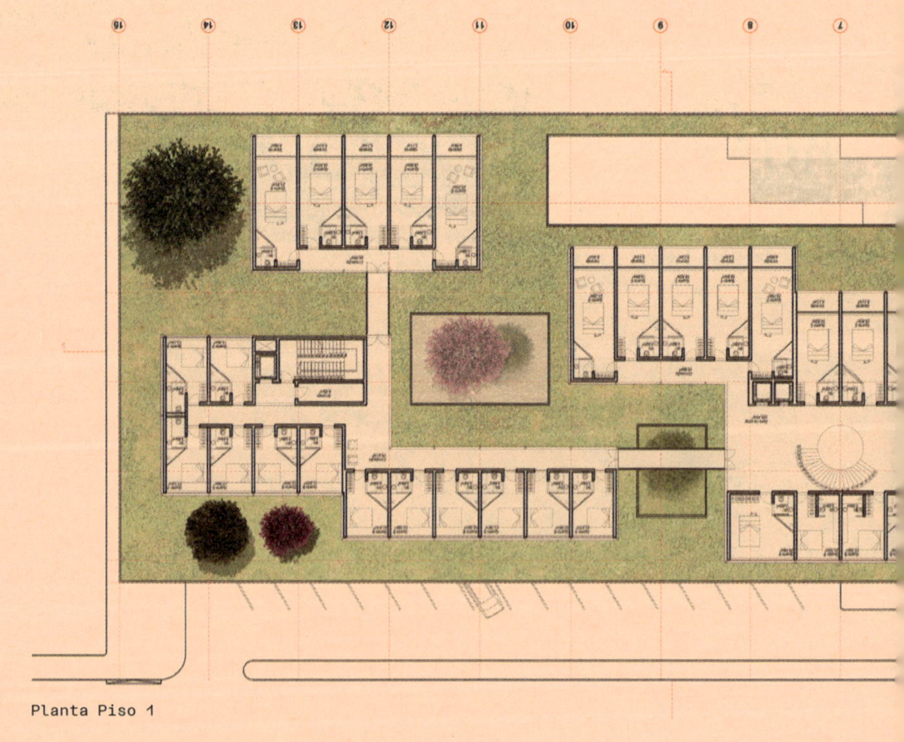

Planta Piso 1

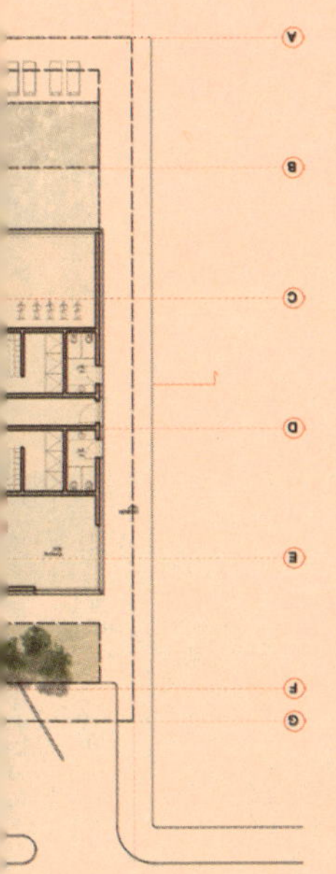

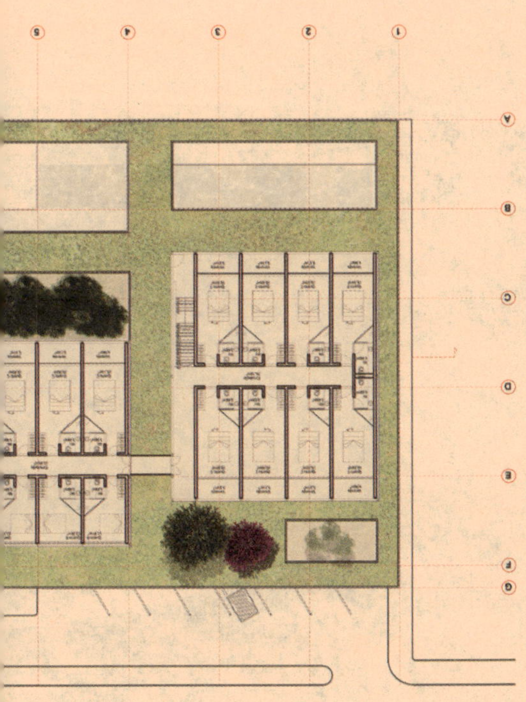

Douro Hotel & Winery

DATA_2019
LOCALIZAÇÃO_Tabuaço, Portugal
TIPO_Concurso por convite,
2º prémio
COLABORAÇÃO_Volta, Eleven, Fusão, P4
FASE_Ideia

Douro Hotel & Winery

Perpetuação e promoção da paisagem

Expostos sobre o vale do Alto Douro Vinhateiro, Património Mundial em 2001, a adega e o hotel emergem do solo prolongando o cume onde se instalam, observando os socalcos contíguos, recorrendo a um mecanismo de mimetização e fusão com a natureza. A partir da demolição de volumes da Quinta de Santo António existentes e da preservação de uma capela, são lidos caminhos e muros que informam um cilindro que observa a paisagem a 270 graus. O anel inferior, menor, e o superior, maior, compõem-se de secções divergentes sobre a paisagem, preenchidos com quartos a Nascente e com espaços sociais a Poente. O miolo está funcionalmente destinado a usos de apoio, menos carentes de iluminação e ventilação natural.
A adega ocupa um corpo destacado formal e funcionalmente, com acessos distintos próprios. Parcialmente oculta, a adega cumpre requisitos técnicos e estratégicos, mas também paisagísticos. As duas componentes funcionais e espaciais, fisicamente distanciadas, constituem uma unidade topológica e morfológica na paisagem. A geometria cilíndrica amplia a topografia sobre a qual assenta, para se apresentar como perpetuação e valorização do vale.
A cobertura é promoção e extensão da natureza, protagonizada pelas linhas onduladas de plantação e pela piscina que aproxima o espelho de água do leito do rio. Ao assentamento disperso eliminado, anteriormente implantado e configurado pelas necessidades de produção e habitação, contrapõe-se um ordenamento transformador e fomentador do lugar.

Planta de Implantação

Existente

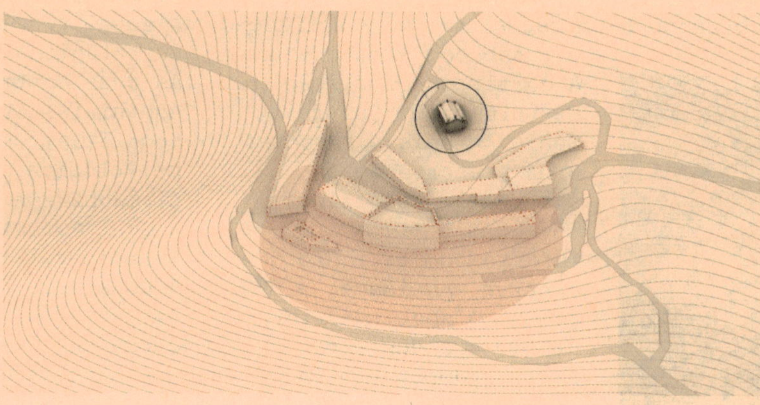

Demolição e Conservação

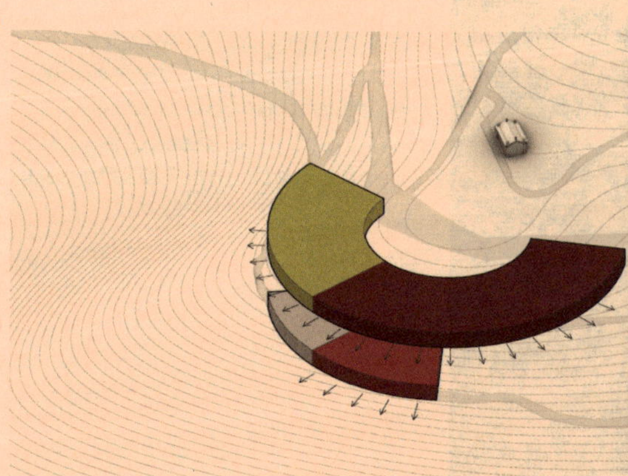

Abordagem Programática

"Um gesto intemporal que privilegia o diálogo com o contexto, sem ruptura ou contraste com a paisagem. Talvez um manifesto ícone-anti-ícone?"

Rodrigo Vilas-Boas

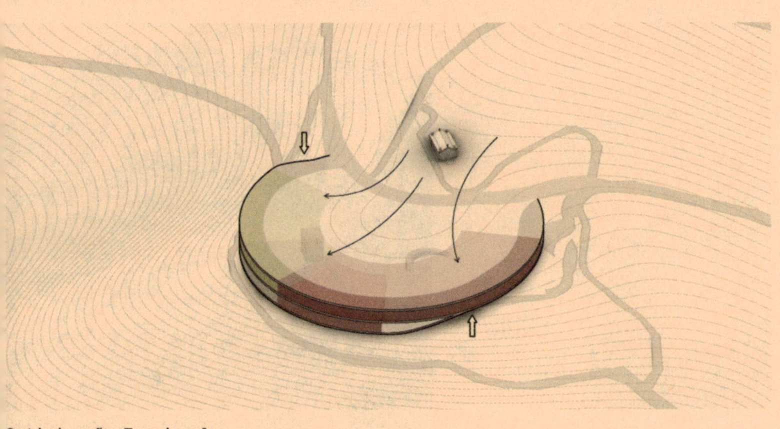

Optimização Funcional

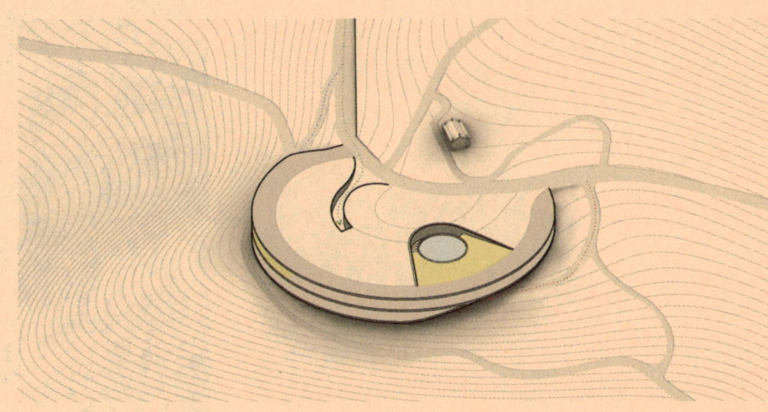

Contorno e Circulação

Proposta

"Um edifício que é topografia."
Diogo Brito

Alçado

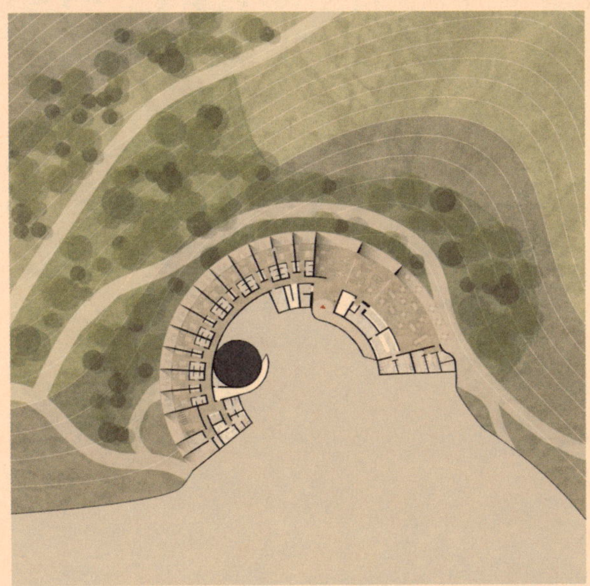

Planta Piso 1

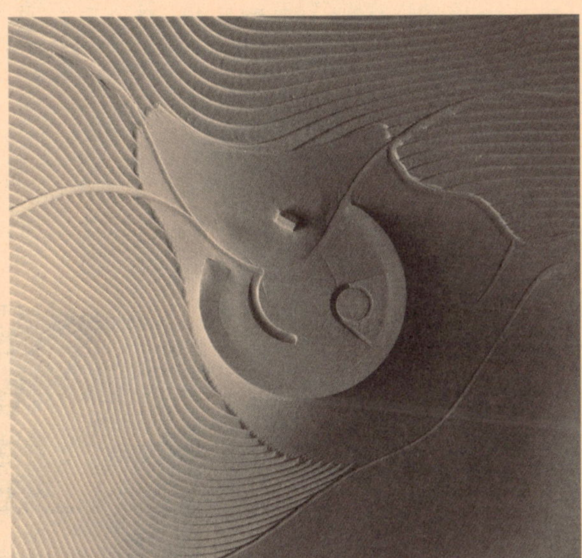

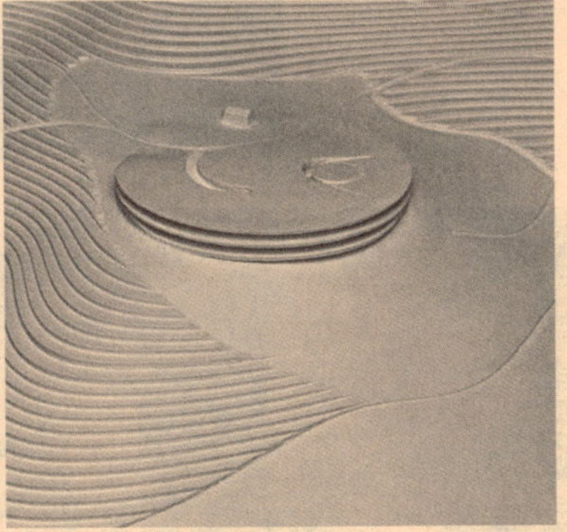

Maqueta Conceptual

"O hotel tenta encontrar um equilíbrio entre o protagonismo da arquitectura e o respeito pelo seu contexto. Um só gesto, simples, mas firme, tira total partido do promontório onde se insere."

Julião Pinto Leite

Casa Harlem

DATA_2019
LOCALIZAÇÃO_Nova Iorque, EUA
TIPO_Concurso Internacional
COLABORAÇÃO_Fusão
FASE_Ideia

Casa Harlem

Interpretar a reverberação e modulação existente

Planta de Implantação

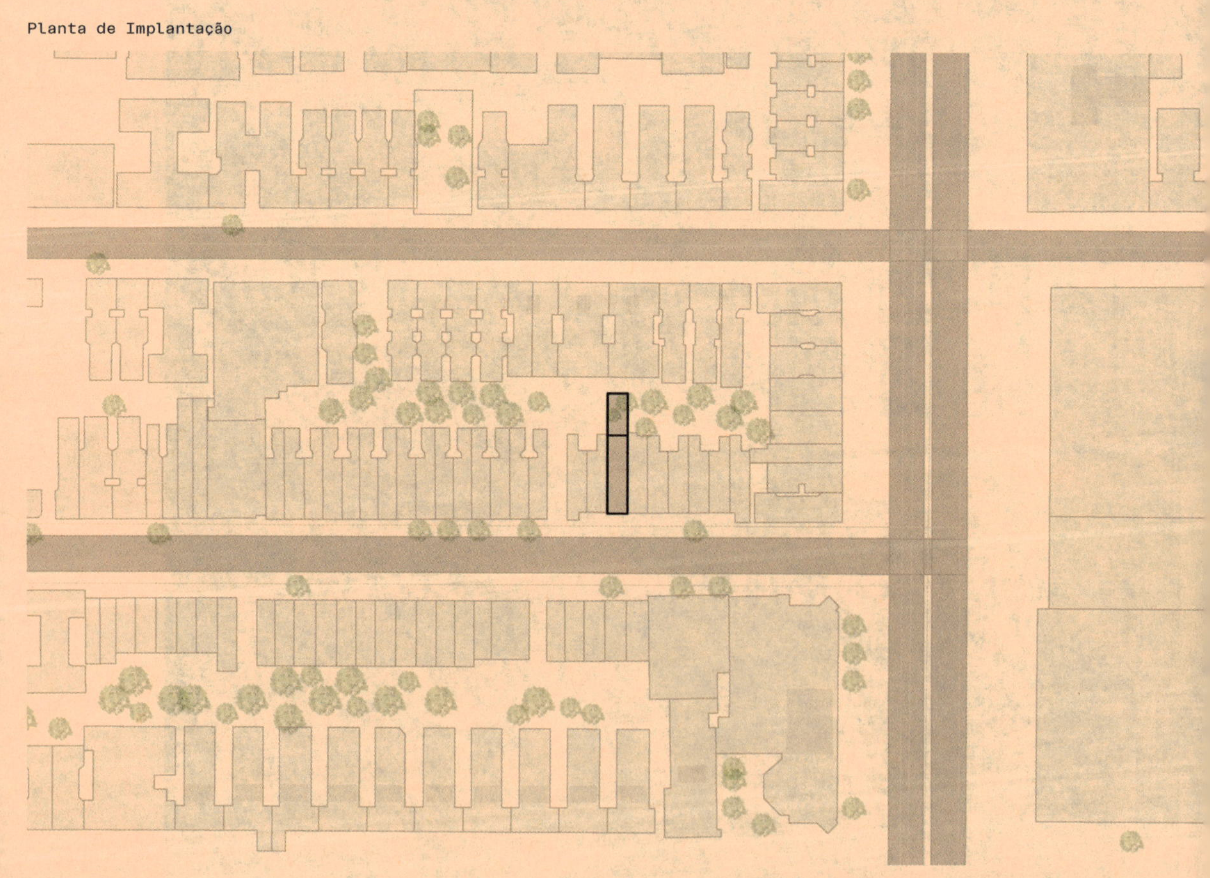

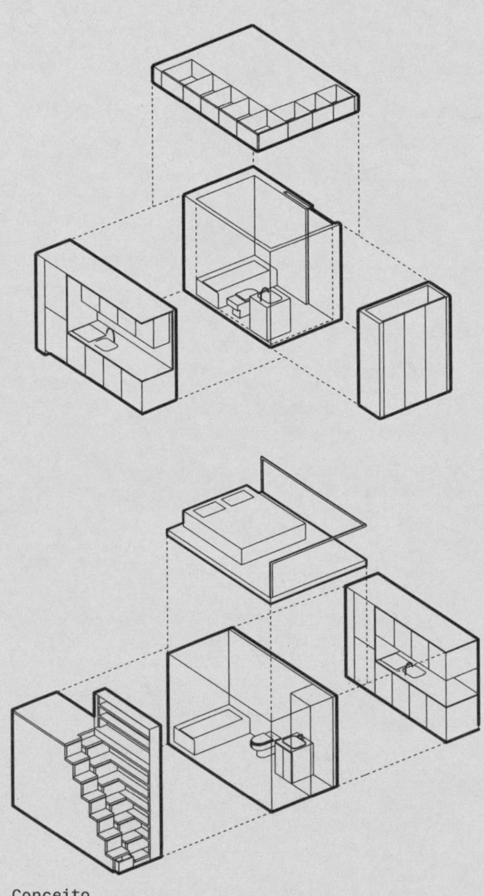

Conceito

A ideia ocupa um lote integrado em frente consolidada e qualificada, extremamente condicionada e regulada pelo urbanismo de Central Harlem. O volume é percorrido pela ideia de modulação e estandardização material, entre a escala maior e as *follies* menores que servem o habitar. Informada por lições morfológicas e tipológicas semelhantes e de outras culturas urbanas, surge escalonada entre o alçado anterior e posterior, permitindo a criação de um terraço voltado para o espaço público e a instalação de infra-estruturas técnicas. Evidenciam-se as necessidades de ventilação e iluminação dos pisos. Tipologias diversas estruturam as plantas com habitares mínimos, compactados e apoiados em volumes modulares que fixam as instalações especiais.

Libertam-se as frentes iluminadas e ventiladas para ocupar o centro com a coluna de acessos e infra-estruturas hidráulicas e mecânicas. A forma surge simultaneamente atemporal e actual, recorrendo a uma linguagem formal e material contaminada pelo lugar e a um exercício de desmaterialização e depuração que se afasta do tempo anterior e condicionador. Os vãos puros emergem, ausentes e transparentes, da profundidade e da materialidade densa dos blocos, conciliando dois tempos entre uma densificação e uma desmaterialização que amplia os habitares reduzidos. O desejo de amplitude espacial e dimensional interna estremada transforma estrutura em arquitectura. A tradução e revelação desse desejo dita vãos que são a interpretação da modulação e reverberação existente.

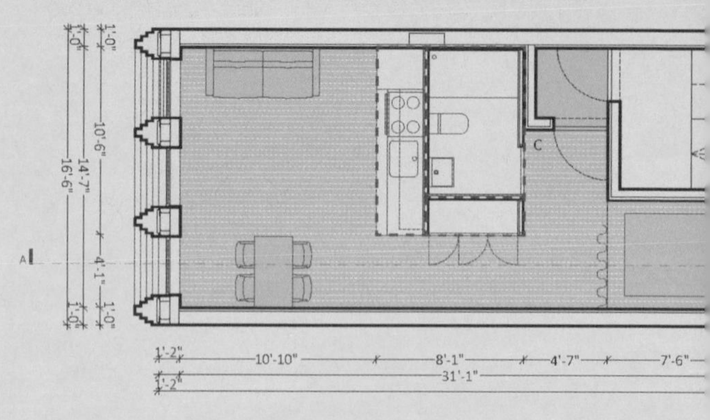

M
Unidade M: 2 Quartos
3 Unidades M + 1 Unidade S

S
Unidade S: Estúdio
7 Unidades S

Unidades Familiares

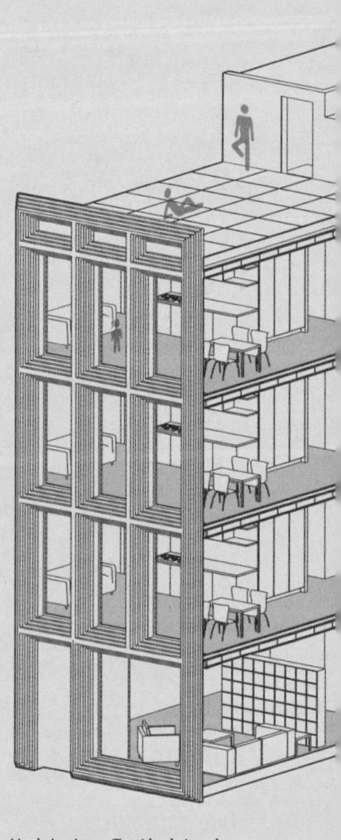

Unidades Individuais

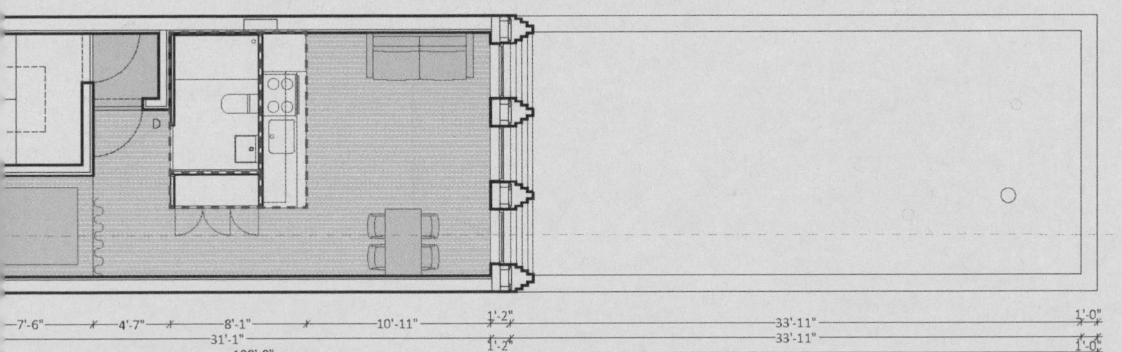

Planta Piso Tipo

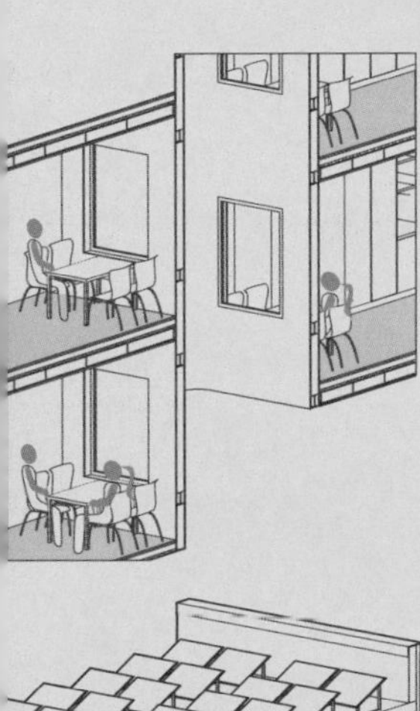

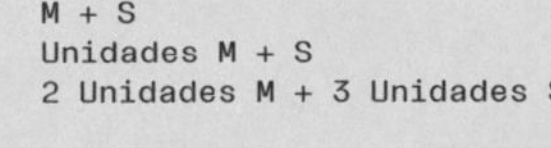
M + S
Unidades M + S
2 Unidades M + 3 Unidades S

Unidades Mistas

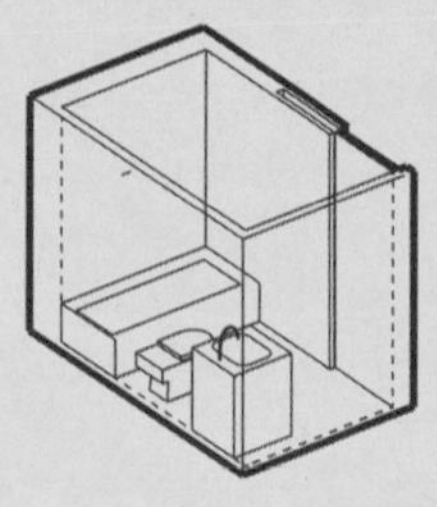

A Quarto de banho

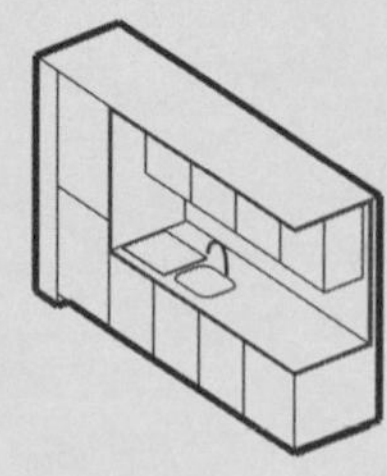

B Cozinha

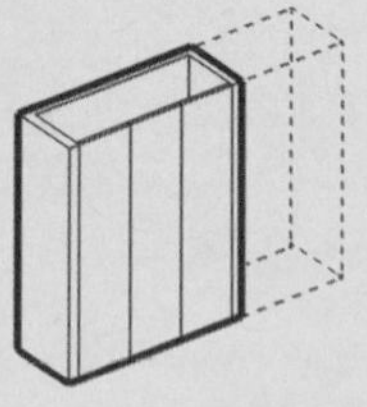

C *Closet*

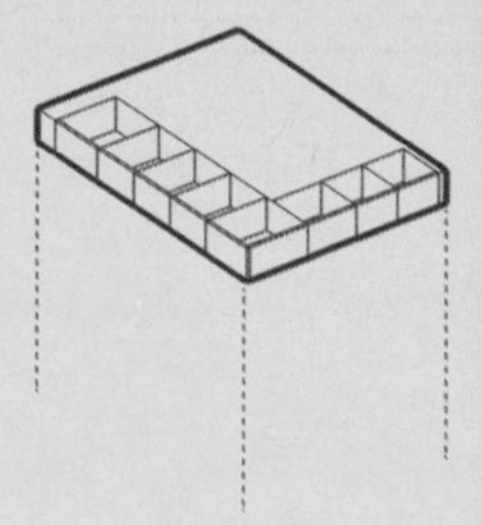

D Arrumo

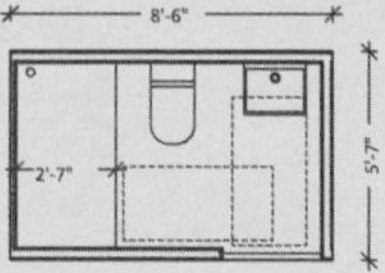

10'-6"
2'-10"

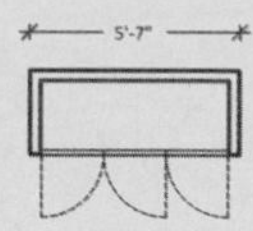

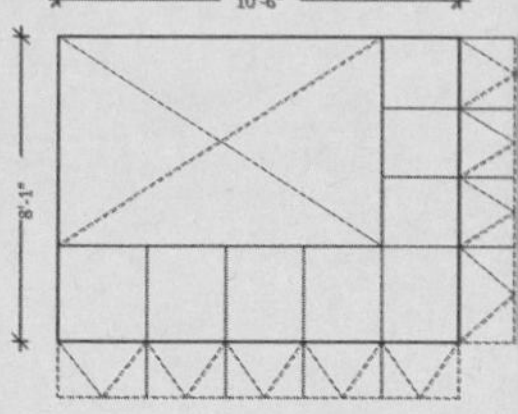

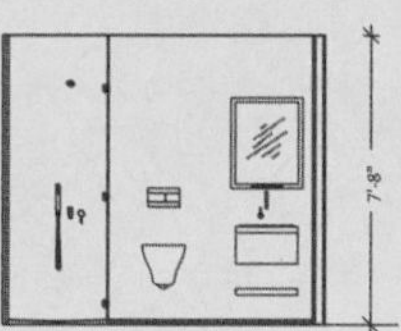

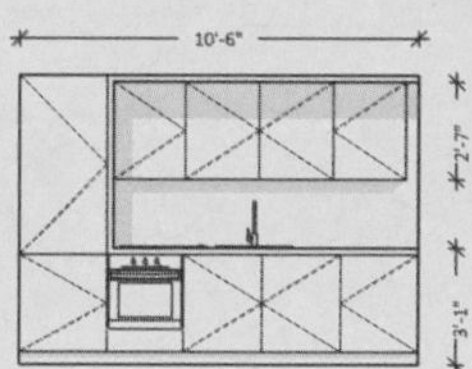

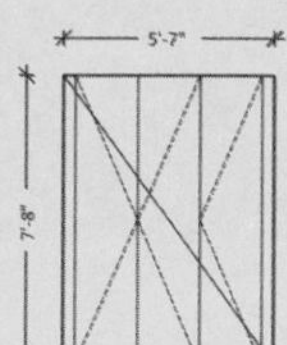

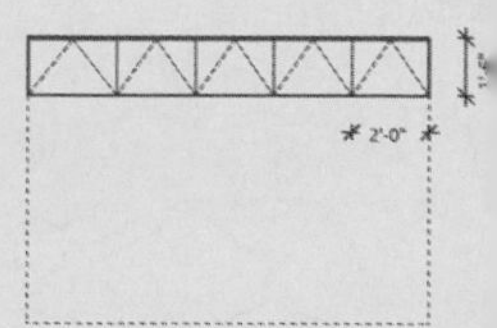

Vista Interior

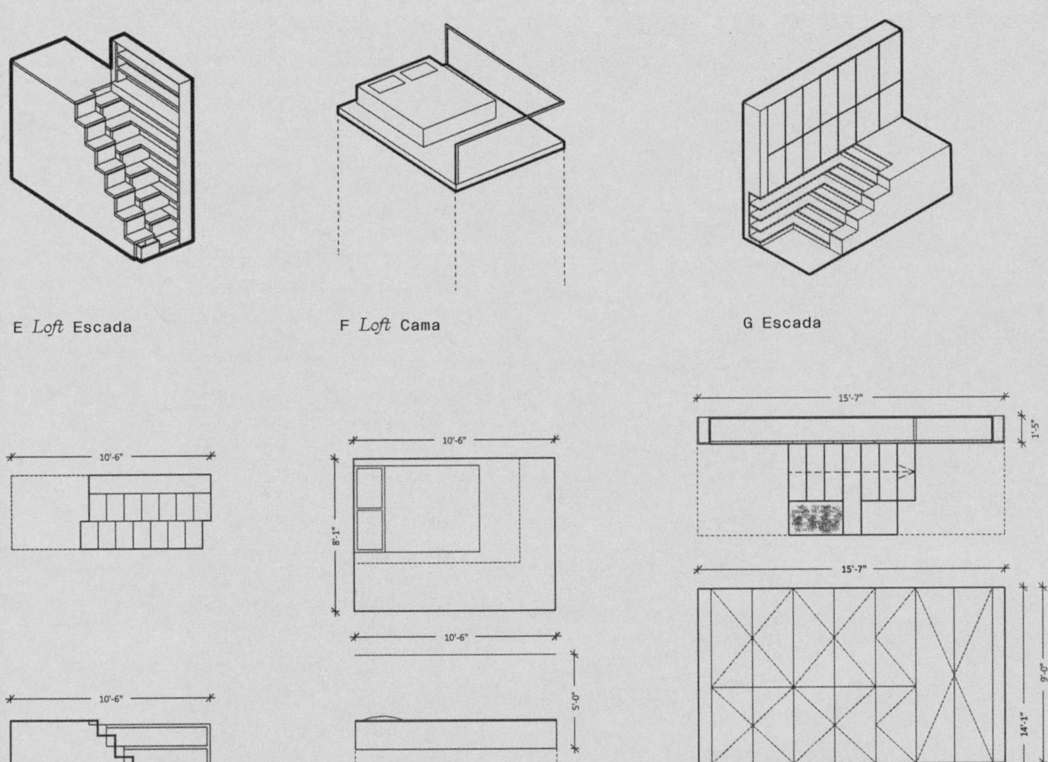

E *Loft* Escada

F *Loft* Cama

G Escada

"Modularidade e estandardização são fenómenos crescentes no mundo da construção global. O pensamento arquitectónico deve responder ao desafio de como se devem incluir e desenvolver esses processos."

João Jesus

Alçado Frontal

1'-8"
3'-4"
1'-8"
4'-7"
8'-6"
1'-8"
8'-6"
43'-7"
1'-8"
8'-6"
1'-8"
6'-11"
1'-8"

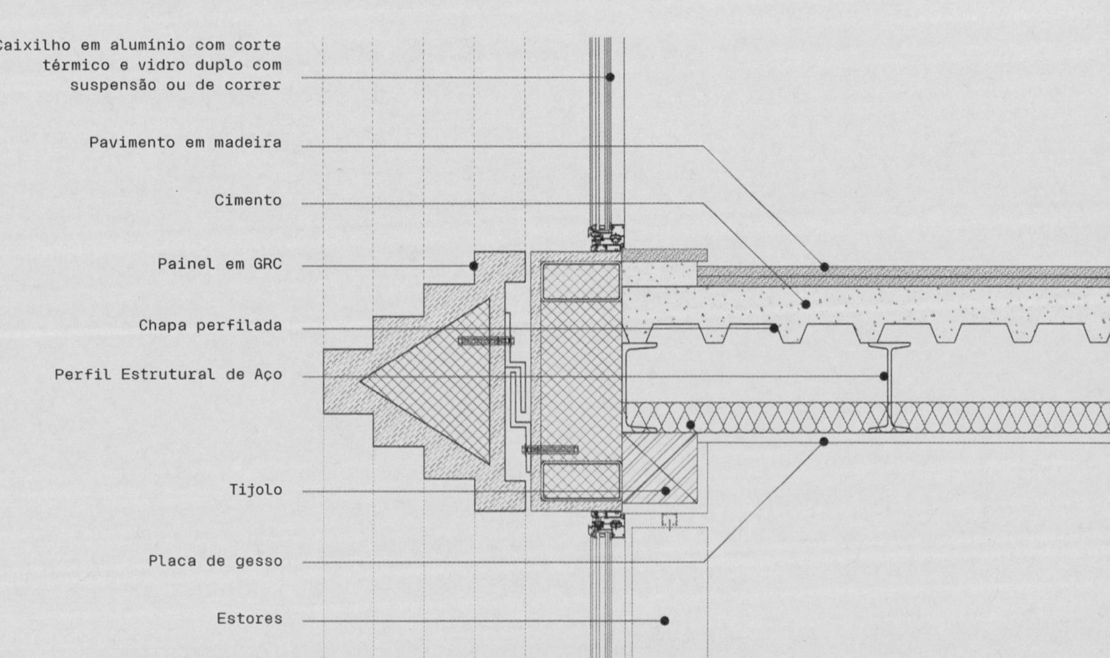

Caixilho em alumínio com corte térmico e vidro duplo com suspensão ou de correr
Pavimento em madeira
Cimento
Painel em GRC
Chapa perfilada
Perfil Estrutural de Aço
Tijolo
Placa de gesso
Estores

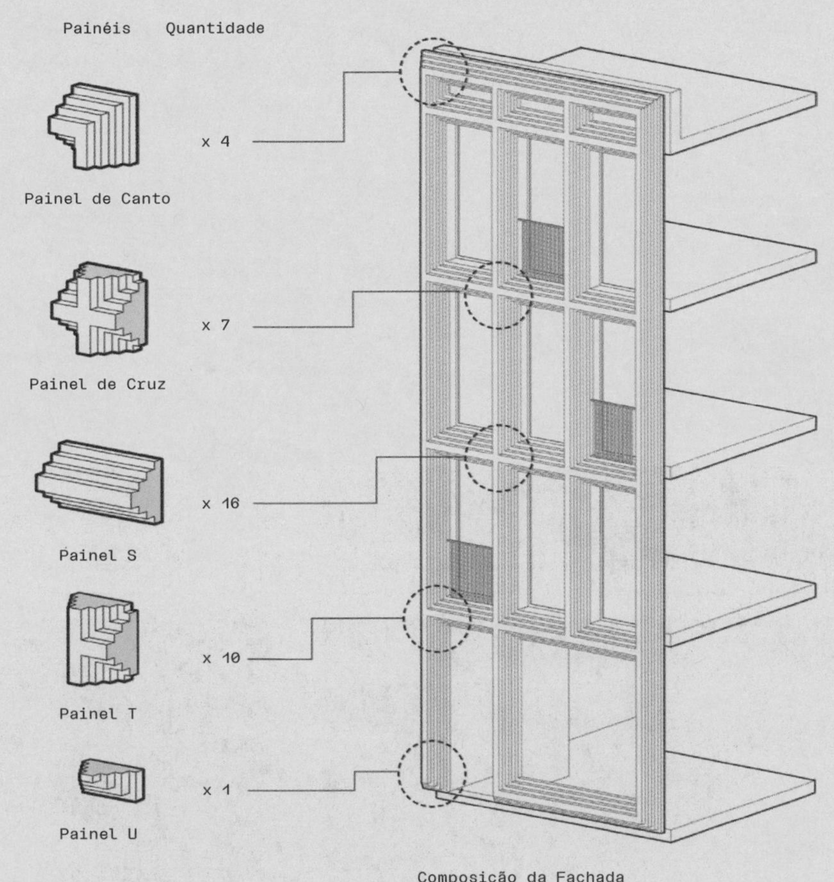

Composição da Fachada

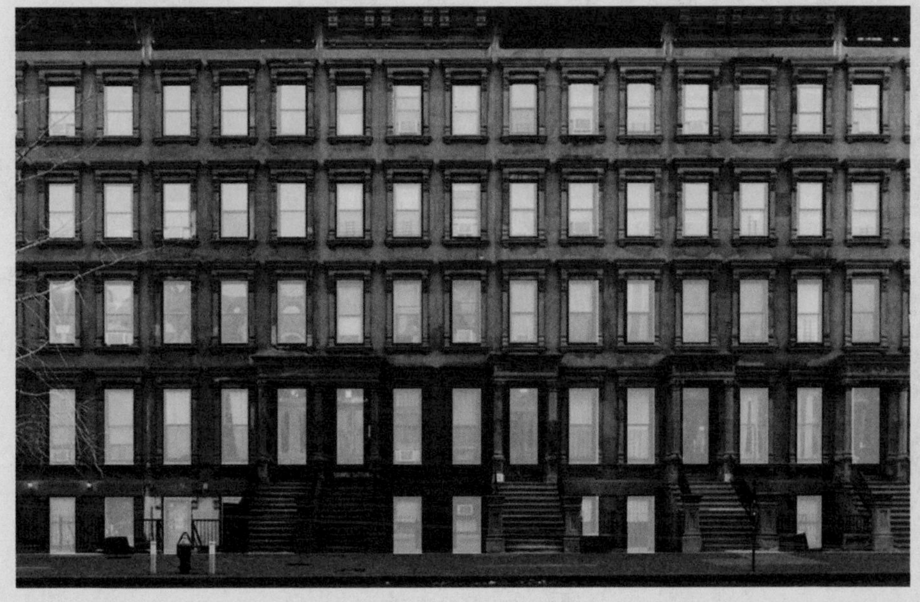

Inspiração da Fachada

Jardins da Arrábida

DATA_2019
LOCALIZAÇÃO_Vila Nova de Gaia, Portugal
TIPO_Adjudicação
COLABORAÇÃO_A400, Fusão, P4
FASE_Em curso, Licenciamento

Jardins da Arrábida

Habitares versáveis com flexibilidade e perenidade

Planta de Implantação

Envolvidas por morfologias caracterizadas pela sua densidade e diversidade, sem um planeamento e ordenamento coerente, rodeadas de serviços e usos habitacionais, hotéis e centros comerciais, de acessibilidades à IC1 ou A1 na proximidade da Ponte da Arrábida, as inserções completam uma das unidades residenciais e comerciais ali existentes. A actuação observa o existente e promove acções de colmatação e consolidação da operação interrompida nos anos 80 do século XX. Atenta à orientação, iluminação e ventilação natural, completa os vazios habitacionais com uma estratégia regular e modular, especialmente cuidada na qualificação espacial e ambiental do espaço público e na racionalização central e perimetral das acessibilidades. Conciliam-se tipologias destinadas a agregados familiares diversos e habitares de maior ou menor permanência de uma ou mais frentes. A unidade estrutural alberga uma diversidade formal que acusa a variação organizativa e distributiva dos fogos. Um vocabulário formal modulador e disciplinador regula a intervenção, tanto exterior como interiormente. Esta racionalização estrutural e formal cunha o lugar com uma hegemonia capaz de se estabelecer e absorver o existente. Criam-se relações e proporções de vizinhança importantes para a contemporaneidade, partilhadas e alimentadas respectivamente pelos volumes adicionados e herdados. Jardins modulares e lineares verticais introduzem um discurso de mutabilidade na regularidade formal e material inevitável. Molduras estruturais acondicionam habitares versáveis com materiais que expressam flexibilidade e perenidade.

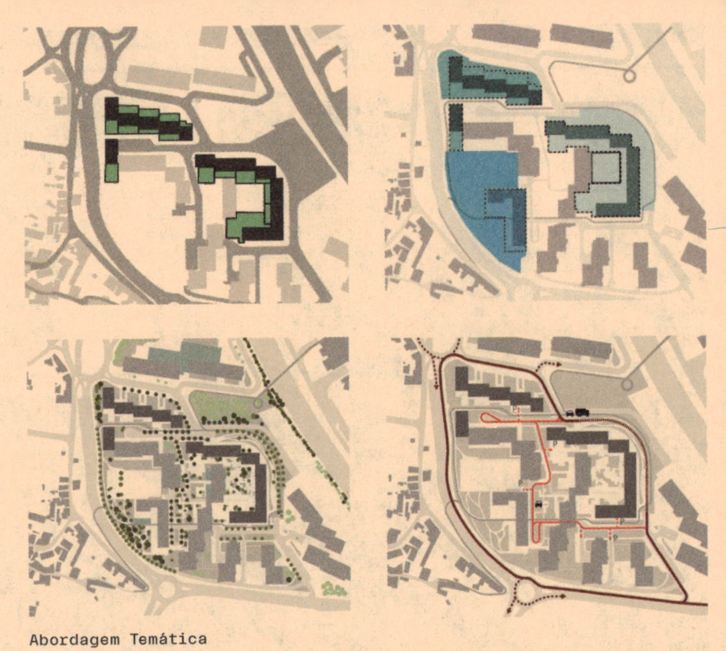

Abordagem Temática

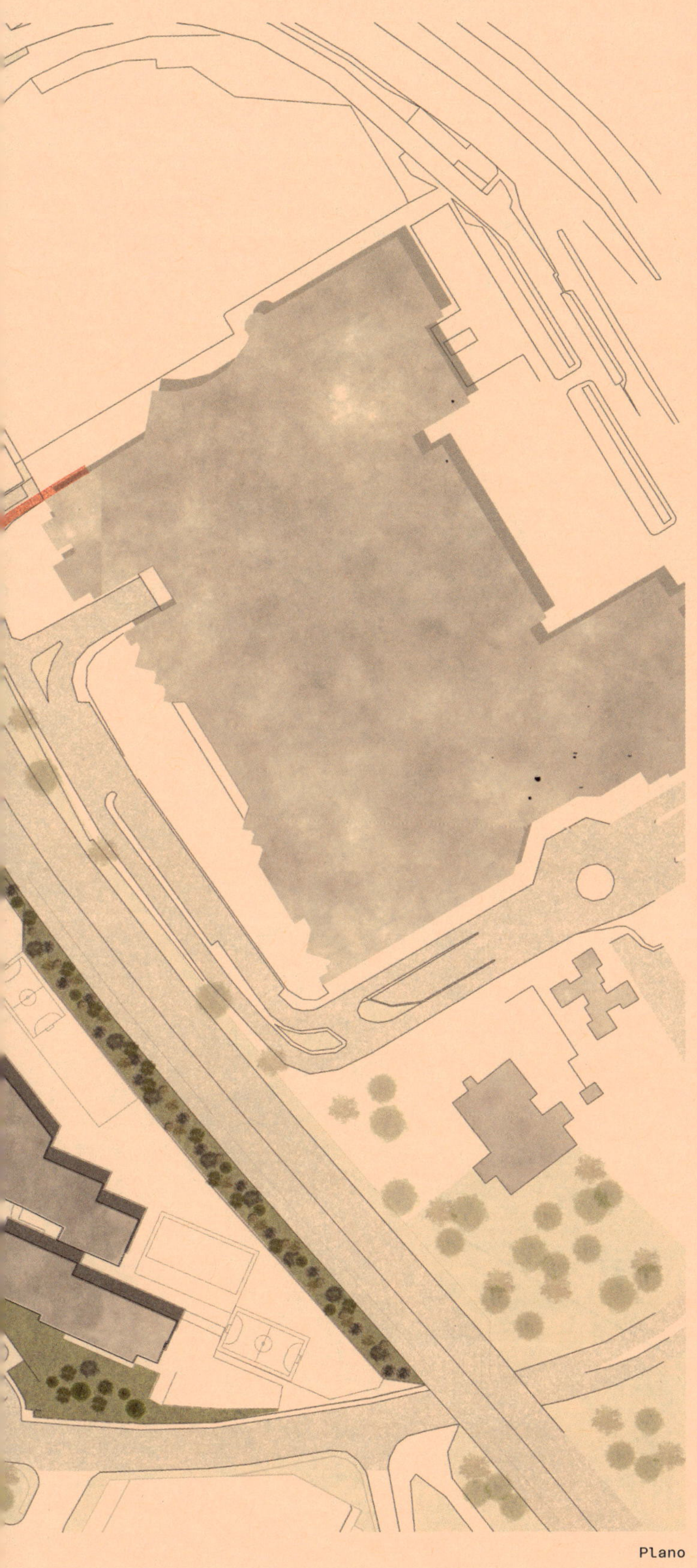

Plano

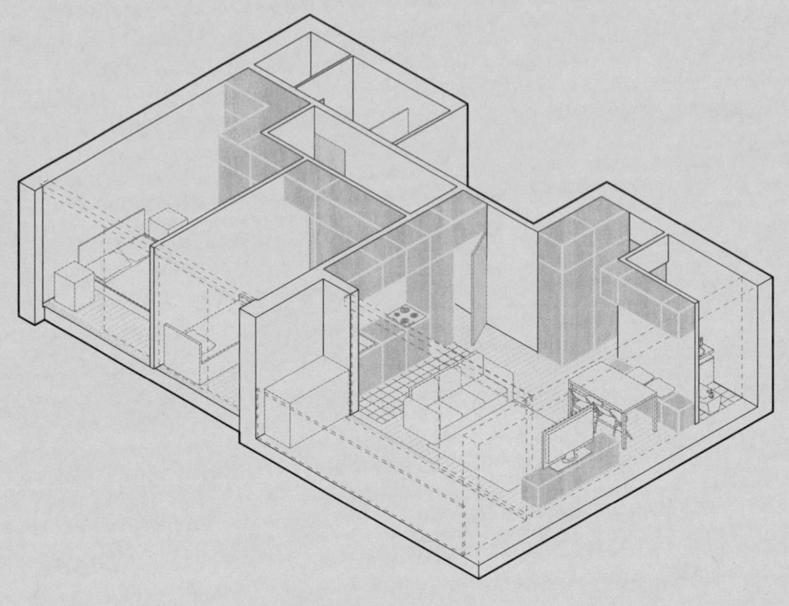

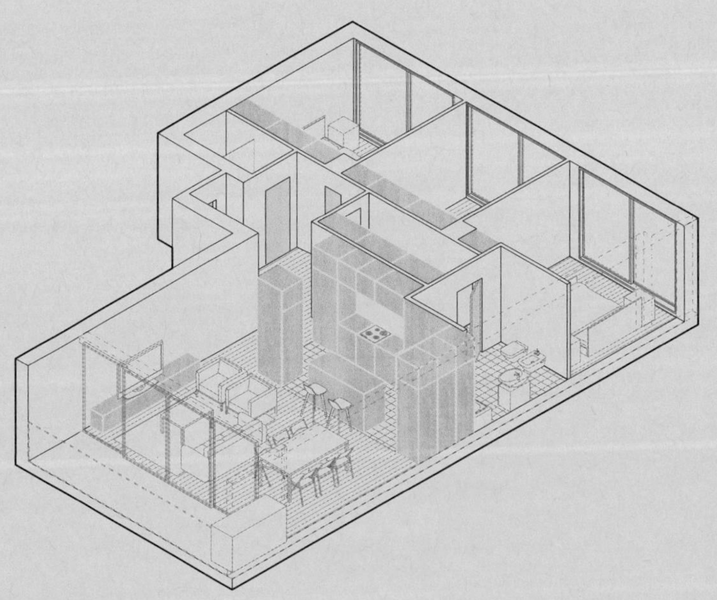

Tipologias Familiares

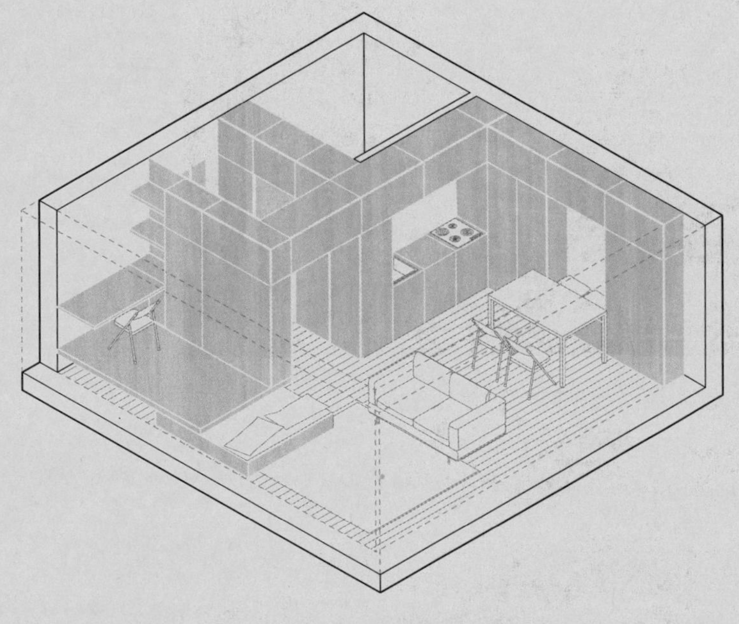

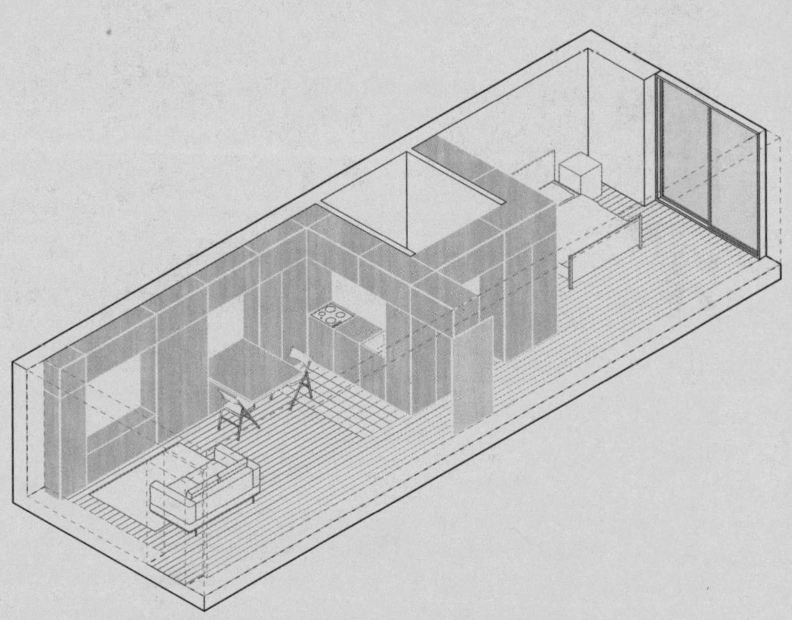

Tipologias para Estudantes

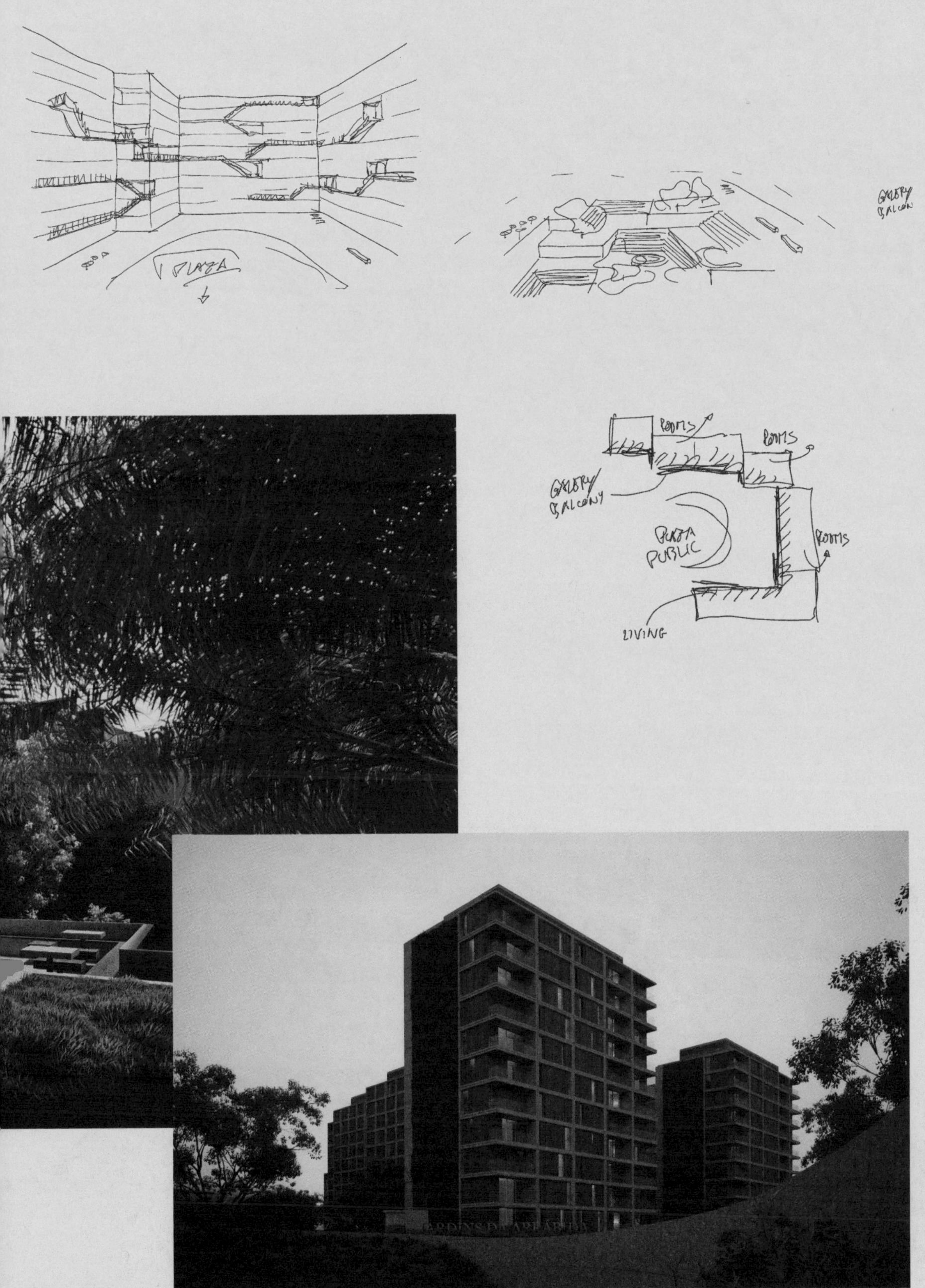
PLAZA
GALLERY BALCONY
ROOMS
ROOMS
GALLERY BALCONY
PLAZA PUBLIC
ROOMS
LIVING

Moagem

DATA_2020
LOCALIZAÇÃO_Porto, Portugal
TIPO_Adjudicação
COLABORAÇÃO_Fusão, P4
FASE_Em curso, Licenciamento

Moagem

Unidade entre racionalidade industrial e organicidade empresarial

Planta de Implantação

Campanhã acusa hoje, ainda, com espontaneidade e ruralidade, as quintas e solares de veraneio localizadas nas encostas iluminadas e ventiladas do Rio Douro, com vistas a Poente e Nascente proporcionadas pelo seu curso ondulado. Acusa também a fixação e transformação industrial do território no século XIX, incrementada pelos proprietários dessas quintas e solares, e facilitada pela chegada do caminho-de-ferro. A Quinta da Moagem acolhe agora uma empresa líder na construção e gestão de infra-estruturas em todo o mundo, expurgando da parcela as edificações e adições desqualificadas. A estruturação e conciliação de dois programas cria usos partilhados e projectados à vista, em progressão entre a cota inferior e superior, entre uma base ligante e estruturante comum e os corpos individualizados e destinados a serviços que emergem da parcela. Os usos públicos – cafetaria, restaurantes, auditórios e multiúsos – e os espaços destinados à gestão e administração observam o sol e o rio a Sul. O volume central e racional preservado distingue-se dos corpos longitudinais e perimetrais, gerados por uma organicidade morfológica e topográfica. Há, no entanto, uma unidade linguística e temática onde a abstracção rítmica do existente contamina o todo com homogeneidade e densidade. Utilizam-se texturas para denunciar o existente com depuração e discrição. Entre esta organicidade surgem vazios vegetais e naturais que evocam o passado.

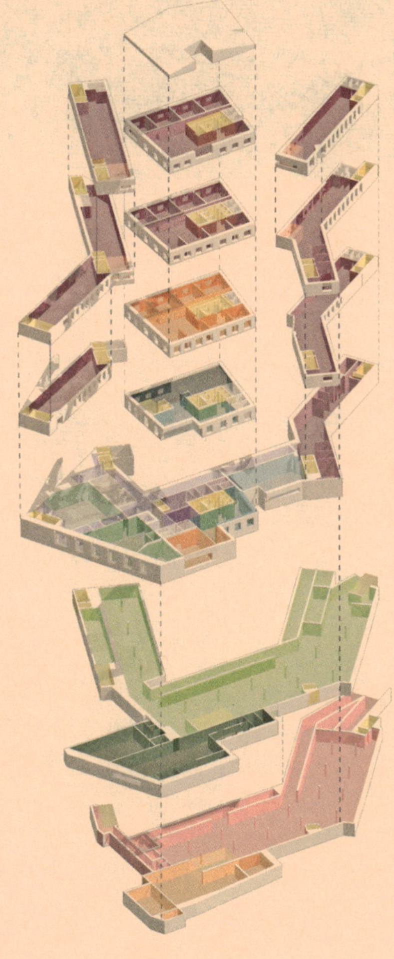

Axonometria do Programa

Diagrama Conceptual,
Abordagem e Desenvolvimento

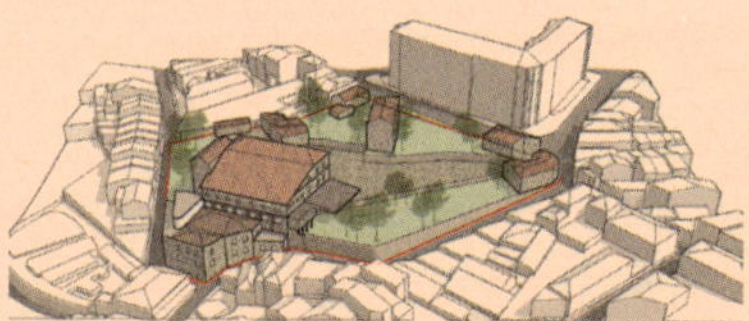

Ruínas

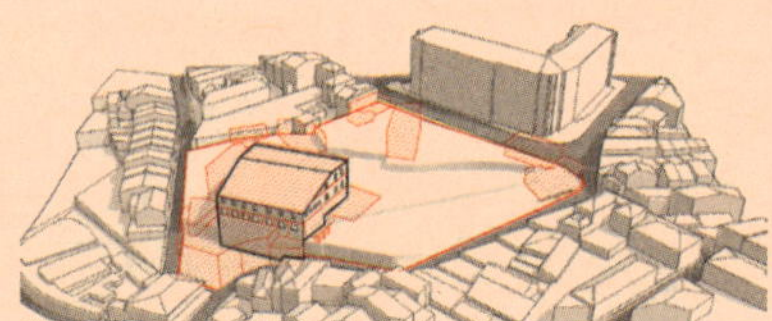

Demolição e Síntese

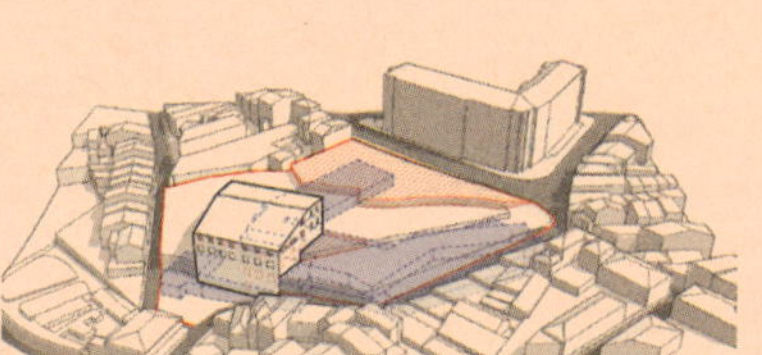

Pódio e Acessos

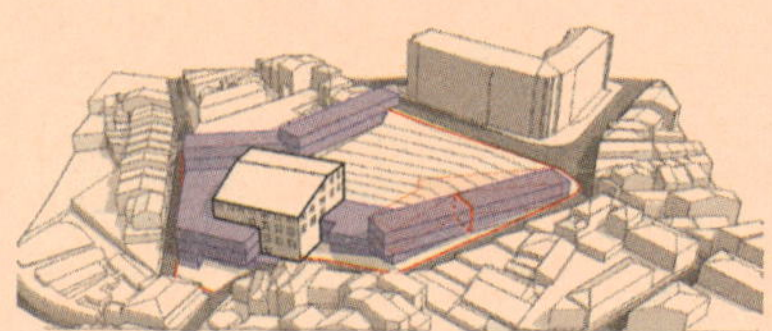

Volumetrias

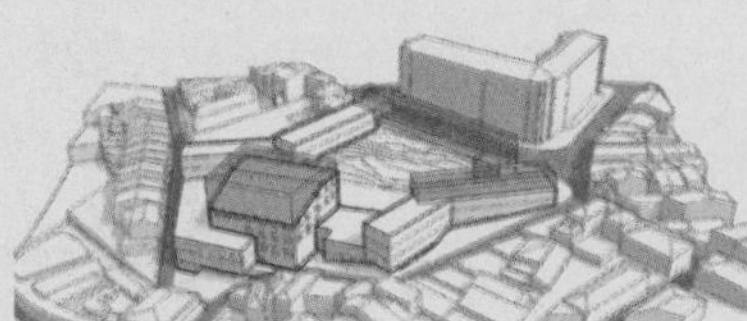

Composição e Adição

Excepções e Remates

Modelação das Fachadas

Proposta

Maqueta Conceptual

4. SEGUNDA VIDA

PAUL VALÉRY E A DESCONTINUIDADE E DURABILIDADE DE UMA OBRA

Intro

O património é, hoje, objecto de interesse público, mediático e turístico. Agrega, por isso, ambições estratégicas, económicas, sociais e culturais com desígnios raramente convergentes ou inocentes. Importa, assim, preservar a verdade e capacidade evocativa da herança, respeitando-lhe ou alterando-lhe os usos e introduzindo-lhe exigências técnicas e estéticas. Gere-se, ainda, entre a cultura genérica e a específica, uma nostalgia colectiva associada à necessidade de autenticidade. O património é, hoje, também, um produto rentável e exportável, um palco cultural e social.

Perante a dimensão cultural e instrumental da matéria-prima existente, com as suas erosões estruturais ou funcionais, o colectivo OODA desenvolve dois *modus operandi* capazes de, com lealdade e vitalidade disciplinar, introduzir imunologias capazes de proporcionar-lhe segundas e outras vidas adicionais.

Uma postura, mais conservadora e menos transformadora, sem travestismo funcional ou formal, decorre da reabilitação e legitimação de vigamentos ou travamentos, tabiques ou estuques, vãos, tectos desenhados e trabalhados. A investigação e manutenção da sua materialidade coincide com a integridade da renovação morfológica e tipológica que resiste com ou sem manutenção de usos. As opções funcionais e dimensionais tomadas são incontestáveis, proporcionadas e ajustadas ao existente porque estão sustentadas na matriz herdada e trabalhada.

Há uma conciliação de materiais patrimoniais e naturais, texturados ou não, onde convivem cantarias, azulejos, ardósias, chapas onduladas ou caneladas.

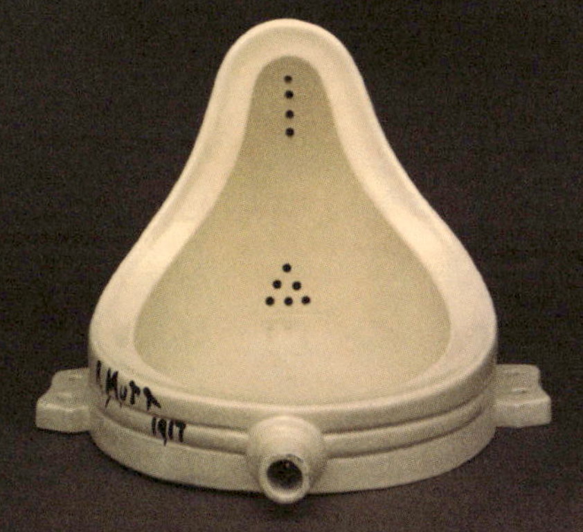

Importa ainda elogiar a actualização e inserção meticulosa das infra-estruturas hidráulicas, elétricas e mecânicas. Tratam-se de metamorfoses acrescentadas e continuadas sem contradições, onde as intervenções, próximas da escola italiana de Camillo Boito e Gustavo Giovannoni, constituem um instrumento simultaneamente crítico e histórico sobre esta especificidade, como se verifica em D. Manuel II de 2010, Lóios de 2013, Santa Catarina de 2015 e Alcochete Hotel de 2017.
Outra defende a sua transformação e devolução à actualidade, ao criar oportunidades conciliadoras e animadoras e ao implantar a contemporaneidade desenhando, acrescentando e alojando novos volumes. Hoje, vivemos tempos de transformação e actualização constantes onde as intervenções, sempre que possível e viável, devem ser reversíveis ou adaptáveis.
As suas actuações e transformações de uso, menos fundamentalistas e formalistas que habitualmente, são elásticas e eclécticas, com prazos de validade maiores, permanecendo atentas aos amigos do património que temem a falsidade e a irreversibilidade. Importa, por isso, ler ou reler o fluir da memória comum, explicitando as aposições e sobreposições convictamente adicionadas. No Language Museum 1 e no Lycée Français Extension de 2017, no Matadouro de 2018 e na Fábrica de Conservas de 2019 resistem à variedade barroca de visões e concepções submetidas à ditadura da imagem. Recusam, ainda, condenar e transformar valores herdados em cenários temáticos ou lúdicos.
A percepção e a concepção patrimonial do colectivo OODA constituem uma lição metodológica e disciplinarmente útil, sustentada no restabelecimento da unidade potencial e universal da arquitectura. Assumem, por isso, rupturas com dogmas redutores ou limitadores, tantas vezes hostis à arquitectura, acreditando que o tempo acrescentado e o espaço manipulado em património é, apenas, mais um. Paul Valéry defende em Apontamentos: Arte, Literatura, Política e Outros que a duração das obras corresponde à sua capacidade de ser útil. É, por isso, descontínua, como aconteceu com Virgílio que, durante séculos, serviu para nada.

Inês Moreira "Acho intrigante como é que dois equipamentos semelhantes (Matadouro e Fábrica de Conservas), edifícios industriais de grande escala nas zonas limítrofes da cidade, têm soluções tão opostas."

Nuno Grande "Acho discutível camuflar, quer o Matadouro quer a extensão do Museu Calouste Gulbenkian."

D. Manuel II

DATA_2010
LOCALIZAÇÃO_Porto, Portugal
TIPO_Adjudicação
COLABORAÇÃO_ASPP
FOTOGRAFIA_João Morgado
FASE_Construído

D. Manuel II

Evolução tipológica e tectónica

O imóvel integra a transformação urbanística e arquitectónica gerida por Francisco de Almada e Mendonça e ocorrida nos séculos XVIII e XIX. Contíguo ao Museu Nacional Soares dos Reis, antigo Palácio dos Carrancas, a geminação de dois lotes do parcelamento do Porto permite a criação de uma excepção com expressão no alçado da rua. A actuação valida os vãos existentes nos alçados anterior e posterior, associando-os a unidades de habitação mínima, com acessos verticais centrais agregados às infra-estruturas sanitárias. O desnível entre o espaço público e o logradouro cria acessos diferenciados e hierarquizados. A habitação replica-se nos quatro pisos iguais no alçado principal, e surge com excepções nos pisos inferiores e superior de remate, onde o vão da cobertura proporciona uma versatilidade espacial e funcional maior. A junção descrita possibilita a separação dos acessos e a criação de uma passagem de veículos para o logradouro que se relaciona, agora, com o novo acesso ao elevador e à escada. Criam-se dois tempos de utilização e de aproximação ao imóvel, importantes para a narrativa da arquitectura. A tipologia dispõe de dispositivos de flexibilidade e versatilidade, temas enunciados e desejados na contemporaneidade. Entre a conservação da identidade urbana e as aposições e acções mínimas em escadas e cozinhas, entre outras, assume-se o tempo na evolução da componente tipológica e tectónica.

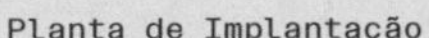

Planta de Implantação

"D. Manuel II foi o nosso primeiro grande projecto e a nossa primeira grande obra de reabilitação, primeira grande fonte de rendimento do escritório. Um tempo diferente, quando praticamente só estávamos eu e o Rodrigo e procurámos testar tudo incessantemente até ao pormenor. Foi um caso muito laboratorial, no qual experimentámos mais de 100 escadas diferentes."

Diogo Brito

Maqueta de Estudo

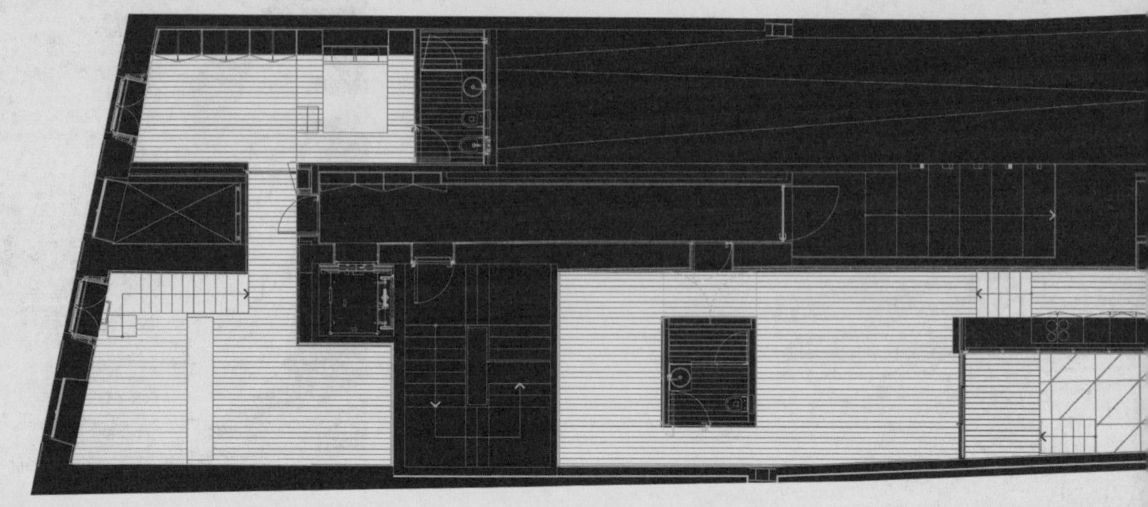

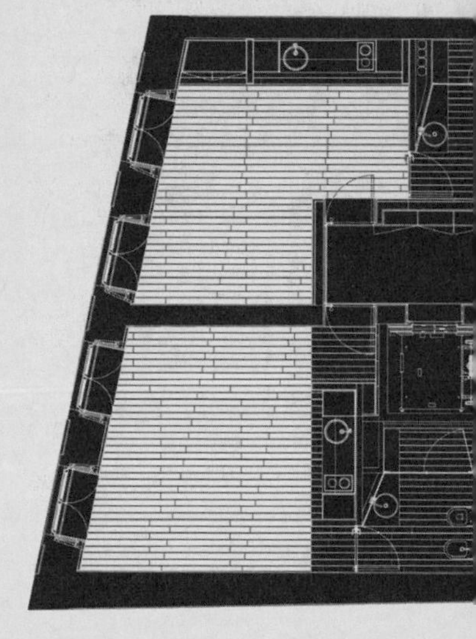

Plantas

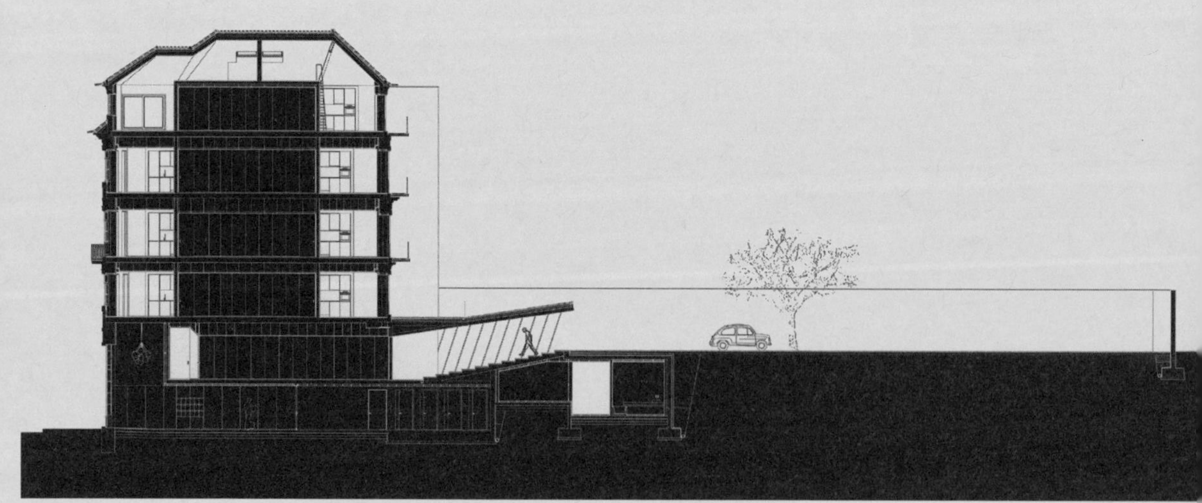

Cortes

2 A

"Procurámos resolver os problemas
causados por uma intervenção
bastante atípica, ocorrida nos anos
80, devolvendo o edifício a uma
identidade perdida, combinando
as características de construção
da sua época original (século XIX)
com soluções construtivas
e programáticas contemporâneas."

Rodrigo Vilas-Boas

Lóios

DATA_2013
LOCALIZAÇÃO_Porto, Portugal
TIPO_Adjudicação
COLABORAÇÃO_CCAD, Gatengel, Noraqua, Paulo Queirós de Faria
FOTOGRAFIA_João Morgado
FASE_Construído

Lóios

Renovação histórica e utilização turística

As duas parcelas estão inseridas no Quarteirão Cardosas recentemente intervencionado pela Sociedade de Reabilitação Urbana que, entre diversas acções estratégias e urbanísticas, criou uma praça no interior do quarteirão, e estão centradas no Largo dos Lóios, testemunho da antiga porta de Santo Elói na Muralha Fernandina do Porto. Preservado o invólucro e a espinha dorsal herdados, libertadas as plantas nas duas frentes iluminadas e ventiladas, o tema interpreta a ideia de indústria da construção comum aos sistemas e subsistemas da edificação burguesa e às estruturas e subestruturas actuais.

Destinadas a espaços comerciais no piso térreo, nomeadamente restauração, e a habitares temporários para turismo, instalam-se *boxes* polivalentes nos usos e nas infra-estruturas, concentrando cozinhas e instalações sanitárias. A versatilidade e mutabilidade são marcas evidentes e presentes nos volumes ocupantes que, perfurados, contaminam-se pelos azulejos igualmente modulares e com evocações da história e memória colectiva. Os contentores recuperados e os invasores instalados, industrializados e pixelizados, coexistem. Os volumes condensam funções que libertam a planta. Contaminados pelo *design*, constituem-se um *le cabanon* que permite, na mesma secção, sentar, estar, deitar, trabalhar, arrumar, entre outras necessidades. Nos estúdios frontais, as instalações sanitárias agregam-se às circulações verticais centrais. No tardoz, juntam-se às *boxes*. Conciliam-se valores de utilização e renovação motivados pela vaga turística e animados pela histórica.

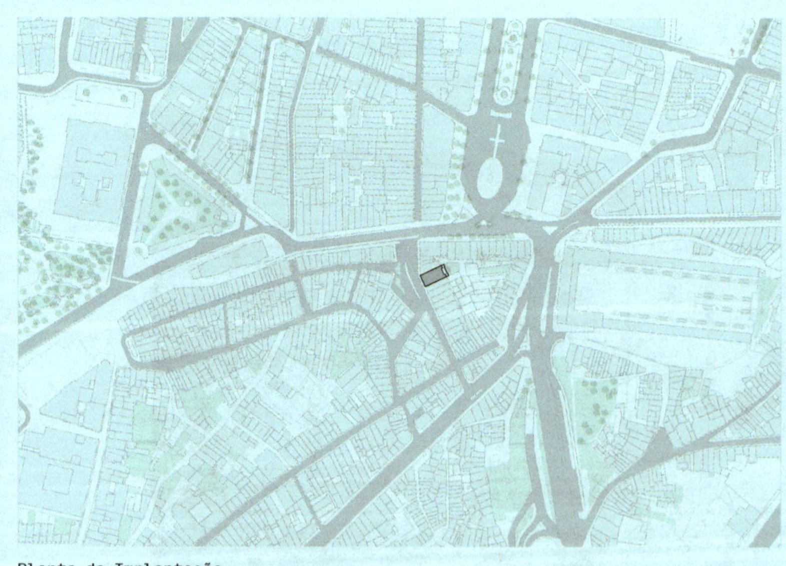

Planta de Implantação

Existente

Vista da Varanda

Alçado Frontal

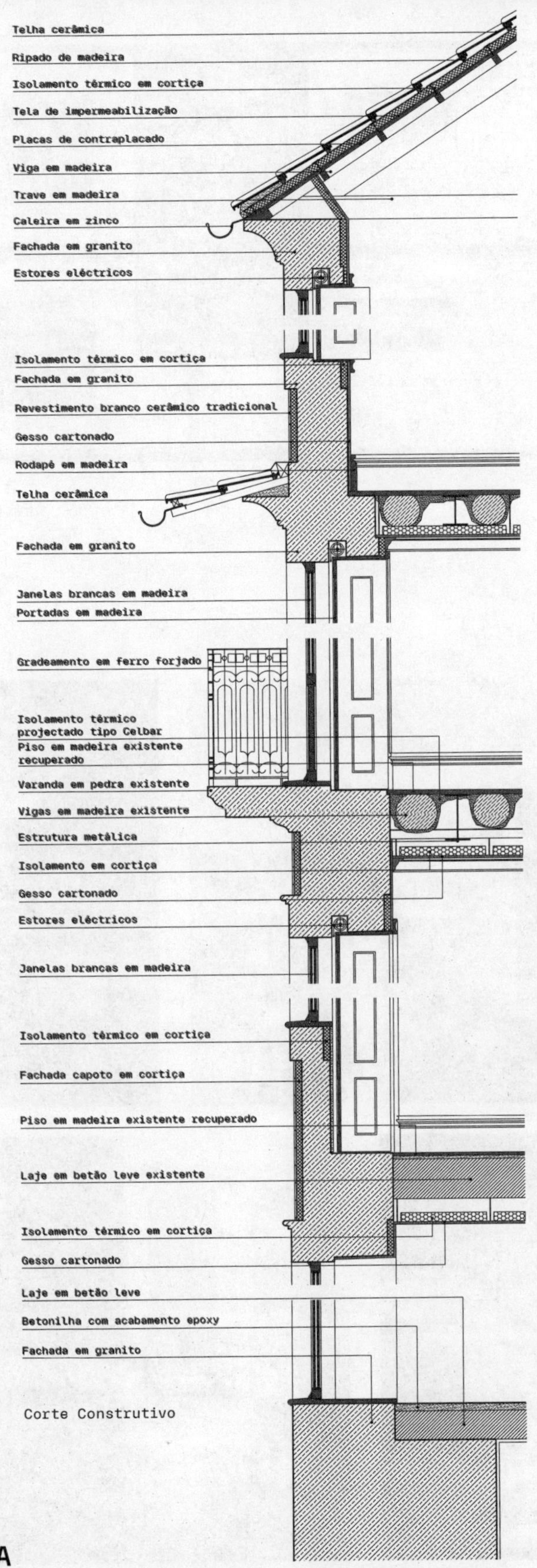

Corte Construtivo

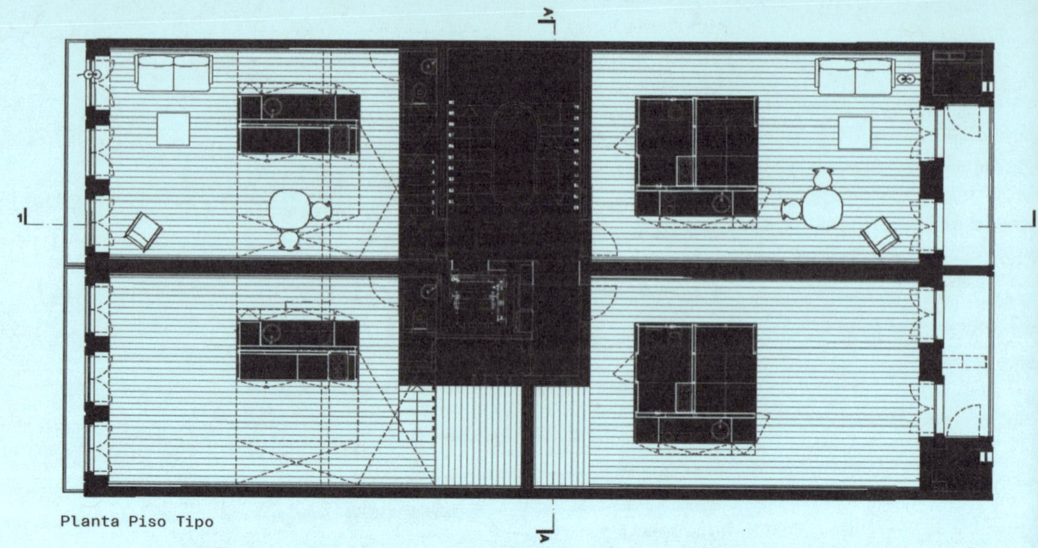

Planta Piso Tipo

"Enquanto arquitectos, o projecto nos Lóios fez-nos crescer imenso. Desenhado de fio a pavio, foi importantíssimo para nós, principalmente no campo da construção e da reabilitação."

Francisco Lencastre

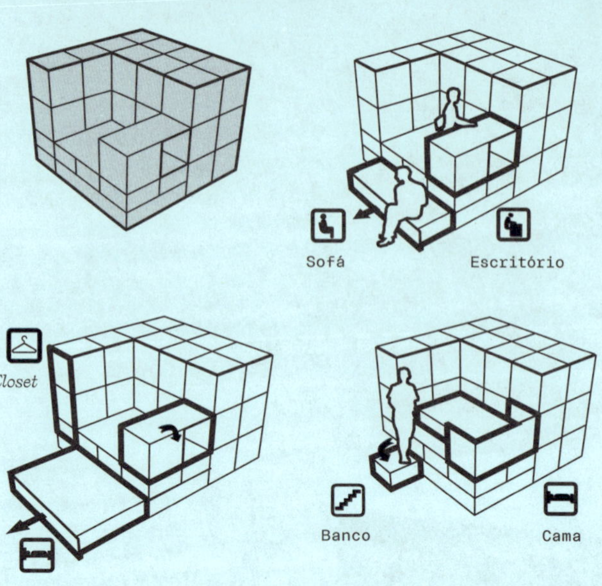

Diagrama Conceptual do Módulo

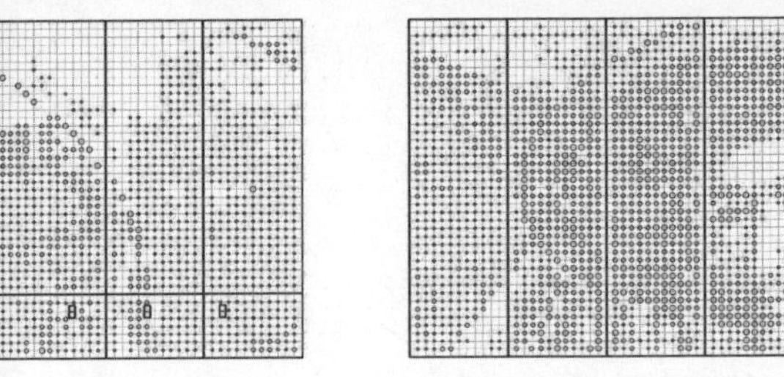
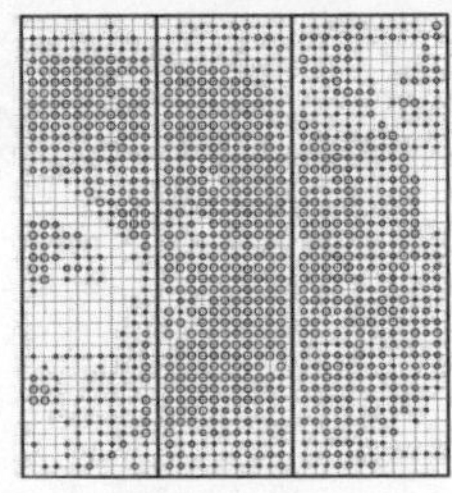
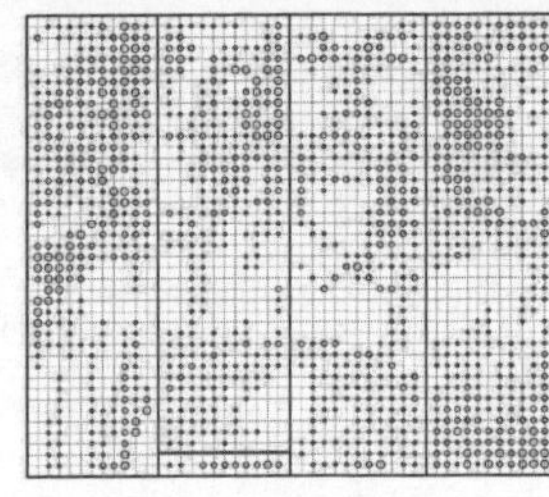
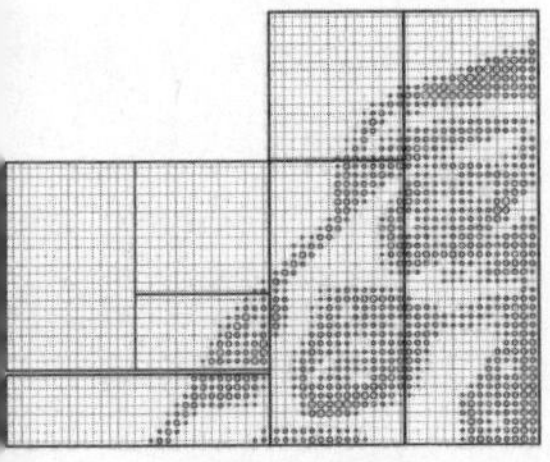

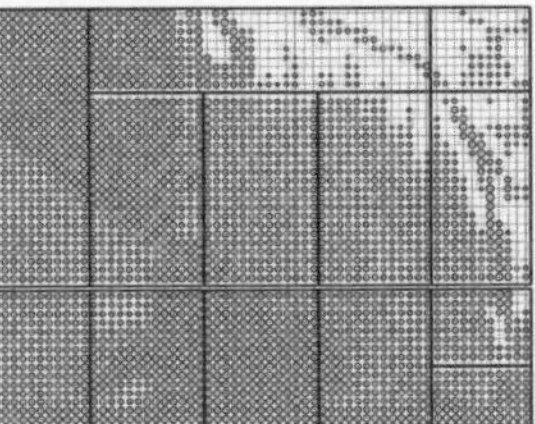
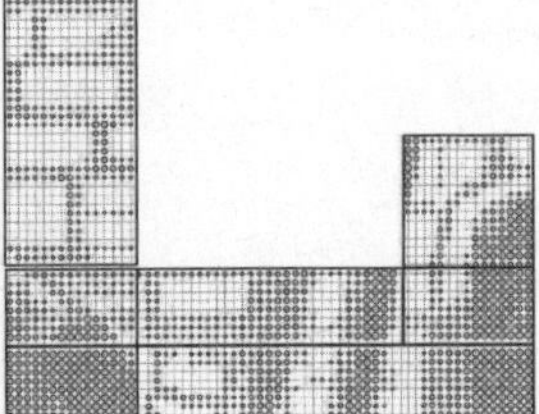

Detalhe da Perfuração do Módulo

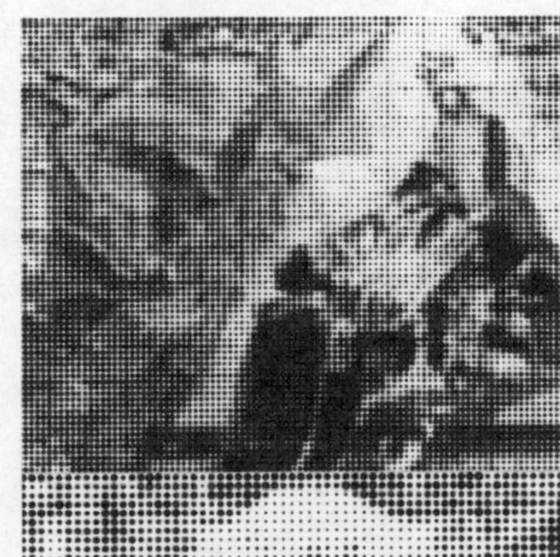

Santa Catarina

DATA_2015
LOCALIZAÇÃO_Porto, Portugal
TIPO_Adjudicação
COLABORAÇÃO_LAIII
FOTOGRAFIA_João Morgado
FASE_Construído

Santa Catarina

Um tempo com tempos distintos

A parcela atípica, fruto da sua localização de excepção e transição para a Praça do Marquês de Pombal, está localizada em estrutura urbana consolidada.
A geometria de acerto entre a rua e a praça permite que o ângulo obtuso que se instala no tardoz possibilite operações de diferenciação e desmaterialização com vazios e cheios de gestão da empena. Entre a manutenção e recuperação integral do alçado frontal e a preservação e transformação do posterior, a acção fixa os acessos verticais e centrais da planta para dividir cada piso em dois fogos.
As habitações, entre a perenidade do conservado e a temporalidade dos habitares actuais, vive de uma flexibilidade e permeabilidade, à qual se juntam valores de iluminação e ventilação. O preenchimento do vazio posterior cria variações e mutações de uso importantes para o presente.
A Poente, o tardoz interpreta o existente para o ampliar com actualidade e materialidade própria, inspirada nos revestimentos ondulados tradicionais das empenas do Porto, adoptando-se o material com a verdade e expressividade do mesmo. À repetição da construção tradicional opõe-se a variação da organização actual. Interiormente, geometrias puras modelam sistemas e subsistemas tradicionais, em reminiscências nostálgicas diferenciadas e qualificadas para o espaço que se oferece.
Às perspectivas fixas dos tramos recuperados, juntam-se outras diagonais e transversais dinâmicas, capazes de unificar, conciliar e atravessar tempos distintos.

Planta de Implantação

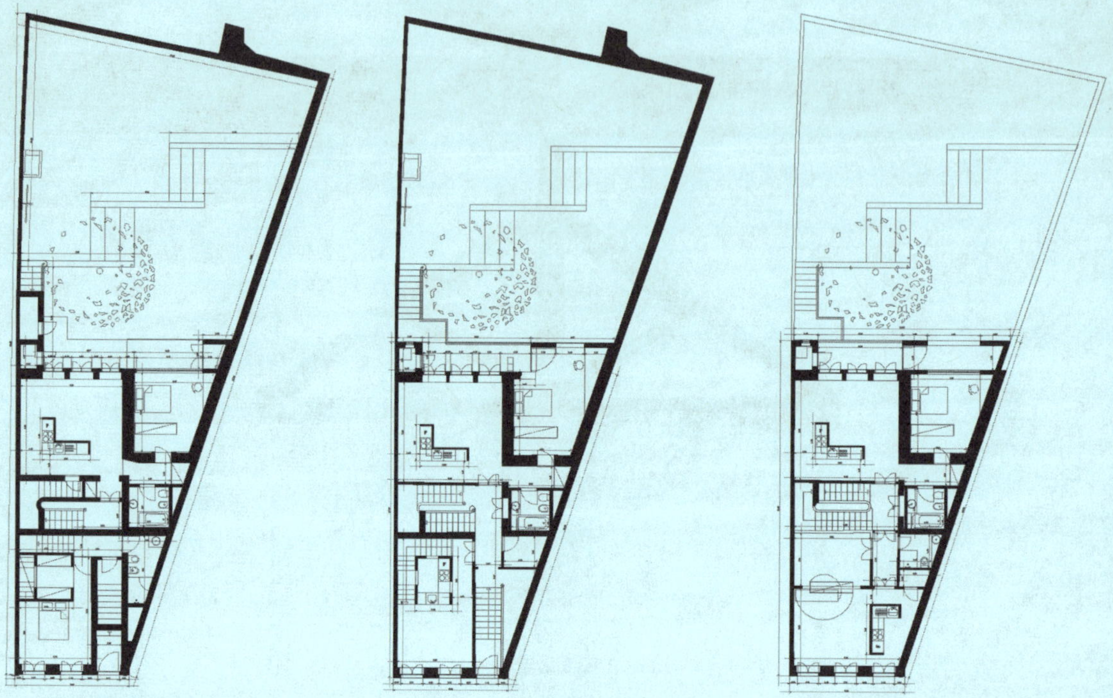

Plantas

Fachada Posterior

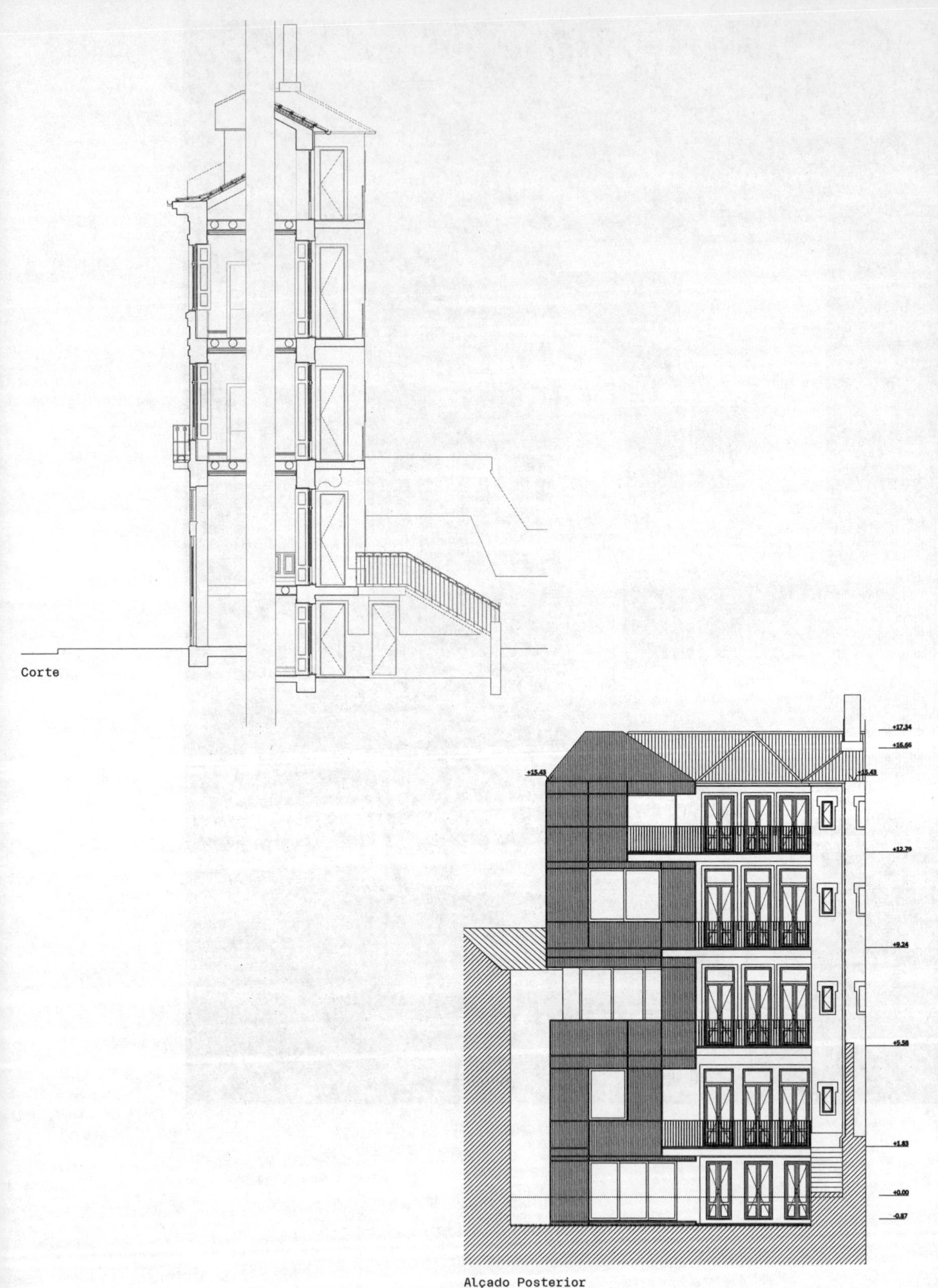

Corte

Alçado Posterior

Language Museum 1

DATA_2017
LOCALIZAÇÃO_Bragança, Portugal
TIPO_Concurso Internacional
COLABORAÇÃO_Cariátides, Miguel Palmeiro Design, Mimesis
FASE_Ideia

Language Museum 1

Legitimação e qualificação patrimonial como matéria-prima

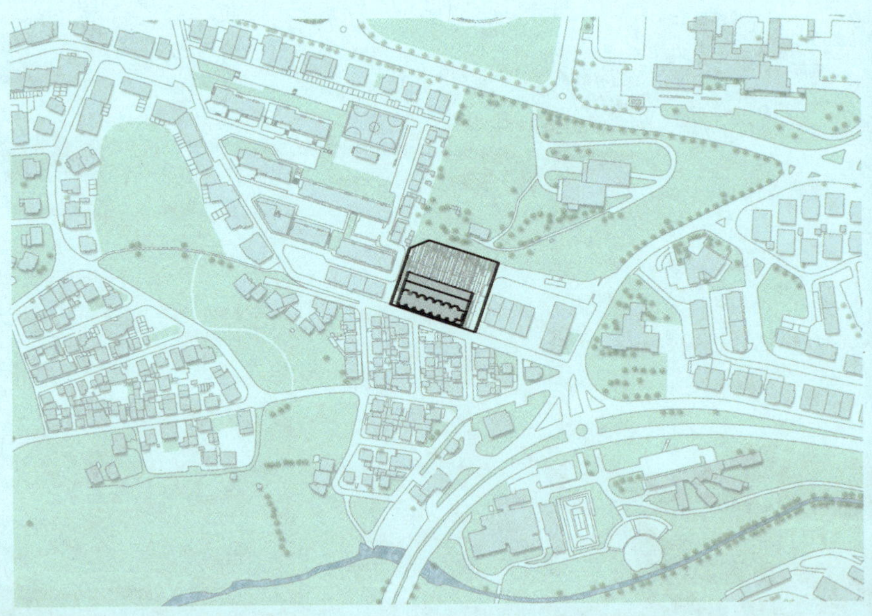

Planta de Implantação

Um território desqualificado e diversificado nos usos e oportunidades mantém os silos da Empresa Pública de Abastecimento de Cereais, destinados anteriormente a residência universitária do Instituto Politécnico de Bragança e agora, promovido pela Câmara Municipal de Bragança, a Museu da Língua Portuguesa. Uma das estratégias apresentadas pelo colectivo OODA ao concurso internacional de ideias passa por adoptar a especificidade da forma para potenciar a singularidade do uso, através de um exercício de grande amplitude disciplinar de legitimação e qualificação patrimonial como matéria-prima. Os silos são destinados a usos colectivos e expositivos. Corpos adossados e ocupados com programas de apoio destinam-se, inferiormente, ao acolhimento de utentes e tratamento de conteúdos e, superiormente, a exposições permanentes no capitel opalino de remate. O vazio entre a verticalidade do existente e a horizontalidade do topo recebe usos de restauração e visualização da paisagem mais distante. O silo central, equidistante na distribuição e da composição espacial, concentra o átrio e os acessos verticais. As adições destacam-se pela tenuidade dos volumes adicionados, em contraste com a densidade e opacidade dos silos existentes. Este desejo incorpóreo, virtual e imaterial, corporaliza a ideia de evocação e celebração da língua portuguesa com contemporaneidade e identidade. O lugar é carente de referências e valências importantes que a acção resgata na validação industrial e instrumental da arquitectura.

museu mu.z'ew
língua l'ĩ.gwɐ lhéngua
portuguesa por.tu.g'e.zɐ portuésa
SELF SERVICE
LAVAGEM AUTO

"Interessou-nos muito a ideia de justaposição e contraste entre a memória do lugar e as novas expectativas contemporâneas. Dessa forma, procurámos seguir a ideia de um museu-paisagem, como uma caixa-nuvem a levitar no topo onde se coloca a exposição permanente, sem restrições ao seu desenvolvimento e, em baixo, dentro do ambiente dos silos, colocámos a exposição temporária e as restantes áreas, com diferentes configurações, formas e geometrias que permitam aos visitantes revisitar distintamente o ambiente atraente e singular do seu passado industrial."

Diogo Brito

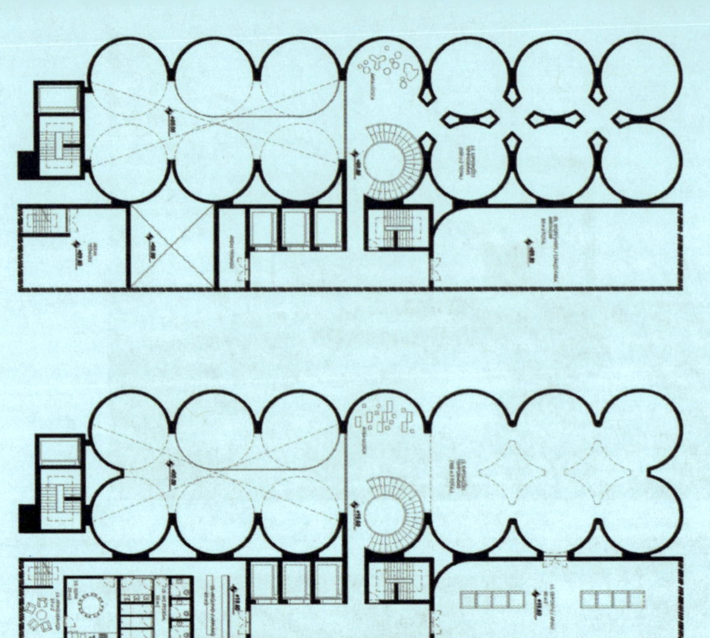

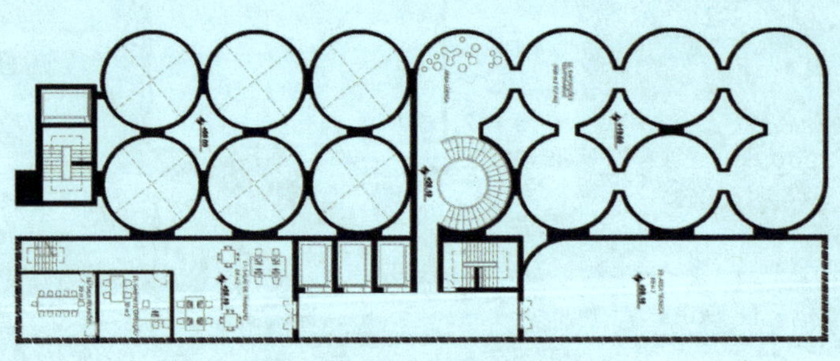

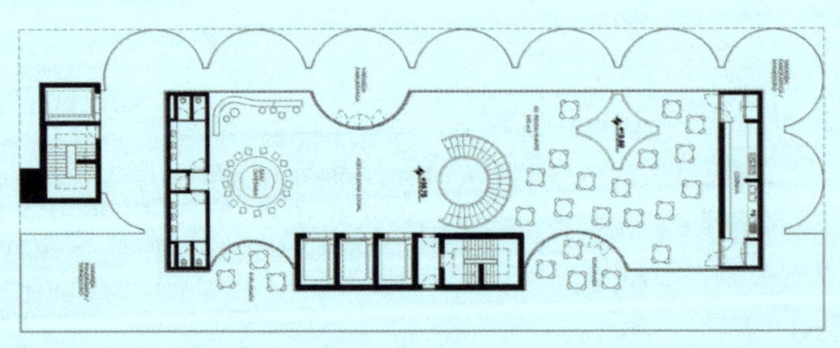

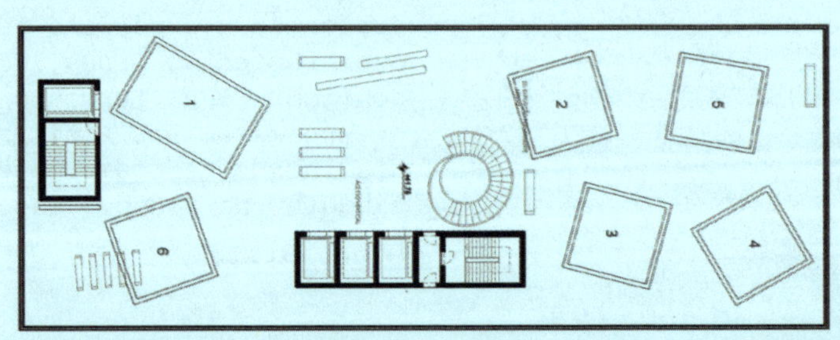

Plantas

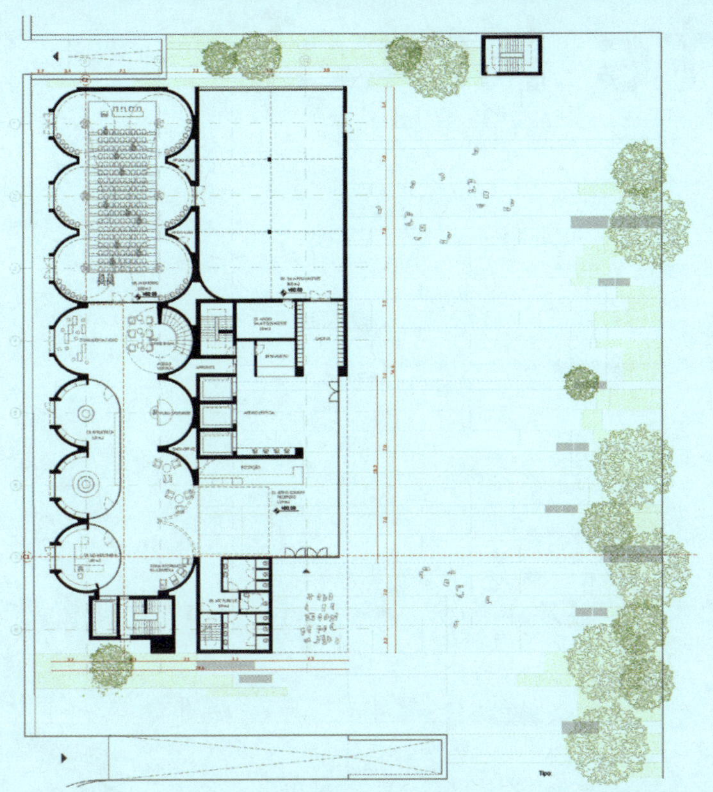

Entrada do Museu e Praça Pública

Alcochete Hotel

DATA_2017
LOCALIZAÇÃO_Alcochete, Portugal
TIPO_Adjudicação
COLABORAÇÃO_A3R, Niluft,
Alfaengenharia, RG4E, Fusão
FASE_Obra em curso

Alcochete Hotel

Preservação e criação de património

Três imóveis diferenciados e desqualificados, mas importantes para a unidade e estabilidade da marginal Norte de Alcochete, são obrigatoriamente conservados e reabilitados. À preservação sobrepõe-se, assim, a vontade e necessidade de criação de património, a partir da manipulação de valores existentes enquanto alegoria. Validam-se vãos e acrescenta-se valor plástico e tectónico ao todo que recebe, agora, um uso excepcional e especial para o lugar: hotel. Superiormente, uma adição de unidade e identidade temática incorpora a repetição e associação dos quartos, um exercício que se prolonga em altura e dobra para a cobertura inclinada com uma linguagem material e formal contemporânea, onde a tradição é a figuração da arquitectura. Obtêm-se assim três pisos com uma volumetria equilibrada e enquadrada na amplitude do Estuário do Tejo. O volume absorve os lotes associados, criando uma frente extensa útil à iluminação e ventilação dos quartos, com uma profundidade limitada. Esta linearidade origina a criação de acessos distanciados nos topos. As partes unem-se e fundem-se num todo que acrescenta valores patrimoniais e referenciais onde, antes, não existiam.

A obrigatoriedade de manutenção do existente acaba por ser a motivação e promoção de um devir. A materialidade gere os tempos herdado e adicionado, acusados na gradação material e formalmente enriquecida pelo contraste entre os paramentos rebocados e pintados inferiores e os texturados e vazados pelos tijolos maciços acrescentados na acção de completamento.

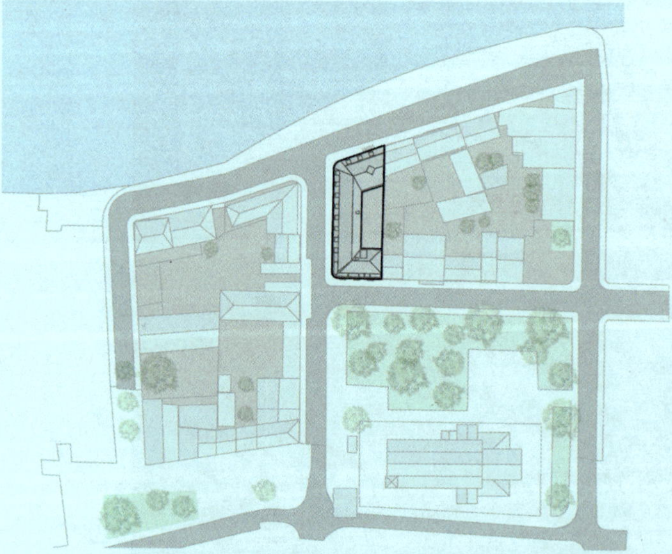

Planta de Implantação

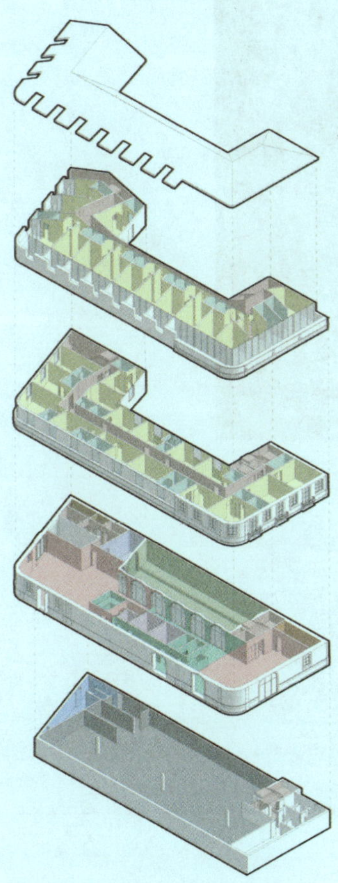

Axonometria do Programa

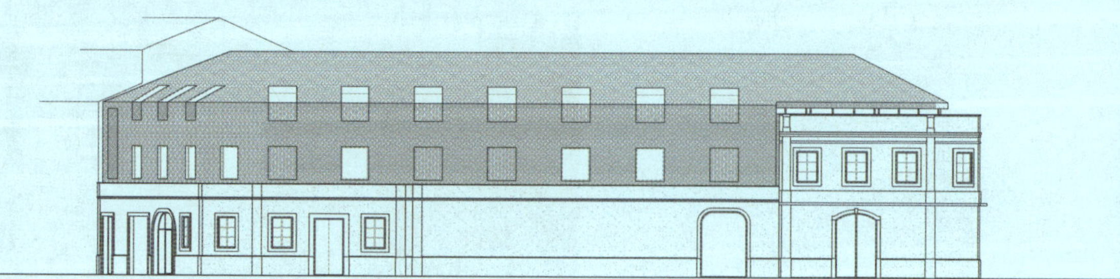

Alçado

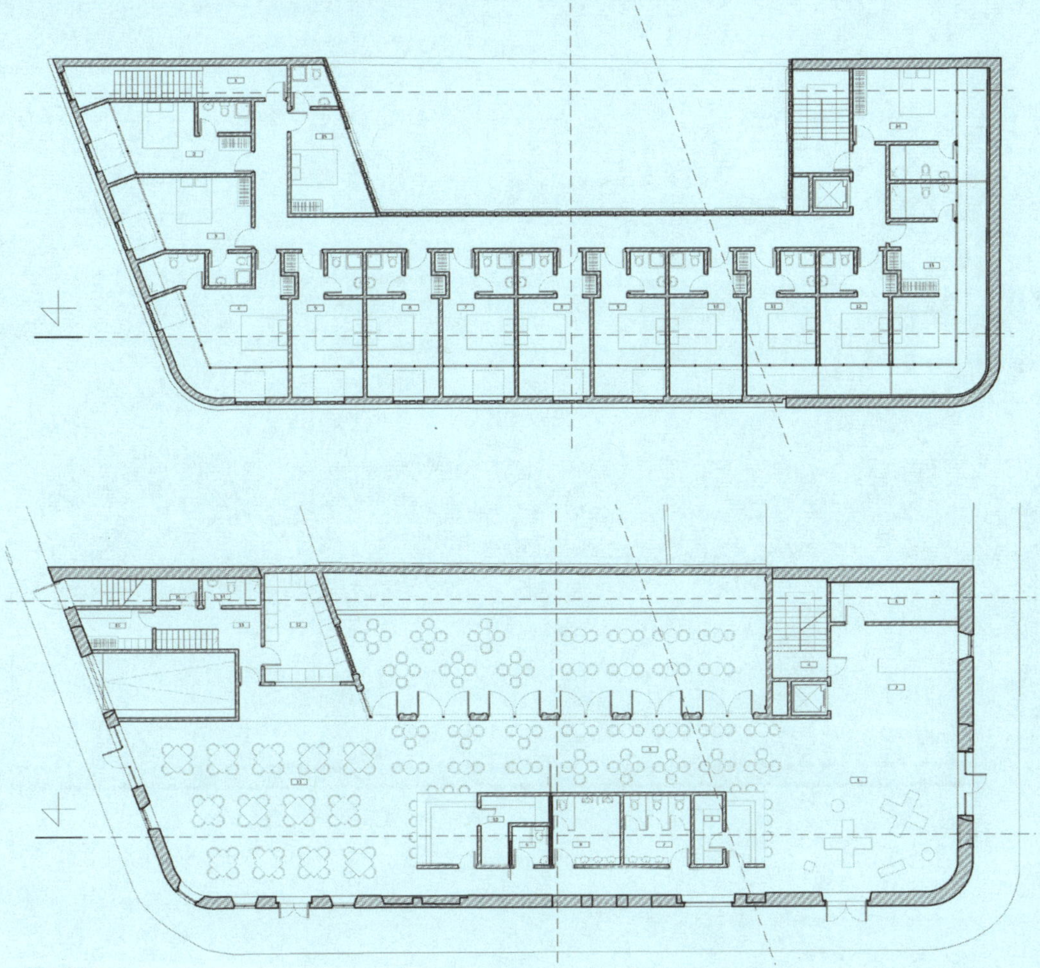

Plantas

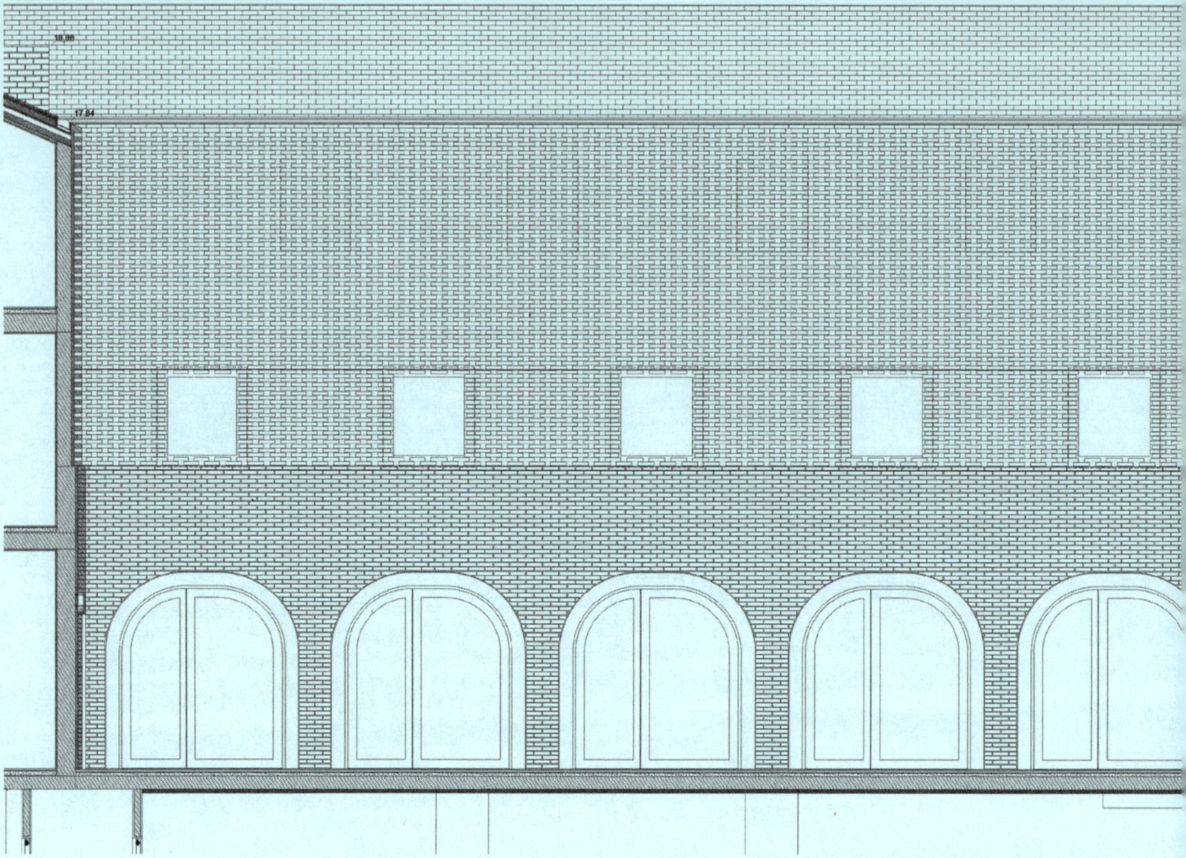

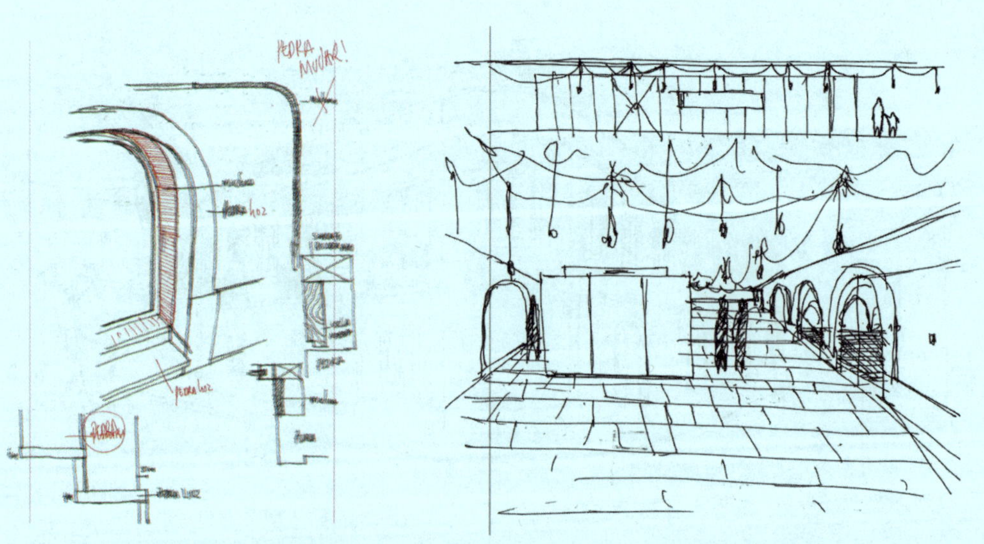
PEDRA
MUDAR!

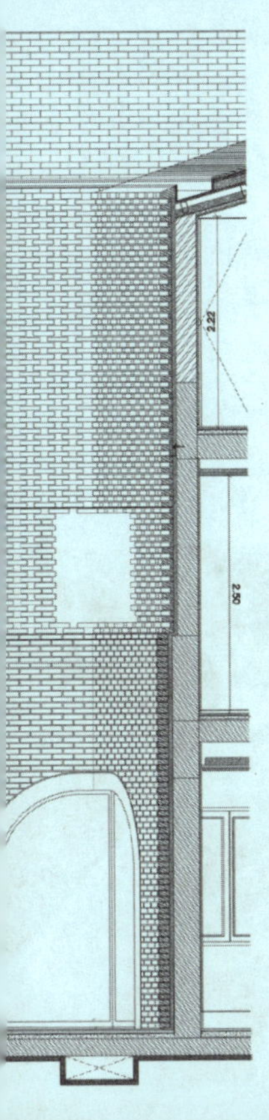

"O projecto resolve um novo programa, misturando camadas de diferentes épocas arquitectónicas, tentando sublinhar o carácter do lugar."

Rodrigo Vilas-Boas

É um dos meus eleitos, sobretudo pela sua materialidade. Fomos buscar o caiado e o tijolo. O nosso caiado desmaterializa-se e revela a nova pele de tijolo do edifício."

João Jesus

"Monte dos Judeus, Casa Harlem e Alcochete Hotel têm uma delicadeza na escala, no detalhe e na ligação a linguagens ou vernaculares ou históricas que surpreendem no conjunto de projectos."

Inês Moreira

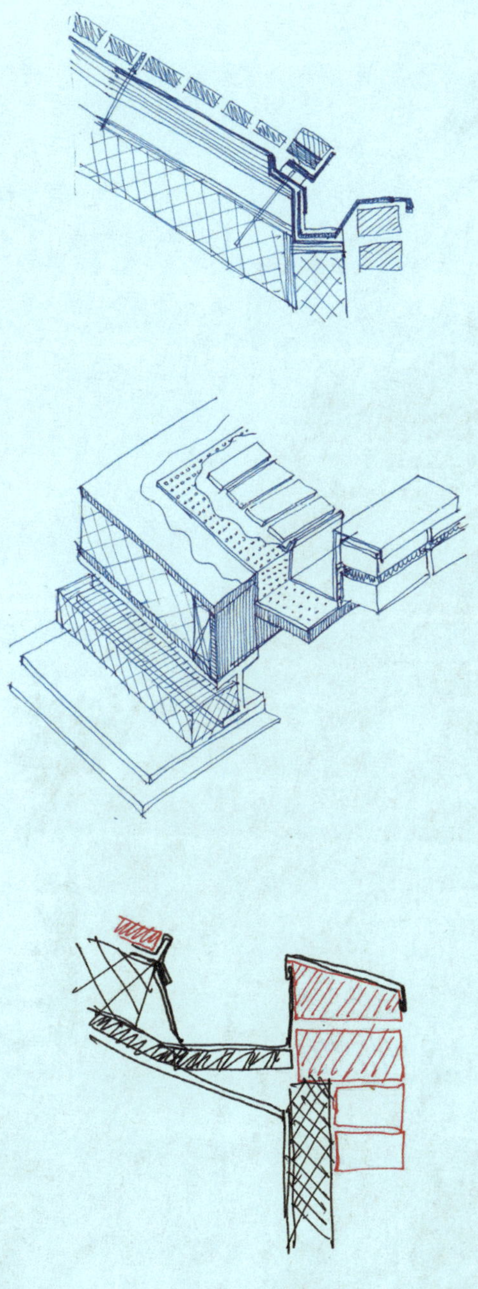

Lycée Français Extension

Com
Meandre ETC

DATA_2017
LOCALIZAÇÃO_Lisboa, Portugal
TIPO_Concurso Internacional, 1º prémio
PARCERIA_Meandre ETC, OODA
COLABORAÇÃO_Alto, Panorama, Real Light 3D
FASE_Concluído

Lycée Français Extension

Léxico herdado e interpretado

A ideia apresentada a concurso de ampliação do Lycée Français Charles Lepierre em Lisboa agrega-se aos corpos existentes e sucessivamente adicionados e assinados por diversos autores em diferentes tempos. Inicialmente desenhado por Michel Cuminal e Nikita de Groer, as adições do colectivo DODA, em associação com Meandre ETC, prosseguem o discurso dos pátios, com escalas referenciáveis e apropriáveis pelos estudantes, com proporções e utilizações ajustadas às diversas unidades de ensino. A implantação respeita a lição herdada, alternando com cheios e vazios de maior ou menor escala. Assumidamente extensão do existente, adopta a estratégia de afirmação e separação dos volumes, ligados por estruturas de permeabilidade e complementaridade entre pátios. A partir da Avenida Duarte Pacheco, a adição assume-se, com depuração e excepção, como fachada principal para a cidade. Os corpos adicionados alinham com o existente, mas produzem a rotação e deslocação necessária à marcação de uma entrada e ainda à gestão da iluminação e ventilação do interior da parcela. A racionalidade e a sobriedade que traduzem temas de repetição e modulação associados ao uso, são linguagem e imagem final, equilibrada pela atenção e absorção estilística do existente. Simultaneamente racionais e actuais no léxico, os volumes esclarecem o tempo herdado e o interpretado.

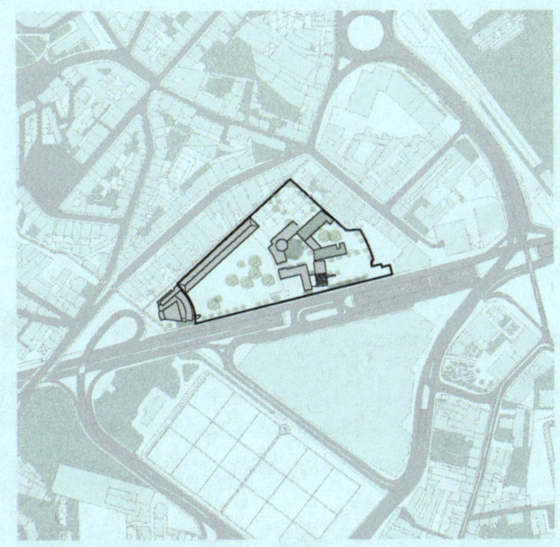

Planta de Implantação

Alçado Frontal

Corte

Matadouro

Com Kengo Kuma

DATA_2018
LOCALIZAÇÃO_Porto, Portugal
TIPO_Concurso Internacional, 1º prémio
PARCERIA_Kengo Kuma & Associates, OODA
COLABORAÇÃO_ESC, Ejiri, Mir, Luxigon
FASE_Em curso, Projecto de Execução

Matadouro

Unidade ondulada e texturada

Matadouro Industrial do Porto, rodeado
e usos industriais e habitacionais
erdados, decorrentes de transformações
amputações urbanas sucessivas,
egula hoje dissonâncias funcionais
cota baixa e visuais à cota alta.
esvalorizado com a implantação da Via
e Cintura Interna, supera-se a cisão
om o Estádio do Dragão e o Metro
través de um atravessamento com vista
obre a morfologia artificializada
texturada sobre o matadouro que se
rolonga pelo vale de Campanhã.
miscigenação funcional dos
orpos que integraram o antigo
atadouro é unificada pela
abeceira de acessos e pelo
travessamento descrito.
cobertura modelada e perfurada
grega a diversidade e
omplexidade existente, com
ma unidade e conformidade
ombreada que cobre os vazios
ntre volumes. Gera-se uma
dentidade pública comum entre
ados da cidade, através de
ma integração programática
ocial e cultural. Aparentemente
ndulado e texturado por
ntoni Gaudí, é ascendente ou
escente conforme a topografia
supera a escala abatida
perdida. Instrumentalmente
ransformador no universo social
cultural, constitui um acto
egenerativo de um território socialmente decadente e economicamente carente. Adicionam-se usos recreativos e desportivos, para além de valências museológicas de evocação e afectação do lugar. Ambiciosa e audaciosa, muda o paradigma sobre o conceito de conservação e transformação da cidade. Campanhã é um lugar de oportunidade que a acção entende como promotora de narrativas sociais e culturais válidas para as transformações habitacionais e industriais em curso.

Planta de Implantação

"Aqui, o que importa é o que o Matadouro dará à cidade. Uma nova tipologia de espaços exteriores cobertos, um sistema urbano de passagens, com ruas e com praças a unirem uma série de edifícios. O *trigger* de tudo isto, o que mais nos cativa, é questionar a reabilitação, não de um ou mais edifícios, mas tornar e criar um sistema mais ambicioso que integra algo mais amplo e que é a cidade."

João Jesus

Existente

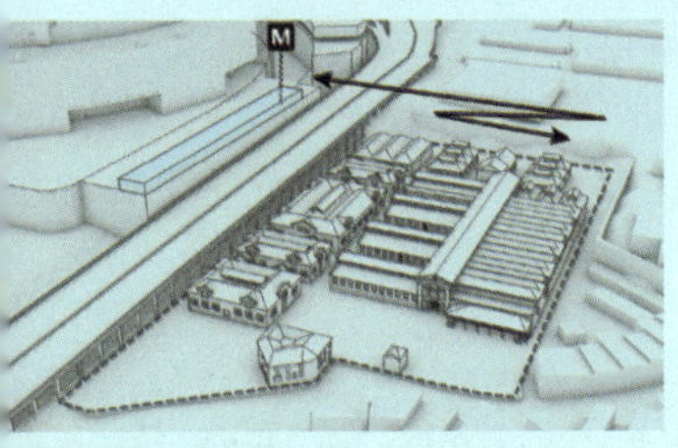

construção da ponte cria
uma oportunidade

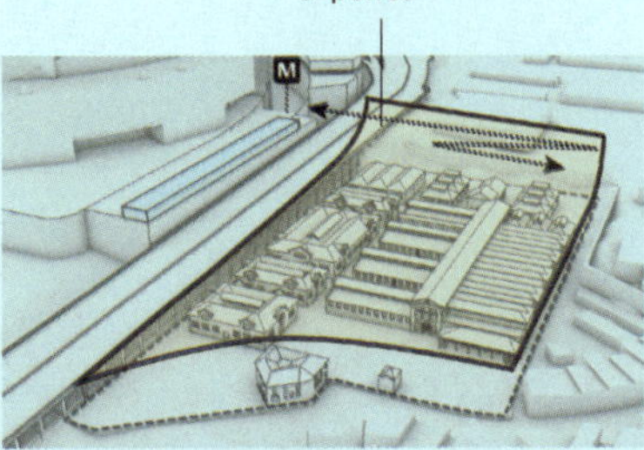

Uma cobertura que liga
o antigo ao novo

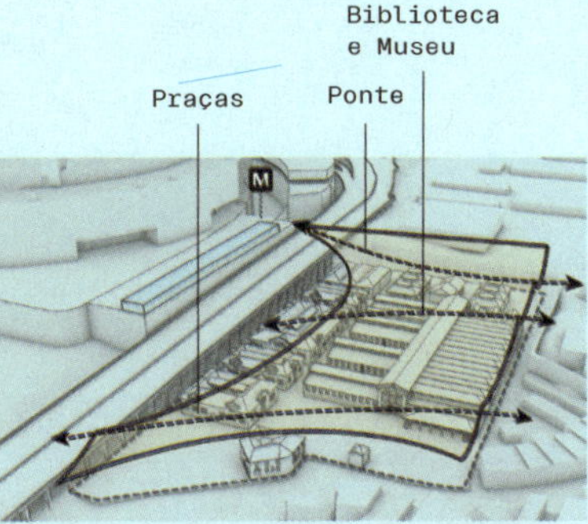

Cumes como pontos de orientação
e gesto de identidade

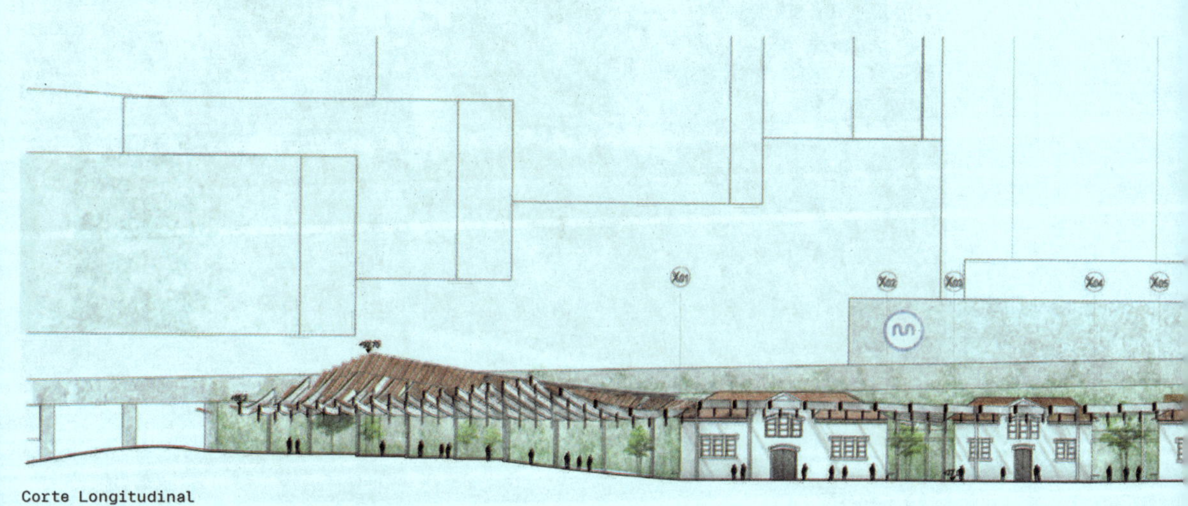

Corte Longitudinal

Para o projecto Matadouro, no Porto, tentámos criar um novo tipo de espaço público. Para este tipo de projecto, o mais importante é o conforto do espaço; por isso procurámos usar as telhas cerâmicas porque, não só personificam e remetem para a complexidade da cidade, como também, através da sua materialidade, permitem criar aconchego e vivacidade."

Kengo Kuma

Planta Piso Térreo

Maqueta de Apresentação

Planta de Cobertura

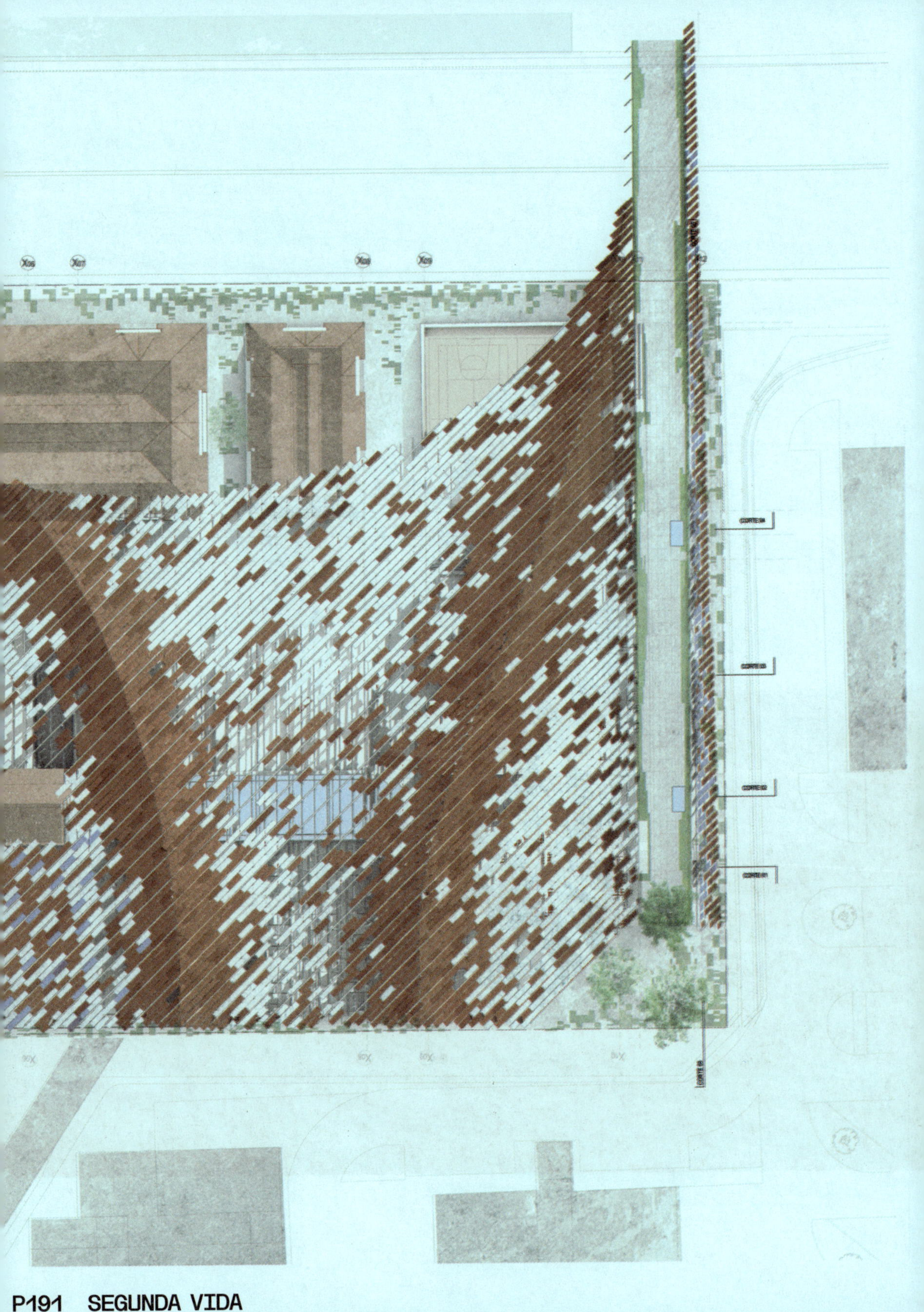

Alçado

Nova silhueta da cobertura

"A nova materialidade da cobertura, apesar do seu *design* inovador, remete tanto à memória da construção local como, também, pela sua forma, a uma grande membrana leve e levitante, sendo uma referência subtil a uma plasticidade têxtil, enquanto evocação da grande força desta indústria na região."

Diogo Brito

Fábrica de Conservas

DATA_2019
LOCALIZAÇÃO_Matosinhos, Portugal
TIPO_Adjudicação
COLABORAÇÃO_Fusão
FASE_Em curso, Projecto de Execução

Fábrica de Conservas

Cidadela na cidade

Planta de Implantação

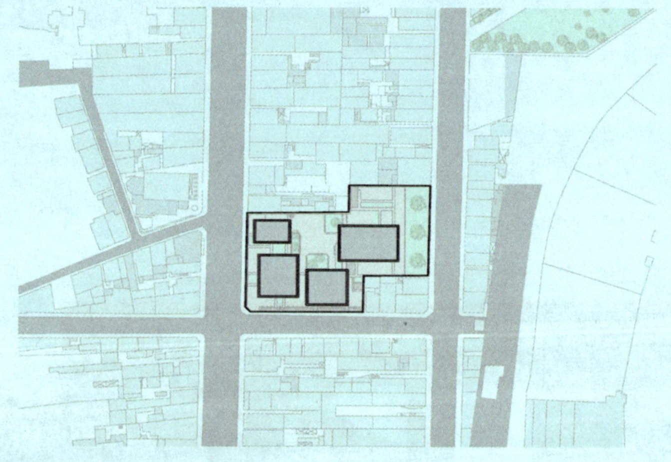

A conserveira Brandão & Companhia, Limitada está inserida no Plano de Urbanização de Matosinhos Sul do arquitecto Álvaro Siza. A unidade evoca a nostalgia industrial e social de um tempo de produção e ligação ao mar. A vitalidade e qualidade do interior do quarteirão é o tema de partida para a construção de uma linguagem e paisagem autónoma que é essencial para os seus utilizadores e moradores. O contentor existente e envolvente é a matéria-prima geradora de uma cidadela de onde emergem, em segundo plano, quatro corpos que configuram uma praça interior. Produz-se, assim, uma operação de revitalização e animação do quarteirão, compensadora da densificação urbana generalizada. Maioritariamente destinados a serviços e usos comerciais e habitacionais, os volumes surgem em deslocação, semelhantes à pulverização do interior dos quarteirões de Matosinhos Sul, resultado das adições e evoluções de usos. Diversos chãos, do público e urbano ao privado, elevado e destinado às habitações, passando pelo pátio dos serviços, desenha-se a diversidade de usos que caracteriza a ideia. À espessura da massa herdada opõe-se a intangibilidade dos volumes suspensos sobre o pátio, proporcionada por uma materialidade inspirada pela proximidade ao mar. Elevados e diferenciados, constroem paisagem apesar das normas reguladoras e condicionadoras da operação. As adições criam ainda uma unidade com diversidade, tanto nas orientações como nas dimensões sem repetição.

Diagramas Conceptuais

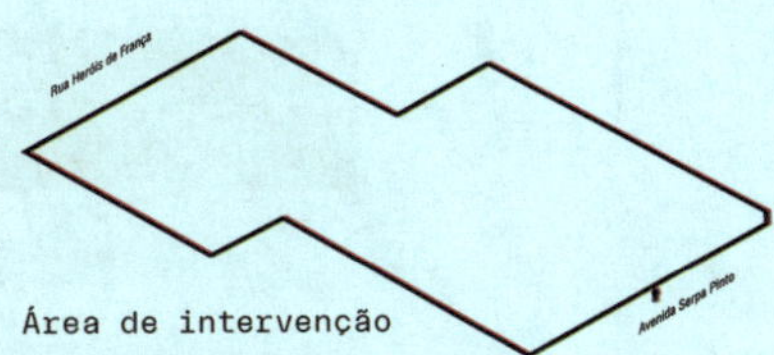

Área de intervenção

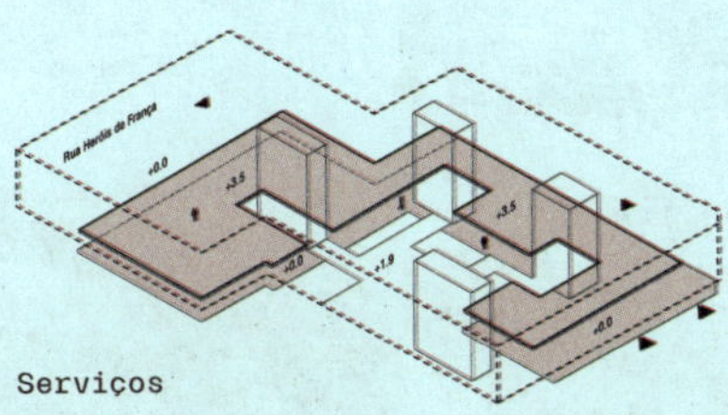

Serviços

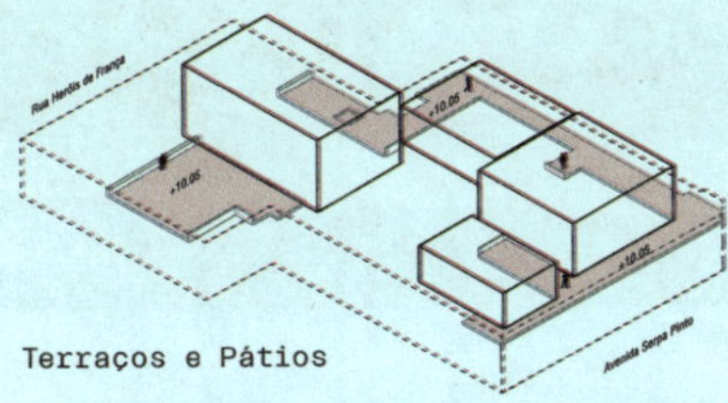

Terraços e Pátios

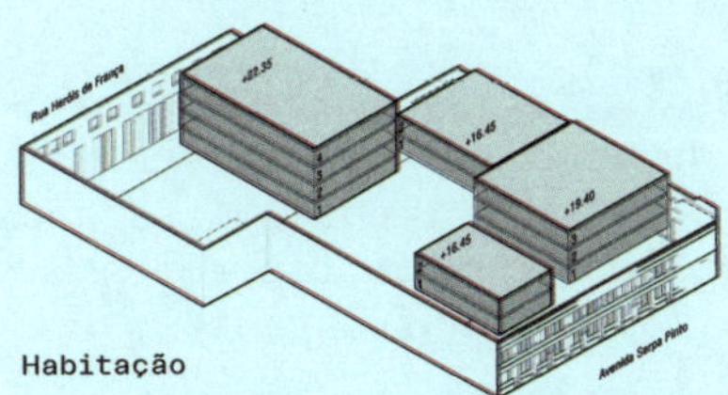

Habitação

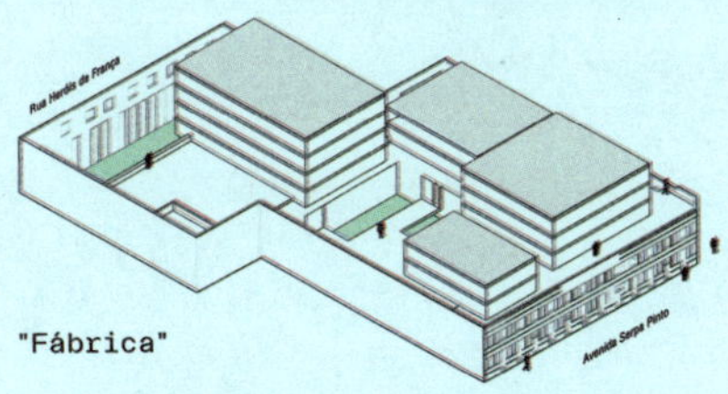

"Fábrica"

Maqueta Conceptual

"Na Fábrica de Conservas em Matosinhos, no campo da reabilitação e reconstrução tentámos conciliar imensas diferenças e criar vários equilíbrios entre tempos (e temas) contrastantes."

Francisco Lencastre

Corte

Planta Tipo

Alçado Frontal

5. INTIMIDADE

ETTORE SOTTSASS E O VAZIO DE TODOS OS RITOS

Intro

A casa é um produto funcional e cultural, objecto íntimo de comunicação e conexão com o indivíduo, fruto das transformações desde sempre associadas ao modo como este entende a acção temporal e espacial, desde o acolhimento do interior de uma montanha ao envolvimento do exterior de um vale.
A este alinhamento e desenvolvimento cognitivo associam-se os ensinamentos de Julian Huxley, biólogo inglês, e Motoko Katakura, antropólogo japonês. Um fala-nos da capacidade de apreensão básica do homem, a partir, entre outros, da sua capacidade de deslocação, de utilização dos olhos e de composição simétrica do corpo humano. Outro, refere-nos que o nomadismo deriva da purificação de valores materiais e imateriais, nomeadamente do corpo e da alma humana, ou seja, do meio e do lugar.

A deslocação e a purificação do homem surgem, assim, associadas. Paralelamente, a fluidez é a metáfora que melhor induz e traduz as linguagens actuais relacionadas com a perda da permanência contemporânea. Trata-se de um mecanismo operativo transportado dos espaços públicos para os espaços privados, actuação reconhecível nas secções horizontal e vertical do Baixaria em 2011, espaço privado tornado público e lugar de encontro dos *partners* do OODA com os amigos e com a cidade. A fluidez gere a narrativa entre a rua e o logradouro da parcela portuense, entre o piso superior associado à entrada e o inferior relacionado com o logradouro.

Pompeia dispõe de pátios envolvidos por um volume e três muros, por corpos em L, em C ou em O, com diversas capacidades e possibilidades para exercer e satisfazer uma ordem com liberdade de composição e disposição sobre a natureza. Do Renascimento, Maneirismo e Barroco aos exemplos regionalistas de Alvar Aalto na Finlândia ou Jørn Utzon na Suécia e, mais globalmente, Toyo Ito ou Valerio Olgiati, o claustro e o pátio criam ainda uma diferenciação entre alçados exteriores encerrados e alçados interiores articulados e voltados para o espaço exterior cingido. Renovadas ou ampliadas, isoladas, mais ou menos condicionadas por envolventes castradoras ou desqualificadoras, as casas do colectivo OODA utilizam o pátio como arquétipo de composição e organização espacial presente da antiguidade à actualidade,

tão universal como variado e multifacetado. Em volta de um pátio único – Villa Delphis e Cerca Guesthouse de 2017, e Casa D. João III e Casa CM de 2018 – ou referenciando e configurando vários – Casas Nevogilde de 2017 e Casa RC de 2019 –, a ordenação visual do interior ao exterior e vice-versa, dá luz ao acesso e ao pátio. À contenção do pátio térreo soma-se a fruição da cobertura na Villa Delphis e na Casa CM, respectivamente com a sua visualização e apropriação mediterrânica. Transparências, circulações e distribuições fáceis com permeabilidades e continuidades entre o ambiente artificial e o natural, resgatam a espontaneidade de uma fluidez habitada e desejada. Uma casa é um corpo. Idealmente, ao desenhar para habitar, começa-se sempre do zero. Desenha-se um lugar fechado, um templo onde os limites são a nossa capacidade de respirar e experienciar. A casa é, por isso, como refere Ettore Sottsass, um vazio interior, um lugar onde se celebram diferentes ritos.

Nuno Grande "Há um certo regresso à academia e ao imaginário da Escola do Porto."

Inês Moreira "Os módulos funcionais, bastante modernistas, quase *existence minimum*, vão organizando o espaço."

Baixaria

B@!X#R*A
224
CKER
orta-Relvas-Acessórios
haupa
DEWALT
Kapriol
PALMERA
BLACK&
DECKER
deca

DATA_2011
LOCALIZAÇÃO_Porto, Portugal
TIPO_Adjudicação
COLABORAÇÃO_EIME, Volta, Teresatypes, Kruella D'Enfer, ASPP
FASE_Construído

Baixaria

Enunciado profissional e social

Alçado

Enunciado inicial e material do colectivo OODA, abrigo integrado na morfologia consolidada e padronizada da Rua do Almada, o Baixaria Bar ocupa dois pisos térreos relacionados superiormente com o espaço público e inferiormente com o logradouro no interior do quarteirão que garantem assim a ventilação e iluminação das duas plantas. Recorrendo a mecanismos de contraste entre ambientes maiores e menores, o espaço superior multiplica-se em vazios fraccionados e variados com recurso a operações de sobreposição e subtracção espacial que cruzam as secções horizontais e vertical. Contrariando permanentemente a simples sobreposição de pisos estanques, o espaço é total quando se cruza diagonal e obliquamente. Concentram-se infra-estruturas e criam-se jogos de cheios e vazios que libertam estares amplos para os utentes. Articula-se a perenidade patrimonial herdada com a efemeridade do uso e dos equipamentos que o sustentam. Entre a tradição preservada com a manutenção das estruturas e dos vãos e a introdução de linguagens e imagens contemporâneas, recorre-se ao *design* em escalas menores desenhadas ou manufacturadas que compatibilizam Marcel Duchamp e Francis Picabia com os engenhos mecânicos e hidráulicos expostos. Conciliam-se e sintetizam-se fragmentos estruturais, materiais e formais aparentemente inconciliáveis. Ensaia-se, ainda, sem ostentações ou ambições maiores, um *modus operandi* disciplinar que anuncia a raiz e matriz identitária do coletivo OODA, um lugar revelador de um enunciado profissional e social onde a arquitectura surge transversal e universal, descomplexada, capaz de questionar e projectar o futuro.

Planta de Implantação

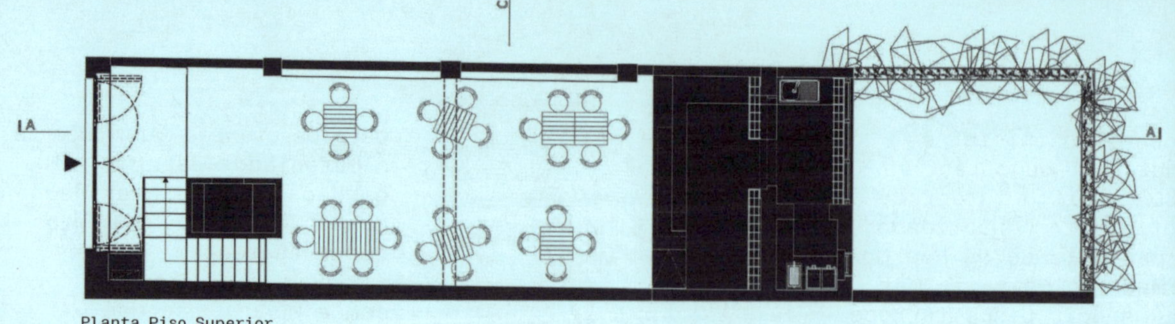

Planta Piso Superior

HÁ QUEM OS CHAME DE TROLHAS...
...EU CHAMO MESTRES DO ENGATE !!!

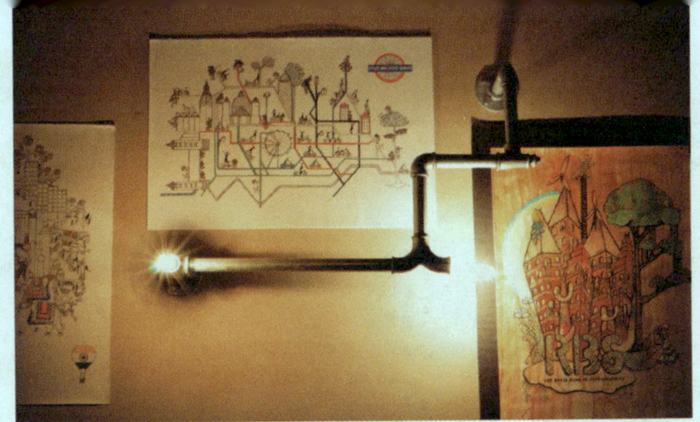

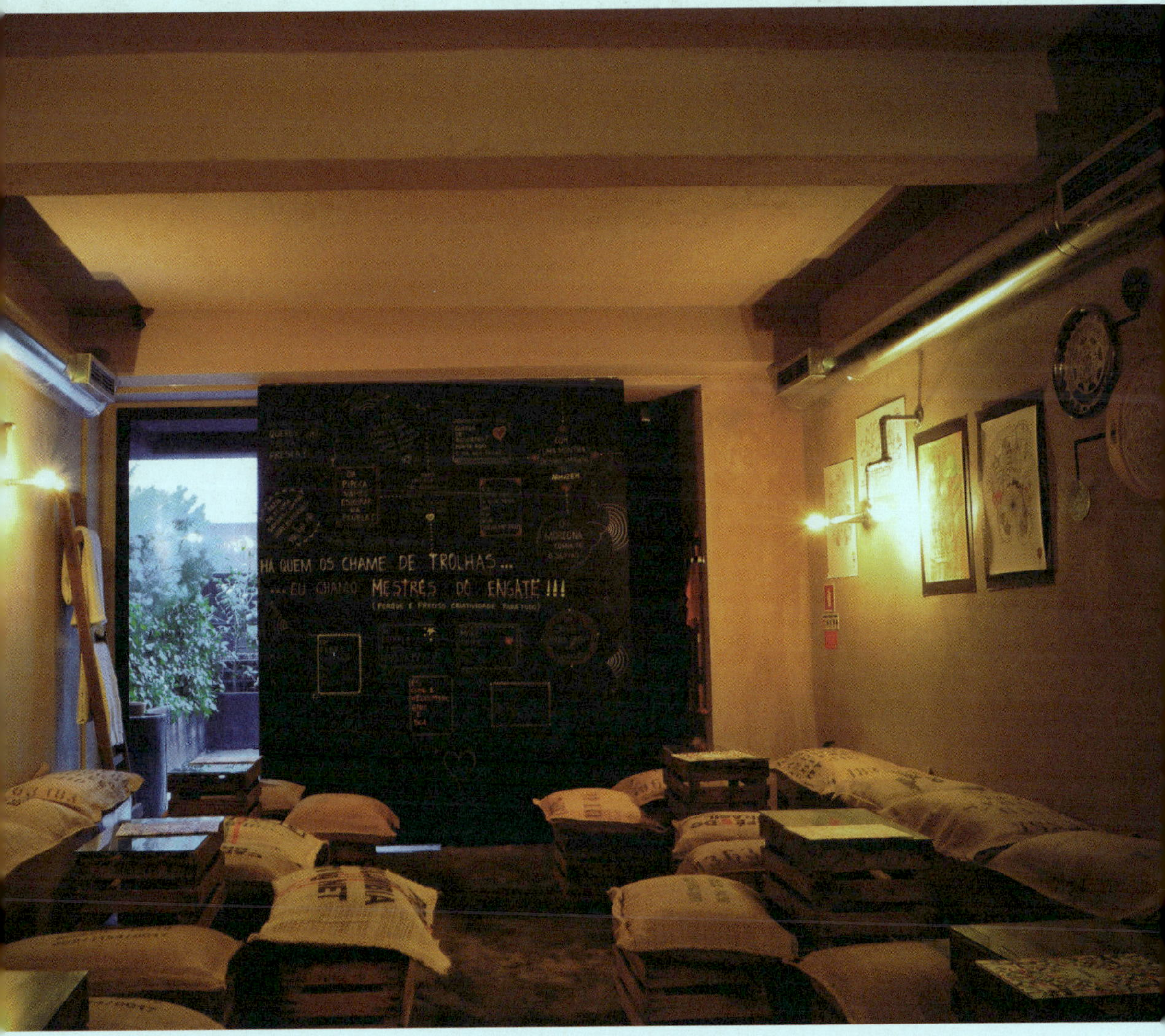

Corte Longitudinal

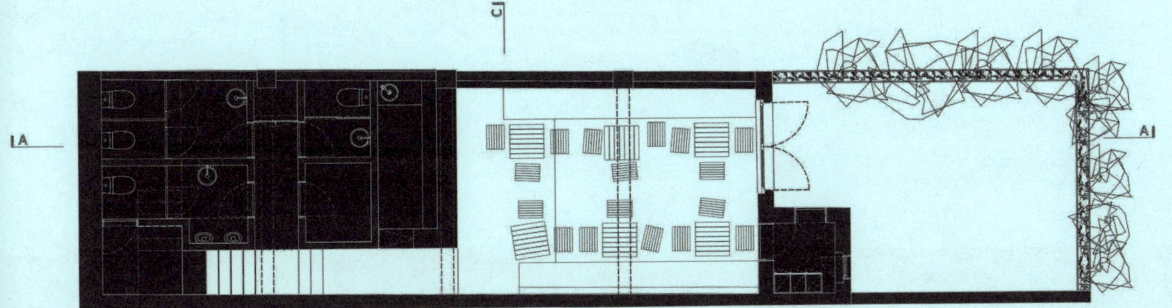

Planta Piso Inferior

Villa Delphis

DATA_2017
LOCALIZAÇÃO_Sesimbra, Portugal
TIPO_Adjudicação
COLABORAÇÃO_LAIII, Fusão
FASE_Em curso, Início de construção

Villa Delphis

Intimidades múltiplas

Maqueta Conceptual

A Quinta do Perú é um assentamento de habitações unifamiliares integrado numa orografia e topografia associada a um campo de golfe. Contrariamente à envolvente, a Villa Delphis submerge desdizendo a dominante emergente. Perante a diversidade que impera, surge condicionada verticalmente, mas recortada horizontalmente, absorvendo a cota do espaço natural e vegetal para o qual se volta e com o qual se relaciona. À frente urbana exibe a cobertura tratada como um alçado desenhado pelo pátio central e pontuado pelos pátios menores e pelos cortes que acusam os acessos de automóvel para visitantes e residentes. As entradas pelas laterais contrárias denunciam a organização e distribuição programática. O topo e o braço menor destinam-se a usos sociais e o maior a quartos. Entre o nivelamento da cobertura e o vale natural e frontal, contracções e dilatações espaciais criam intimidades funcionais e dimensionais importantes, sustentadas e animadas pela diversidade dos vãos. Uma excepção planimétrica e altimétrica acusa a lareira. A vegetação e a ocultação descrita criam uma privacidade útil ao espaço doméstico. Criam simultaneamente uma diluição e fusão natural, contrariada apenas pelo recorte da planta que emerge para gerar o pátio. A horizontalidade da paisagem formata o vão contínuo entre o solo e a cobertura. A assimetria dos corpos que envolvem o pátio motiva a implantação da piscina que, junto aos usos sociais, invade as árvores. Revestimentos minerais e vegetais contrastam com as massas brancas suspensas.

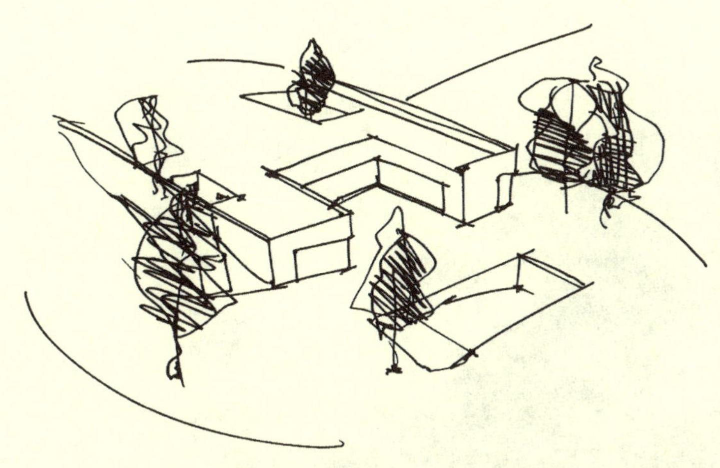

lanta de Implantação

Esta casa faz uma síntese das nossas obsessões relativamente às casas do Eduardo Souto de Moura e do Álvaro Siza. Estão praticamente todas nesta casa. Há 6 ou 7 casas do Siza e 7 ou 8 do Souto de Moura. Cada canto desta casa está assinalado numa revista AV, El Croquis ou numa GG. Remete para uma ideia de aprendizagem que é uma constante nossa, ampliada aqui porque o projecto demorou mais de um ano e meio em desenho."

Diogo Brito

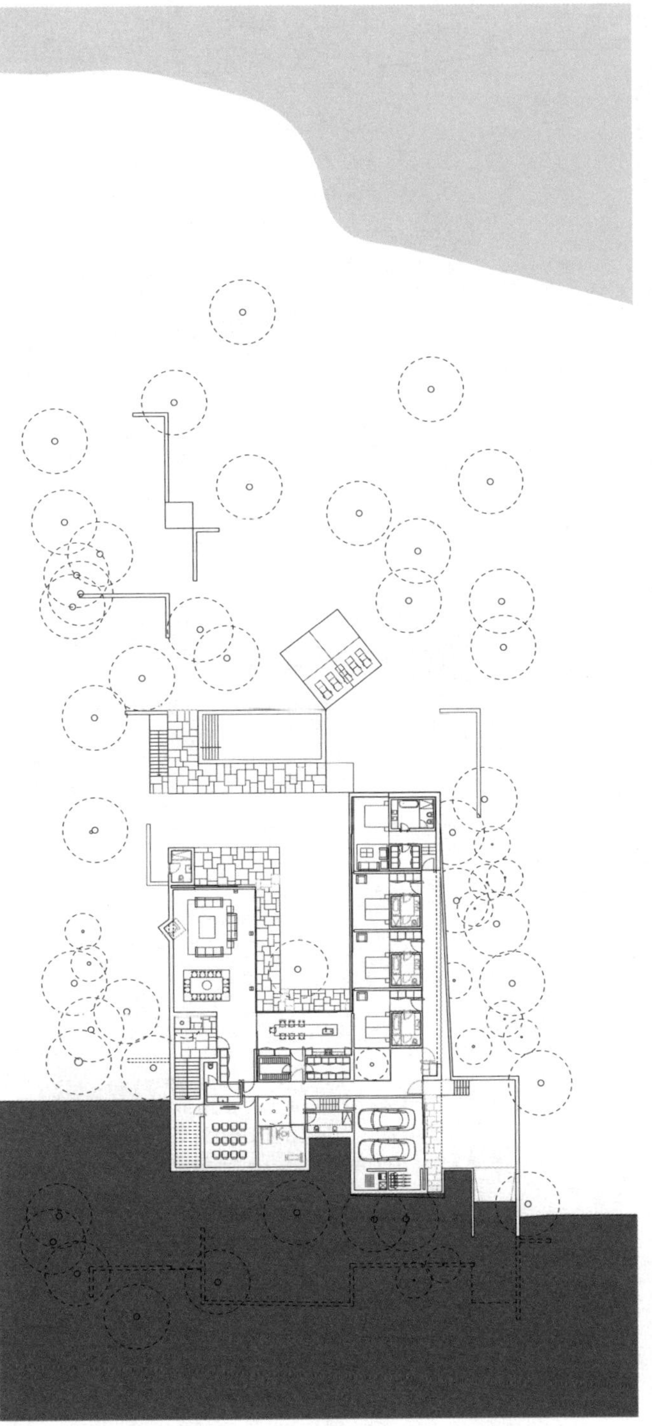

Planta

Cortes Transversais

"A metodologia passa pelo Rhino em termos de composição volumétrica mais alargada, e depois materializamos e testamos em maqueta as soluções que nos pareceram mais relevantes. Há cerca de 20 maquetas de experimentação."

Rodrigo Vilas-Boas

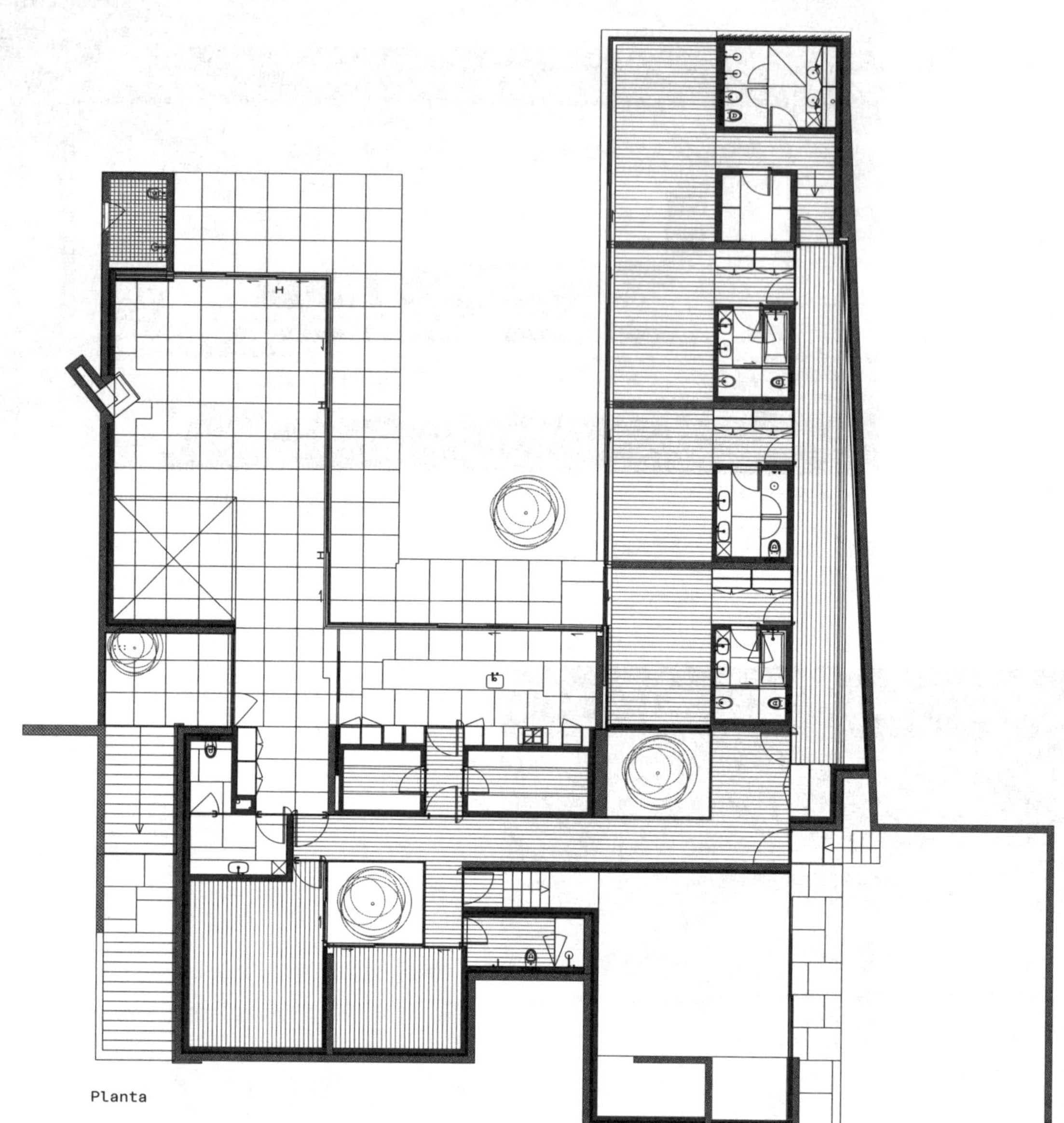

Planta

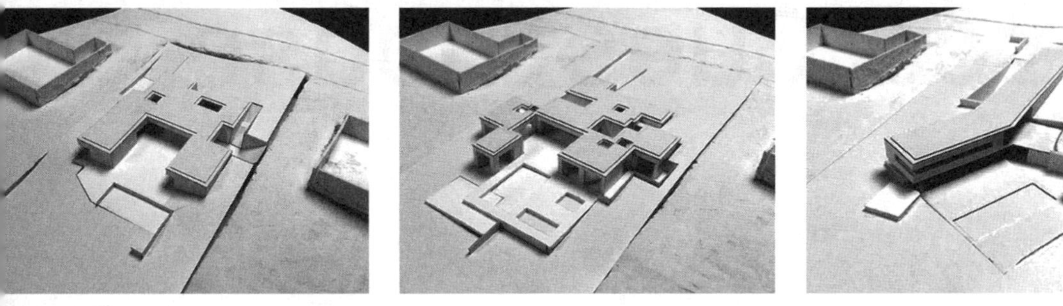

aquetas de Estudo

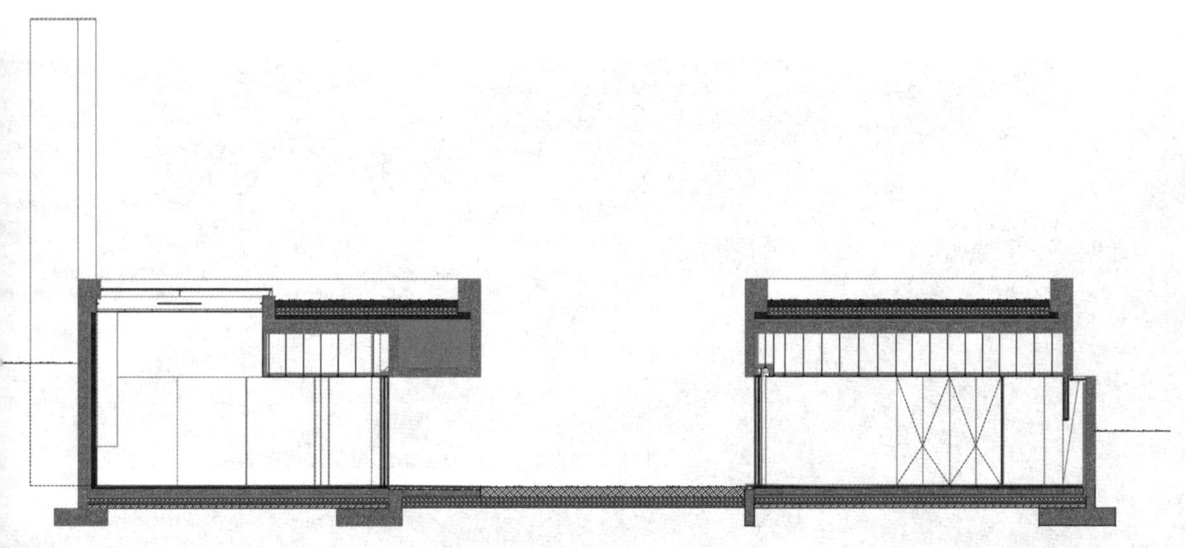

Corte 1

Corte 2

Cerca Guesthouse

DATA_2017
LOCALIZAÇÃO_Porto, Portugal
TIPO_Adjudicação
COLABORAÇÃO_Fusão
FASE_Em curso, Início de construção

Cerca Guesthouse

Habitar a excepção e a repetição

Planta de Implantação

Envolvida por planimetrias e altimetrias diversificadas na Foz do Douro e inserida em tecidos em transformação e consolidação, a intervenção aproveita a ocupação horizontal e longitudinal precedente e igualmente observada na vizinhança, resultado da ocupação habitacional e industrial de matriz operária do século XIX. A frente urbana consolidada e respeitada na renovação absorve os usos excêntricos do programa colectivo que se prolonga linearmente a Sul e lateralmente a Poente com as unidades individuais destinadas à *guesthouse*, visual e fisicamente relacionadas com o logradouro a Nascente. Condicionada urbanística e historicamente, a acção interpreta a matriz anterior e propõe valores patrimoniais e ambientais novos, motivados pelo uso colectivo que se estende pelo logradouro.
A planta térrea do volume principal e frontal gere habilmente os usos comuns da *guesthouse* e a entrada e garagem do habitar permanente instalado no piso superior, onde os quartos modulares desenham a imagem da rua e os espaços comuns procuram o programa localizado no logradouro. Habita-se a regra e a excepção segundo a memória e a história.
A gestão dos dois usos gera a escala doméstica do conjunto que se reporta ao modelo de partida, histórica e morfologicamente inspirado no modelo de Ilha do Porto. Entre o ritmo dos vãos emoldurados do corpo principal e a linearidade do vão com portadas que se estende a Sul, dialoga-se condicionado pela rua e libertado pelo logradouro, com uma imagem e linguagem própria.

Corte

Corte/Alçado Posterior

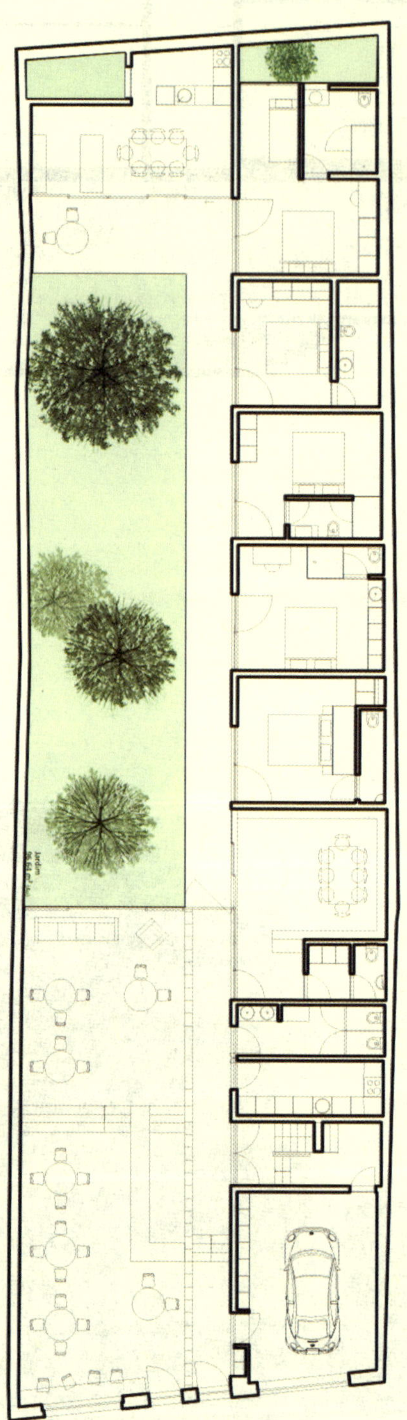

Planta Piso Térreo

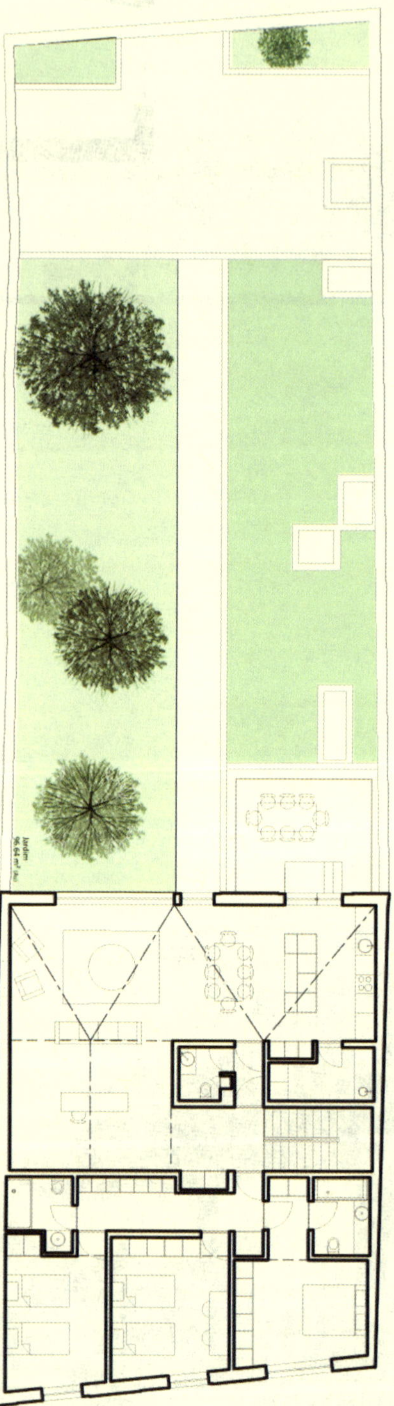

Planta Piso 1

Casas Nevogilde

DATA_2017
LOCALIZAÇÃO_Porto, Portugal
TIPO_Adjudicação
COLABORAÇÃO_LAIII, Fusão
FASE_Em curso, Projecto de Execução

Casas Nevogilde

Intimidade e diafaneidade intramuros

Integrada em matriz mista, com traçados actuais e simultaneamente ancestrais de cariz rural, desenvolvida em torno da Igreja de S. Miguel de Nevogilde, a implantação acusa esta dualidade entre espontaneidade, no alçado principal e frontal, e racionalidade, na regularização e resignação do tardoz. Destinado a duas habitações unifamiliares geminadas, a organização e modelação geral decorrem dos vazios confinantes, originados e limitados pela parcela, com ambientes claramente distintos. A geminação é genericamente simétrica, mas o espelho compositivo e distributivo ressurge individualmente com um acesso vertical central que agrega as instalações sanitárias e separa os quatro quartos, dois a dois.
As plantas superiores replicam-se, mas recuam criando interstícios entre exterior e interior, de sombreamento e arrefecimento, motivados pela rigidez da planta superior e fluidez da inferior. A horizontalidade dominante preenche-se com paramentos texturados verticalmente, artificiais e frios no piso dos usos sociais e naturais e quentes no dos usos individuais, com rebatimentos de unidade e continuidade nos pavimentos exteriores. As cintas horizontais ampliam os espaços interiores em comunicação com o exterior, em pátios que são extensão dos usos sociais. A imagem pública assume um encerramento que se revela comunicante para o logradouro, partilhado e organizado com uma piscina. Superiormente assume-se uma diafaneidade e intimidade intramuros. A partir da tangente às circunferências superior e inferior, com arcos distintos, interpretam-se as perspectivas urbanas herdadas e serpenteadas.

Planta de Implantação

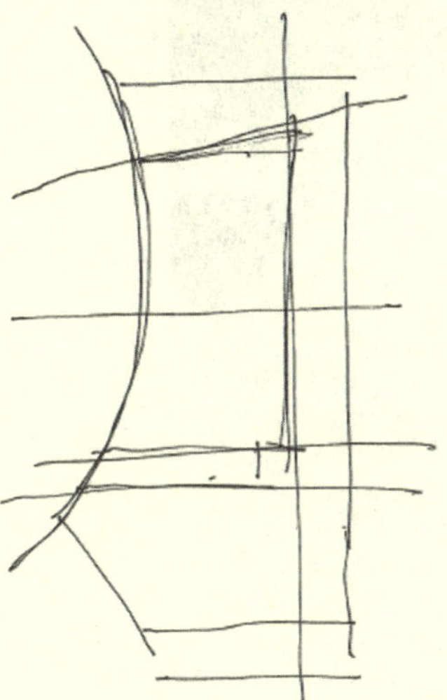
Esquisso Conceptual

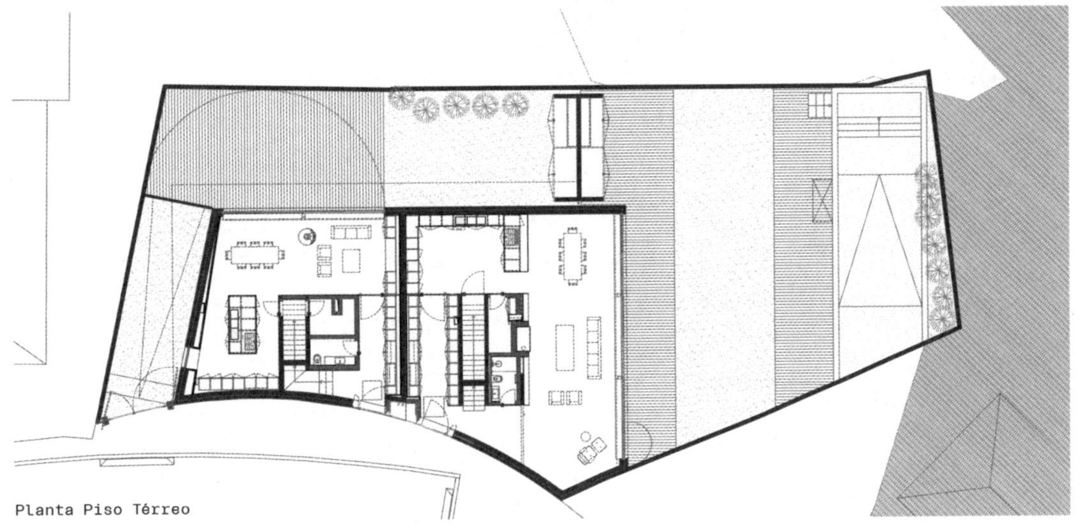
Planta Piso Térreo

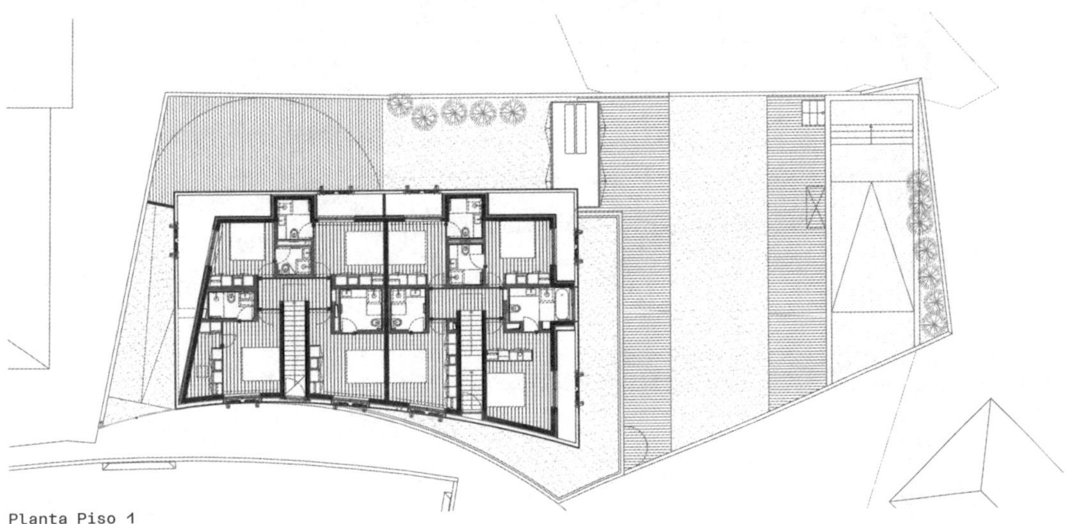
Planta Piso 1

"Materiais frios em zonas comuns e quentes em zonas íntimas. Amplitude no rés-do-chão e privacidade no piso superior."

Julião Pinto Leite

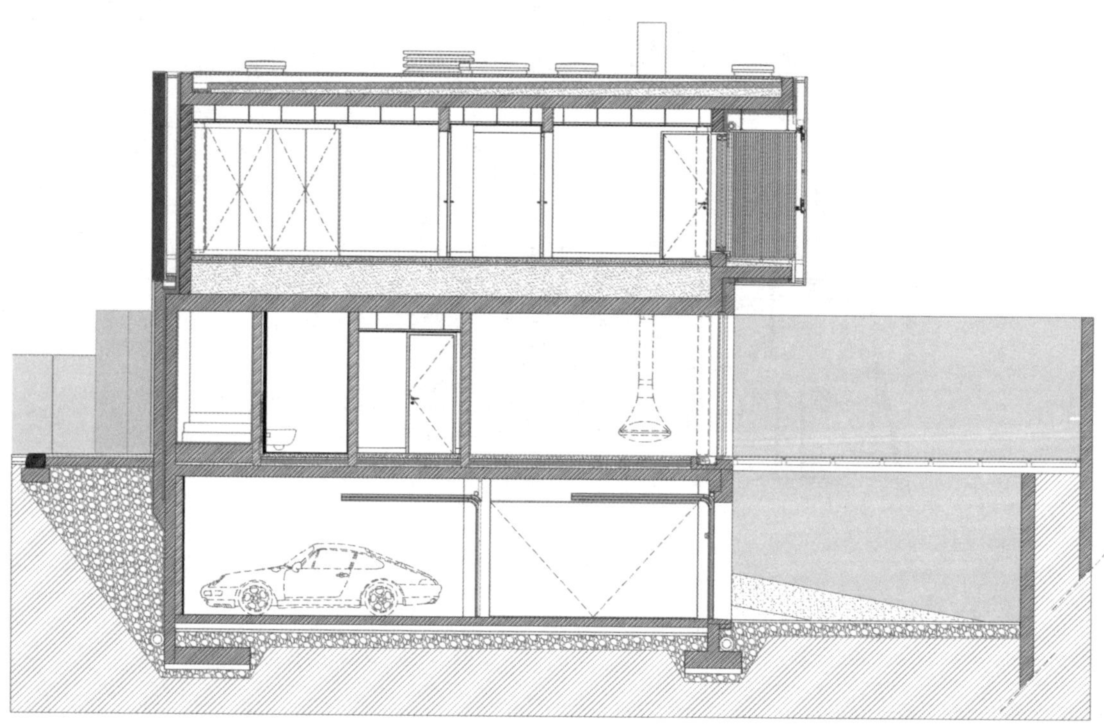

Desenhos de Construção

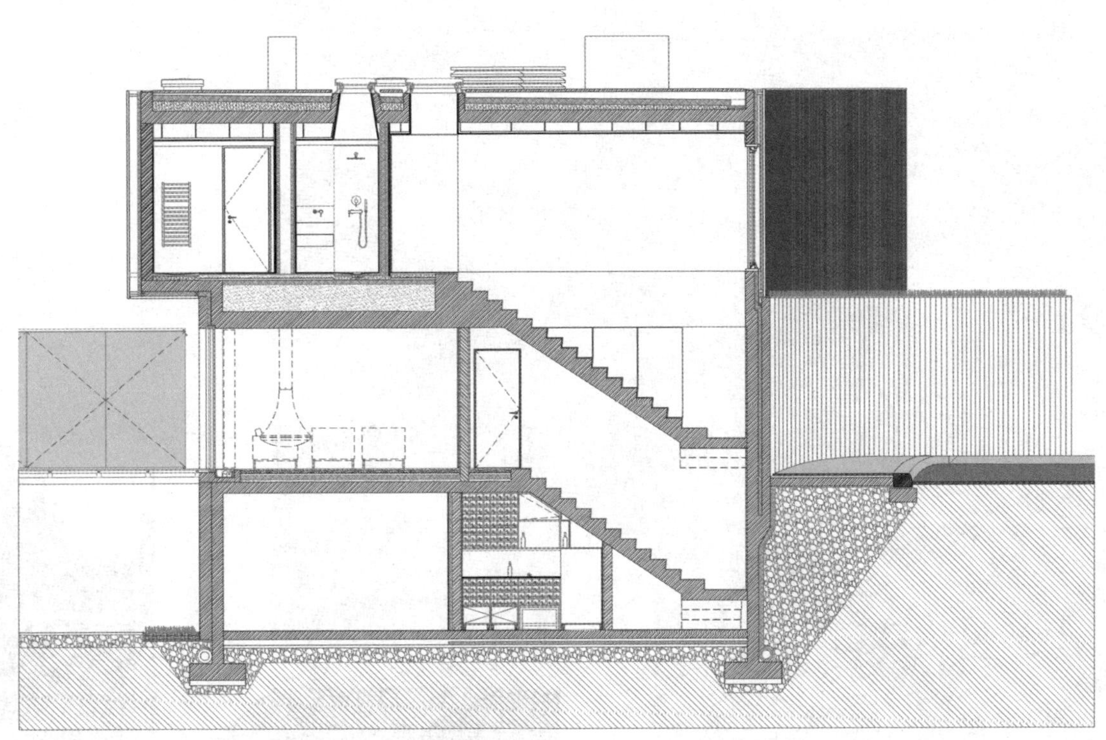

Casa D. João III

DATA_2018
LOCALIZAÇÃO_Porto, Portugal
TIPO_Adjudicação
COLABORAÇÃO_LAIII, Fusão
FASE_Em curso, Projecto de Execução

Casa D. João III

Construir e desconstruir o habitar

A renovação e ampliação está integrada no Bairro de Casas Económicas de Marechal Gomes da Costa, originalmente desenhado e edificado entre 1947 e 1950, segundo os ideais da cidade-jardim de Ebenezer Howard, aqui presente no Jardim do Largo D. João III e nos jardins e hortas individuais. Fiel à metade geminada do volume isolado, a mutação resulta de acções de ampliação e subtracção capazes de criar ambientes maiores e menores pontuais – pátio e saguão – sustentadas na diversidade das ampliações contíguas. Marcada pela fluidez, a estratégia assume um contraste entre a fusão dos estares comuns e a compartimentação dos quartos. O habitar utiliza as três frentes livres para multiplicar as possibilidades e capacidades dos usos, principalmente no contacto com os vazios criados pela gestão e modelação dos diferentes corpos na parcela. Os volumes adicionados deslocam-se e proporcionam extensões colectivas ancoradas e despoletadas a partir da circulação vertical e central que serve de pivô. Respeitada a volumetria responsável pela unidade do conjunto morfológico e tipológico, as transformações projectam-se e rasgam-se com contemporaneidade. Os vãos verticais e horizontais revelam a liberdade desejada pela espacialidade e unidade do novo habitar. À construção rígida e estática anterior, opõe-se agora uma desconstrução fluida com espontaneidade e continuidade que aproxima usos com perspectivas interiores cruzadas e prolongadas. Esta ampliação da escala confirma-se ainda nos vãos de grande dimensão e proporção que concorrem para o vivenciar e estar doméstico.

Planta de Implantação

Cortes

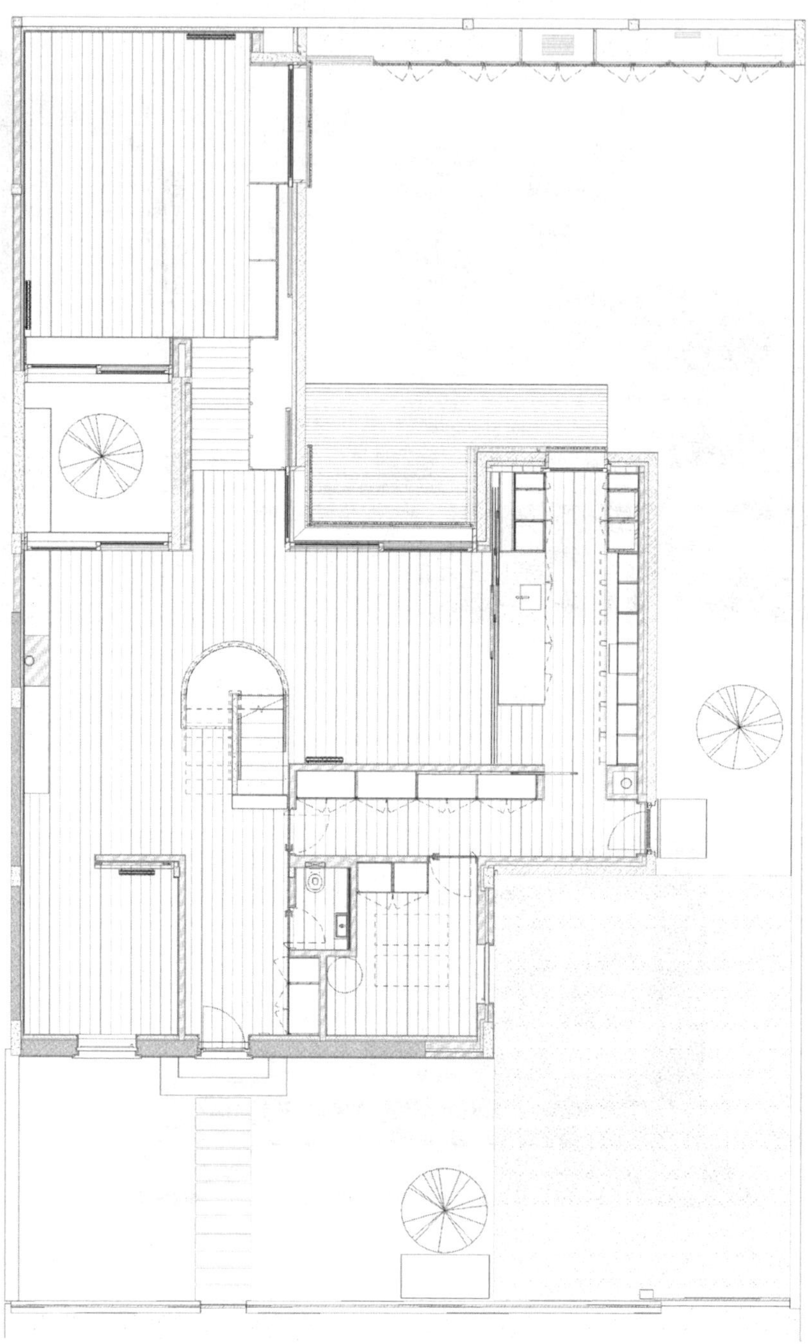

Planta Piso Térreo

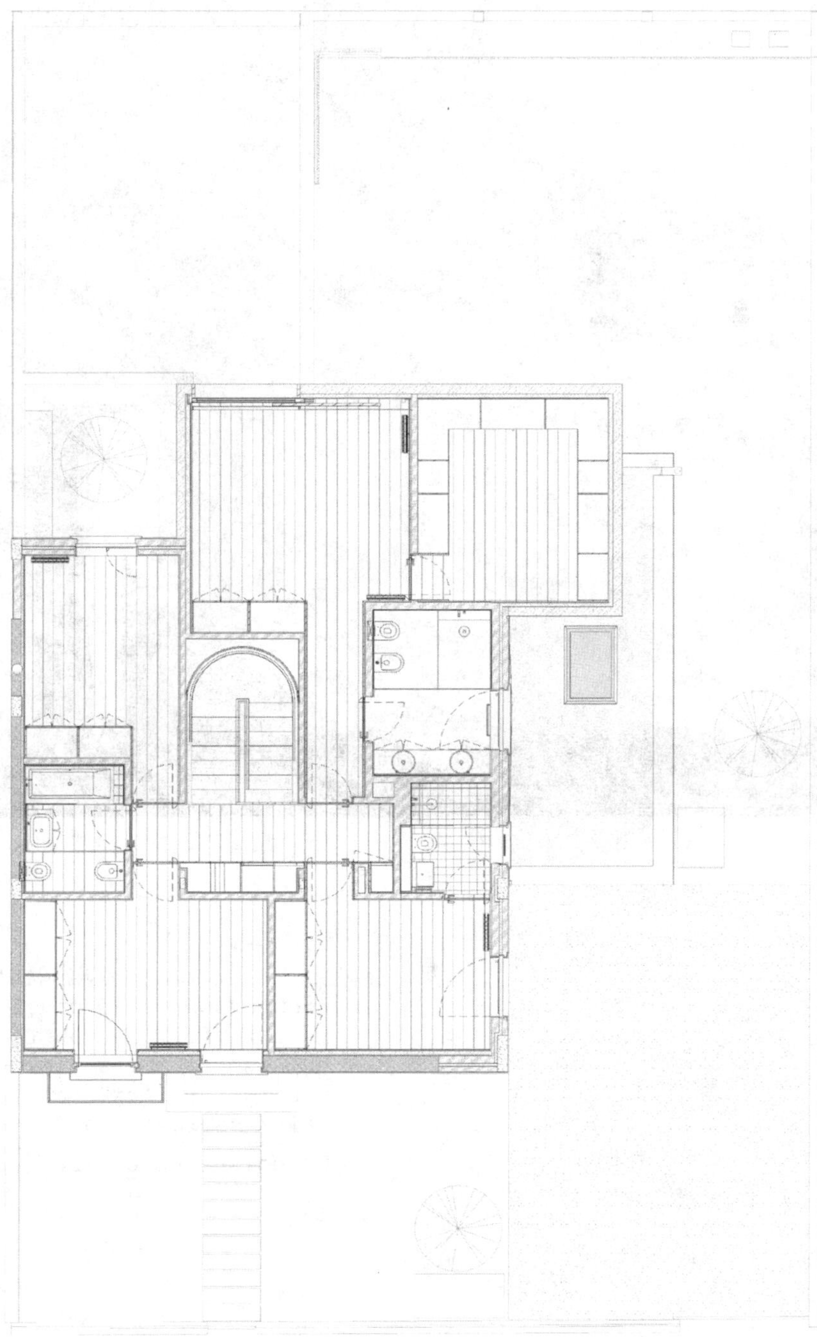

Planta Piso 1

"Respeito pelo pré-existente, recuperação e adaptação de novas características habitacionais num espaço muito limitado. Uma nova reflexão da temática caixa-sobre-caixa."

Francisco Lencastre

Casa CM

DATA_2018
LOCALIZAÇÃO_Oeiras, Portugal
TIPO_Adjudicação
COLABORAÇÃO_TEKK, A3R, Fusão, P4
FASE_Em curso, Início de construção

Casa CM

Fusão e extensão da natureza

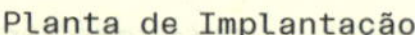

Planta de Implantação

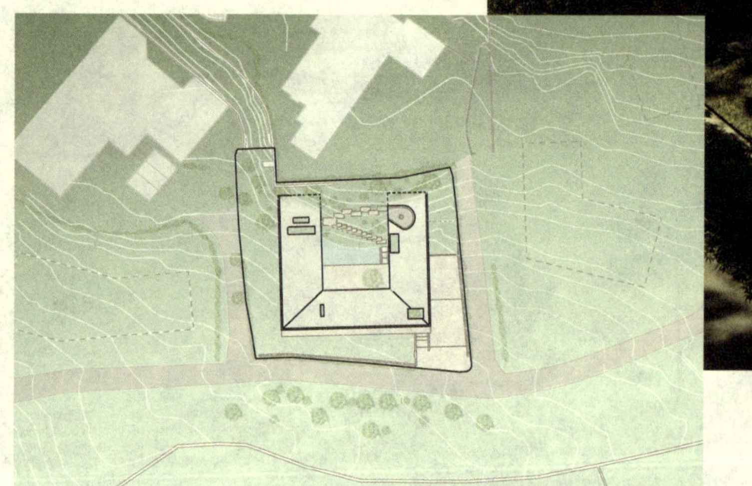

A casa resulta condicionada pela dimensão da parcela, mas motivada pela inclinação do terreno, útil ainda na eliminação de uma envolvente desinteressante e inconveniente, implantada a uma cota superior. A estratégia passa por confrontar e conciliar os dados artificiais e naturais, crente na configuração e afirmação da arquitectura, através de um pátio regulador e distribuidor do programa. Uma geometria e volumetria racionalista põe em evidência valores ambientais amáveis e favoráveis ao espaço doméstico. Aparentemente hostil, a topografia é matéria-prima da ideia. Uma superfície de água compensa a iluminação e a condição enterrada do pátio. O vazio central é conformado por três lados que se diluem no terreno, um com usos sociais e outro com individuais, unidos ao centro por uma espacialidade transparente e ausente que se desmaterializa para acusar a entrada. A massa densa fortemente ancorada no declive, levita para deixar fluir e progredir o solo, entre o exterior e o centro do pátio, com a unidade e continuidade do arvoredo. A horizontalidade estática do corte transversal ou longitudinal anima-se com movimentos diagonais cruzados e gerados por transparências diversas, confirmadas pelo negativo da cobertura inclinada e acessível devido à topografia, acrescentando dimensões e utilizações que prolongam a narrativa da casa. A materialidade adoptada domina os encerramentos da casa, confirmando essa ambição total e global. A arquitectura surge, como sempre, transformadora, mas capaz de acrescentar estabilidade e qualidade ao lugar.

"É um exercício profundo sobre a escala humana, muito interessante e importante para nós."

Julião Pinto Leite

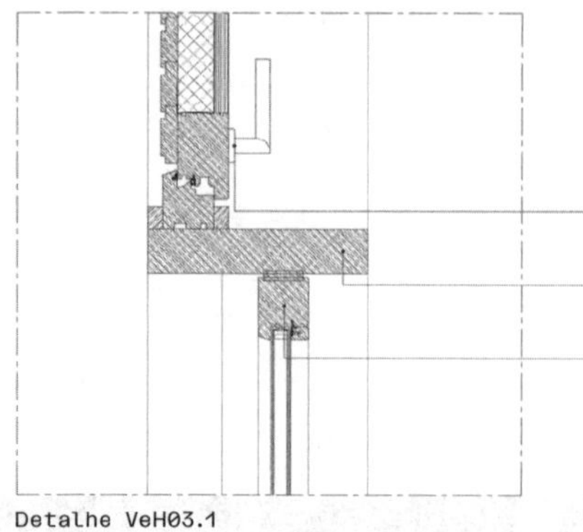

Detalhe VeH03.1

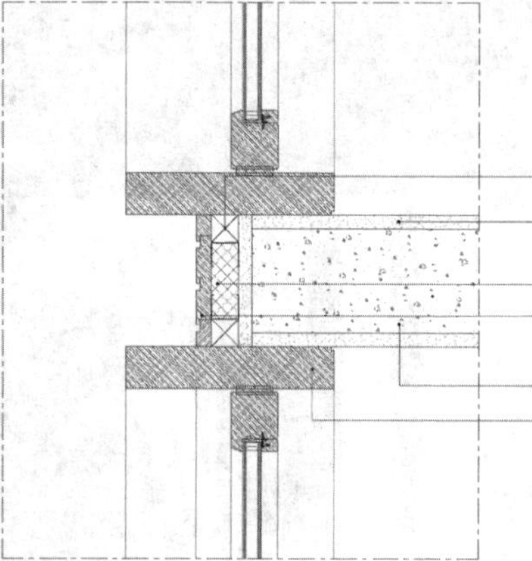

Detalhe VeH03.2

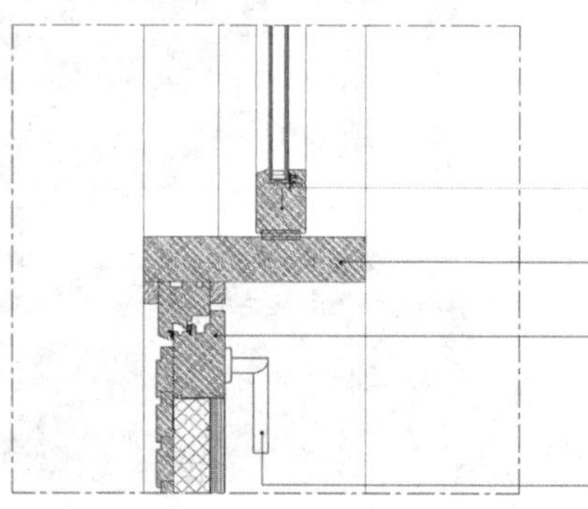

Detalhe VeH04.1

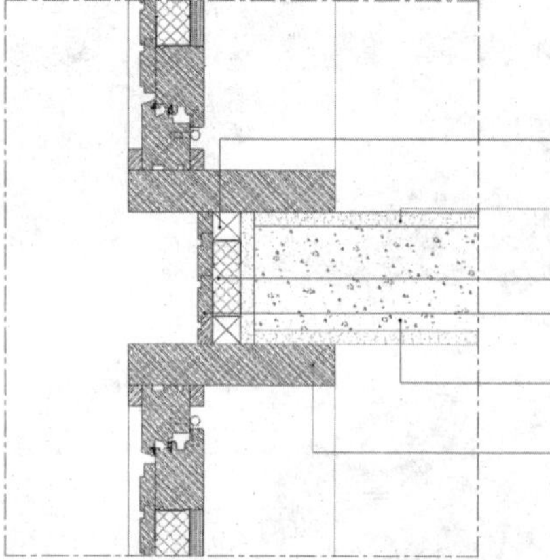

Detalhe VeH04.2

Corte Construtivo

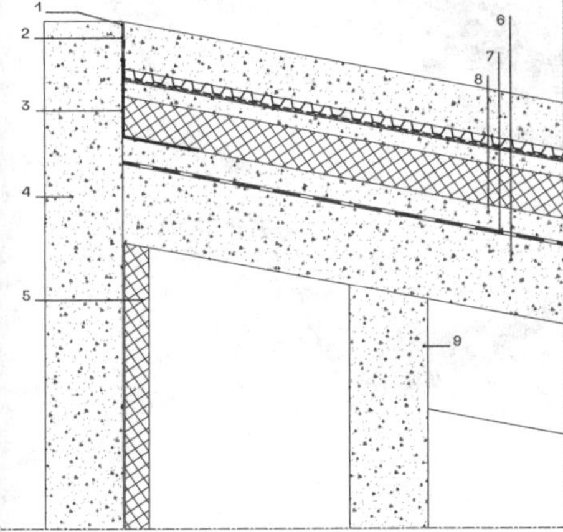

PV01 PV04

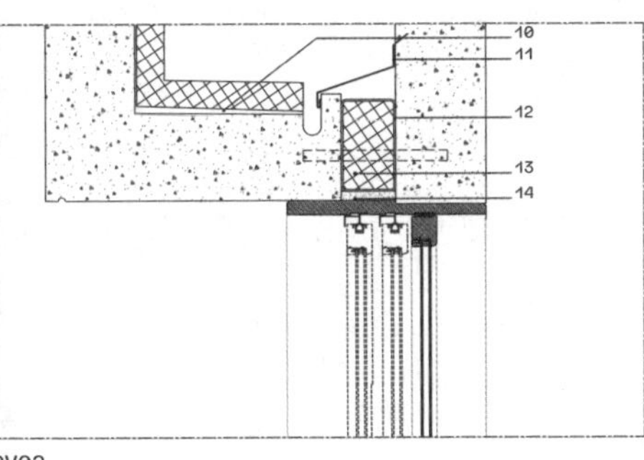

PV02

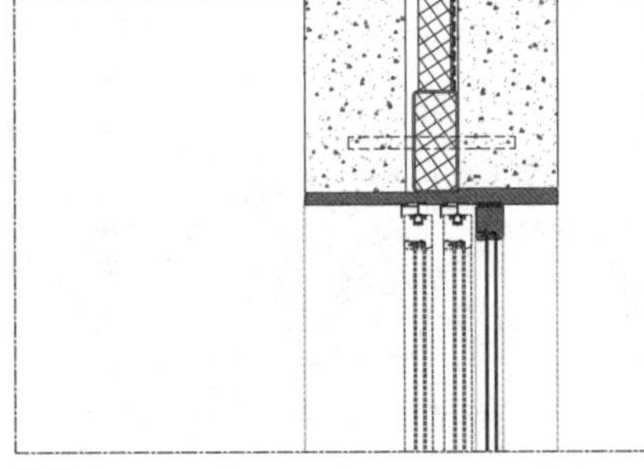

PV05

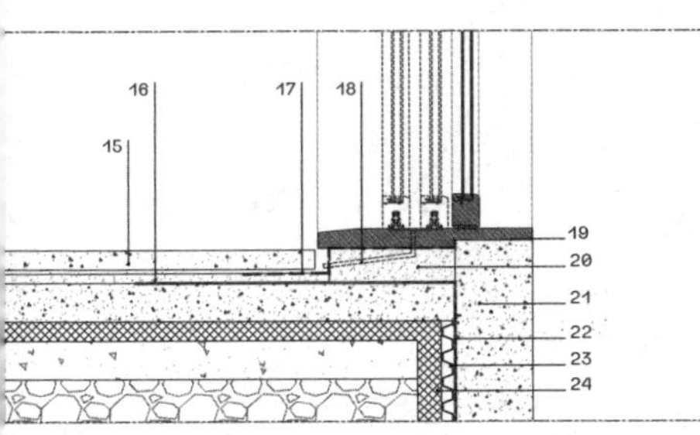

PV03

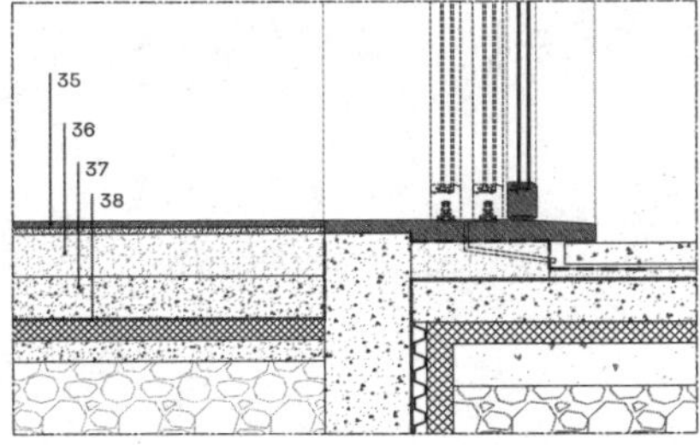

PV06

1. Junta com resina transparente
2. Perfil colaminado
3. Chapa quinada em aço galvanizado 2mm
4. Betão aparente 250mm
5. Isolamento térmico 60mm
6. Laje de betão aparente 250mm
7. Camada para-vapor
8. Camada de regularização 80mm
9. Betão aparente 250mm
10. Regularização com pendente
11. Rufo em zinco
12. Tubular conforme projecto de especialidade
13. Isolamento térmico
14. Regularização
15. Lajeta em betão aparente 50mm
16. Regularização
17. Tela de impermeabilização
18. Trop-plein
19. Soleira em carvalho
20. Regularização
21. Betão
22. Impermeabilização
23. Tela drenante
24. Isolamento térmico
25. Isolamento térmico 130mm
26. Camada de regularização 50mm
27. Tela de impermeabilização em polipropileno
28. Manta de protecção e retenção
29. Tela Delta do tipo Floradrain ref° FD 25-E
30. Laje em betão aparente 100mm
31. Isolamento térmico
32. Caleira em cobre
33. Betão aparente 250mm
34. Viga em vista
35. Soalho de vinil com acabamento carvalho rústico 15mm
36. Argamassa de enchimento 100mm
37. Laje de betão armado 100mm
38. Tela de impermeabilização 4mm

Maqueta Conceptual

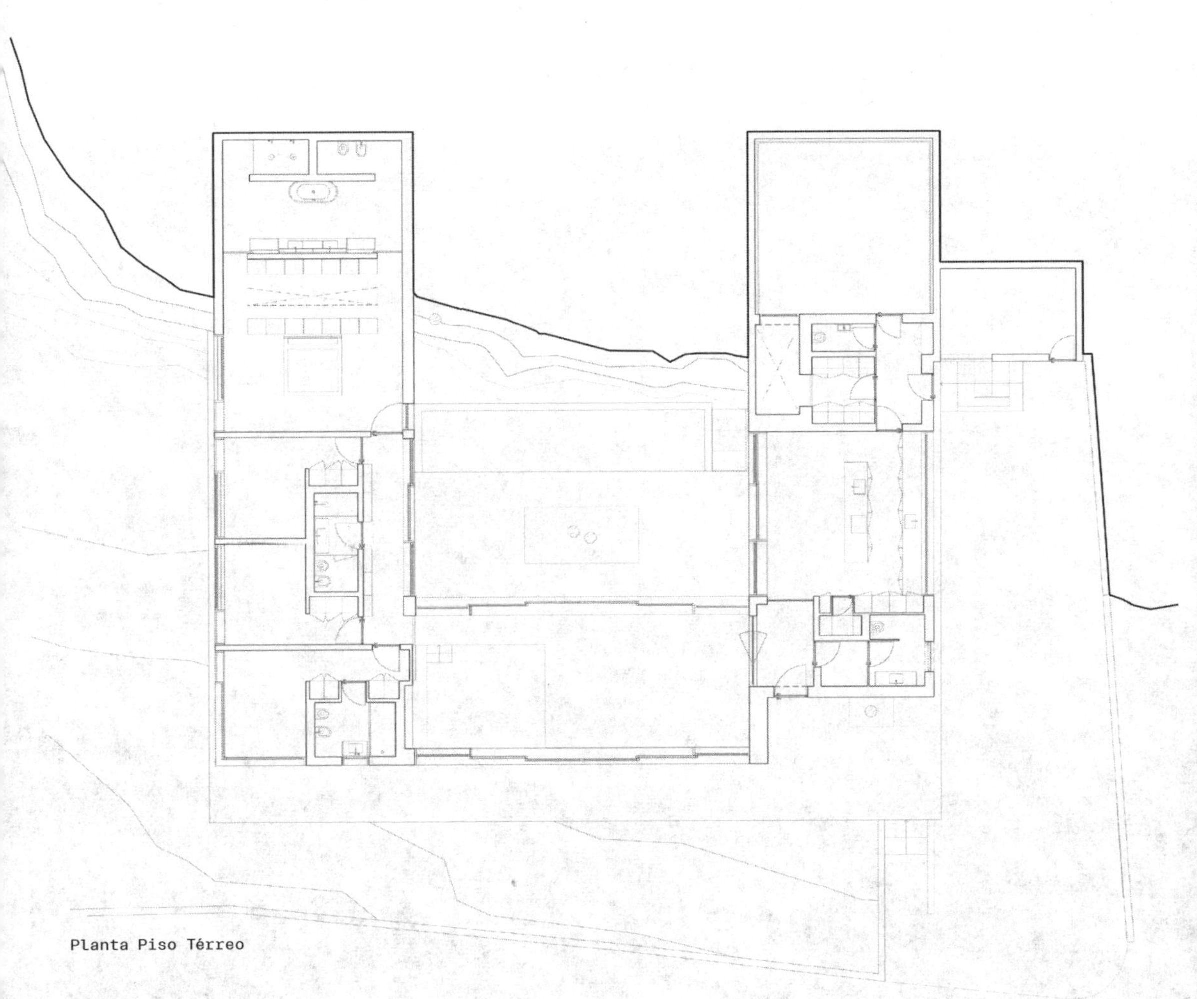

Planta Piso Térreo

Casa RC

DATA_2019
LOCALIZAÇÃO_Famalicão, Portugal
TIPO_Adjudicação
COLABORAÇÃO_Fusão
FASE_Em curso, Licenciamento

Casa RC

Fragmentação e dispersão com unidade

A habitação unifamiliar integra uma morfologia descaracterizada e desagregada em Ruivães, Vila Nova de Famalicão, marcadamente descontínua, sem uma identidade urbanizada ou ruralizada. A irregularidade e diversidade envolvente contaminam a estratégia que adopta uma multiplicidade de cheios e vazios programáticos que reproduzem a ideia de assentamento pontuado e recortado para uma descoberta de usos e formas. A ideia concentra-se em duas metades com diferentes escalas e programas domésticos. A maior, destinada aos espaços sociais e individuais da casa, dominado por salas e quartos, onde emergem dois corpos destinados à garagem e ao quarto principal, e a menor ocupada com a piscina e o ginásio. A contrariedade perimetral e poligonal da parcela surge como oportunidade motivadora e modeladora da implantação, nos jogos planimétricos e altimétricos – pátios – e nas intersecções e transições fluidas entre o exterior e o interior. A exiguidade inicial é multiplicada e ampliada através de uma *promenade architecturale* proporcionada pela implantação e modelação desenhada. Alcança-se uma unidade maior e superior, capaz de se sobrepor à fragmentação e dispersão aparente. A continuidade do piso inferior, térreo, contrasta com a estanquidade pontuada e alcançada superiormente. À organização e composição cartesiana descrita somam-se mecanismos visuais diagonais e horizontais gerados pelo rompimento das arestas dos volumes. Uma circulação e distribuição estratégica, ora ladeando os vazios ora contornando e afastando-se dos mesmos, unifica esta aparente dispersão e desagregação do programa.

Planta de Implantação

Maqueta Conceptual

"Usar a fragmentação como estratégia de *design* para aumentar a privacidade e garantir mais qualidade de vida."

Diogo Brito

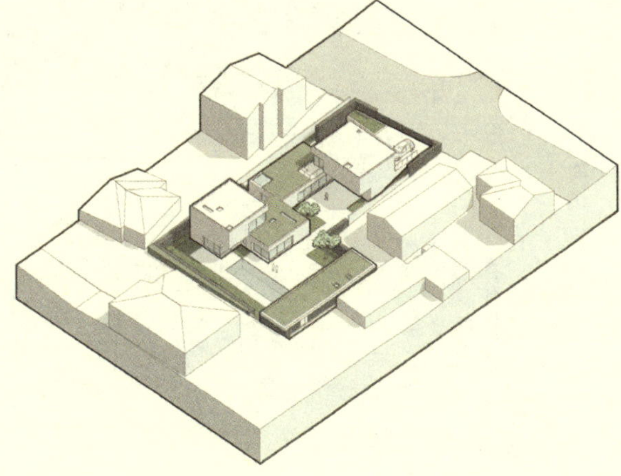

Diagrama Conceptual

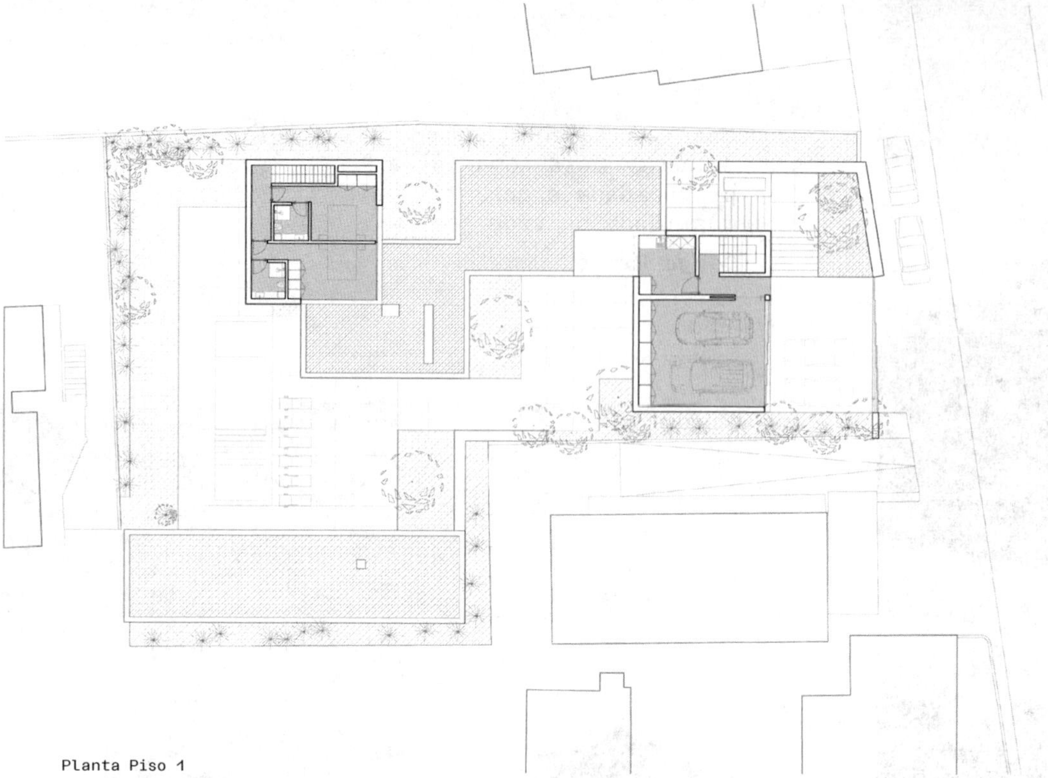

Planta Piso 1

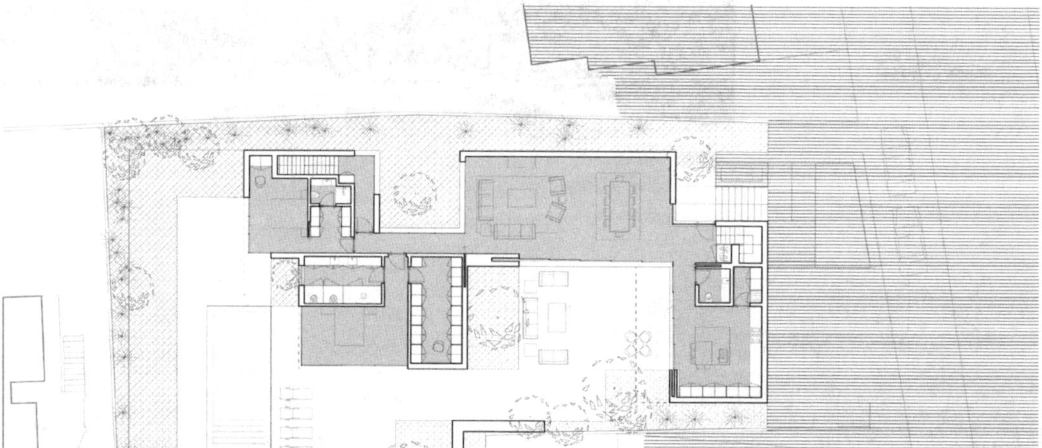

Planta Piso Térreo

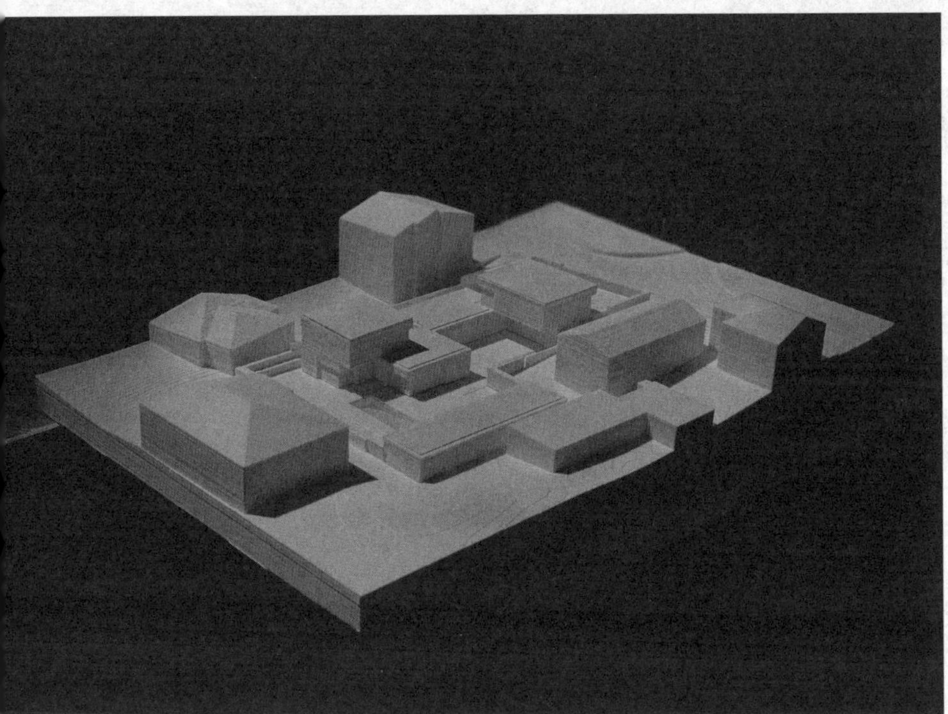

Maqueta Conceptual

6.

ICONOGRAFIAS

AO ENCONTRO DE WALTER BENJAMIN E DE REM KOOLHAAS

Intro

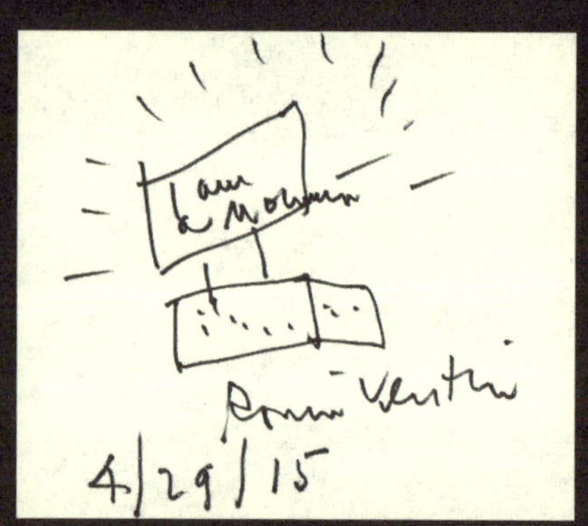

Vive-se hoje dominado e diferenciado pela imagem.

O fruidor e consumidor de arquitectura dispõe de meios de comunicação e divulgação acessíveis que reproduzem ambientes cobiçados ou imaginados.

A criação e generalização destes ambientes elevam a fasquia da exigência e excelência da arquitectura. Instala-se assim uma cultura informada e ampliada de significados metafóricos e simbólicos excepcionais.

Identifica-se e significa-se o fragmento isolado em meio urbanístico ou paisagístico, com um protagonismo individual e original capaz de induzir uma cidadania afectiva e efectiva de apropriação do bem comum.

O fragmento é, assim, elevado a iconografia cenográfica e lúdica, para além de identitária e utilitária.

O arquitecto equilibra-se entre a dificuldade em conciliar programas em acentuada e acelerada transformação e a tarefa de os integrar num mundo ainda convencional ou consensual. A evolução e inovação da forma deriva da componente funcional e, também, hoje, da material. Importa, por isso, elevar e acompanhar esta exigência, dotando-a de significados históricos ou poéticos.

Nunca, como hoje, a arquitectura possuiu uma ambição imaterial.

Procura, por isso, motivações e contaminações de signos externos cultos que a possam referenciar e significar. À materialidade e funcionalidade junta-se a necessidade de personalidade e assertividade, recursos úteis para um discurso colectivo de arquitectura. A imagem e a linguagem resultantes são, também, por isso, mais flexíveis, simultaneamente universais e consensuais.

O artefacto funciona, assim, como meio de comunicação e sedução, recorrendo a valores referenciados e memorizados na cultura comum. A arquitectura, entre a uniformização e a distinção, concilia a expressão global com a conotação individual. Propõe-se uma espécie de abstracção ou erudição tornada popular, carregada e divulgada com símbolos que se abrem ao debate, através de uma comunicação que não é individual ou confidencial e está livre de restrições ou condições prévias.

Evoca-se, assim, a actualidade provocatória de Walter Benjamin em Paris e Rem Koolhaas em Nova Iorque, respectivamente em The Arcades Project, escritos entre 1927 e 1940, e em Delirious New York, de 1978.

Entre a aura da singularidade, autenticidade e unicidade, na sua análise e síntese crítica estética, política e filosófica da forma, e a simbiótica conexão entre a cultura mutante e as arquiteturas notáveis e inigualáveis por ela gerada, reforça-se a ideia de investigar e identificar a história da cidade através dos seus artefactos arquitetónicos. Para o colectivo OODA, estas arquitecturas apresentam uma dualidade de acção entre um discurso produzido a partir do exterior e outro a partir do interior, igualmente impressionantes e marcantes, preocupadas com o modo como nos acercamos a elas. Cumprem-se estes desígnios socorrendo-se da história e memória colectiva para a reprodução estética e técnica, simultaneamente nostálgica e utópica, no Bavarian History Museum e Central Mosque de 2013, e no Toy Museum and Library de 2016. Contrariamente, as arquitecturas do Maritime Science Centre de 2014, do Art Mill Museum de 2015 e a Liga Portugal HQ de 2019 surgem com a convicção de que as conotações e representações introduzidas lhes permitirão criar a história dos lugares no futuro.

Paulo Martins Barata "É de saudar que num lugar como o Porto, espaço privilegiado para a prática da arquitectura, apareça um ateliê que tem uma ambição sobre a grande escala."

Nuno Grande "Cada dia é um projecto. Aparentemente tudo isto é construído para que a imagem sobre o projecto seja mais importante do que o próprio projecto, um problema a que nós hoje estamos sujeitos pela voracidade e velocidade que é imposta pelos clientes."

Bavarian History Museum

Com Menos é Mais (Guedes + DeCampos)

DATA_2013
LOCALIZAÇÃO_Regensburg, Alemanha
TIPO_Concurso Internacional
PARCERIA_Menos é Mais (Guedes + DeCampos), OODA
COLABORAÇÃO_Jet
FASE_Ideia

Bavarian History Museum

Contemporaneidade Românica e Gótica

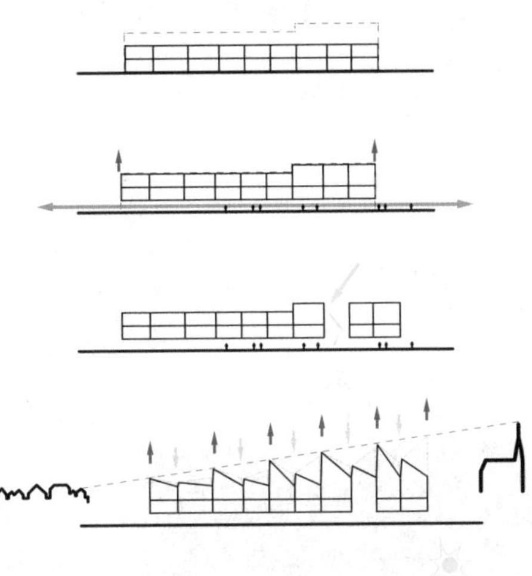

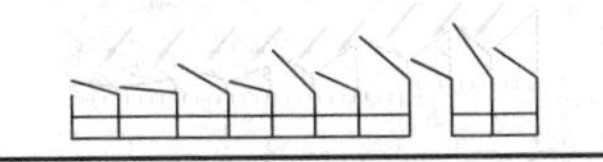

Diagrama Conceptual

Planta de Implantação

Integrado na estrutura central e medieval de Regensburg, classificada pela UNESCO, e voltado para o Rio Danúbio, o lugar está conotado com as torres e coberturas românicas e góticas que recortam o *skyline* do centro urbano. A ideia, desenvolvida em parceria com Cristina Guedes e Francisco Vieira de Campos do colectivo Menos é Mais, adopta uma composição onde a unidade e a diversidade dos corpos que a compõem são evidentes. Entre a integração e a afirmação da contemporaneidade, o museu é o preenchimento de vazios urbanos irregulares e o estabelecimento de uma frente ribeirinha estabilizada com dimensão e aspiração urbana. A excepção e a diferenciação dos usos do programa sustentam morfológica e tipologicamente a opção de criar uma base comum que liberta usos variados superiores, numa progressão que evolui em direcção às torres da Catedral de Regensburg e ao eixo urbano associado à travessia sobre o rio. Esta base é um vazio aparentemente permeável entre a cidade e o rio, um espaço colectivo longitudinal térreo com ambições lúdicas e públicas que eleva superiormente volumes que se desmaterializam e autonomizam para respeitar e renovar a identidade do lugar. A contemporaneidade é protagonizada pela densidade, opacidade e materialidade da linguagem.

Corte Perspectivado

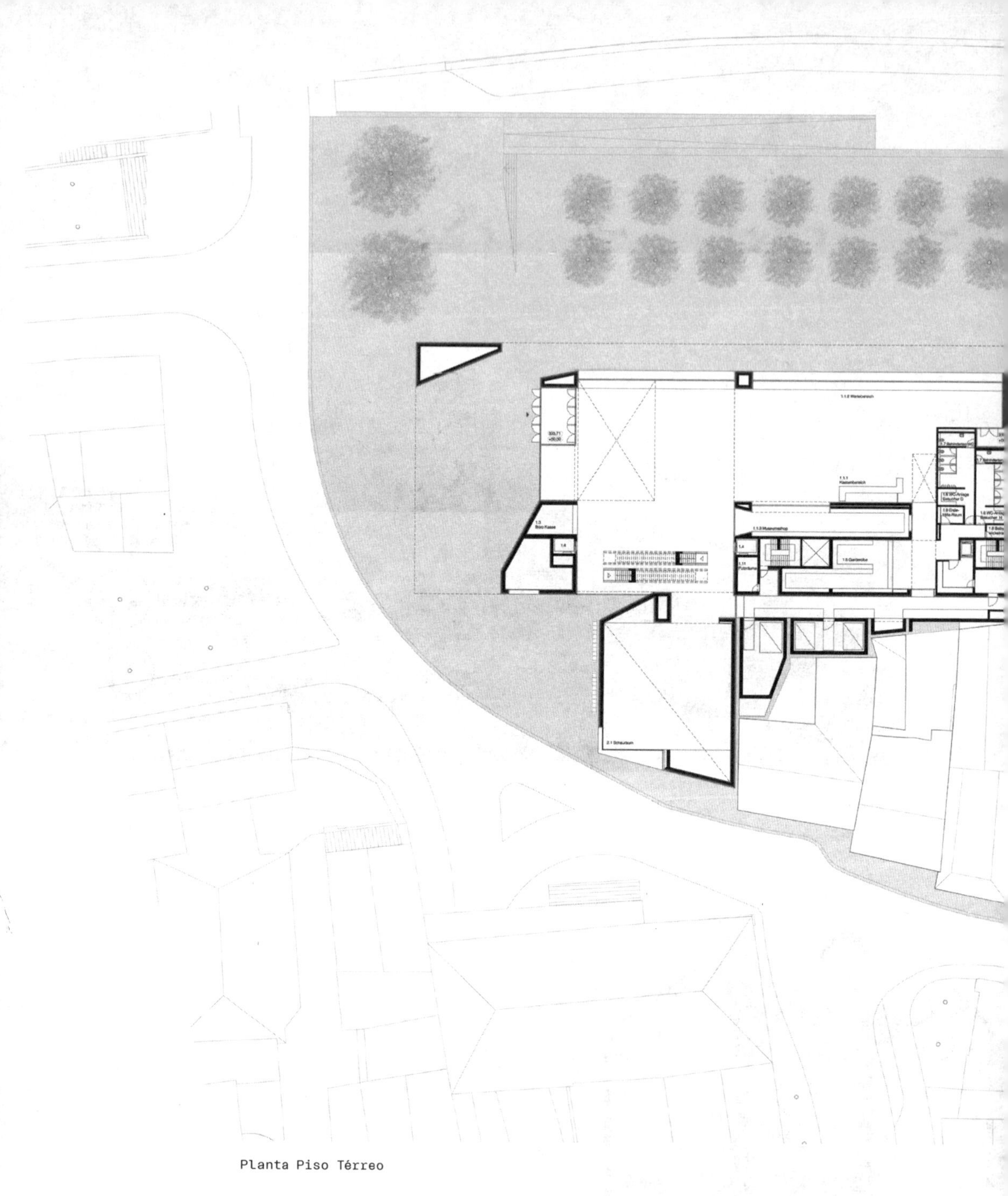

Planta Piso Térreo

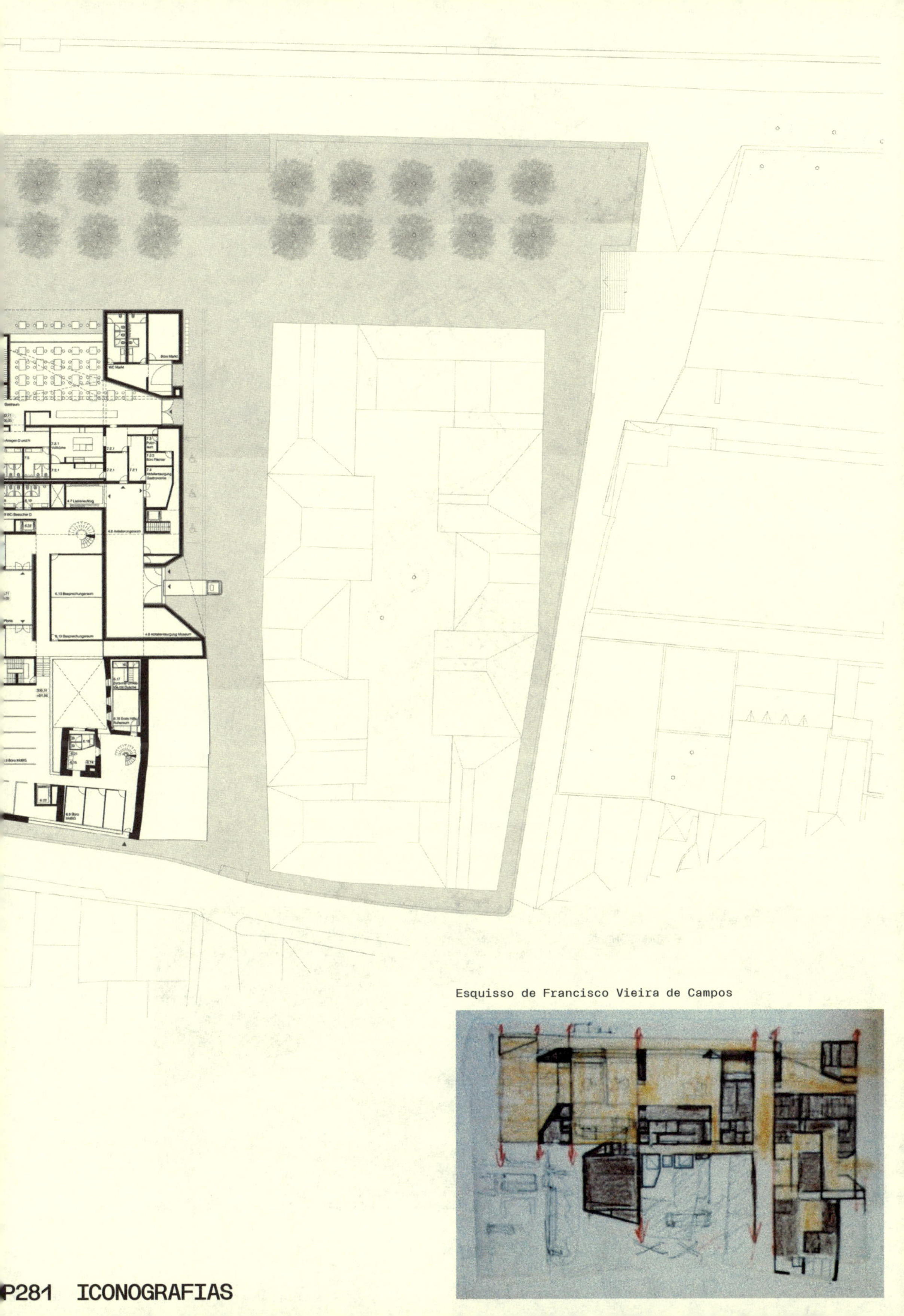

Esquisso de Francisco Vieira de Campos

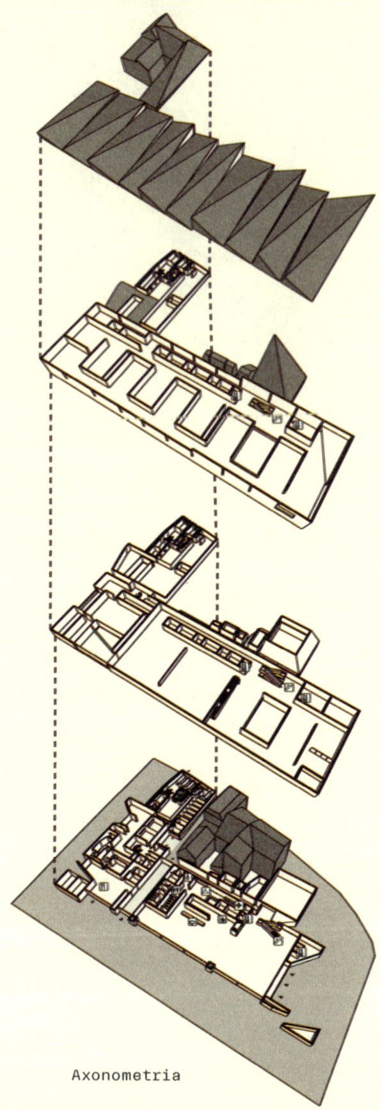

Axonometria

Maqueta Conceptual

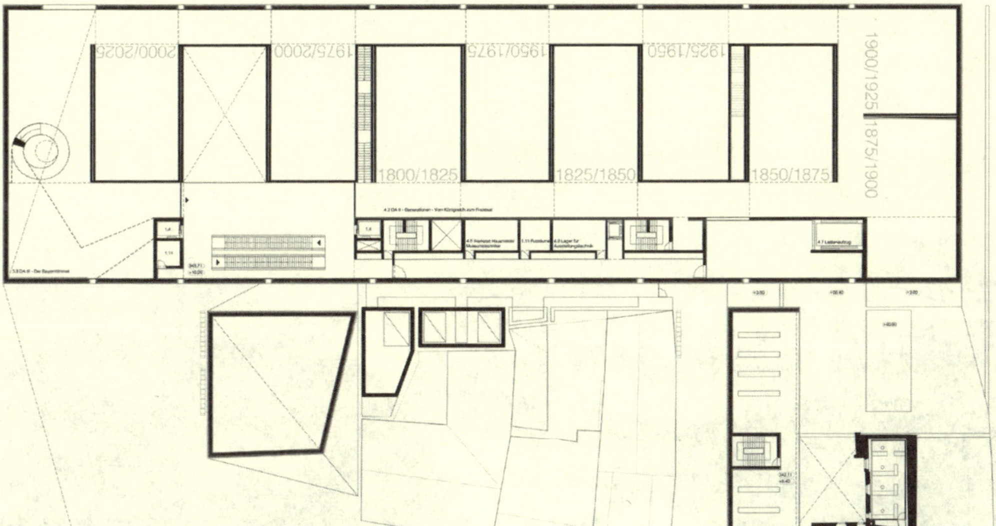

Piso Superior – Exposição

Central Mosque

Com
AND-RÉ

DATA_2013
LOCALIZAÇÃO_Pristina, Kosovo
TIPO_Concurso Internacional
PARCERIA_AND-RÉ, OODA
COLABORAÇÃO_Afaconsult
FASE_Ideia

Central Mosque

Monumento à introspecção e reflexão

O lugar está estruturado com tipologias diversificadas nos usos e formas, ancoradas no Bulevardi Dëshmorët e Kombit. A excepção temática e programática gera uma arquitectura singular na paisagem, capaz de absorver as lições ancestrais e espirituais às quais se adicionam as da cultura histórica e arquitectónica actual. Conciliando Oriente e Ocidente, a tradição e a aspiração futura cruzam-se. Evidenciam-se as partes, destacando o lugar de culto relativamente aos usos sociais e culturais destinados à comunidade. O obelisco e a cúpula do vocabulário temático e simbólico são interpretados material e linguisticamente. Expostos à cidade e à luz, estes elementos estabilizam-se sobre os volumes dos usos diversos, segundo um mosaico ortogonalmente organizado e pontuado com pátios, em diálogo com a envolvente de pequena escala. As cotas que acompanham os dois programas e os dois pisos dos volumes rectos permitem atravessamentos térreos que alimentam a circulação e concentração dos crentes na mesquita. A abóbada concilia encerramento com introspecção e reflexão, com duas galerias voltadas sobre o espaço central, com permeabilidade e continuidade, recepcionando e simultaneamente ampliando a sua utilização do interior para o exterior. Os usos comuns aproximam-se de uma materialidade convencional e tradicional, nobre, e a mesquita procura, com carga simbólica e metafórica, uma referenciação iconográfica e programática na paisagem, confirmada com texturas de inspiração e conotação antiga.
O espaço público desenha um mosaico unitário e identitário com parcelas vegetais e espelhos de água.

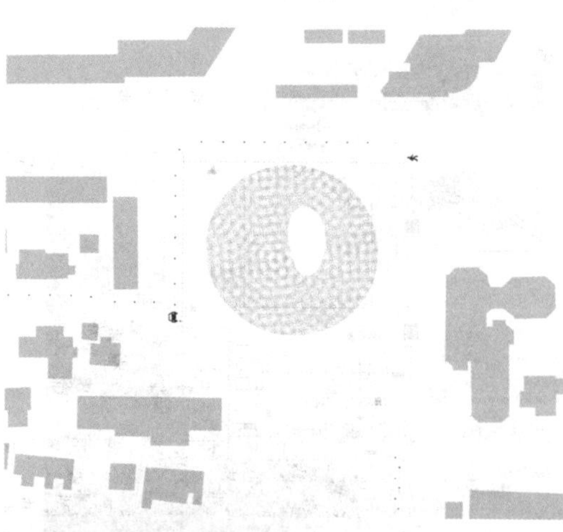

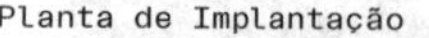

Planta de Implantação

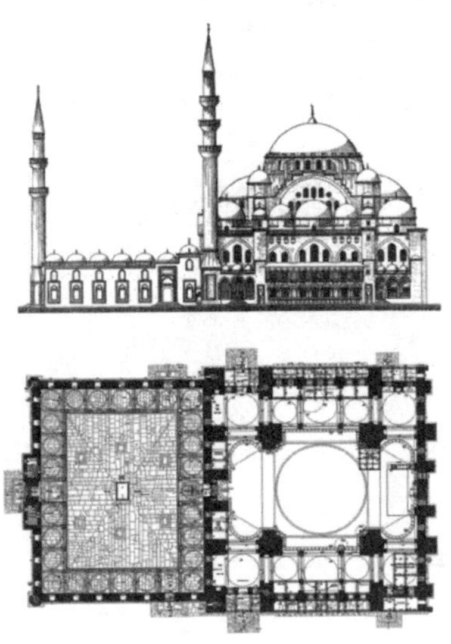

Diagrama Conceptual

Estudo de Volumetria

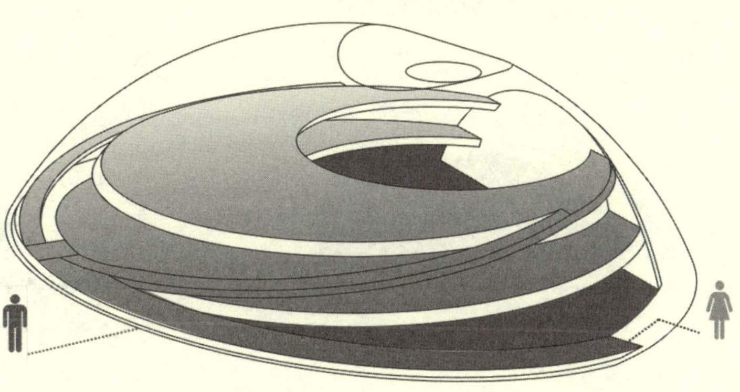

Estratégia de Acessos e Circulação

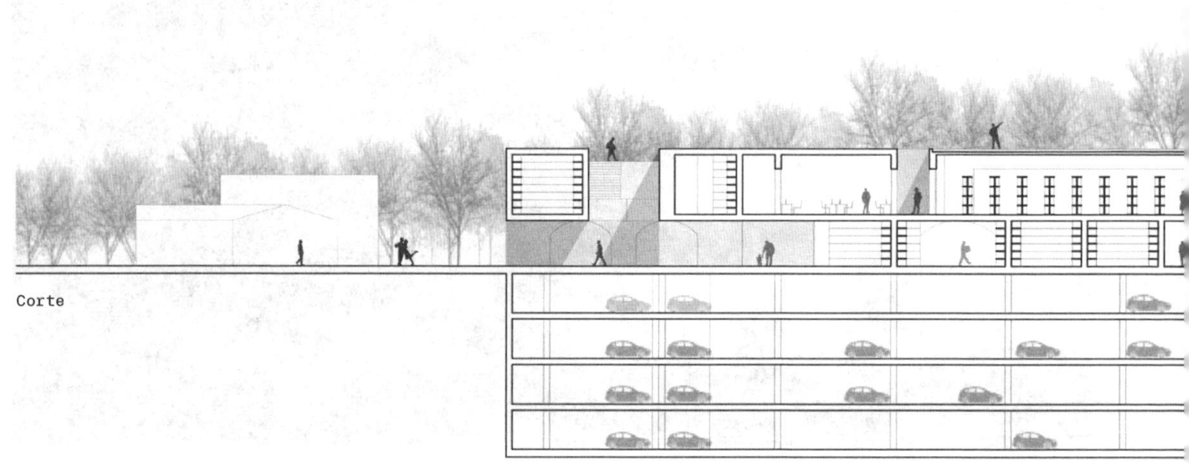

Corte

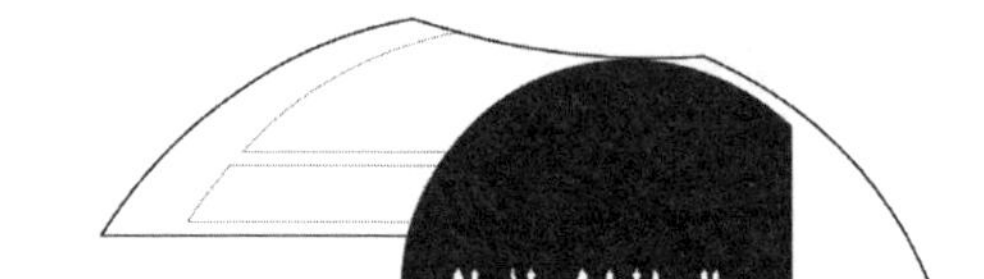

Uso diário do espaço interior
de oração

Uso diário do espaço de oração
e da primeira galeria

Uso total do espaço interior com lugar
de oração e duas galerias

Uso total do espaço interior
com expansão exterior

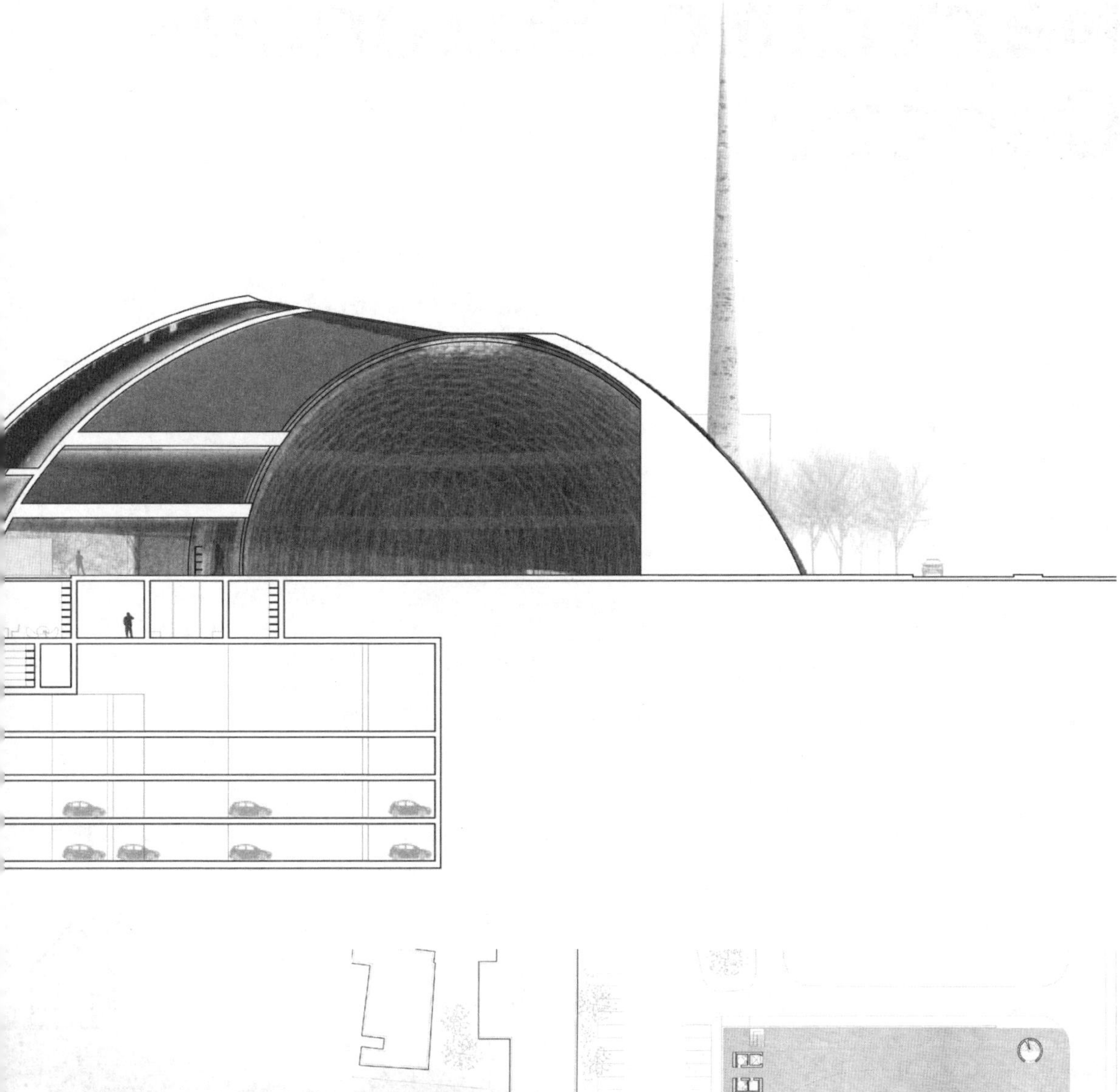

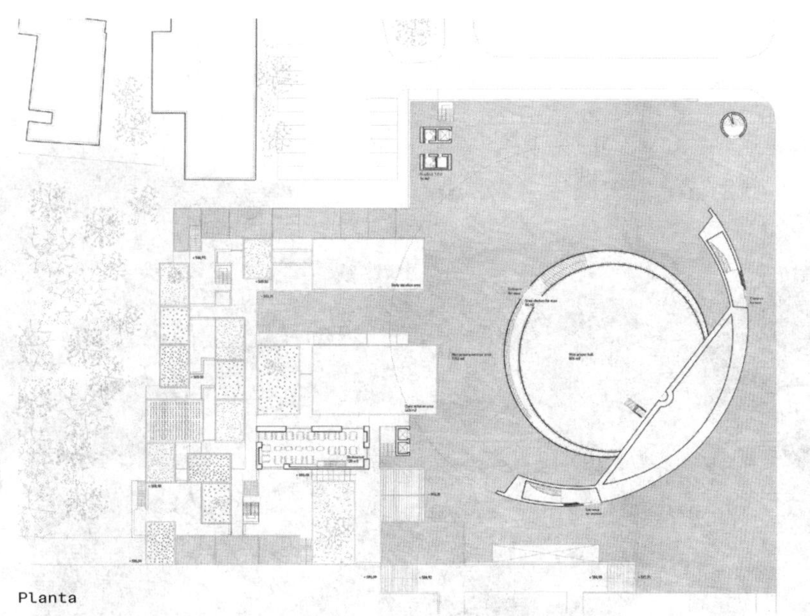

Planta

Maritime Science Centre

DATA_2014
LOCALIZAÇÃO_Randaberg, Noruega
TIPO_Concurso Internacional
PARCERIA_AJA, OODA
FASE_Ideia

Maritime Science Centre

Evocar e celebrar a terra e o mar

Uma travessia entre a terra e o mar, inicialmente térrea, mas posteriormente aérea, projectada para o horizonte, protagoniza o centro científico e marítimo localizado em Tungevågen na Noruega, apresentado a concurso de ideias. Atento ao aglomerado disperso motivado por assentamentos ancestrais e tradicionais e ancorado nos volumes física e programaticamente contíguos, o equipamento colectivo adquire uma autonomia semelhante à do farol próximo. Atento à supremacia do lugar com os seus valores naturais e patrimoniais, o volume levita sobre o lugar.

Um pátio aglomera e cria um universo próprio, exclusivamente identificado e concentrado no programa. A espiral gera e gere os usos de orientação e informação que separam os dois programas públicos – museológico e científico –, respectivamente para exposições, rematado pela cafetaria que se projecta sobre o mar, e para reuniões no auditório. Concilia-se linearidade com centralidade. Uma parte da composição adopta uma segmentação que acompanha a rampa e a outra a estabilização do solo. Encerrado para o exterior, criam-se transparências múltiplas verticais, diagonais e horizontais que confirmam o movimento da forma e dos utentes que a percorrem. O centro regula o desejo de integração e, simultaneamente, de autonomização formal, entre uma implantação com uma ancoragem ao existente e uma libertação que se autonomiza circular e linearmente. A secção transversal acaba por surgir contaminada pela paisagem envolvente. Uma materialidade ritmada e texturada domestica o volume, evocando e celebrando o lugar.

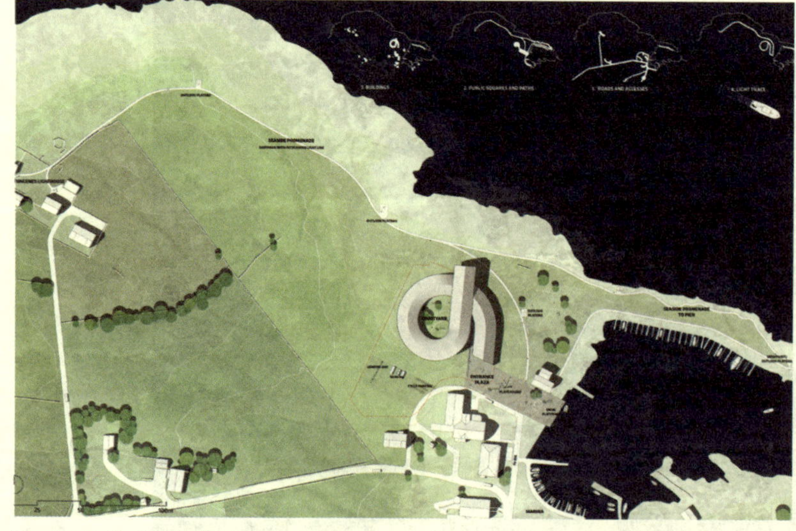

Planta de Implantação

iagrama Conceptual

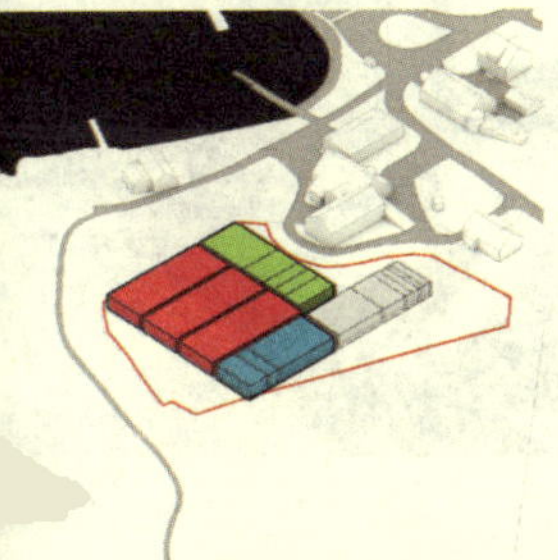

ocal e Objectivos

Loop da Exposição

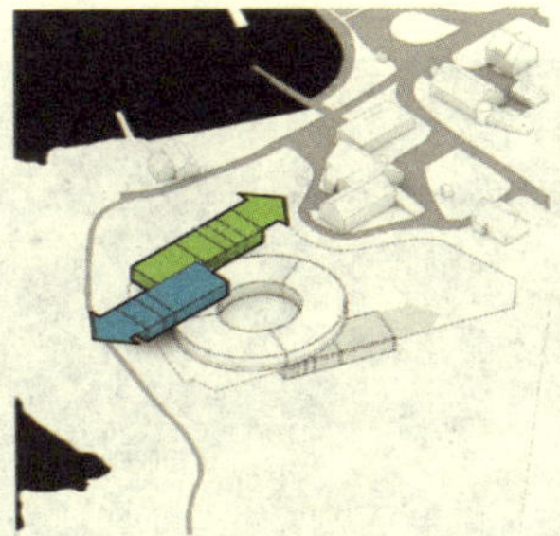

Estratégia de Implantação

Programa Contínuo

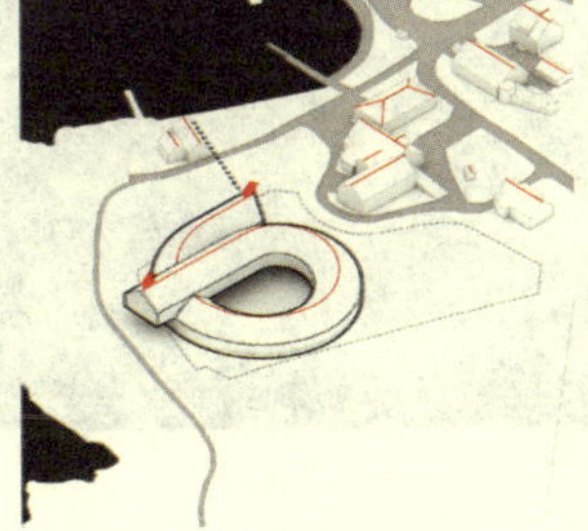

Adaptação ao Contexto

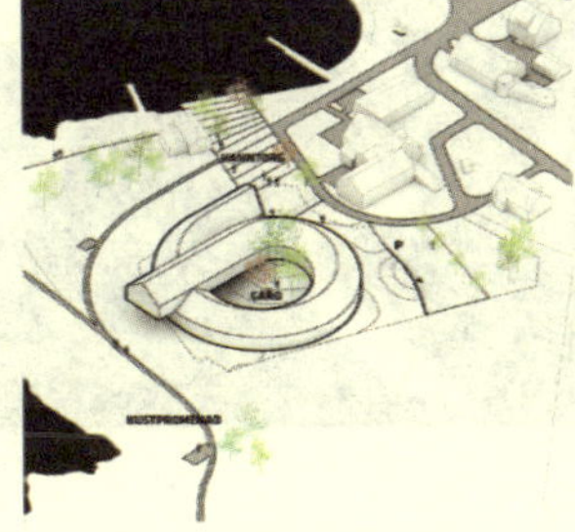

Nó de Abrigo

TUNGEVAGEN MARITIMT VITTENSENTER

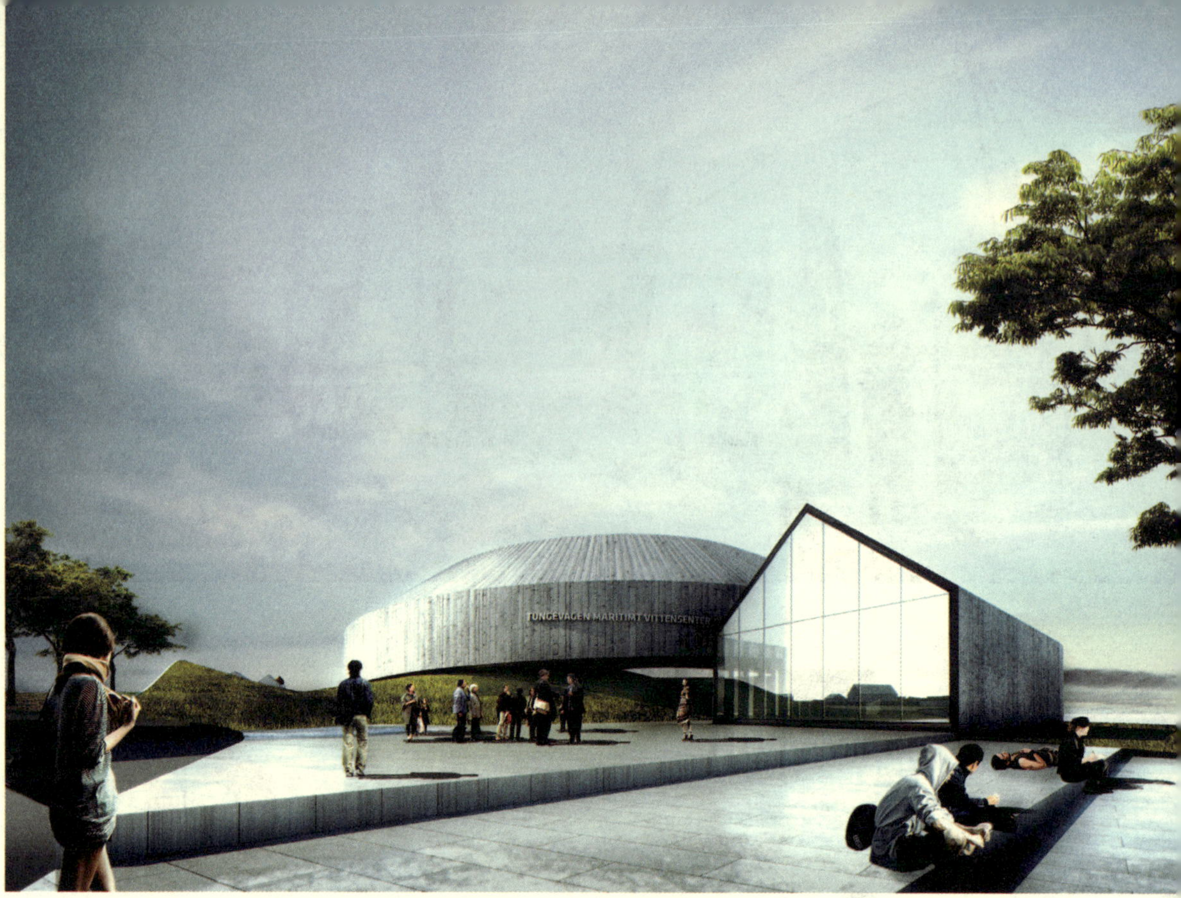

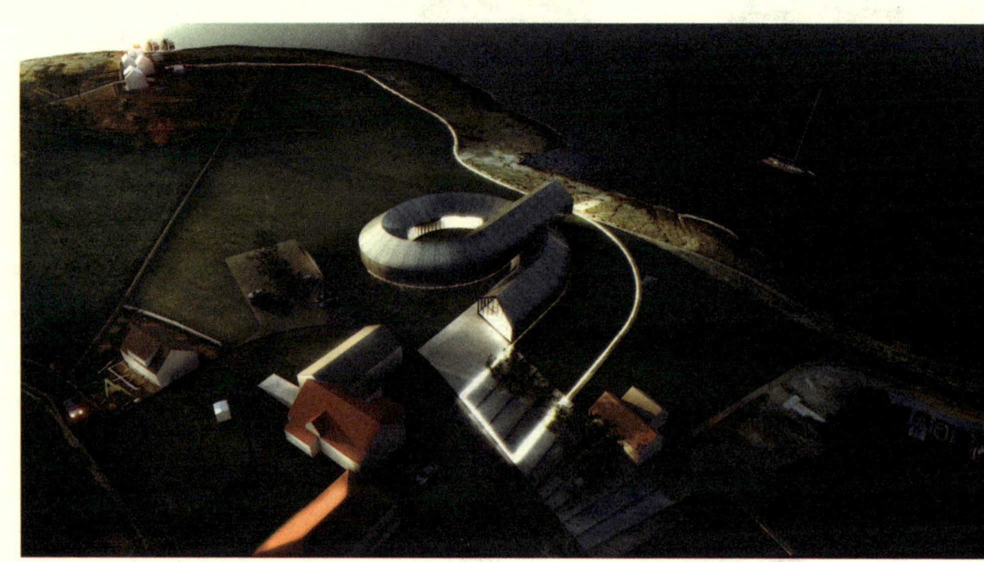

"As morfologias do *vortex*, do túnel e da ponte estão reunidas num único edifício que liga a terra ao mar."

João Jesus

Corte

Alçado

CORE + TOILETS
62 sqm
WC
WC
GARDEROB
SKOTRUM
HWC
CIRKULATION
BUTIK
PUBLIKMOTTAGNING
KONTOR, PERSONAL
RECEPTION
HUVUDENTRÉ
MÖTESRUM
GRUPPRUM
CIRKULATION
KLASSRUM
AUDITORIUM FOAJÉ
AUDITORIUM
GÅRD
MARITIM INDUSTRI
EVENTUELL BLACK BOX
KYSTVERKET
CYKELPARKERING
EXPERIMENT-TORG

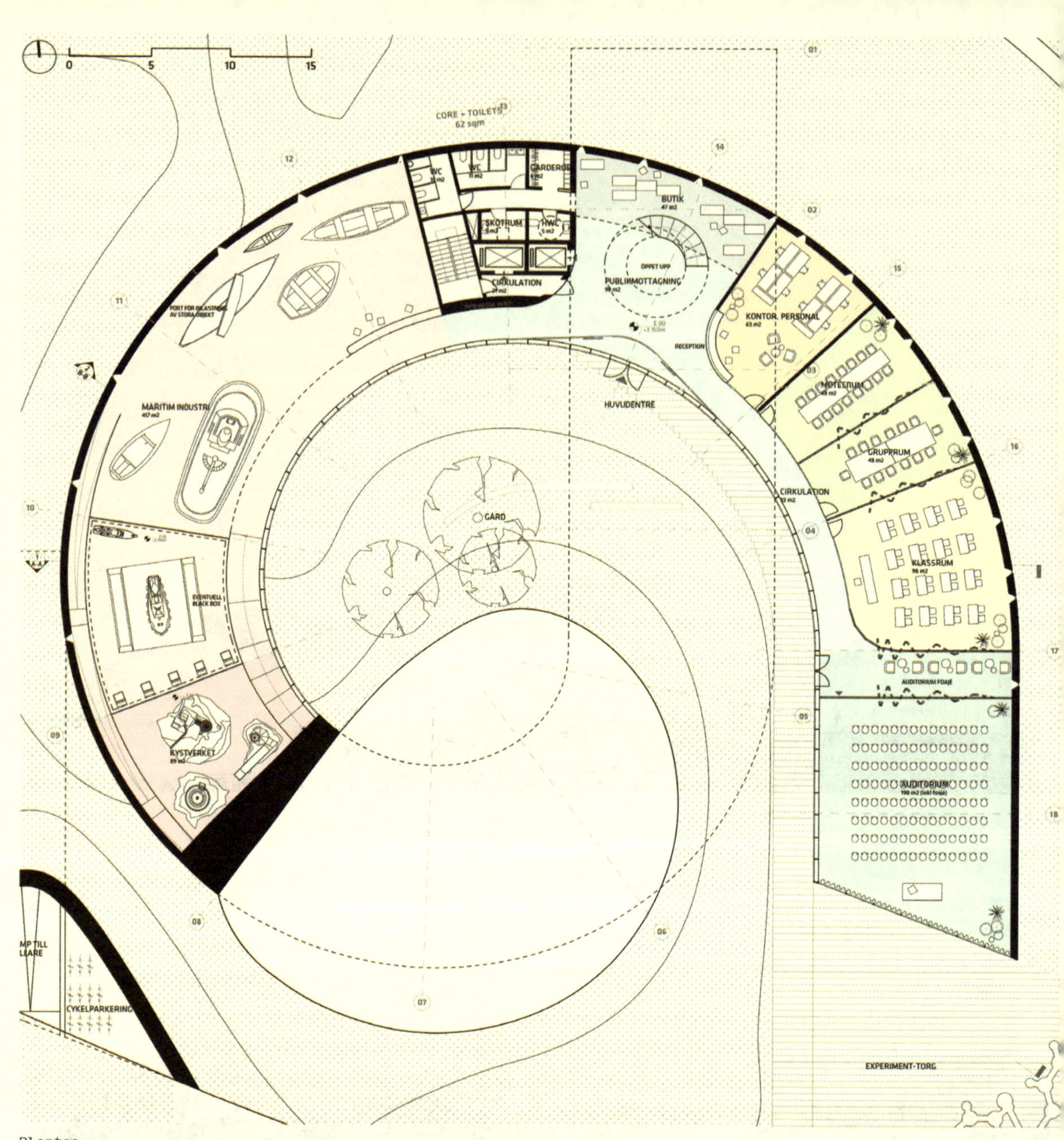

Plantas

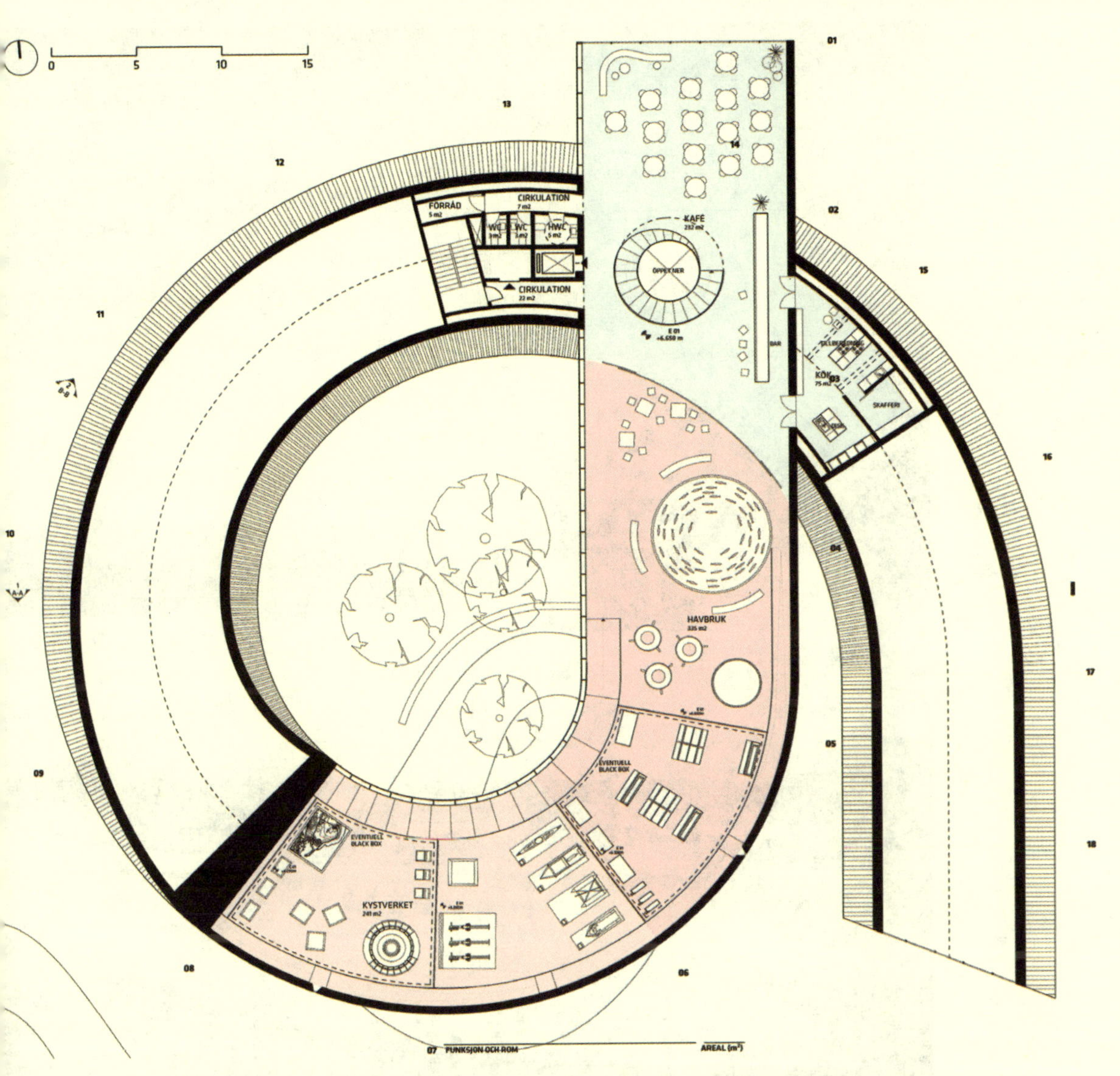

0
5
10
15
01
02
03
04
05
06
07
08
09
10
11
12
13
14
15
16
17
18
FÖRRÅD
5 m2
CIRKULATION
7 m2
WC
HWC
CIRKULATION
22 m2
KAFÉ
232 m2
ÖPPET NER
BAR
KÖK
75 m2
SKAFFERI
HAVBRUK
335 m2
EVENTUELL
BLACK BOX
EVENTUELL
BLACK BOX
KYSTVERKET
241 m2
FUNKSJON OCH ROM
AREAL (m²)

"Sobrepor o vernacular com o contemporâneo através de uma arquitectura evocativa, não apenas significativa como também localmente direccionada."

Diogo Brito

Art Mill Museum

Com Eduardo Souto de Moura e Menos é Mais (Guedes + DeCampos)

DATA_2015
LOCALIZAÇÃO_Doha, Catar
TIPO_Concurso Internacional, Pré-seleccionados
PARCERIA_Eduardo Souto de Moura, Menos é Mais (Guedes + DeCampos), OODA
COLABORAÇÃO_António Queirós, Cariátides, Afaconsult
FASE_Ideia

Art Mill Museum

Liberdade e oportunidade da tecnologia

Planta de Implantação

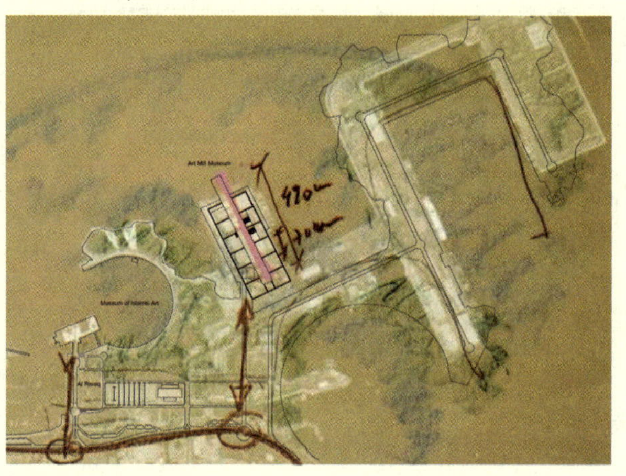

A ideia apresentada ao Art Mill International Design Competition, vencido por Alejandro Aravena, desenvolvida com Eduardo Souto de Moura, Prémio Pritzer 2011, e Menos é Mais, está localizada entre a baía e a cidade de Doha, capital do Catar. Adopta-se o desejo de promoção e antecipação de futuro no Catar, onde a arquitectura é a sua expressão e afirmação suprema. Suspenso, gera uma moldura paisagística e onírica perante a grande escala de Doha, dominada por hotéis, museus e centros de negócios. A estratégia concilia a monumentalidade e vontade de perenidade da grande escala com usos locais e pontuais de aproximação e relação humana. O pórtico monumental e axial ambiciona regular e estabilizar o alçado frontal voltado para a baía, marcado pela diversidade e disparidade de escalas, desejo confirmado pela previsão e ampliação do solo, com promenades que atravessam parques e jardins de maior ou menor escala. O museu domina o programa animado e complementado com outros usos, conjugando o desejo de preservação do Catar Flour Mills com a criação do Art Mill Museum. O paralelepípedo triangular levita apoiado em volumes pontuais. À iconografia referencial e global proposta associa-se uma identidade cultural simultaneamente tradicional que recorre a padrões texturados e sombreados sobre o espaço público. A ideia apoia-se no contraste entre positivo e negativo. É, ainda, um hino à liberdade e oportunidade da tecnologia, capaz de gerar e enquadrar panorâmicas que evocam a lição de Mies van der Rohe.

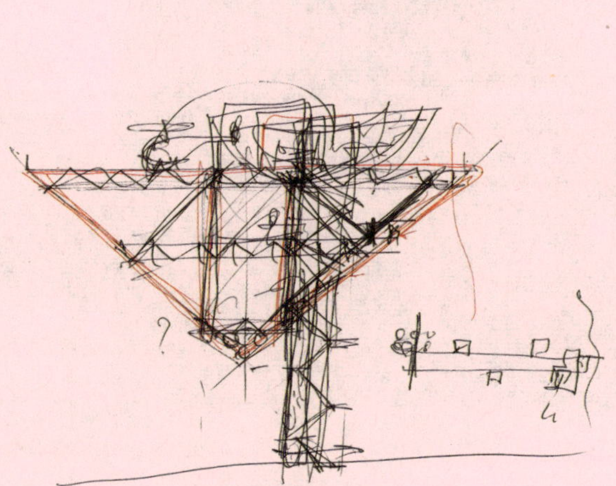

Diagrama Conceptual

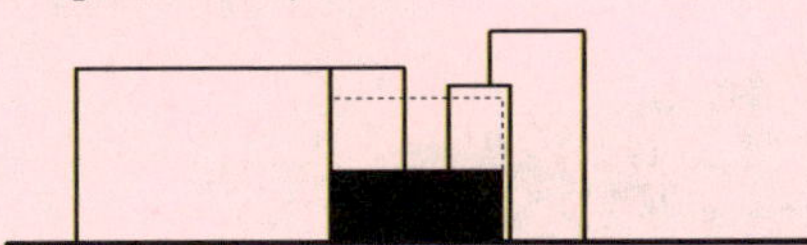

Implantação dos Volumes

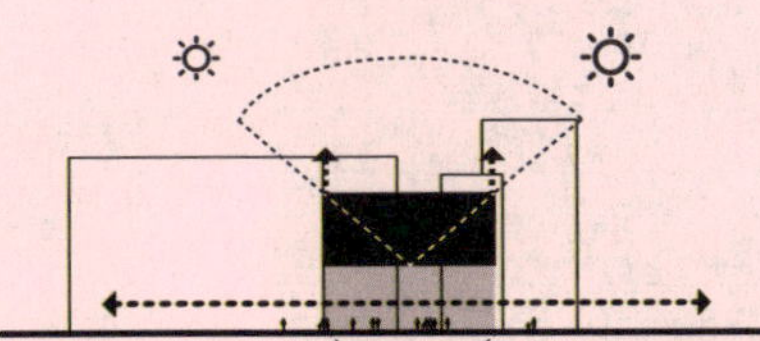

O essencial numa construção sustentável no deserto é proteger a paisagem e o edifício do sol

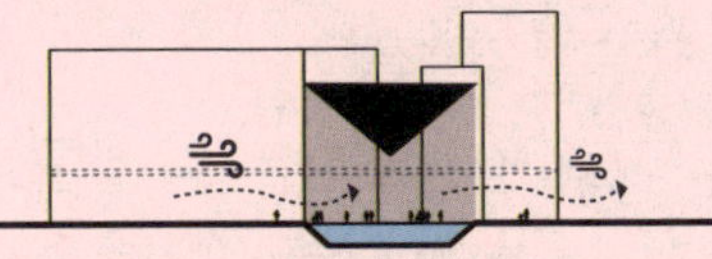

O espelho de água sob o edifício, ao simular uma sombra, irá refrescar todo o lugar com o auxílio do vento

Propusemos uma espécie de filtro ou véu, uma lâmina, uma espécie de bandeja de apresentação do museu, enquanto *layer* de protecção que filtra, mas não interrompe. Assim, baseado no desenho de um tapete árabe, com composições de intensidades diferentes, juntam-se duas evocações de uma cultura local que nos interessa, sobre uma plataforma com mistura de mineral, água e vegetação, como uma jangada com cheios e vazios que se preenche de praças, ruas, jardins e zonas de água que se ligam à cidade, através de uma diagonal que, por coincidência, acompanha a direcção geográfica de Meca."

Eduardo Souto de Moura,
in ToolBook, 2019

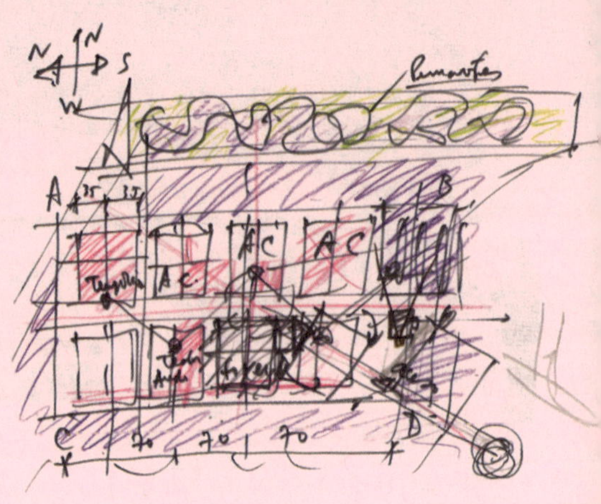

Esquissos de Eduardo Souto de Moura

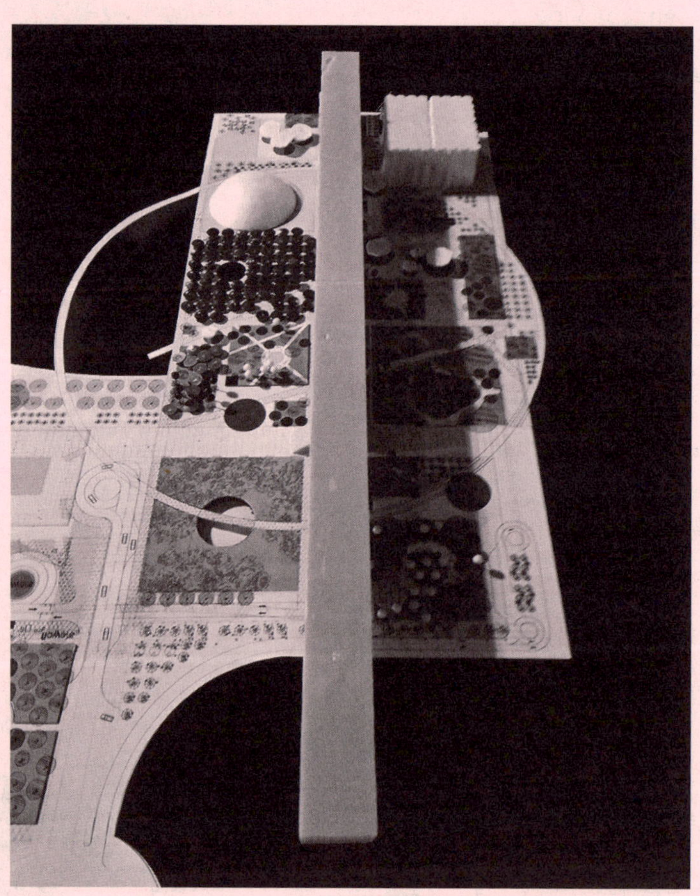

Maqueta de Estudo

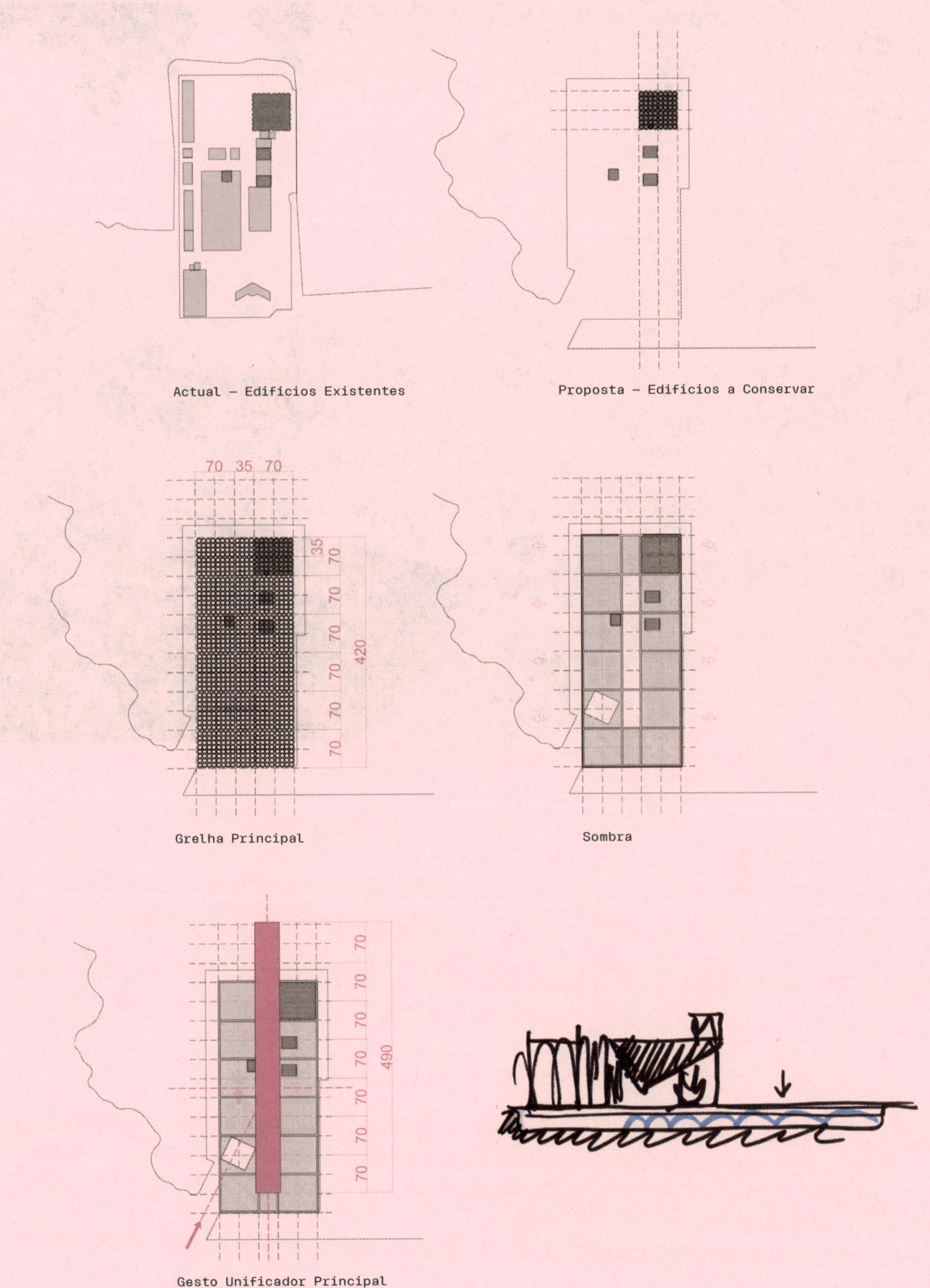

Actual – Edifícios Existentes

Proposta – Edifícios a Conservar

Grelha Principal

Sombra

Gesto Unificador Principal

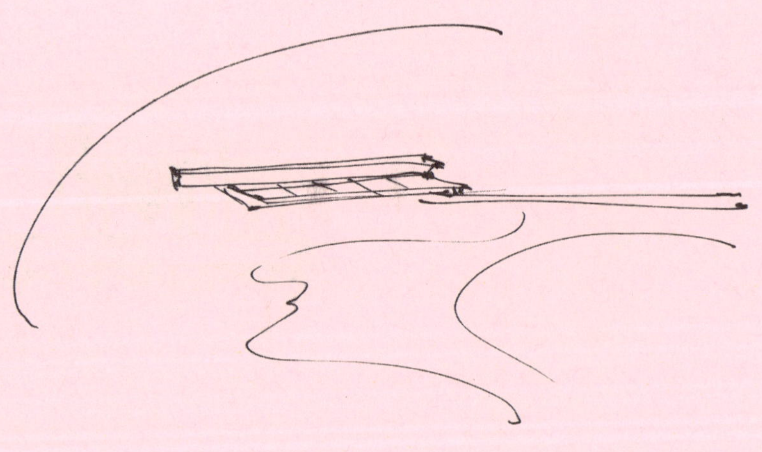

Maqueta de Apresentação

Toy Museum & Library

DATA_2016
LOCALIZAÇÃO_Torres Vedras, Portugal
TIPO_Concurso Internacional,
5° prémio
COLABORAÇÃO_A3R
FASE_Ideia

Toy Museum & Library

Notabilizar a contemporaneidade

A interpretação da matriz irregular e angular do Centro Histórico de Torres Vedras e a aproximação do vazio contíguo à Igreja da Misericórdia, informado por empenas e relacionado com diferentes arruamentos e enfiamentos, promovem uma acção onde o vazio é uma oportunidade para o museu. Gerador, em três frentes, de praças voltadas e ancoradas em diversos espaços públicos, cria acessos diferenciados às valências do equipamento colectivo. Criam-se acessibilidades e manipulam-se permeabilidades que valorizam a igreja e potenciam visitas onde o castelo é uma presença constante. Os recuos permitem a ampliação do corpo central do museu e a criação de volumes laterais de referenciação e colmatação urbana, proporcionados pela escala humana que é também a local e patrimonial presente. Principalmente dedicado ao público infantil e juvenil, o jogo volumétrico lembra os blocos de Friedrich Fröbel, com ângulos que produzem perspectivas quebradas e não rasgadas. A grande massa encerrada desmaterializa-se com uma galeria adossada e porticada, materialmente diferenciada e branqueada. A composição concorre para uma separação e distribuição de usos justa, a partir de um átrio comum, com o museu na planta inferior, a biblioteca infanto-juvenil no piso intermédio e a de adultos no andar superior. Pétrea, produz uma fusão e integração com contemporaneidade. Simultaneamente evoca o passado, através do castelo e da muralha, para criar a sugestão dos temas museu e biblioteca. Estereotomias menores, pontualmente texturadas e detalhadas, notabilizam o imóvel.

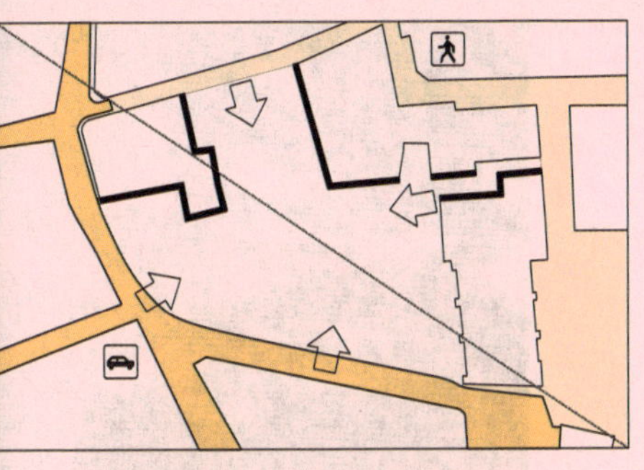

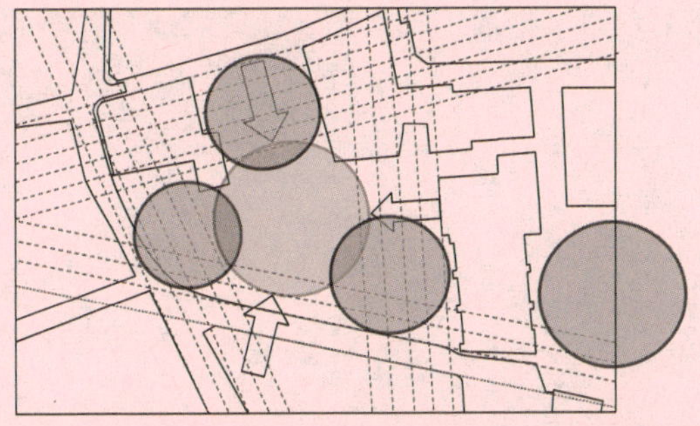

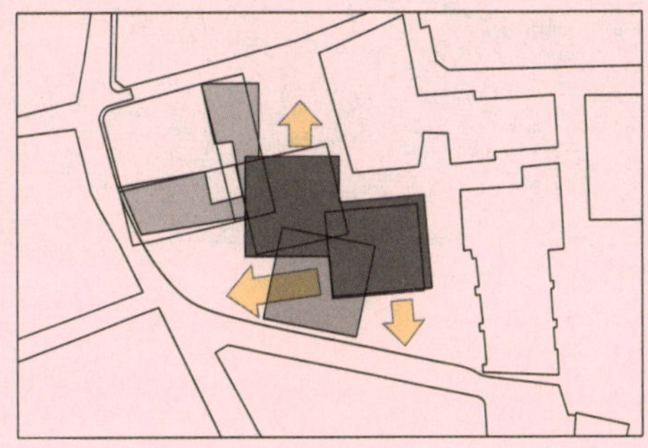

Diagrama Conceptual

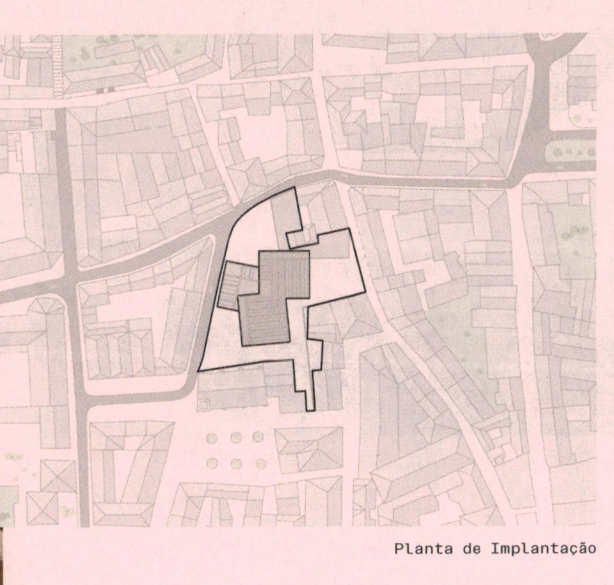

Planta de Implantação

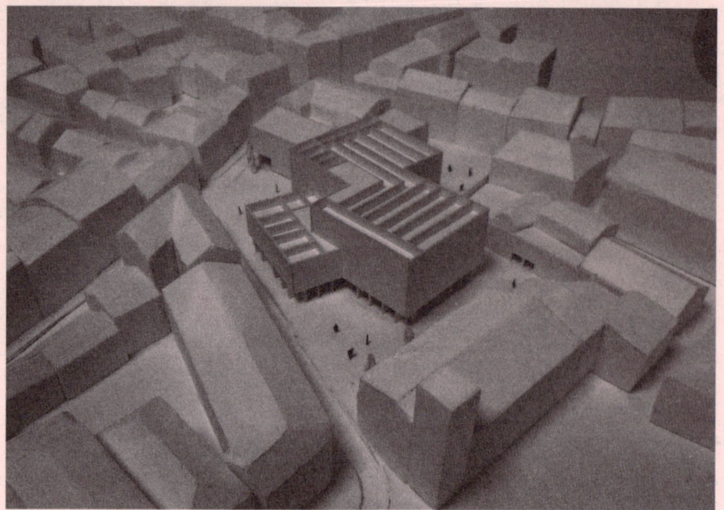

Maqueta Conceptual

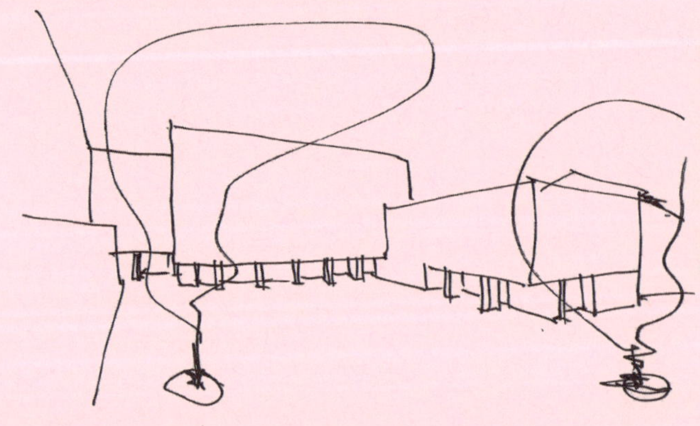

Alçado Frontal

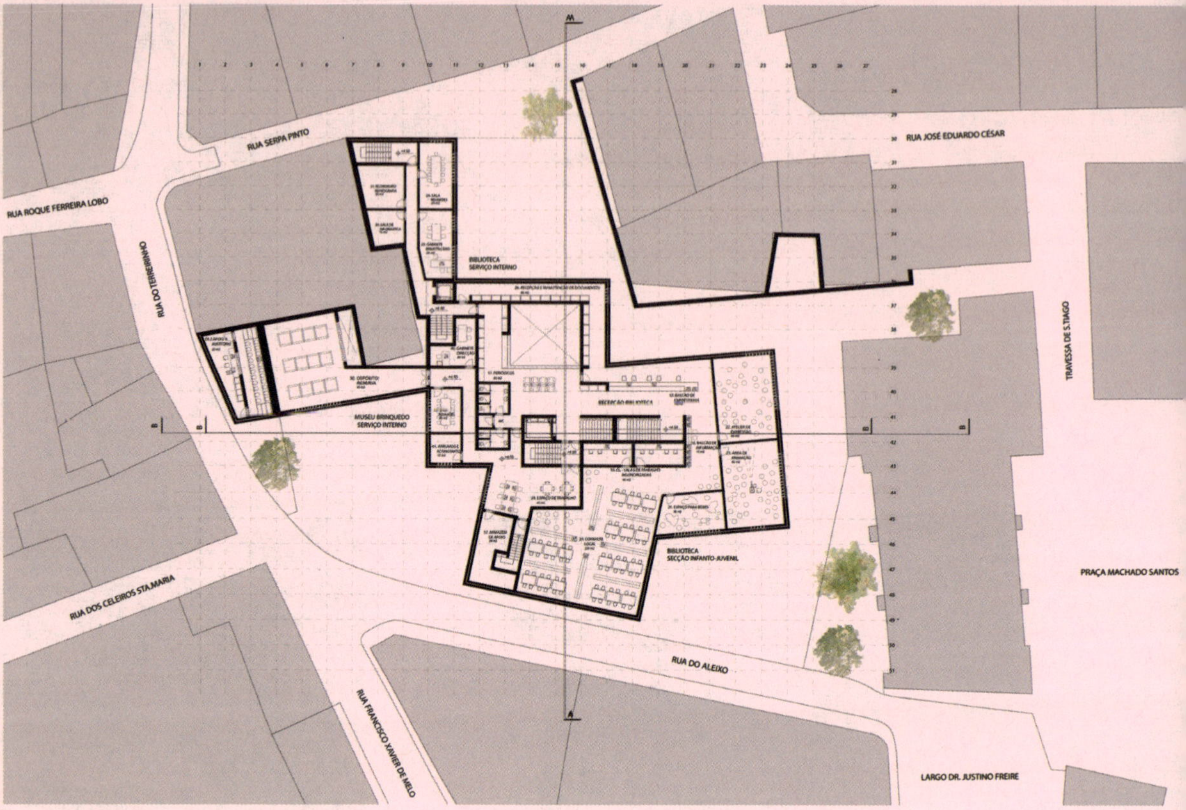

Planta Piso 1

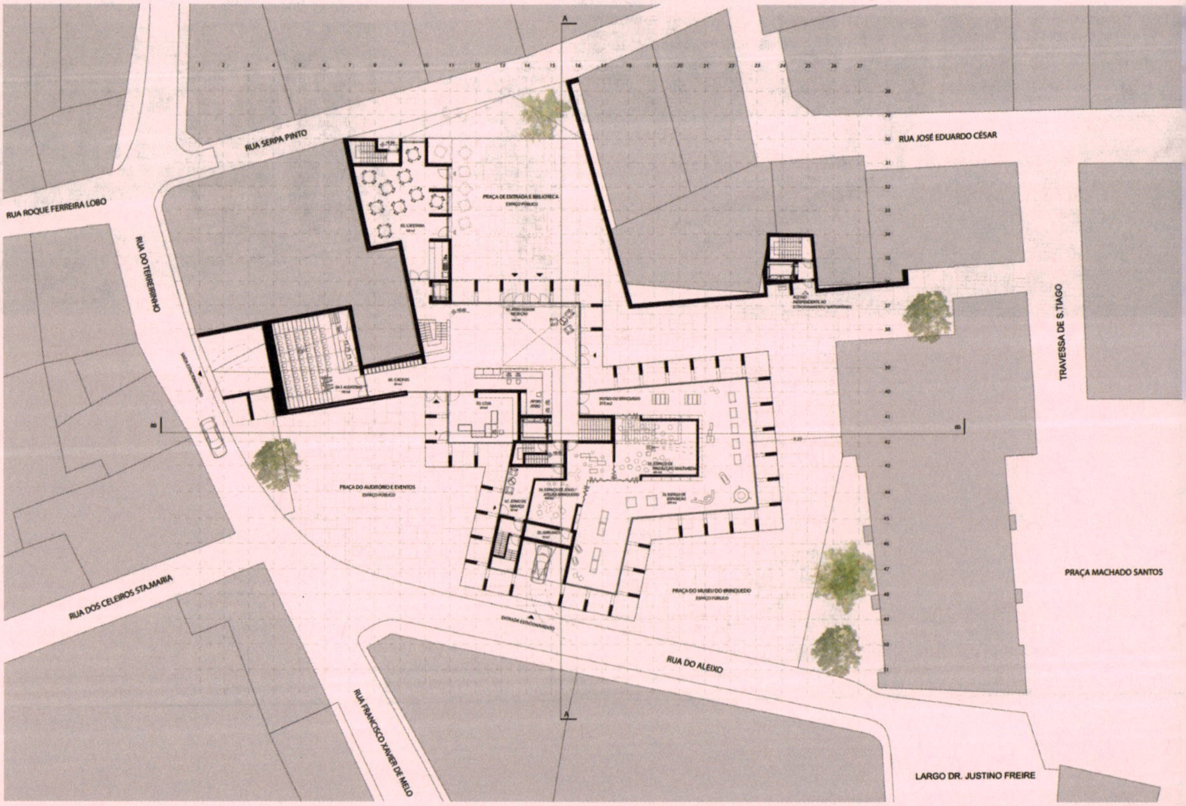

Planta Piso Térreo

Integração Urbana

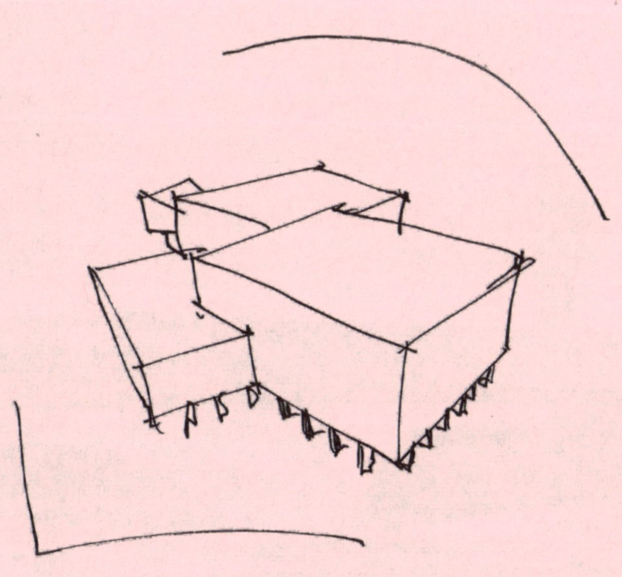

Liga Portugal HQ

DATA_2019
LOCALIZAÇÃO_Porto, Portugal
TIPO_Concurso, 1° prémio
COLABORAÇÃO_LAIII, Fusão, Mir, P4
FASE_Em curso, Licenciamento

Liga Portugal HQ

Modelar a espacialidade e materialidade da luz

O lugar está marcado pela descontinuidade e diversidade urbanística. A box translúcida assume, por isso, um marco de confluência e referência urbana justificada pela excepção do uso e da forma. Um pódio cria uma topografia vegetalizada para o exterior capaz de consolidar e regular a envolvente desigual. Interiormente surge ondulado, cobrindo usos colectivos. Estabilizadora e reguladora, a intervenção desenha um fórum de representação e reunião pública envolvido pelo jardim suspenso. Espaço de acolhimento e distanciamento da cidade e de preparação e transição para as instalações, está referenciado e pontuado pela torre cúbica que contém os serviços de representação, formação e investigação. A base contém usos públicos – auditório e museu – com vocações e proporções incompatíveis com a secção da torre destinada ao funcionamento da Liga Portuguesa de Futebol. A composição acusa a separação e distribuição dos seus usos, confrontando o organicismo da horizontal com o racionalismo da vertical. Entre a linguagem planimétrica do pódio em primeiro plano e a volumétrica da torre em segundo, joga-se com a resistência e transparência do vidro. A grelha sombreadora e reveladora da sua orgânica funcional e material, e que envolve a torre, apresenta uma capacidade e propriedade diáfana, uma lanterna urbana com referencial diurno e nocturno importante, capaz de modelar a espacialidade e materialidade da luz.

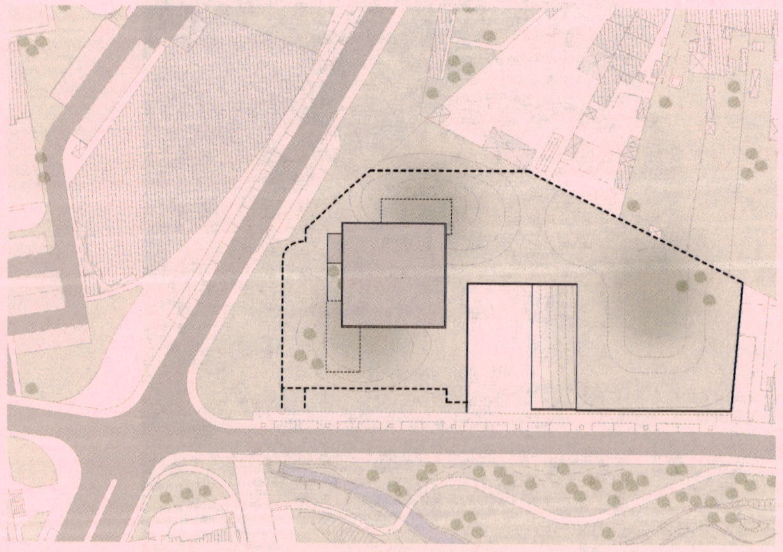

Planta de Implantação

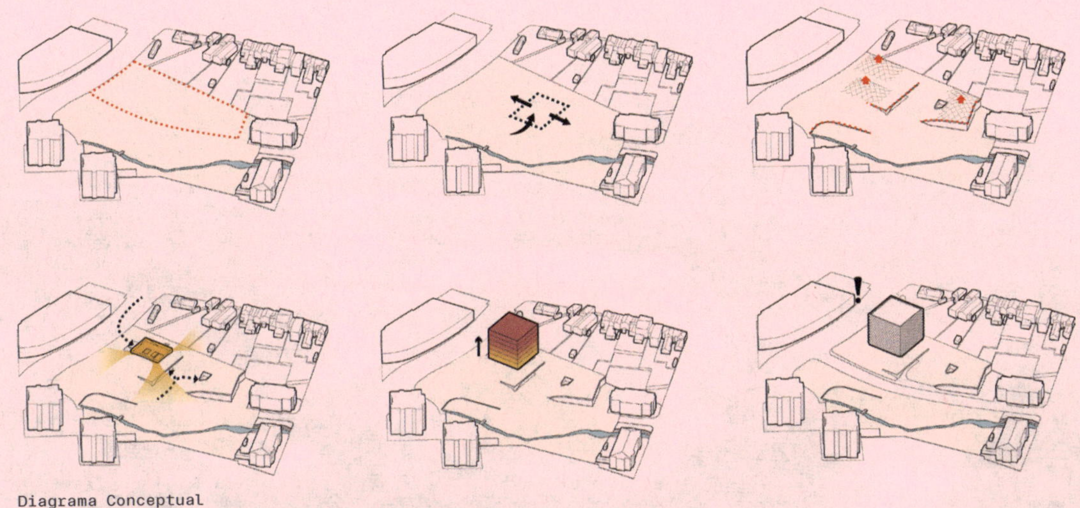

Diagrama Conceptual

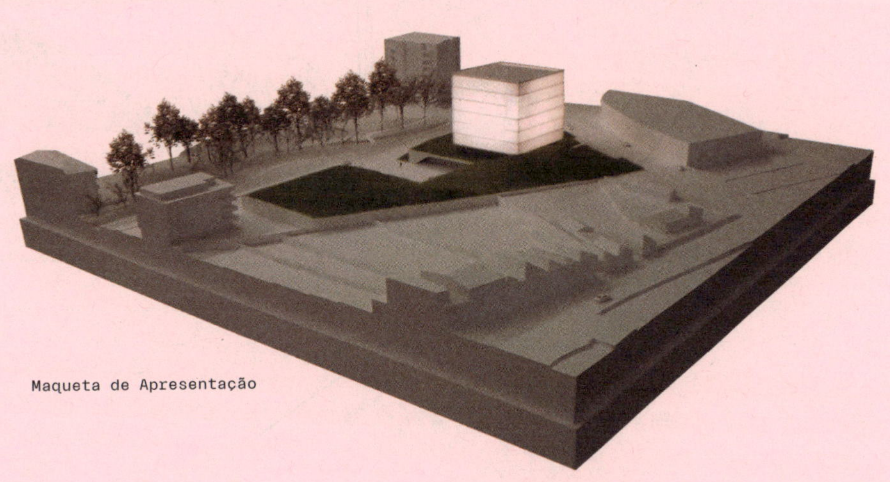

Maqueta de Apresentação

"Os pisos térreos estabelecem uma relação clara de continuidade com o parque verde. São espaços de uso público organizados à volta de uma nova praça e sob uma cobertura verde e ondulante. O restante edifício eleva-se acima do plano horizontal num gesto puro e afirmativo. Está reservado ao uso institucional da Sede da Liga e procura, através da materialização da fachada, a reminiscência de algumas singularidades do mundo do futebol."

João Jesus

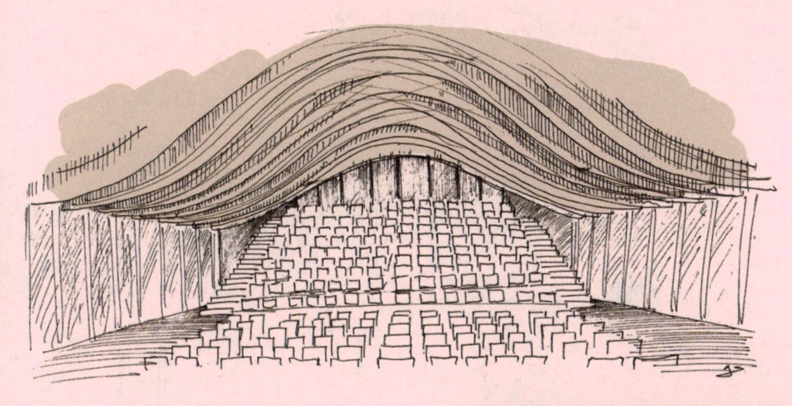

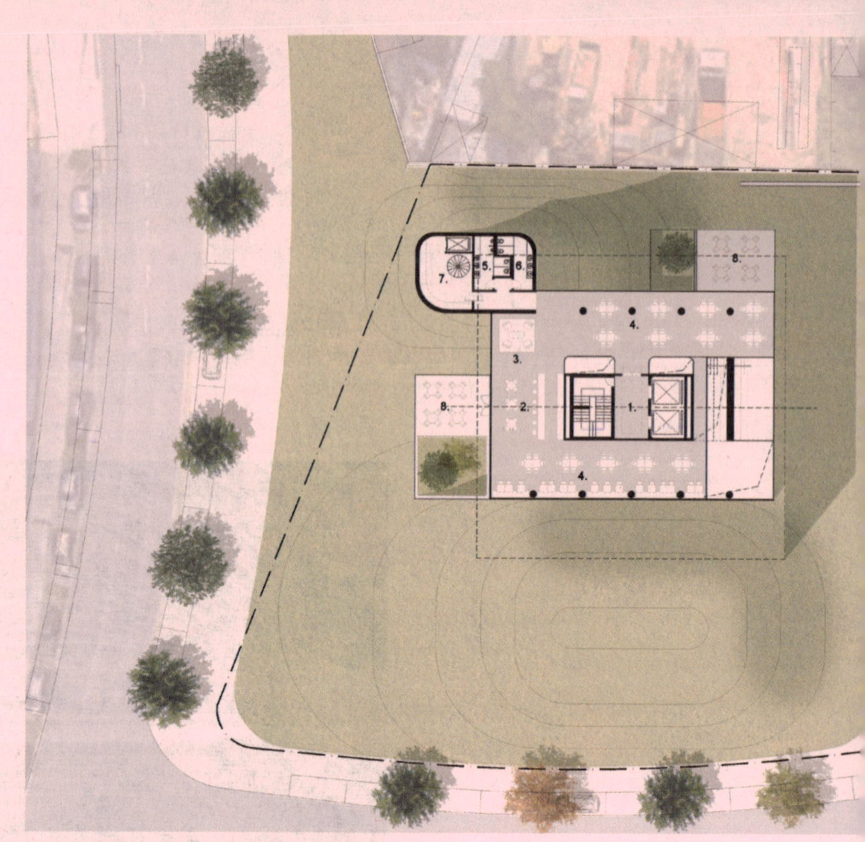

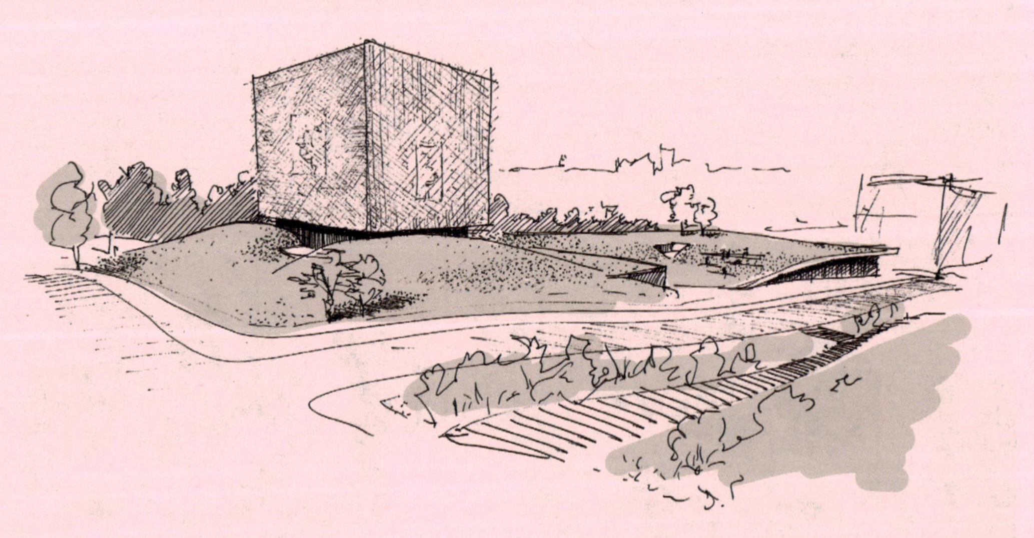

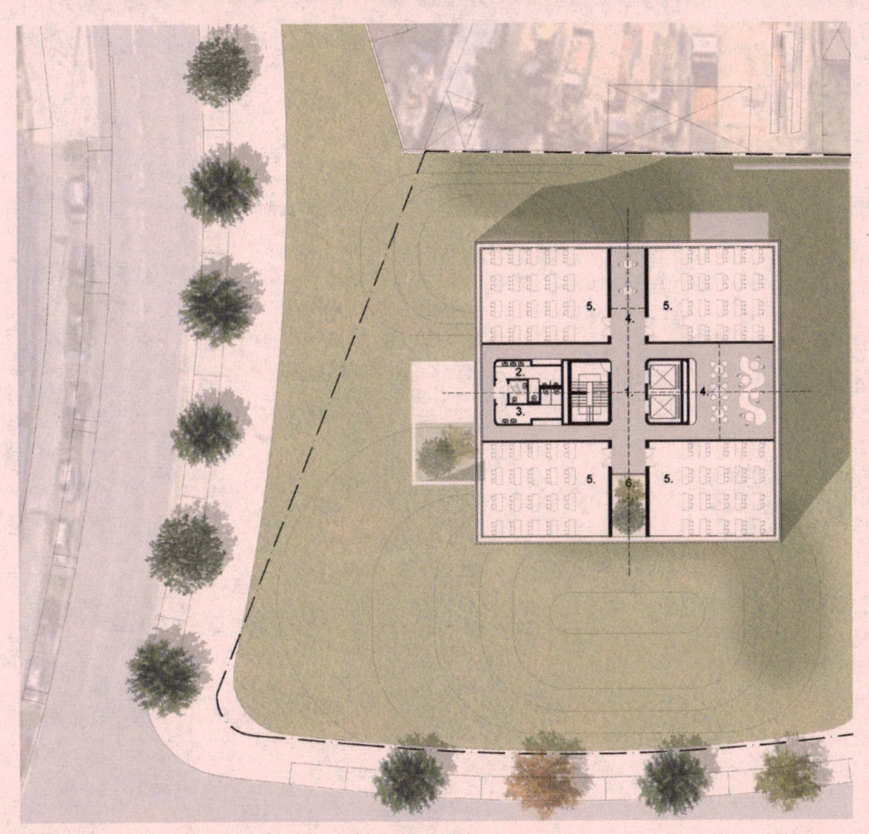

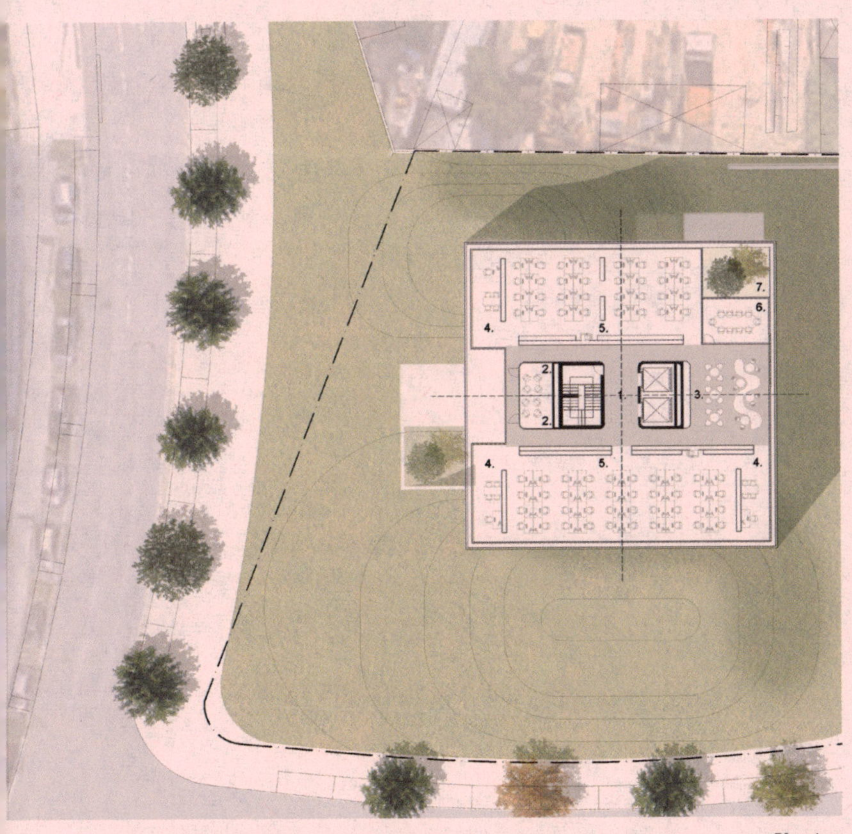

Plantas

7.

PONTUAÇÕES

TORRES DE BABEL DE LINGUAGENS MÚLTIPLAS E MUTISMO EM PLAYTIME

Intro

Inicialmente evocativas e posteriormente funcionalistas, as torres são a expressão simbólica e metafórica vertida do imaginário das utopias de ascensão e marcação na paisagem. Surgem ainda como reacção à anterior destruição e expansão horizontal das cidades, uma resposta economicamente eficaz de colonização e ocupação vertical de alta densidade.

Paulo Martins Barata "Estamos a atravessar um período muito interessante da arquitectura. Talvez um dos momentos mais interessantes dos últimos 20 ou 30 anos e que é um período extremamente fértil de novas ideias, de jovens arquitectos."

Guilherme Wisnik "Esta arquitectura, conotada com os grandes investidores, reproduz formas para um gosto de elite que operam muito bem linguagens de arquitectura contemporânea internacional."

Das soluções de Dankmar Adler e Louis Sullivan, para trabalhar, às de Mies van der Rohe, para habitar, ambas em Chicago, assiste-se à exponenciação do tema no Movimento Moderno. Com as possibilidades do ferro e do betão armado, combinados com o vidro, defende-se simultaneamente a concentração em altura e a libertação do solo para usos públicos e lúdicos vegetalizados. Sublinham-se, ainda, os valores da pré-fabricação e estandardização industrial da Bauhaus (1919), recentemente evocada e materializada em Tel Aviv pelo colectivo internacional Penda.
O mecanismo de repetição e sobreposição do solo em altura origina ensaios disciplinarmente estimulantes e desafiantes, como os Immeubles-villas (1922) de Le Corbusier, casas com pátio térreas empilhadas e tornadas aéreas, com usos

colectivos no centro da composição e organização claustral. Jacques Tati traduz em Playtime (1967), exclusivamente protagonizado pela arquitectura, a sua visão poética e crítica aos absurdos e excessos do Movimento Moderno. Esta arquitectura global e igual em diversos lugares, vive da ambiguidade entre o descontentamento e o encantamento da abstracção e depuração dos arranha-céus mudos. O urbanista Robert Auzelle, empenhado na terciarização e modernização do Porto, potencia o aparecimento de torres que marcam o *skyline* portuense. Acima da cércea dominante, observam-se então a Torre Montepio Geral (1960), o Edifício Miradouro (1963), a sede do Jornal de Notícias (1965), actualmente alvo de preservação e reconversão pelo colectivo OODA, o Hotel D. Henrique (1966) e a sede da Segurança Social (1973|1988). Dos conceitos presentes na renovação do Hotel Jornal e na reconversão do Language Museum 2 de 2017 às ideias presentes na modelação da Miramar Tower, Harare Radisson Blu, Hoso, Tower 15 e Luanda Bay Residences de 2018, 86 Açucar de 2019 e Tower 1 de 2020, adoptam-se valores organicistas referenciados em diversos autores da contemporaneidade. Plantas circulares ou quadrangulares, observando ainda os dogmas de Chicago — base, fuste e capitel —, elevam-se com a repetição e modulação do Movimento Moderno, mas com uma tridimensionalidade e biodiversidade contemporânea, em movimento espiralado e texturado. Claramente despoletadas e motivadas pela Tower Price (1956) de Frank Lloyd Wright, estas novas árvores da floresta humanizada e vegetalizada representam a desconstrução do despotismo e racionalismo da forma. A ruptura formal e material iniciada pelo arquitecto da paisagem imensurável e inigualável, prossegue com desfigurações e desagregações exercitadas na Tower Pirelli (1960) e nas Torres Blancas (1969), respectivamente em Milão e Madrid, e as exacerbações actuais, entre outros, de Sou Fujimoto ou Ole Scheeren. A Torre de Babel, idealizada e materializada para aproximar a terra e o céu, é tema transversal à arquitectura e a tantas outras disciplinas como a literatura, a pintura ou a escultura. Hoje, a diversidade de linguagens e, consequentemente, a multiplicidade de imagens na arquitectura, já não é uma fatalidade. É, antes, a demonstração da sua potencialidade e capacidade infinita.

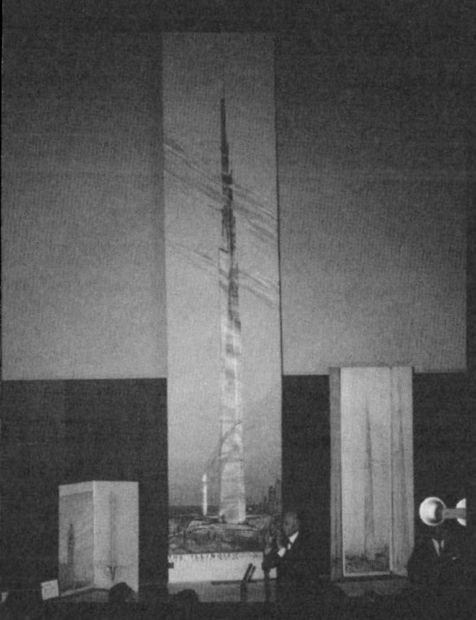

Hotel Jornal

DATA_2019
LOCALIZAÇÃO_Porto, Portugal
TIPO_Adjudicação
COLABORAÇÃO_Blacksheep, GEG,
Bloomimages, Oxygen
FASE_Em curso, Projecto de Execução

Hotel Jornal

Iconografia e simbologia transversal ao tempo

Planta de Implantação

Existente

Associada a uma via estruturante de ligação e extensão urbana no sentido Nascente-Poente, prevista no Plano Director da Cidade pelo urbanista Robert Auzelle, a sede do Jornal de Notícias assinada pelo arquitecto Márcio de Freitas é a expressão e afirmação da arquitectura para o futuro. Um desejo acentuado pela exposição e proporção vertical do painel cerâmico do escultor Charters de Almeida, preservado exterior e interiormente na adaptação a hotel. A partir da manutenção e reconversão da torre iconográfica e simbólica para a cidade, promovem-se demolições no pódio debruçado sobre a Estação Trindade onde surge a ampliação maior, destacada e rodada, a que se junta a adição menor no topo da torre. O volume vertical renovado e o horizontal adicionado destinam-se genericamente a quartos da unidade hoteleira. A ambição é paisagística, com a criação de diferentes miradouros a diversas cotas, e urbanística, com a conexão à cota baixa e à Estação Trindade, importante porque vence a descontinuidade herdade e criada com a incisão das linhas de caminho-de-ferro na paisagem. A imagem referenciada na história e memória colectiva mantém a entrada principal na articulação entre os acessos aos corpos vertical e horizontal. O mecanismo de repetição e modulação das molduras existentes contaminam a linguagem da ampliação, temporalmente diferenciada pela rotação e geometrização que acusa, evidenciada nas coberturas vegetais e nas epidermes transparentes onde a luz é valor gerador e modelador de espaço.

Alçado Frontal

Maqueta de Apresentação

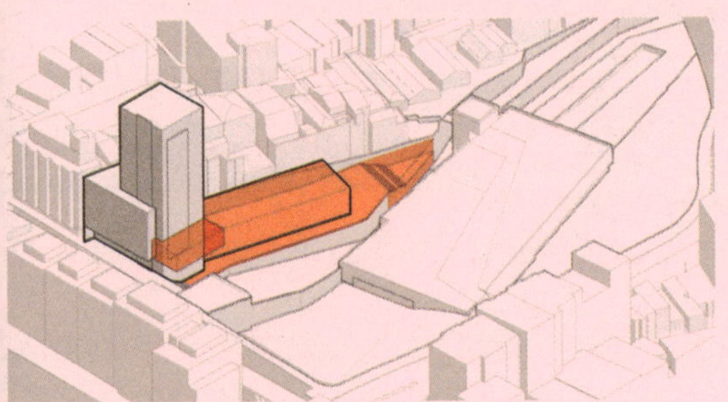

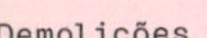

Demolições

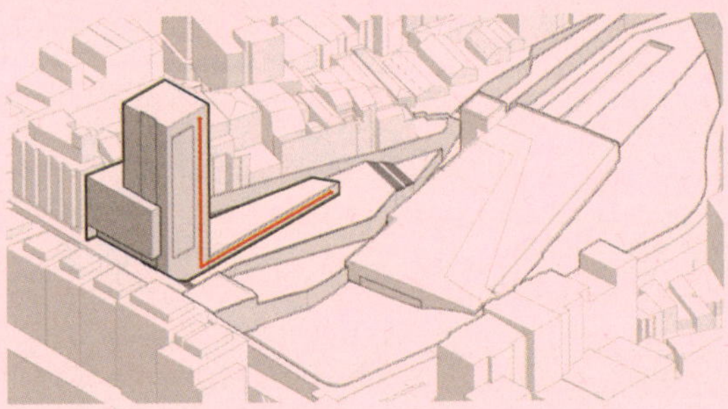

Pódio e Alinhamentos

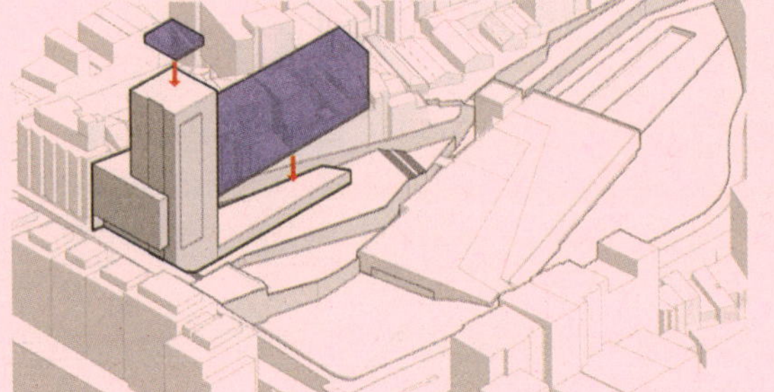

Novos Volumes

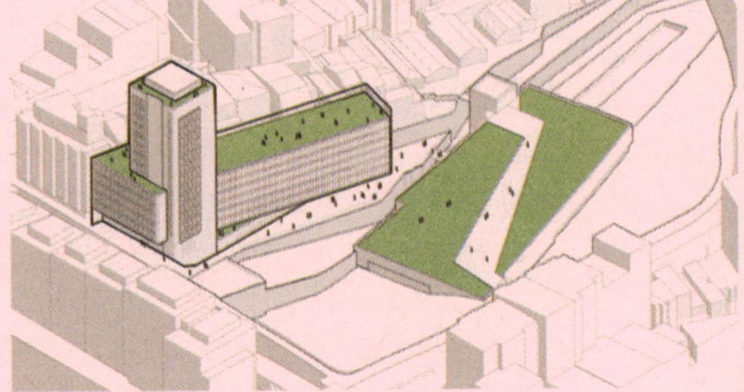

Proposta

1. Peça em GRC, Painel Casca com 2% de Inclinação, E.10mm
2. Fixação do Painel ao Bastidor
3. Bastidor Metálico, 60mmx40mm
4. Cantoneira de aço de reforço para a fixação da peça em GRC, de abas iguais da "Ferpinta", S235JR - S275JR (EN 10025-2), E.5mm, A.40mm, L.40mm

1. Acabamento Design Interiores, E.12.5mm
2. Cola, E.5mm
3. Tela Acústica, E.7mm
4. Argamassa de Regularização weberfloor rep. da "Weber", E.40mm
5. Tela Acústica IMPACTODAN 10, E.10mm
6. Laje Existente, E.250mm

*1. Tijolo Proposto, E.115mm
2. Tijolo Existente, E.150mm
3. Tela Acústica IMPACTODAN 10, E.10mm
4. Isolamento Lã de Rocha_70mm [painel de 70mm e 70 kg/m3, tipo "ROCKWOOL" Alpharock E-225]
5. Gesso Cartonado "KNAUF" Standard A_15mm [A - UNE - EN 520], E.15mm
6. Gesso Cartonado "KNAUF" Alta Dureza A1_12,5mm ~ 13mm [UNE EN 520 - Alta Dureza A1] E.12,5mm ~ 13mm
7. Acabamento Design Interiores, E.15mm

1. Plaqueta de tijolo do "Vale da Gândara", C.240mmxA.70mmxE.20mm
2. Cimento Cola da "Sika", SikaCeram®-252 StarFlex, C2TES1 [EN 12004], E. 10mm
3. Betumação das juntas com Sikaceram ®650 Classic, E.5mm
4. Selante de poliuretano, monocomponente de baixo módulo para juntas de fachada Sikaflex®-1A PLUS, da "Sika", E.10mm

Viga Existente*

1. Camada de base da "Sika", Sika MonoTop®-612, E.5mm
2. Tela Impermeabilizante da "Sika", SikaTop® Seal 107, E.3mm
3. Pré-aro em madeira
4. Caixilho fixo da "Technal", série WICLINE 75, com acabamento em alumínio tipo NATURAL BR/RP, AC0. 154

1. Acabamento Design Interiores, E.15mm
2. Gesso Cartonado "KNAUF" Standard A_15mm [A - UNE - EN 520], E. 15mm
3. Isolamento Lã de Rocha_48mm [painel de 48mm e 70 kg/m3, tipo "ROCKWOOL" Alpharock E-225]

1. Caixilho fixo da "Technal", série WICLINE 75, com acabamento em alumínio tipo NATURAL BR/RP, AC0. 154
2. Vidro duplo da "Saint-Gobain" CLIMALIT PLUS: PLANICLEAR com COOL LITE XTREME 50_22 II, E.10mm + Argon (90%) / Air (10%), E.18mm + Planiclear, E 6mm, PVB silence, E.2x0.38mm, Planiclear, E.6mm

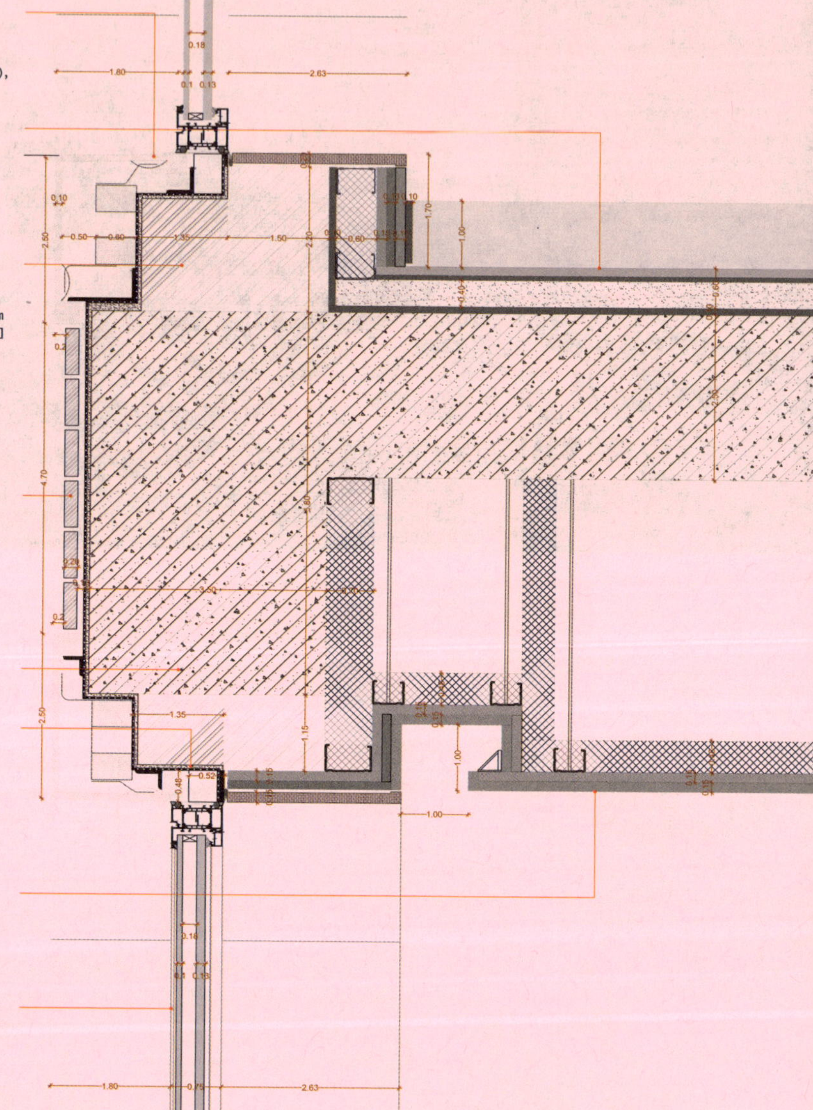

Perfil A1 - Vão Tipo
- Rua de Gonçalo Cristóvão

1. Caixilho basculante da "Technal", WICLINE 75, com acabamento em alumínio tipo NATURAL BR/RP, AC0. 154
2. Vidro duplo da "Saint-Gobain" CLIMALIT PLUS: PLANICLEAR com COOL LITE XTREME 50_22 II, E.10mm + Argon (90%) / Air (10%), E.18mm + Planiclear, E.6mm, PVB silence, E.2x0.38mm, Planiclear, E.6mm

1. Acabamento Design Interiores, E.15mm
2. Cola, E.5mm
3. Tela Acústica, E.7mm
4. Argamassa de Regularização, E.100mm
5. Tela Acústica IMPACTODAN 10, E.10mm
6. Laje de Betão segundo projecto de estabilidade, E.200mm

1. Caixilho basculante da "Technal", WICLINE 75, com acabamento em alumínio tipo NATURAL BR/RP, AC0. 154
2. Chapa como soleira
3. Tela Impermeabilizante da "Sika", SikaTop® Seal 107, E.3mm
4. Suporte do caixilho em betonilha
5. Laje de Betão, segundo projecto de estabilidade, E.200mm

1. Moldura Horizontal em GRC com 2% de inclinação, Painel Sandwich, E.12mm
2. Caixa de Ar, E.30mm
3. Peça em madeira de suporte da moldura em GRC
4. Tela Impermeabilizante da "Sika", SikaTop® Seal 107, E.3mm
5. Camada de base da "Sika", Sika MonoTop®-612, E.5mm
6. Laje de Betão, segundo projecto de estabilidade, E.200mm
7. Cantoneira de fixação do GRC à estrutura

Cantoneiras de Fixação do caixilho da "Ferpinta", C. 100mmxL.100mmxE.10mm

1. 3x Gesso Cartonado "KNAUF" Standard A_15mm [A - UNE - EN 520], E.15mm
2. Montante Interior da "KNAUF", MAESTRA CD 60/27 Z1, 400mmx360mmx0,6mm
3. Isolamento Lã de Rocha_48mm [painel de 48mm e 70 kg/m3, tipo "ROCKWOOL" Alpharock E-225]
4. Cortinado Design de Interiores

1. Acabamento Design de Interiores, E.15mm
2. Gesso Cartonado "KNAUF" Standard A_15mm [A - UNE - EN 520], E.15mm
3. Isolamento Lã de Rocha_48mm [painel de 48mm e 70 kg/m3, tipo "ROCKWOOL" Alpharock E-225]
4. Montante Interior da "KNAUF", MAESTRA CD 60/27 Z1, 400mmx360mmx0,6mm

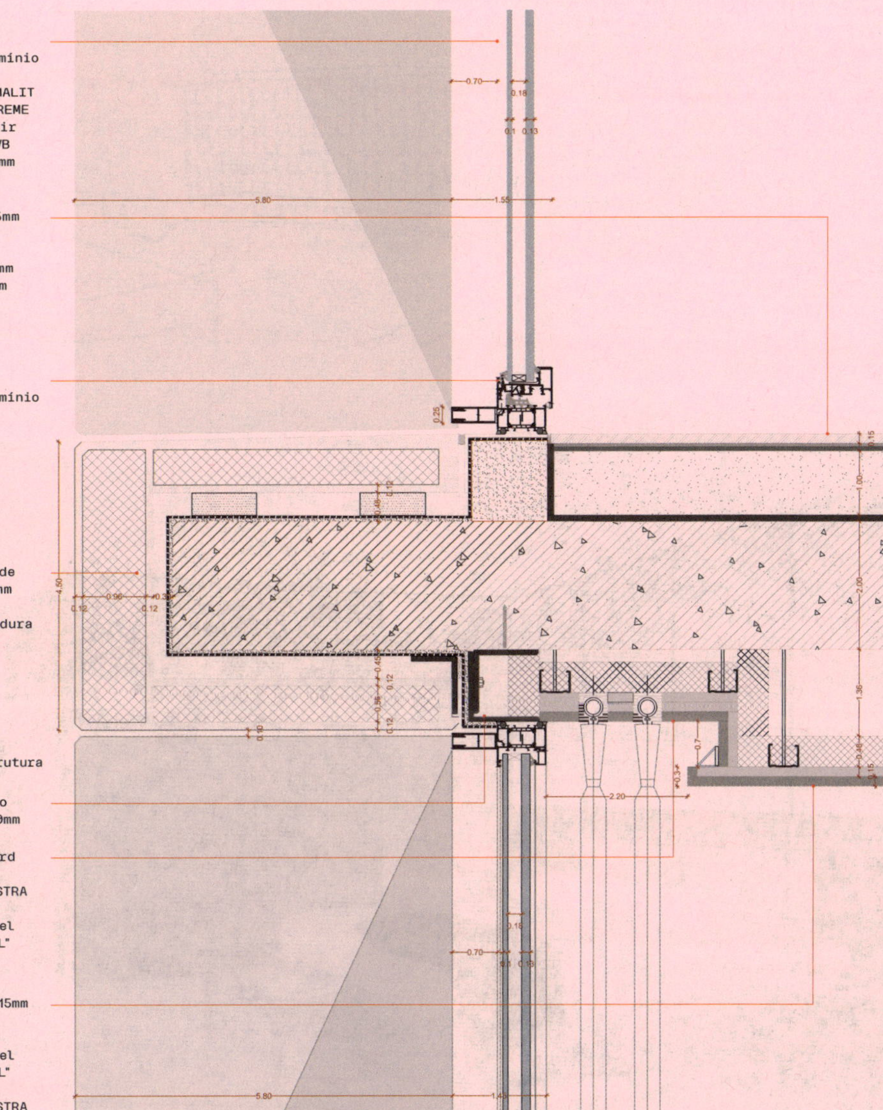

Perfil C1 – Moldura Horizontal e Vão Tipo Basculante (GRC) – Edifício Tardoz

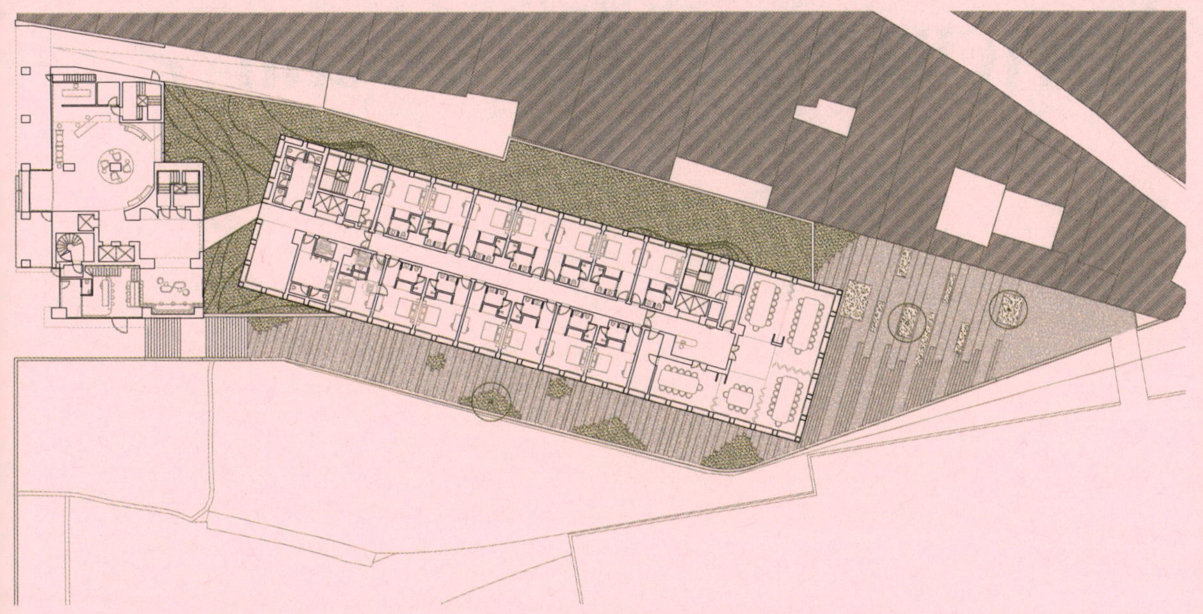

Planta – Entrada do Hotel

"Um projecto que ambiciona renovar um ícone da cidade, adaptando-o a um novo uso, não esquecendo a sua génese (antiga sede de um jornal nacional) e inserindo-o no tecido urbano de forma mais pública."

Rodrigo Vilas-Boas

Alçado

Language Museum 2

DATA_2017
LOCALIZAÇÃO_Bragança, Portugal
TIPO_Concurso Internacional
COLABORAÇÃO_Cariátides,
Nicolau Barrote, Mimesis,
Miguel Palmeiro Design
FASE_Ideia

Language Museum 2

Dinamismo cilíndrico e polifónico

Em lugar de expansão e transformação recente, outrora subúrbio urbano, localizam-se os silos de cereais da EPAC que marcam, ainda hoje, a paisagem portuguesa de Norte a Sul do país. Actualmente absorvidos pela estrutura urbana, mas desqualificados na integração e regeneração urbana exigida, estão morfologicamente envolvidos e perdidos em assimetrias diversas, sem espaço público definido. Ao Museu da Língua Portuguesa corresponde a criação de um referencial social e cultural importante para o território. Esta outra estratégia apresentada a concurso pelo colectivo OODA defende a tradução e focalização de uma imagem imposta na paisagem para um equipamento comum de referência local e nacional. Os cilindros são exponenciados e ampliados com nova verticalidade e responsabilidade paisagística. Privilegia-se uma base acoplada e elevada que cobre com permeabilidade e espontaneidade o espaço público, a partir de uma praça que antecede o museu, articulada com a cidade. Esta continuidade e unidade entre o exterior e o interior integra o museu no quotidiano urbano. O volume adicionado contém a exposição permanente, libertando os silos para usos mais temporizados e modulados, nomeadamente as mostras temporárias segmentadas, quando e se necessário, mas em movimento dinâmico gerado pelas formas cilíndricas e polifónicas da língua que se evoca. Superiormente os silos são prolongados e iluminados com uma imagética urbana contemporânea reclamada e desejada em Bragança.

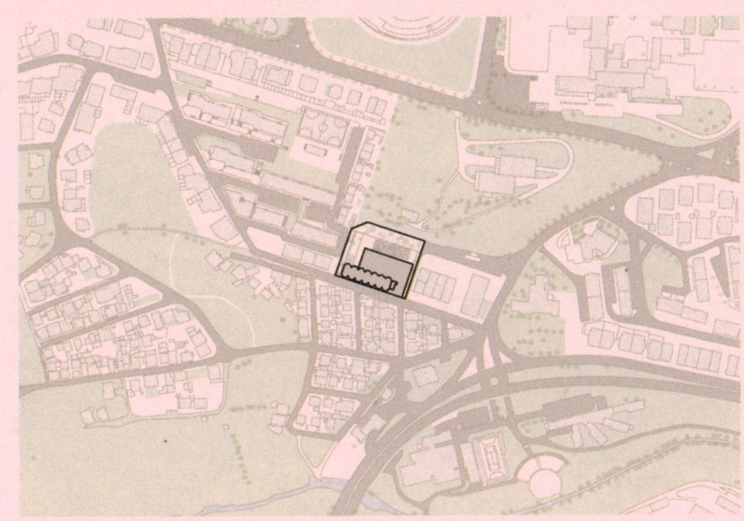

Planta de Implantação

Pintura Conceptual

Diferentes expressões da língua
Núcleo 6
Há imagens tão claras, próximas e cheias de grandeza que tornam supérfluo qualquer tipo de discurso circundante.
Graça Morais, As Escolhidas

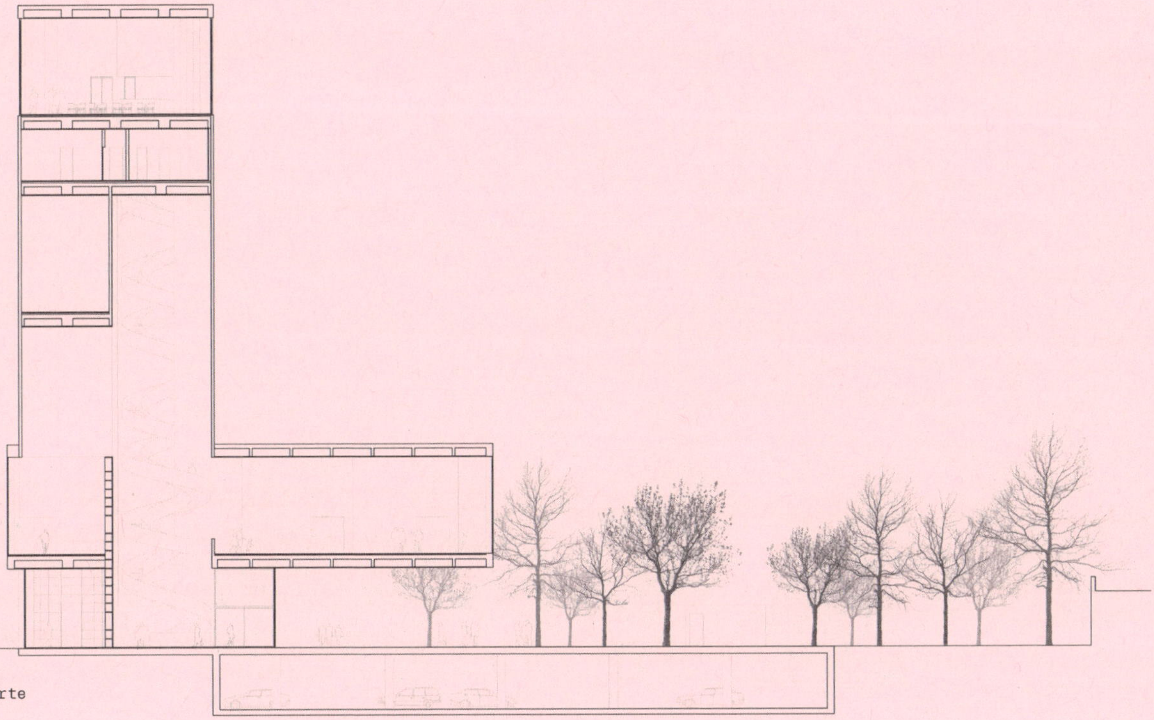

Corte

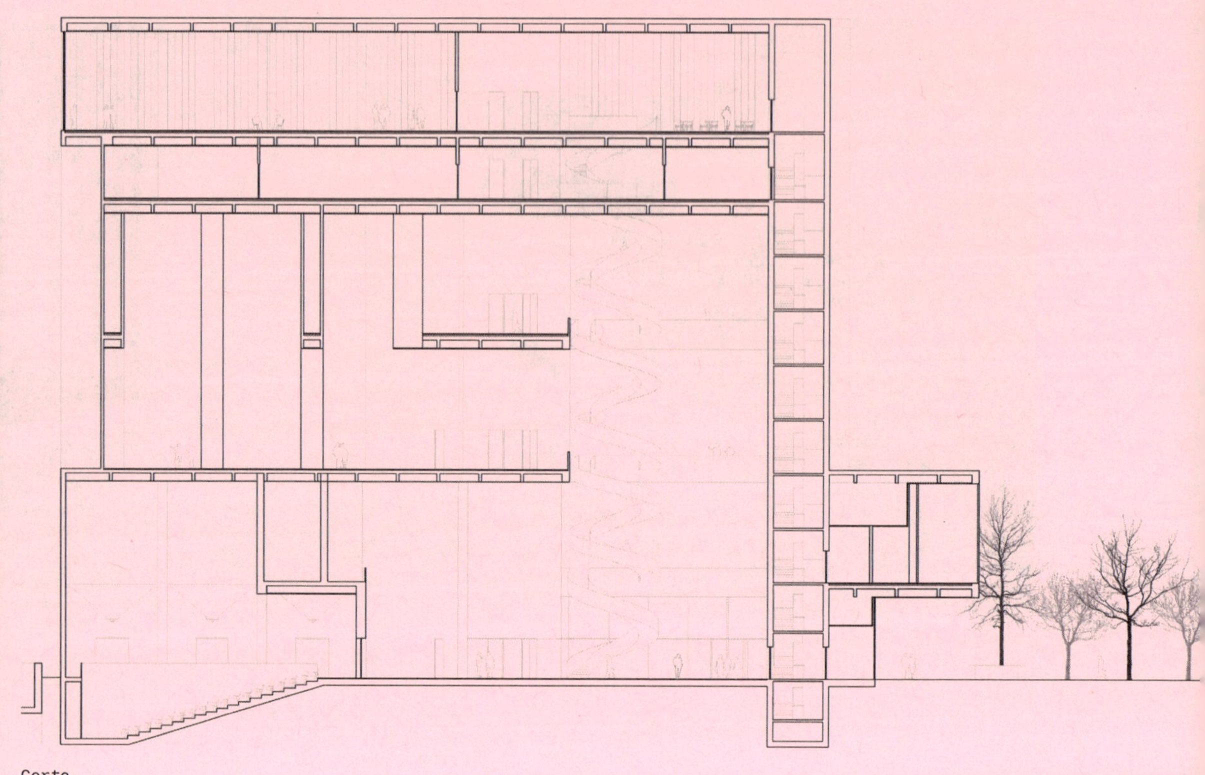

Corte

"Um pódio elevado que resolve um amplo programa de exposição num gesto único, cria espaços exteriores abrigados, mas acima de tudo aproxima a escala da estrutura existente (vertical e isolada) à cidade caracterizada por um conjunto de edifícios mais baixos."

Rodrigo Vilas-Boas

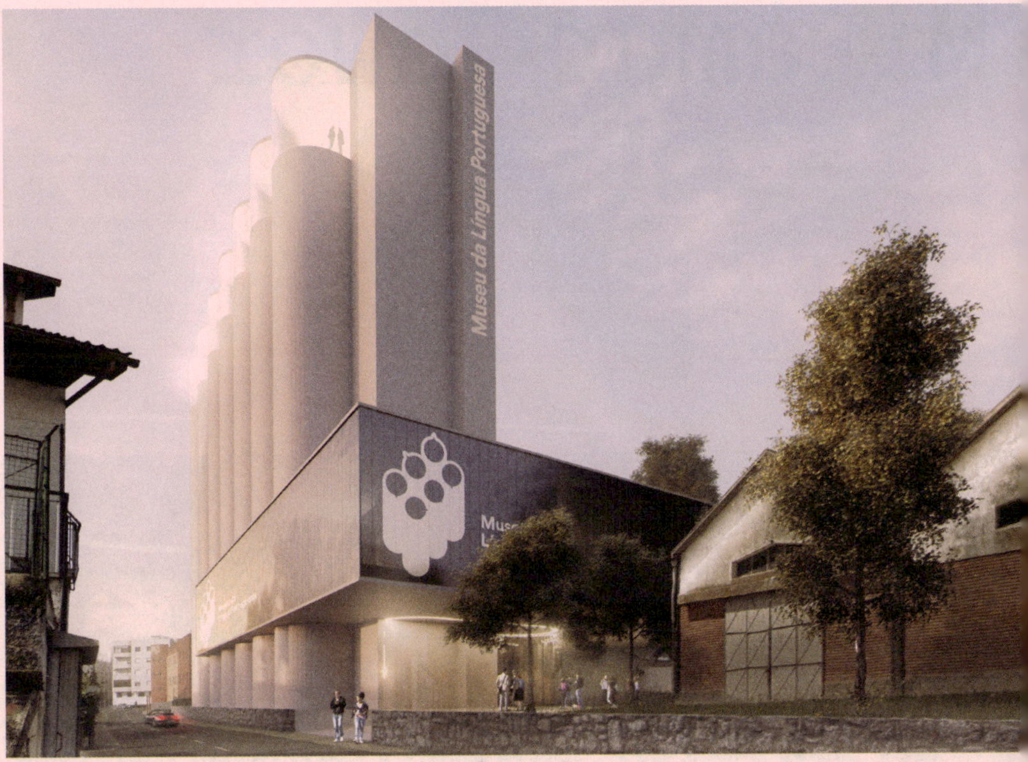
Museu da Língua Portuguesa

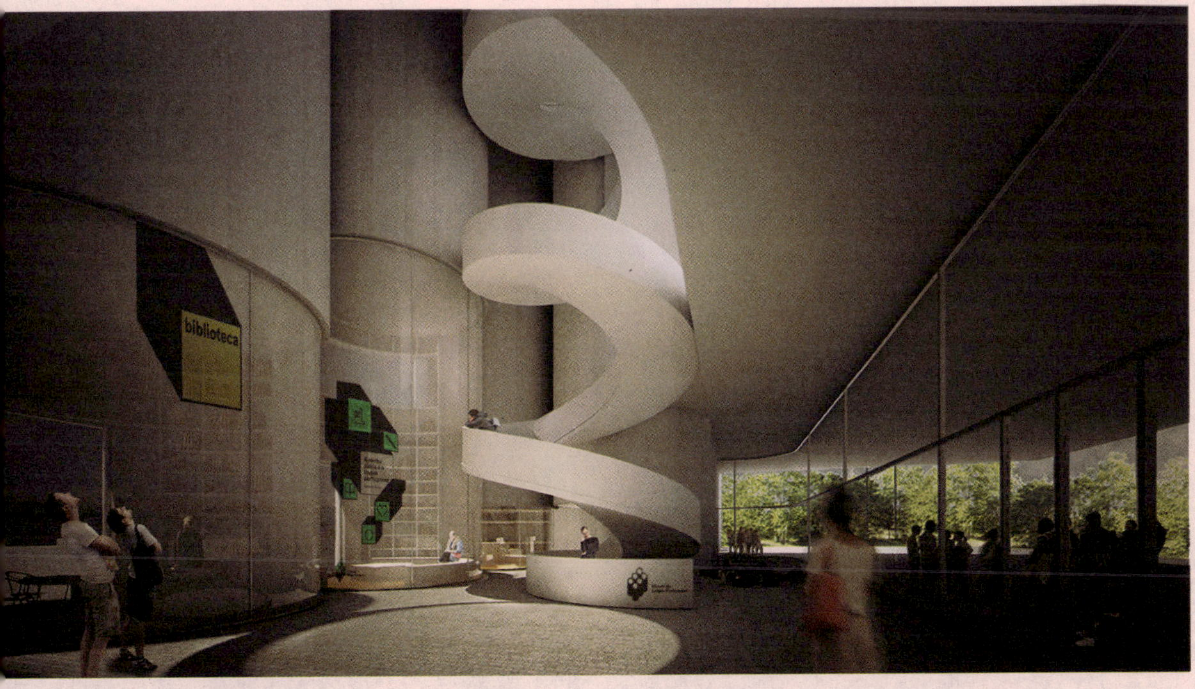
biblioteca

Miramar Tower

DATA_2019
LOCALIZAÇÃO_Porto, Portugal
TIPO_Adjudicação
COLABORAÇÃO_GEG, Mir, Fusão, P4
FASE_Em curso, Início de construção

Miramar Tower

Singularidade e pontualidade espiralada

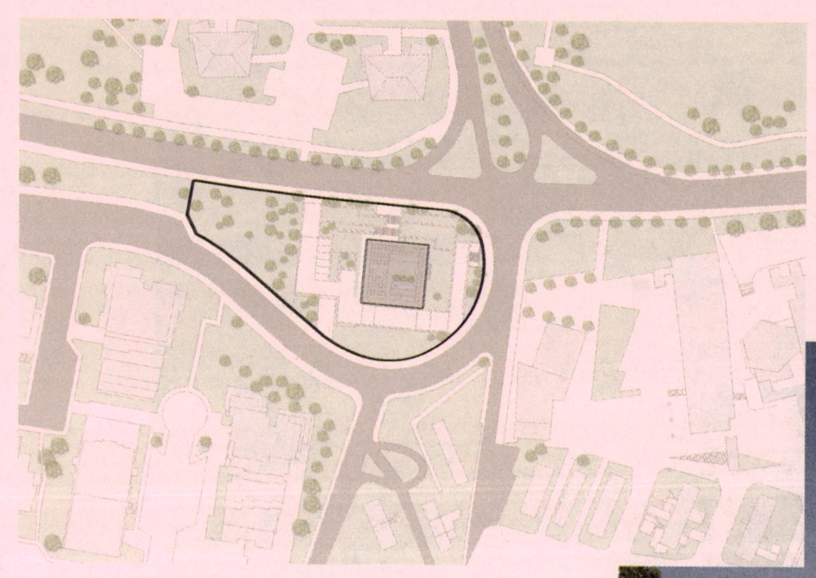

Planta de Implantação

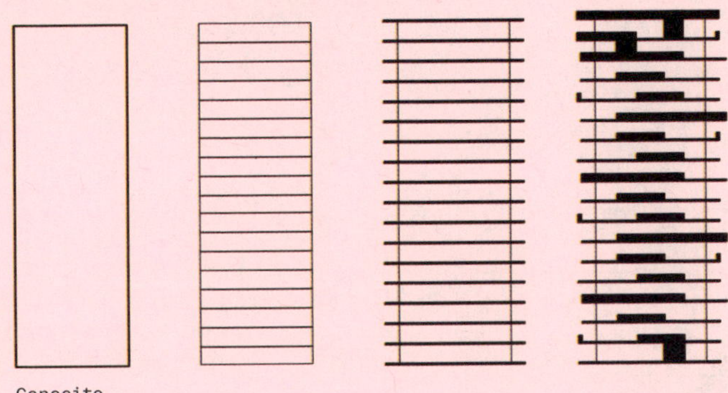

Conceito

Destacando-se pela singularidade e pontualidade na paisagem que se prolonga até ao mar, e beneficiando de um quadro visual e sensorial único, a torre rege-se, na proporção e dimensão, pelas existentes na Pasteleira, implantadas a Norte, mas isola-se pela sua abordagem temática e linguística. Adoptando uma matriz estruturalista, sobrepõem habitações que parecem fundar-se e relacionar-se com o solo, afastando-se da ideia de habitar plurifamiliar e aproximando-se da de habitação unifamiliar em altura. A secção vertical dendriforme lembra a torre da Johnson Was Building de Frank Lloyd Wright. Os pisos, organizados com uma ou duas habitações, constroem um discurso espiralado, formalmente girado e animado, onde a aparente rotação e modelação dos terraços a 360 graus lhe imprime uma verticalidade referencial e formal. Cada habitação está dotada de individualidade e identidade própria, com um jardim próprio. Uma representação ideológica e onírica entre a terra e o céu, entre a cidade e o mar. Entre a fluidez dos espaços comuns que se perdem na relação interior-exterior e no horizonte longínquo, e a compartimentação dos quartos, os usos são conotados pela excepção. No piso térreo, um átrio associado a ginásio e outros usos comuns estabelecem continuidades com o solo vegetal e natural imediato. Um microclima com biodiversidade está presente na vegetalização desejada. Entre um revivalismo que evoca a torre e as noções de espaço total como vida total, capazes de absorver o ambiente que a rodeia, obtém-se uma imagem vigorosa e orgulhosa da sua escala.

Diagrama Conceptual,
Abordagem e Desenvolvimento

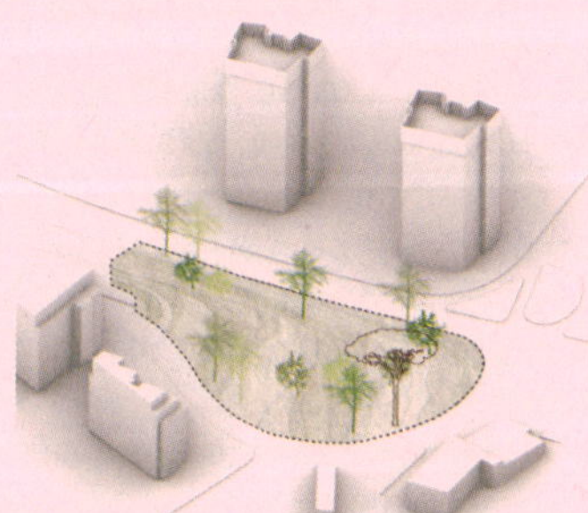

Existente

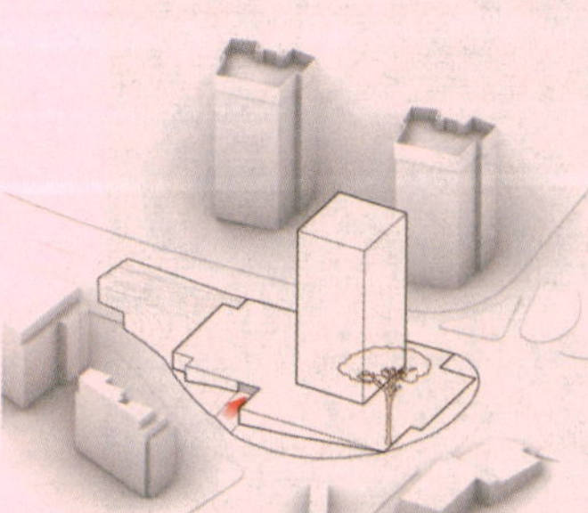

Volume e Pódio

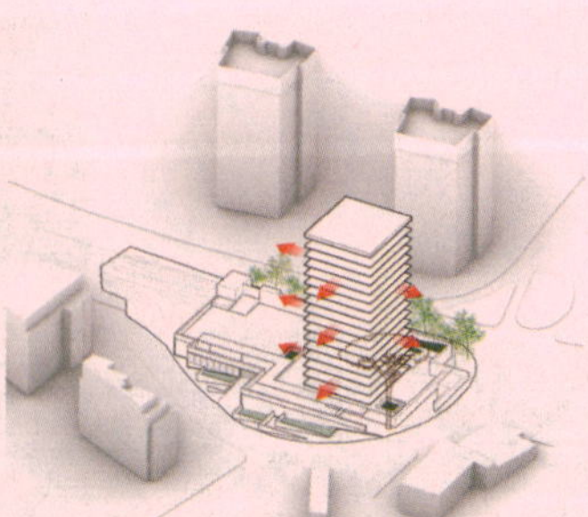

Dinamismo

Maqueta Conceptual

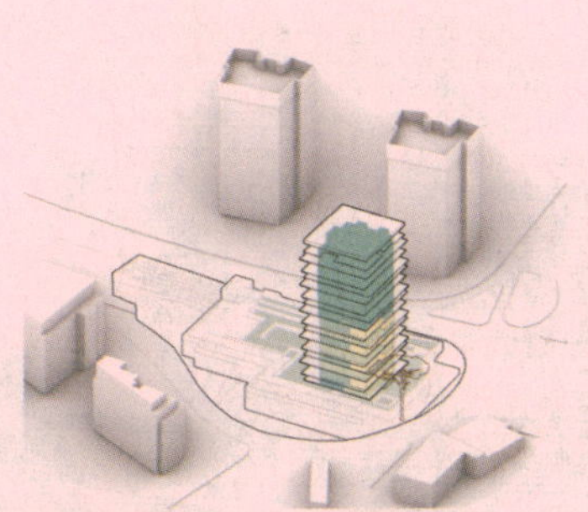

Distribuição do Programa

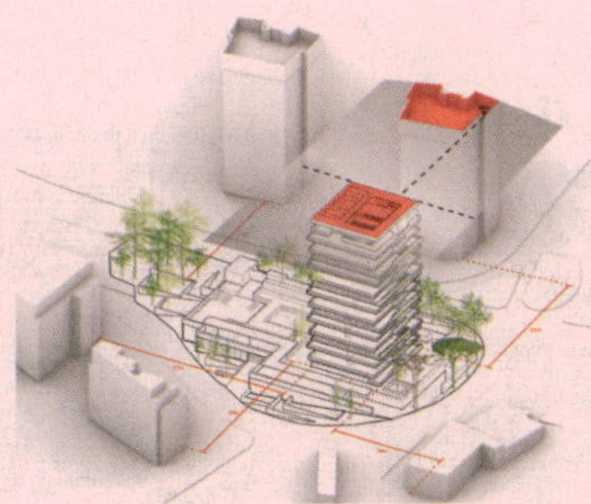

Alinhamentos

Proposta

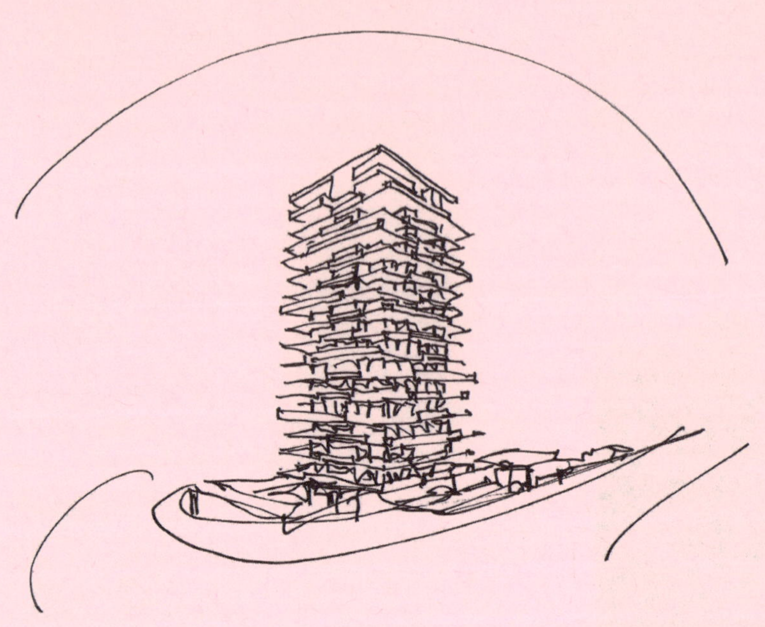

Alçado Nascente

Maqueta Conceptual

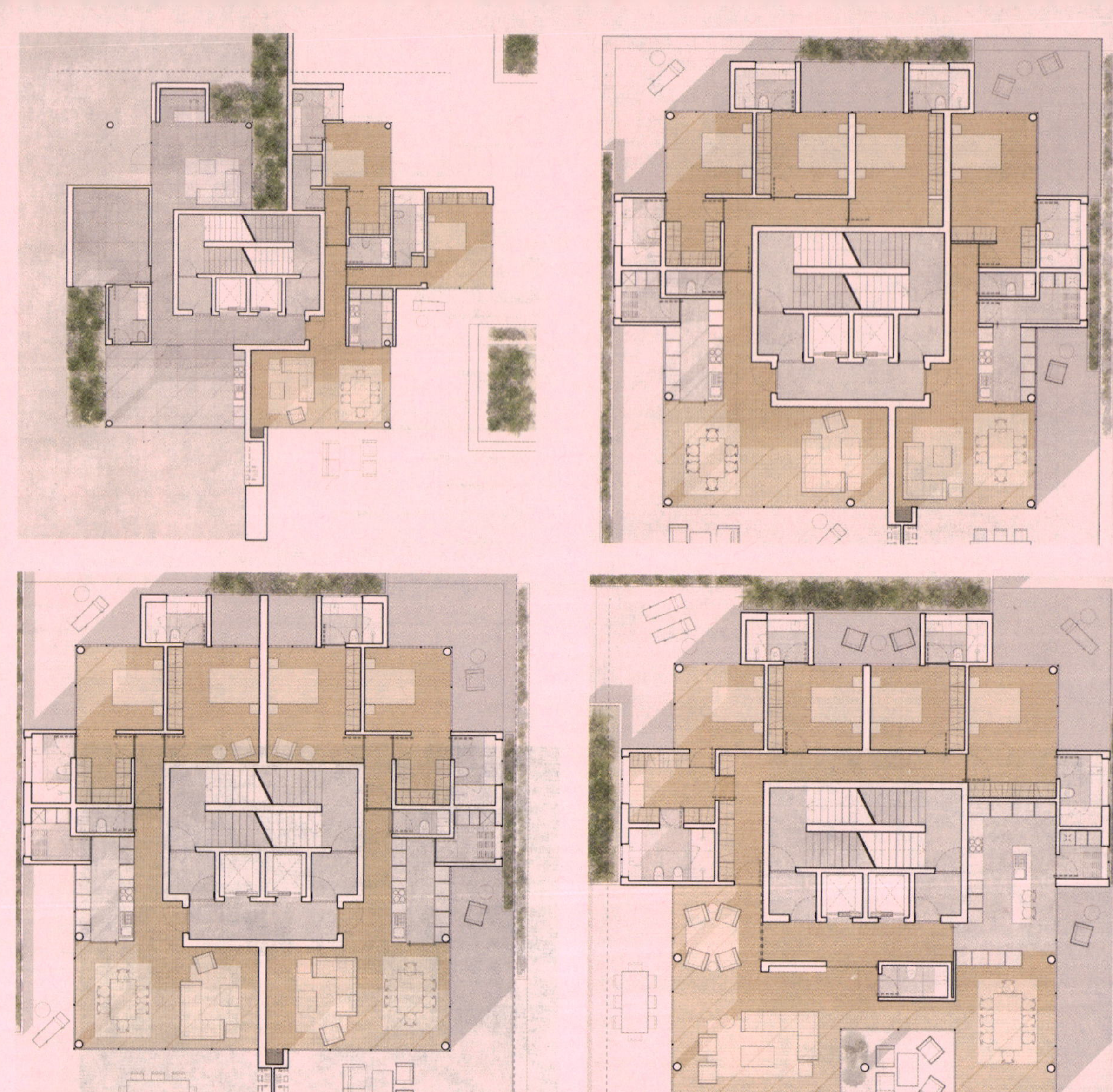

Plantas

> "As varandas são a parte visível da estrutura da torre. Actuam como exoesqueleto, que se estende de forma desigual em cada piso e desconstrói a racionalidade interior."
>
> **João Jesus**

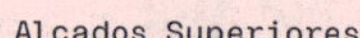

Alçados Superiores

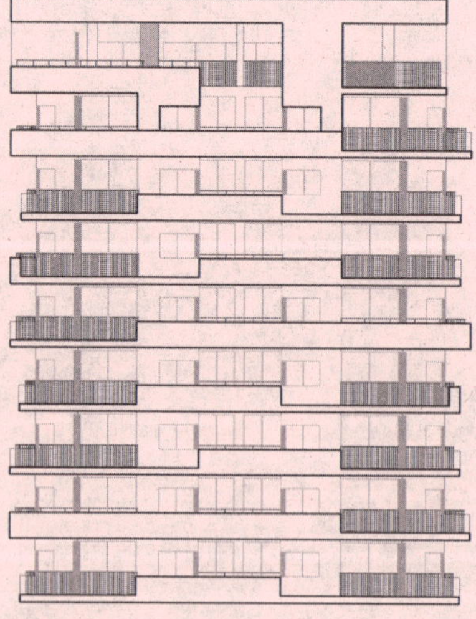

Norte

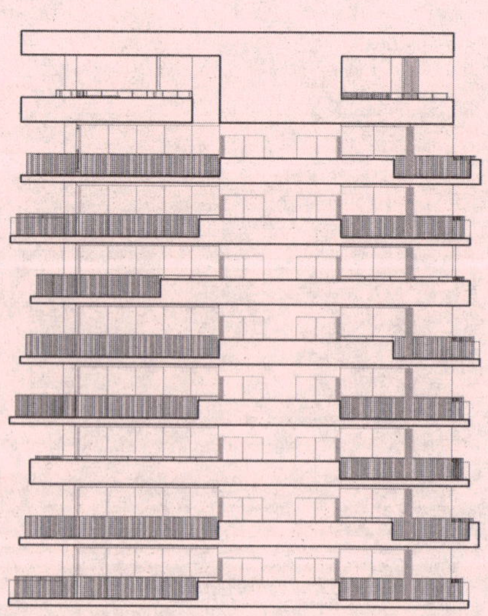

Nascente

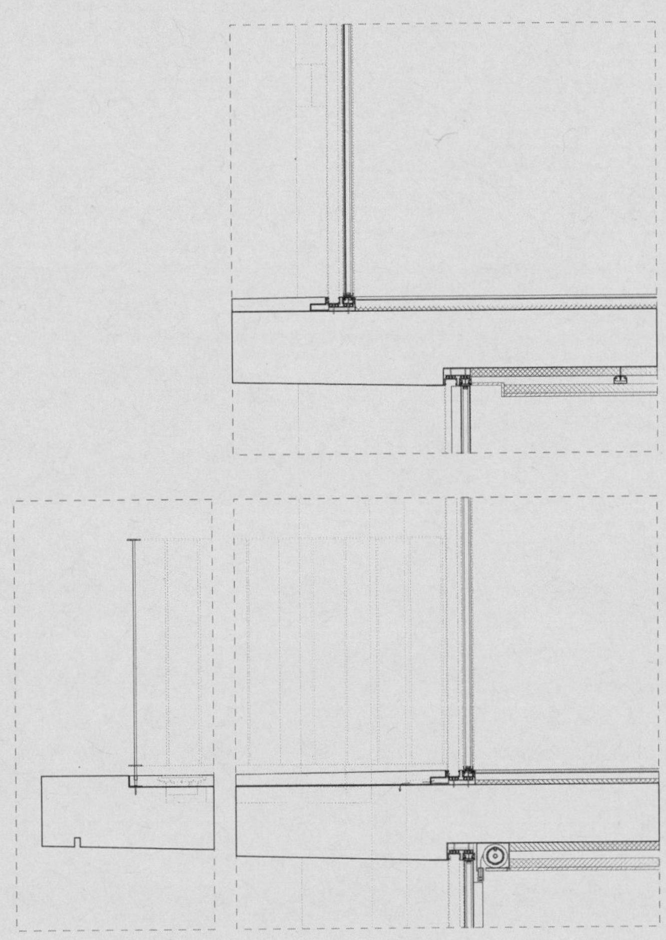

Corte da Fachada

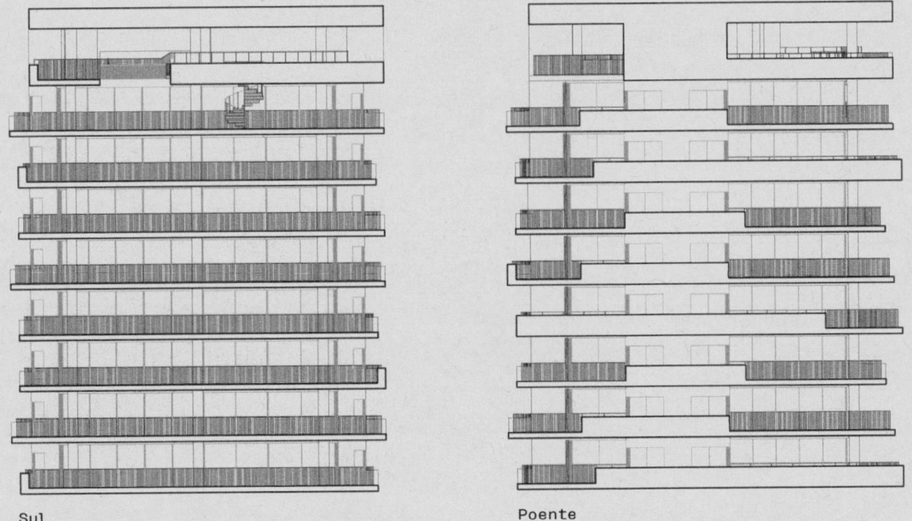

Sul

Poente

"A Torre de Miramar é quase uma tempestade perfeita, no lugar onde cresci e numa paisagem na qual nunca imaginei vir a desenhar e acrescentar uma torre. Aqui, precisaríamos de 50 promotores até conseguirmos encontrar alguém que, com o arrojo e ambição suficiente, aceitasse desenvolver tipologias de habitação com mais de 200 metros quadrados de varanda. Numa torre de forte vocação estética, são estas varandas panorâmicas e dinâmicas que criam tanto o tema de conceito como a oportunidade do exercício plástico e escultórico que se concebeu integralmente em betão. (…) Desejámos algo potencialmente irrepetível… uma escultura habitável."

Diogo Brito

Harare Radisson Blu

DATA_2018
LOCALIZAÇÃO_Harare, Zimbabué
TIPO_Adjudicação
COLABORAÇÃO_A400, Fusão
FASE_Em curso, Licenciamento

Harare Radisson Blu

Mutação paisagística e evocação metafórica

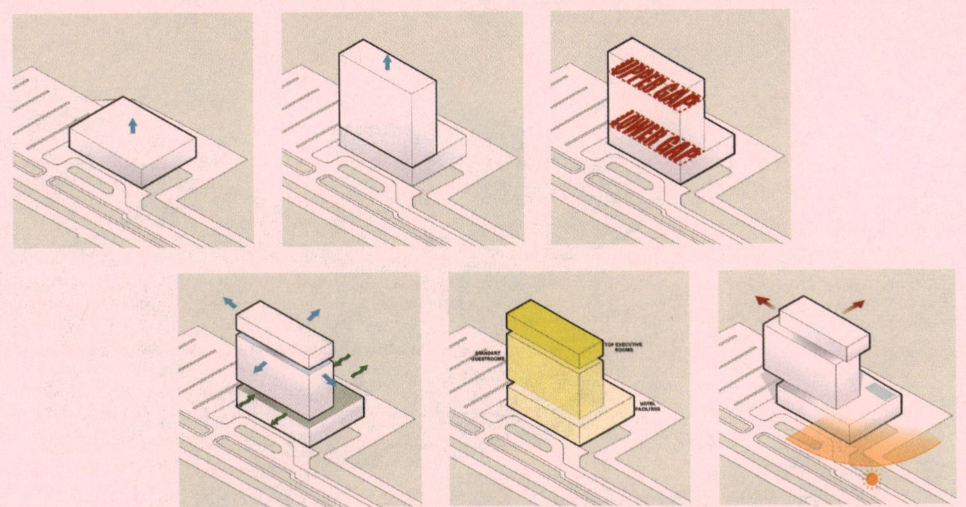

Diagrama Conceptual,
Abordagem e Desenvolvimento

Implantada entre um Eastlea North estabilizado e organizado e um Eastlea South dominado pela vegetação do Chapman Golf Club, com uma altura de 65 metros, a unidade hoteleira concorre para a acelerada mutação da paisagem de Harare, predominantemente horizontal e com uma escala reduzida. Assumidamente iconográfica na ambição paisagística e metafórica, evoca as Balancing Rocks propondo três volumes distintos que compõem a base, o fuste e o capitel da torre. A densidade é desconstruída em dois vazios com uma atmosfera tropical e excepcional que separam os grandes temas funcionais e dispõem usos especializados e qualificados como *lounge*, *spa*, piscina e jardim.
O primeiro, marcadamente horizontal, está destinado a usos sociais. O intermédio, vertical, contém os quartos *standard*.
O remate, privilegiado pela visualização e fruição do horizonte, recebe os quartos diferenciados como o presidencial, para além das diversas infra-estruturas. As grandes massas estão em movimento e respondem a três escalas distintas.

A base é o prólogo que dialoga com a envolvente directa. A secção vertical medeia os desejos de integração e transformação. O epílogo referencia-se e potencia-se na paisagem, observável e referenciável desde longe.
A desmaterialização e formalização do assentamento dos volumes sobre os respectivos vazios, confere-lhes uma condição e fruição térrea.
O empilhamento é dinâmico, fruto do afastamento e deslocamento utilizado em duas direcções, travado pelas colunas de acessos e infra-estruturas.
A modulação e saturação do tema surge, assim, diferenciadamente manipulado e qualificado nas diferentes vistas.

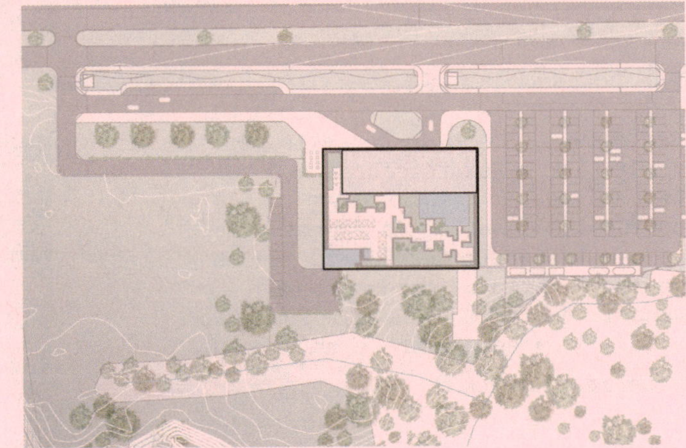

Planta de Implantação

Balancing Rocks, Matopos National Park, Zimbabué

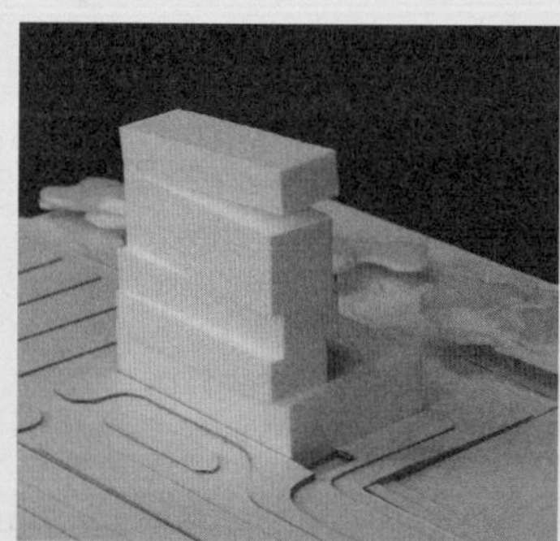

"Gosto muito do nosso conceito para o hotel. É um exercício intemporal. As consolas do *concept design*, contudo, não serão tão expressivas na versão final. Serão mais ténues devido à falta de meios capazes, especialmente em relação à inovação e qualificação da mão-de-obra local."

Francisco Lencastre

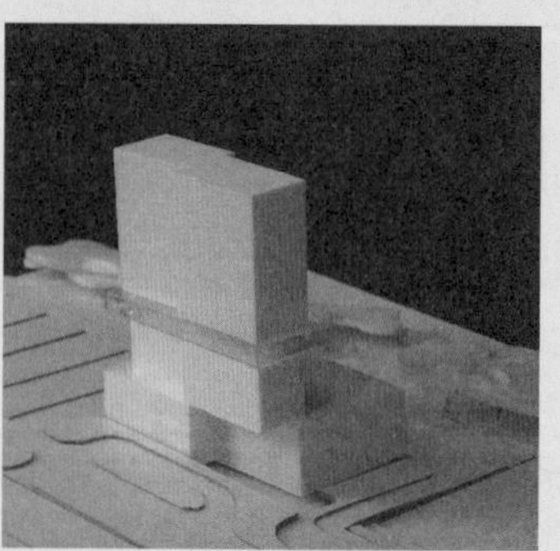

Maquetas de Estudo Conceptual

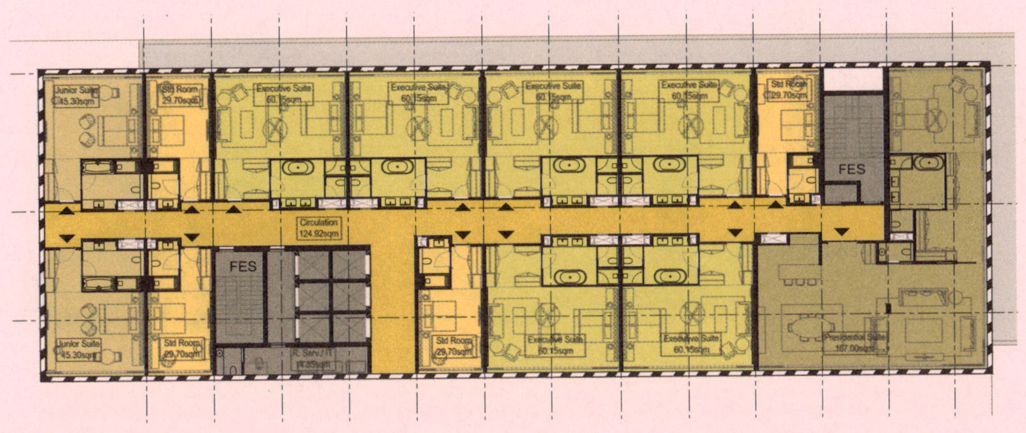

Planta Piso Tipo — Quartos

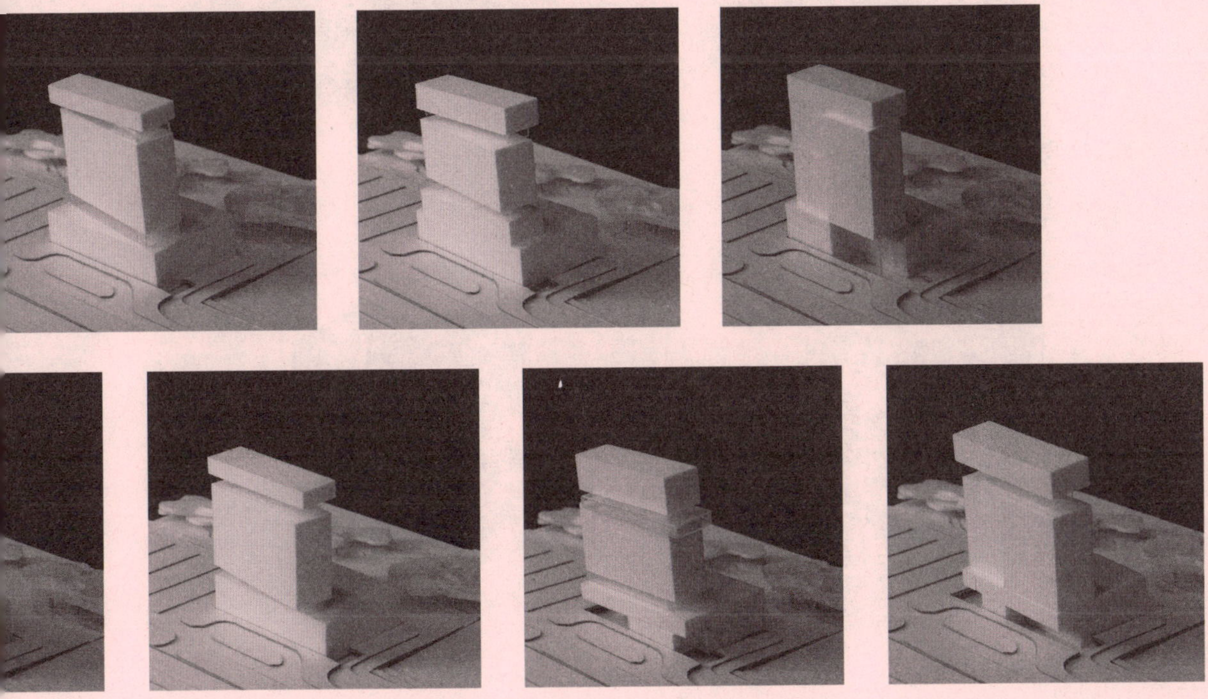

Diagrama Conceptual

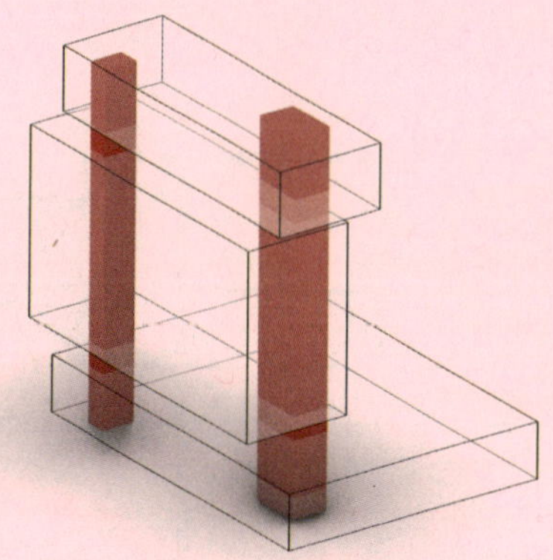

Pivôs

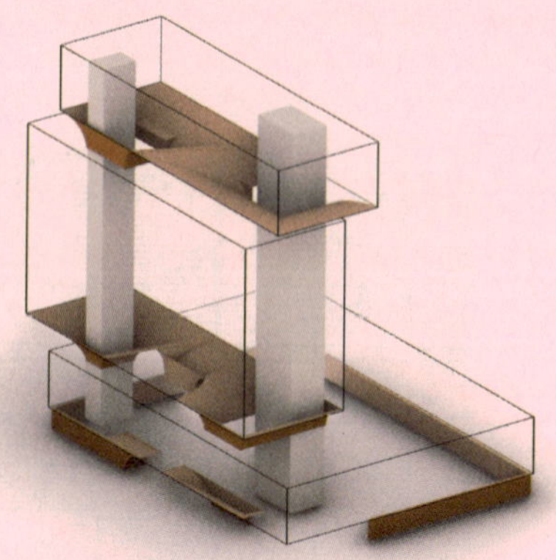

Vazios

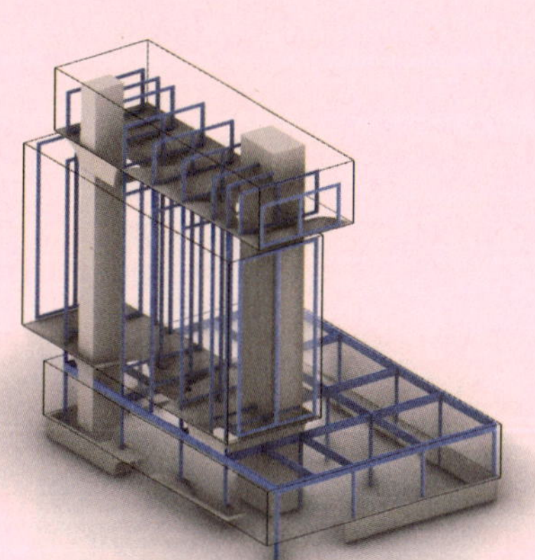

Estrutura

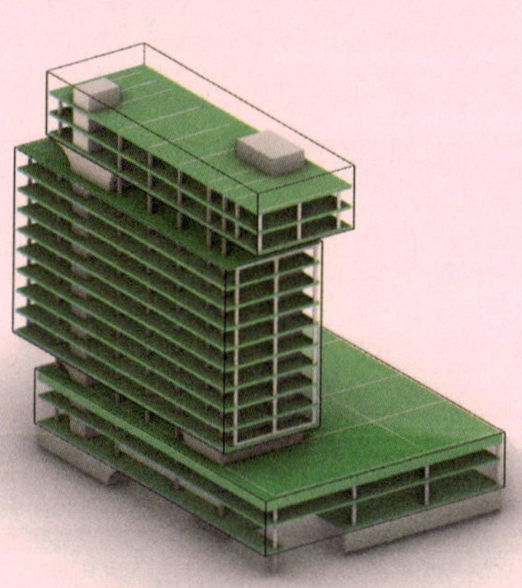

Lajes

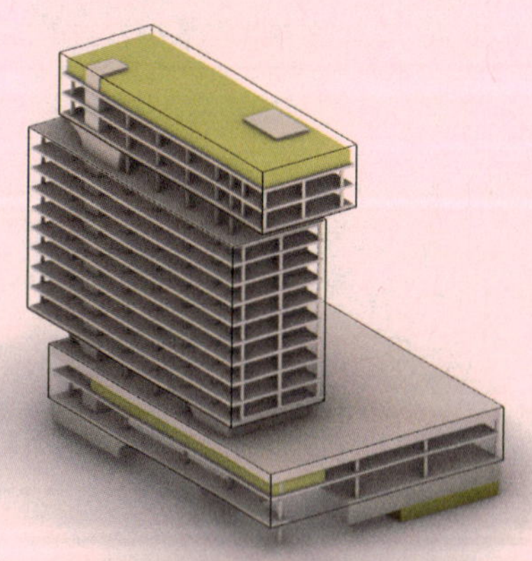

Infraestruturas

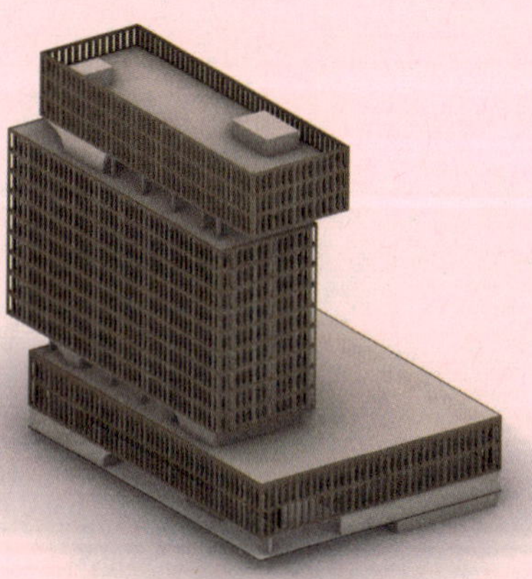

Fachada

"Uma outra linhagem que eu identifiquei, mais próxima de Rem Koolhaas, aparece no Harare Radisson Blu no Zimbabué."

Guilherme Wisnik

O facto do Banco da Reserva do Zimbabué apresentar as formações das Balancing Rocks na última série de notas, mostra claramente a sua popularidade e importância icónicas.

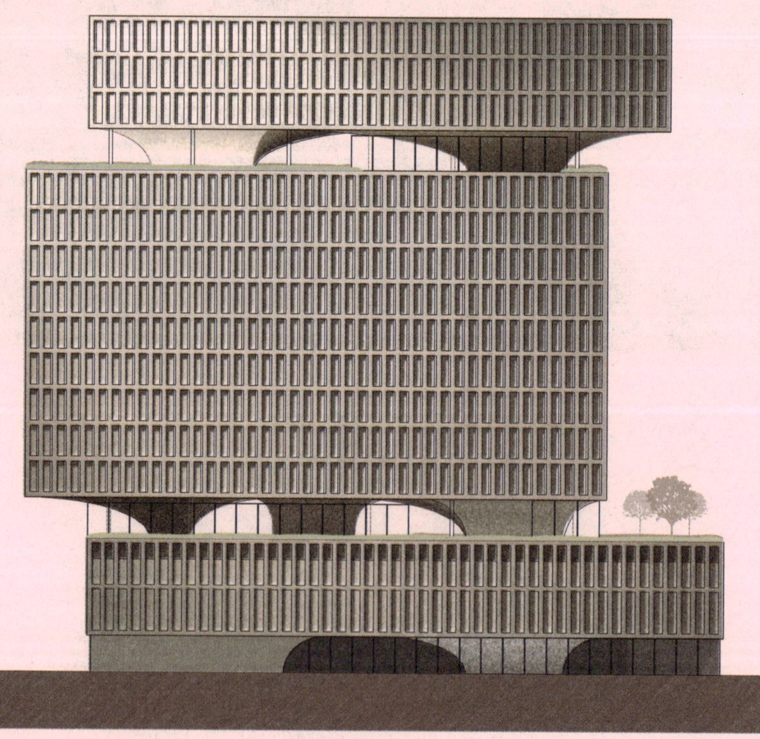

Alçado

"A arquitectura como pivô entre a natureza e a cidade, entre a calma e o pulsar urbano, com um princípio de *design* impactante inspirado na singularidade local que trabalha a figuração abstracta como ferramenta para evocar o passado e activar o futuro do Zimbabué."

Diogo Brito

Hoso

DATA_2017
LOCALIZAÇÃO_Porto, Portugal
TIPO_Adjudicação
COLABORAÇÃO_A3R, TEKK, Fluimep, Alfaengenharia, Fusão, P4
FASE_Em curso, Início de construção

Hoso

Racionalismo e classicismo radial

Planta de Implantação

Um vazio urbano, criado pelas diversas descontinuidades associadas à inserção da Via de Cintura Interna no Porto, acolhe a torre destinada a alojamentos para estudantes. Da fundação quadrangular à secção circular emergente, referencia-se e projecta-se a paisagem. Associado a importantes acessibilidades como a VCI e proximidades como a Paranhos, a localização integra-se entre volumes ortogonais isolados de grande escala perante as estruturas viárias que atravessam a cidade. Desenhada com uma planimetria circular, conivente com o movimento que a cerca, a torre vacila entre constituir-se marca industrial e residual da cidade ou marca referencial e formal numa paisagem descrente. Concilia ainda a sua capacidade de excepção com a sua qualidade de regulação de formas e escalas díspares envolventes. O seu desenvolvimento destina os topos superior e inferior, térreo, a usos colectivos, partilhados e animados pelos seus utilizadores. Na coluna da torre desenvolvem-se habitares radiais com uma e duas camas, associados e organizados com propósitos linguísticos e imagéticos racionalistas e classicistas. Os módulos concentram as infra-estruturas no centro, contíguas aos acessos comuns, e libertam para o exterior plantas com mutabilidades e dualidades úteis. Vacilando entre o desejo de verticalidade e horizontalidade, os anéis diversamente porticados e alternados em altura constroem uma cortina adiantada relativamente ao encerramento recuado dos habitares, proporcionando uma galilé dividida em varandas. O *toit-terrasse* é o fuste que procura a paisagem a 360 graus.

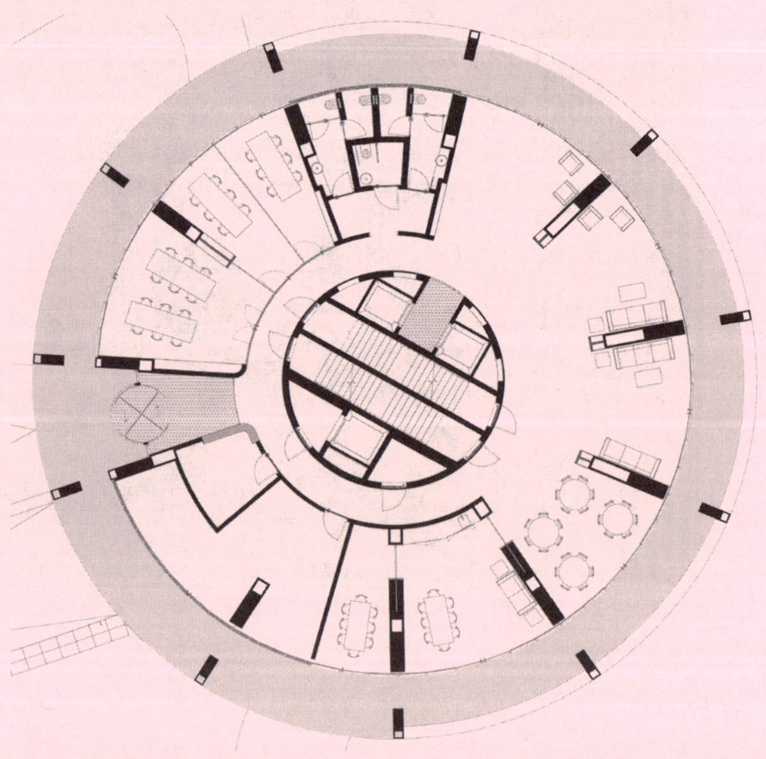

Planta Piso Térreo

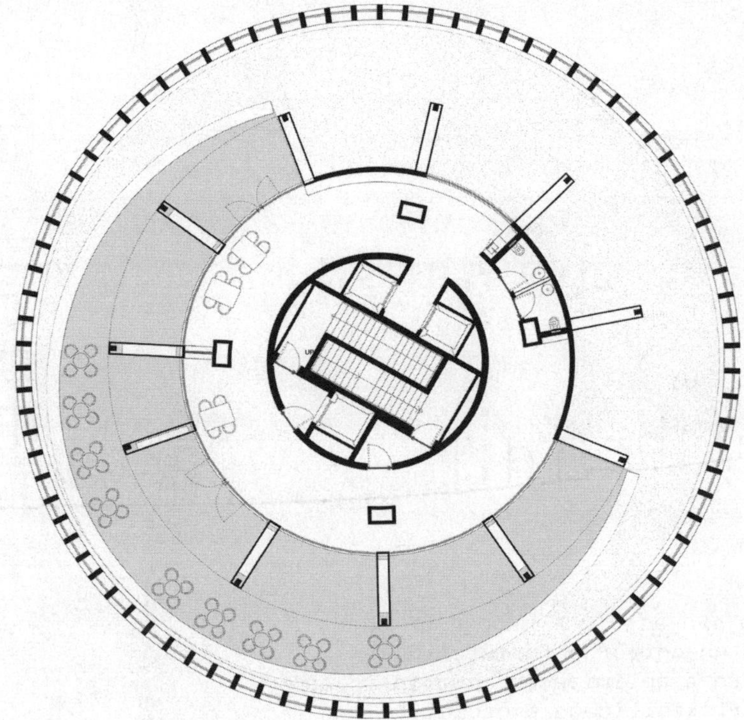

Planta de Cobertura

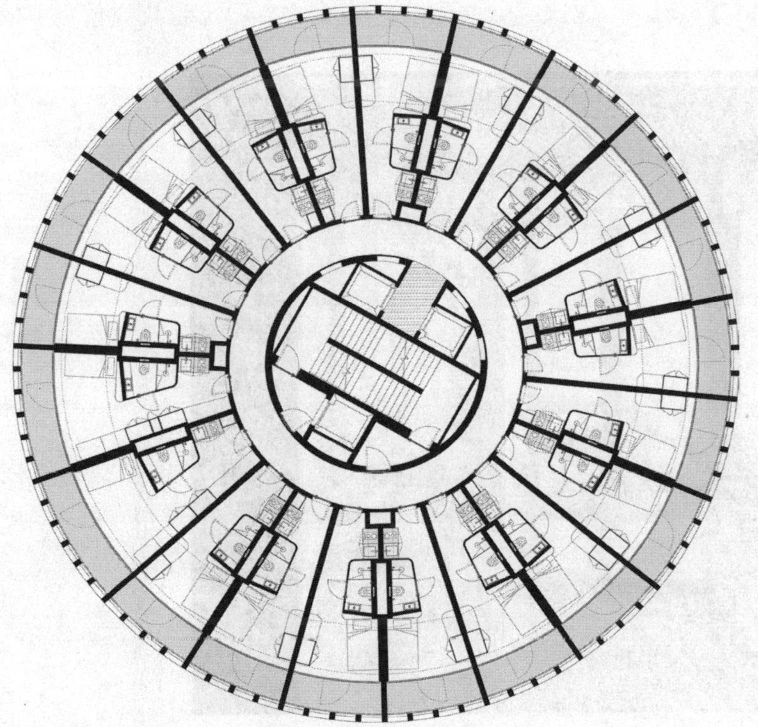

Planta Piso Tipo

"Um projecto que nasceu da obsessão em encontrar a fórmula ideal para a optimização, multiplicação e flexibilidade espacial."

Rodrigo Vilas-Boas

Alçado

Tower 15&1

DATA_2019
LOCALIZAÇÃO_Leça da Palmeira, Portugal
TIPO_Adjudicação
COLABORAÇÃO_A400, Duarte Soeiro, Fusão, Inlighted
FASE_Em curso, Início de construção

Tower 15&1

Humanização entre a diversidade e a unidade

O lugar apresenta uma morfologia estabilizada e diversificada, marcada por duas torres que são o mote para a edificação e marcação do território. A implantação e a rotação acusam a inflexão da Avenida Dr. António Macedo, atentas ainda ao diálogo com os tecidos orgânicos que permanecem de uma ruralidade herdada e assimilada pela urbe. Trata-se de uma operação urbanística e paisagística destinada a habitação onde o espaço público invade o piso térreo com uma frente urbana de usos comerciais, públicos e lúdicos para os visitantes e residentes.
A organização e a conjugação dos habitares de 1 a 4 quartos e quatro *penthouses* em duplex, no remate da torre, conjugam a unidade e diversidade formal.
A combinação e composição vertical é dinâmica e cria gradações na grelha reguladora e estruturadora. Singulares, vivem de uma imagem e linguagem própria, marcadas por uma ortogonalidade ostensiva e uma tridimensionalidade compositiva virtuosas. A ideia de repetição e ascensão são exacerbadas com uma unidade e uma continuidade travada pelos topos térreo e aéreo.
O relevo formal e material advém da sobreposição de diversos *layers*, dinamicamente alternados e agrupados.
Entre a escala maior e a menor, as torres humanizam-se com uma modulação e estandardização material que desenha uma estereotomia com poucas variações e dimensões.
As rupturas verticais e horizontais das arestas dos volumes criam perspectivas diferenciadas e ilimitadas importantes para Matosinhos.

Planta de Implantação

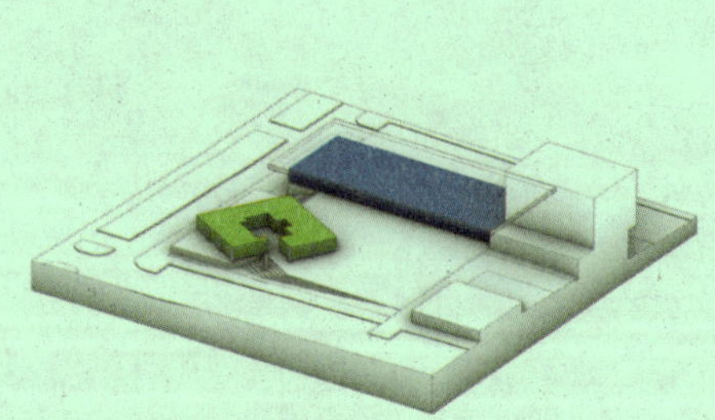

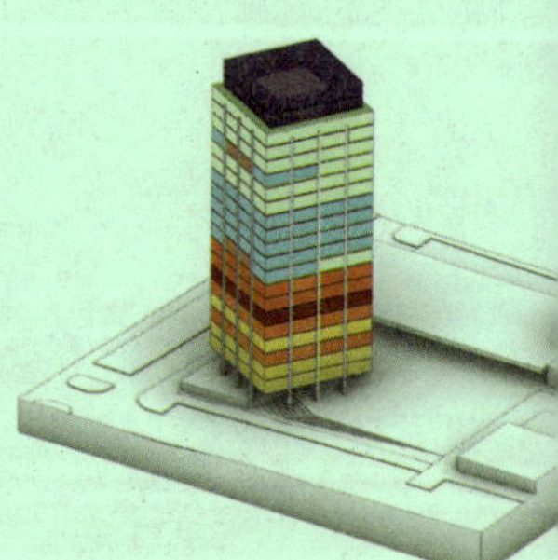

Diagrama do Programa e Composição

Maqueta Conceptual

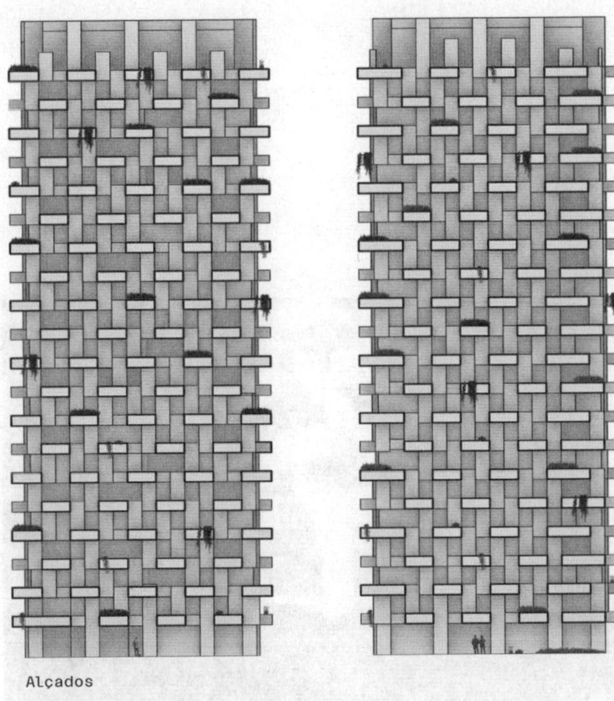

Alçados

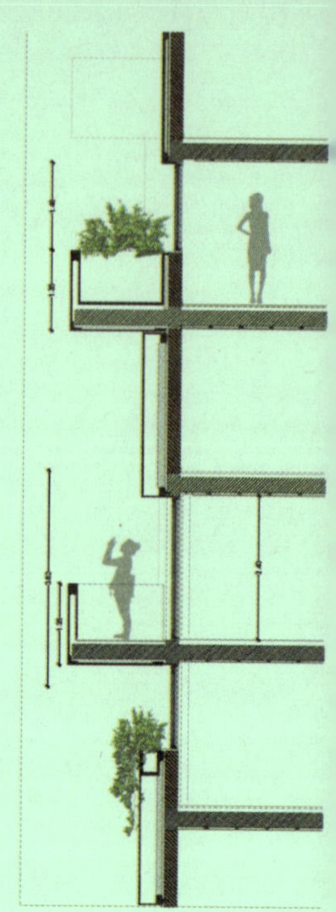

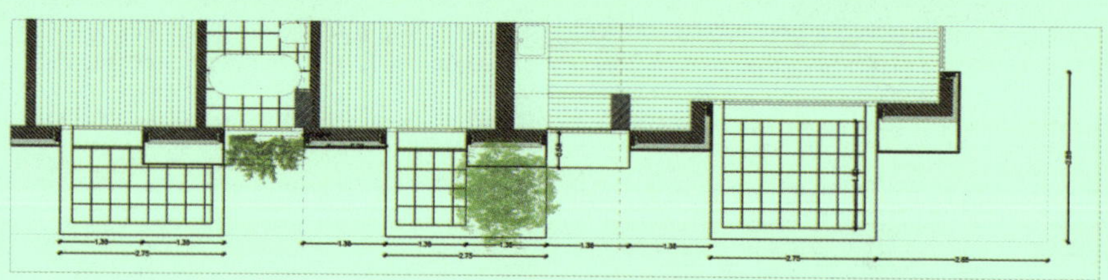

Desenvolvimento da Fachada

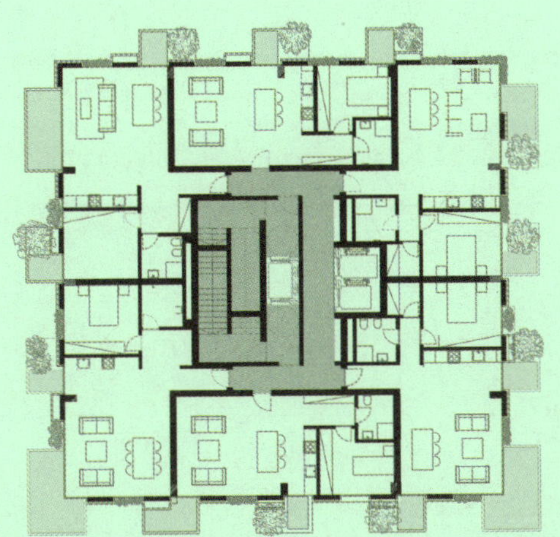
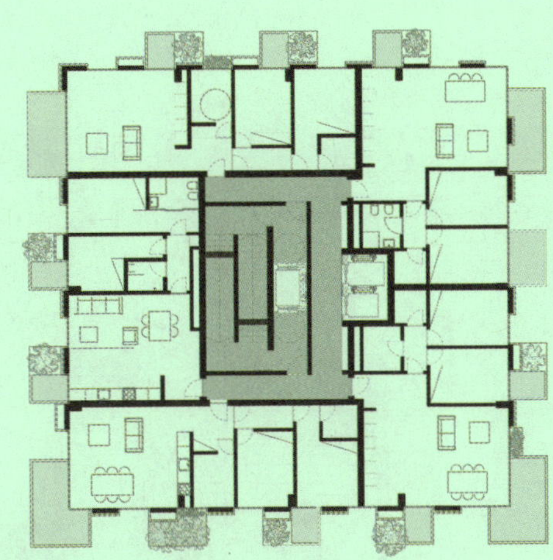
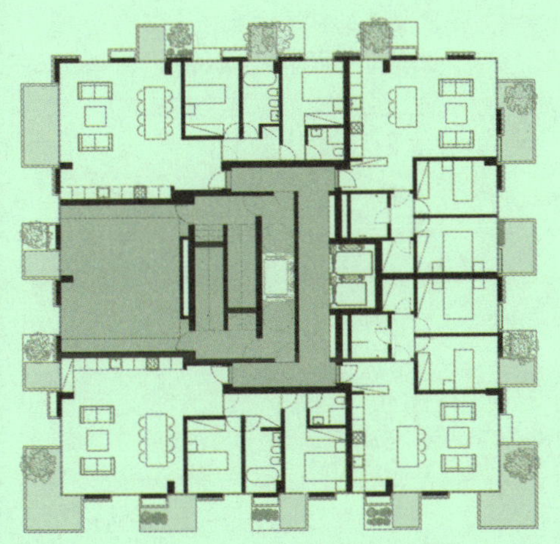
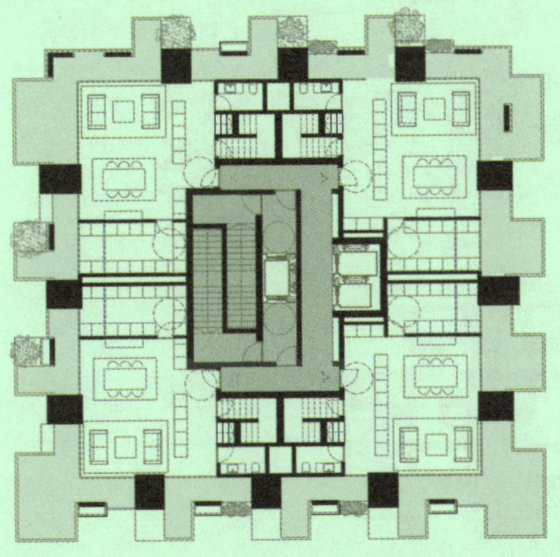
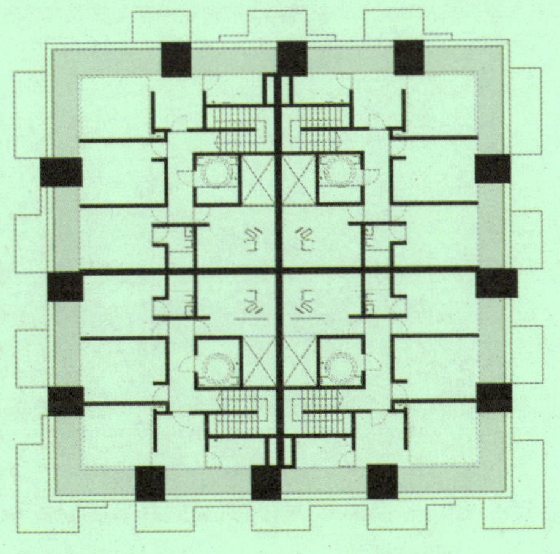

Plantas

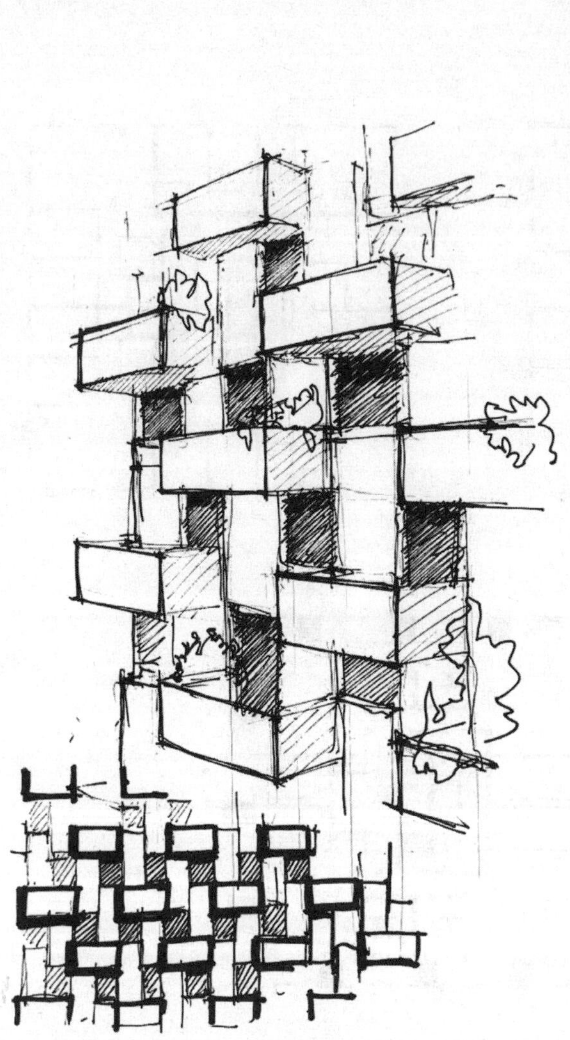

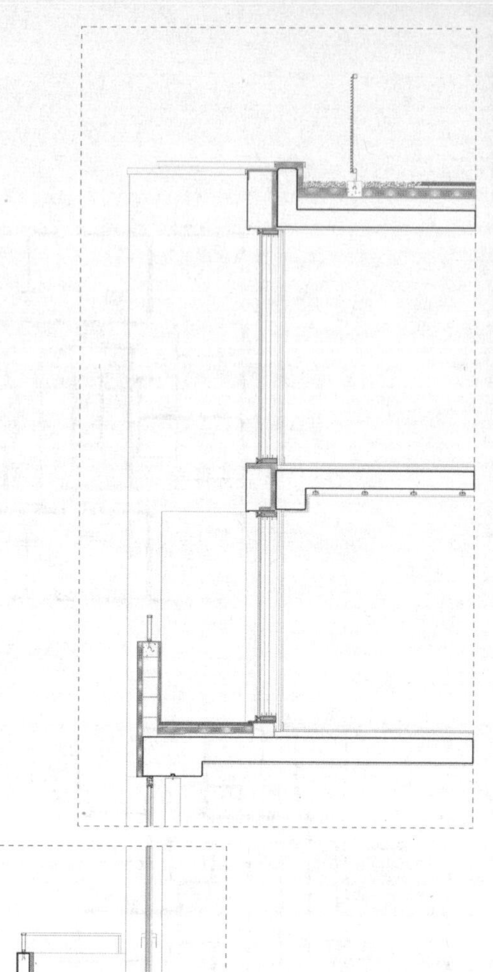

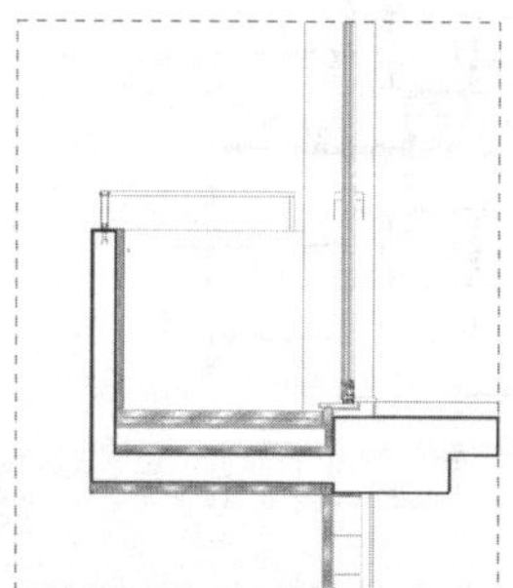

Corte da Fachada

Plano Urbano

8.

GENEALO GIAS

O FILHO DE MIL HOMENS E A GENEALOGIA DA MORAL

Intro

O Filho de Mil Homens (2011) de Valter Hugo Mãe traz-nos Crisóstomo, um pescador com 40 anos incompleto por não ser pai. Inventa uma família e adopta Camilo, um adolescente com 14 anos, filho de mil homens, com incontáveis genealogias.

Inicialmente formados e estimulados pelos mentores Zaha Hadid e Rem Koolhaas, os exemplos agora apresentados caminham entre heróis contemporâneos – Vincent Van Duysen e a dupla Barozzi e Veiga, por exemplo – e os aqui já identificados e designados redutos suíços, austríacos, espanhóis ou portugueses conotados com a Escola do Porto. Entre um racionalismo regional e um organicismo universal, estão atentos também aos descendentes dos heróis iniciais e ainda actuais. A capacidade do OODA para identificar e fixar modelos úteis é óbvia. Estabelece-se, assim, um léxico de autor que recorda os anos iniciais de Herzog e de Meuron.

Os projectos e obras seleccionados para este alinhamento e desenvolvimento cognitivo – Montevideu 156, Foco, Luanda Bay Hotel e Alameda das Antas de 2018, Douro Hotel & Winery 2 e CCB Extension de 2019, e Catim e Botanical Hotel de 2020 – assentam em diversas genealogias globais e regionais actuais, capazes de se estenderem a linguagens e imagens ascendentes, com recurso a um vasto arquivo tanto externo como interno. Perante os contextos, entre a expressão e a discrição máxima, em volumes ora depurados ora modelados por um movimento texturado e tridimensionalizado, assumem-se, segundo os usos, monumentos extraordinários ou momentos ordinários na paisagem, com ou sem recurso às peles actuais da arquitectura. Assumidamente sedutores e sonhadores, adoptam uma imagética mediática e cinemática.

Guilherme Wisnik "Existem exercícios de linguagem em muitas direcções."

Paulo Martins Barata "Eles têm a relevância própria do trabalho deles, e isso é que é importante."

Os *concept design* revelam valores artísticos e teóricos de sustentação onde a matéria do corpo estabelece continuidades entre o natural, o cultural e o artificial, com materiais locais ou industriais, amaciados ou texturados. Mostram ainda que, simultaneamente às formas e superfícies exteriores, marcadas pelos temas de repetição e figuração desfigurada, focam-se hoje também na luz e na cor dos espaços interiores. Destaca-se, em oposição aos conceitos apresentados inicialmente em concursos internacionais, o virtuosismo

vertido no Botanical Hotel no Bussaco, onde a natureza surge domesticada e consagrada pelas reabilitações e adições introduzidas, e a ordem com razão e proporção utilizada no CCB Extension, em continuidade perante a monumentalidade e a superioridade dos diversos tempos envolventes. Refere-se ainda que as ideias, independentemente de se destinarem ao habitar ou trabalhar, adquirem sempre uma ambição e legitimação equiparadas à dedicada a uma arquitectura pública porque, na paisagem ou na cidade, informam e transformam os lugares. As heranças introduzem uma ponderação e maturação metodologicamente útil que consolida a crença do colectivo OODA na transformação e na tradição, juntando assim a alma e o corpo da sua arquitectura. Para Valter Hugo Mãe, nascemos todos filhos de mil pais e mil mães. Uma origem que remete para A Genealogia da Moral (1887) de Friedrich Nietzsche, uma metodologia

Montevideu 156

DATA_2018
LOCALIZAÇÃO_Porto, Portugal
TIPO_Concurso por convite, 1º prémio, Adjudicação
COLABORAÇÃO_LAIII, Fusão, P4
FASE_Ideia

Montevideu 156

Atemporalidade classicista e racionalista

Planta de Implantação

Integrada numa parcela com duas frentes urbanas — Avenida de Montevideu e Rua de Gondarém — com elevado valor paisagístico e ecológico, voltada para o Oceano Atlântico, a viabilidade passa pela reabilitação do imóvel da transição entre os séculos XIX e XX e pela edificação e integração de dois volumes destinados a 15 habitações de luxo. A acção defende a reutilização e valorização do paço em lote integrado em conjunto de interesse público ambiental e patrimonial, com espécies protegidas como, por exemplo, o metrosideros. A ampliação propõe tipologias diversas onde os espaços privilegiam a relação com o horizonte, visível devido à diferença de cotas da parcela.

Frente ao mar, surge em segundo plano relativamente ao existente, simultaneamente relacionada com a Rua de Gondarém em transformação e consolidação. Os volumes adicionados são desiguais e apresentam-se descompactados e desmaterializados. Modulações verticais e horizontais alternam e suprimem as arestas para se precipitarem e conquistarem o mar. Simultaneamente eliminam-se as espessuras da grelha estrutural e ortogonal. A linguagem atemporal classicista e racionalista exposta produz planos avançados e recuados com diferentes profundidades e materialidades. Obtém-se uma depuração que se quer ausente perante o existente natural e patrimonial. A vegetação integra a materialidade nos terraços e varandas das habitações. Adicionam-se circulações e intervenções orgânicas exteriores relevantes para os valores de interesse público a preservar.

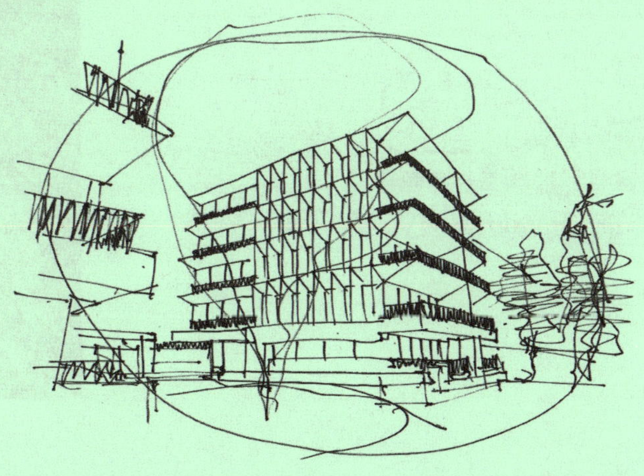

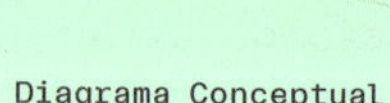

Diagrama Conceptual

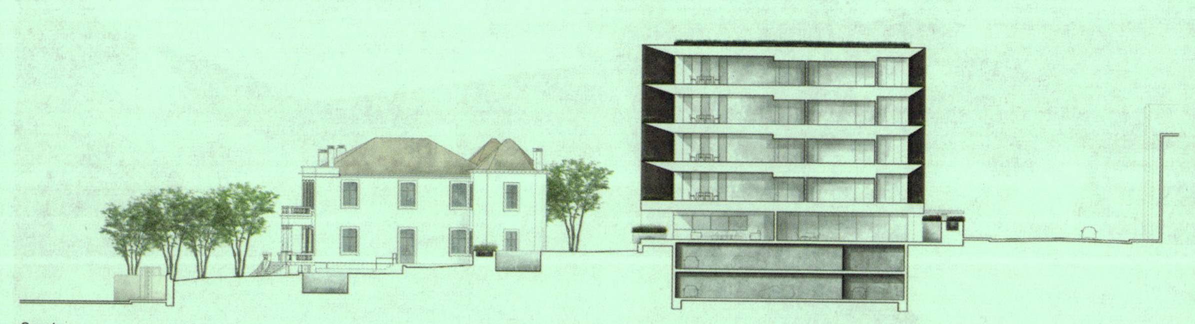

Corte

Planta Piso Tipo

Foco

DATA_2018
LOCALIZAÇÃO_Porto, Portugal
TIPO_Adjudicação
COLABORAÇÃO_A3R, TEKK, Fusão,
Fluimep, Amplitude Acoustics
FASE_Em curso, Projecto de Execução

Foco

Apropriação e tradução de um glossário

Inserida na estrutura qualificada e consolidada do Parque Residencial da Boavista de 1959, dos arquitectos Agostinho Ricca, João Serôdio e José Carlos Magalhães Carneiro, a ideia recorre à apropriação e abstracção formal da habitação unifamiliar existente na parcela. A partir da interpretação e tradução do glossário existente, gera-se uma metamorfose semiótica e linguística através de poliminós que invadem um campo tridimensional, regulado e organizado sobre um tabuleiro ortogonal e racionalmente imposto na parcela perimetralmente irregular. Mecanismos diagonais na horizontal e na vertical criam um movimento que anima a cidade. As subtracções e variações volumétricas contrariam a ideia de repetição e associação inerentes a estas estruturas

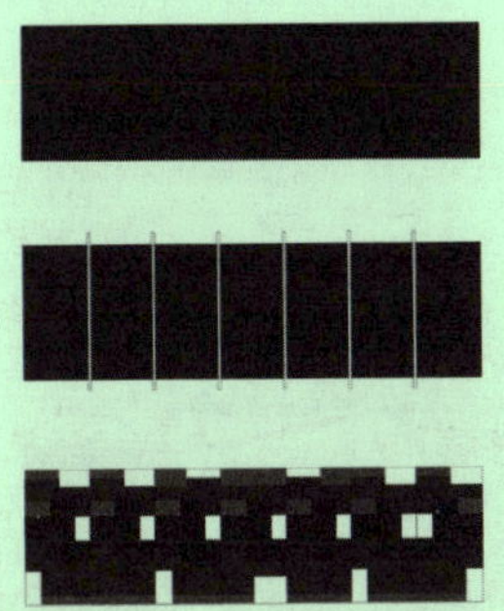

Diagrama Conceptual

encadeadas e densificadas. As habitações, geralmente com dois pisos e pontualmente com três, assentam sobre o pódio de espaços comuns. Superiormente, a variedade e quantidade de quartos das tipologias cria uma paisagem recortada e multifacetada. As duas metades descritas nos usos validam diferentes linguagens e imagens materiais, mais densa e horizontal inferiormente e menos densa e vertical superiormente. O pódio avançado e alinhado, contínuo, produz varandas e terraços associados aos volumes que, recuados, se libertam superior e verticalmente. A perspectiva gerada pela horizontalidade e linearidade da base contrasta com as arestas e os planos responsáveis pela alternância de planos iluminados e sombreados, sublinhados pela estereotomia material e vertical dos mesmos.

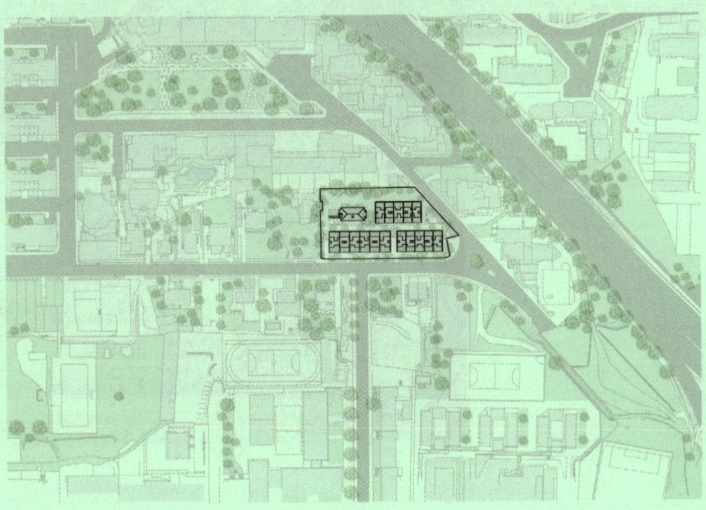

Planta de Implantação

Maqueta Conceptual

Planta Piso Térreo

Rua Eugénio de Castro

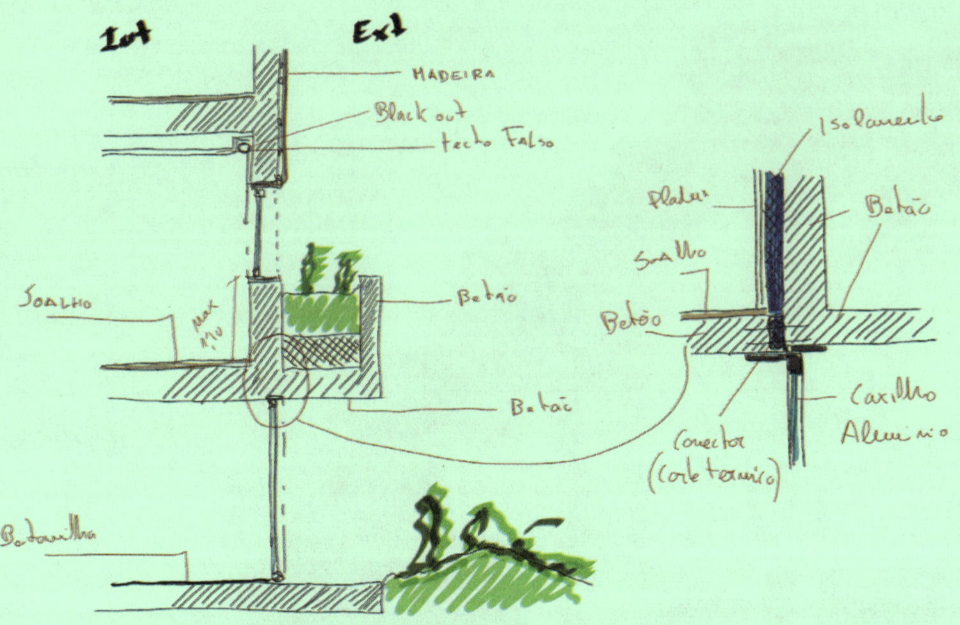

Maqueta de Apresentação

Corte

Luanda Bay Hotel

DATA_2018
LOCALIZAÇÃO_Luanda, Angola
TIPO_Adjudicação
COLABORAÇÃO_Fusão
FASE_Em curso, Licenciamento

Luanda Bay Hotel

Desmaterialização e projecção ao horizonte

Planta de Implantação

Estudo de Volumetria

Localizado na ilha de Luanda e visualmente relacionado com a baía e o mar, a parcela integra um território em transformação, pontuado com um hotel e um posto de combustível. A estratégia, dividida em duas metades, surge volumetricamente informal e formal, respectivamente térrea e aérea. Uma base produz cheios e vazios modulares que gerem programas sociais que se elevam para, através de mecanismos de adição e subtracção, se balançarem e projectarem sobre a baía e o mar. Inversamente, introduzem a paisagem nos pátios recortados e desenhados para o efeito. Um corpo elevado, paisagisticamente referenciador e estabilizador, alberga os quartos com associação modular e racional. Os pisos térreos recorrem a transparências e fluências espaciais nos diversos pisos, visualmente cruzados e ligados pela deslocação longitudinal e transversal das plantas. O movimento é travado pelas quatro torres de acessos equidistantes, funcionalmente exigíveis e acessíveis aos diferentes programas. Os diversos terraços sociais e vegetais criam solos ausentes e flutuantes para o sólido elevado e normalizado que desafia, assim, a gravidade. Um programa dividido entre quartos reguladores e massificadores e usos colectivos com piscina, clube, restaurante, bar, galeria, ginásio e salas de apresentação ou reunião empresarial, atinge a unidade através da desmaterialização e projecção espacial. Planimetrias laminares e lineares expostas ao horizonte conferem a unidade e a qualidade formal necessária à ideia.

"O pódio é um volume fragmentado,
articulado em vários espaços
interiores, com diferentes
ângulos de contemplação.
O volume dos quartos contrasta
com o anterior – é um monobloco,
básico e sintético."

João Jesus

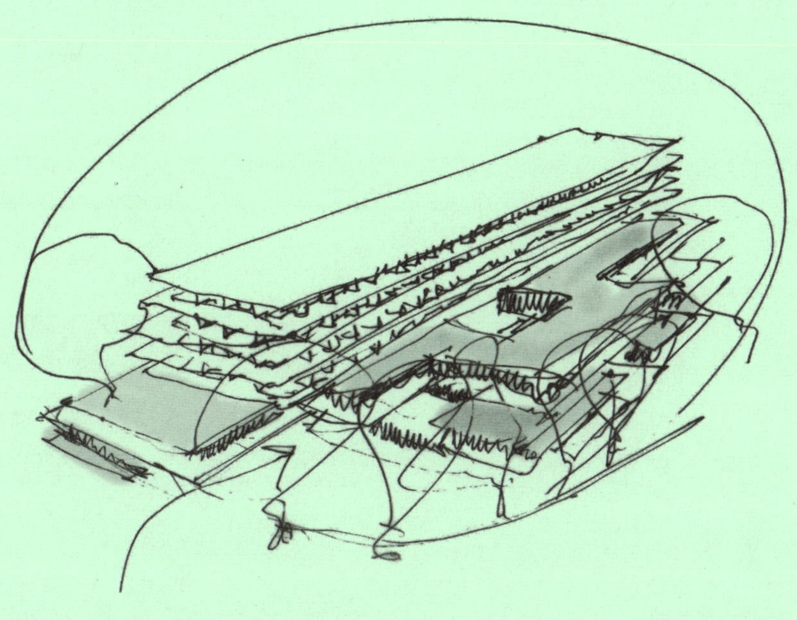

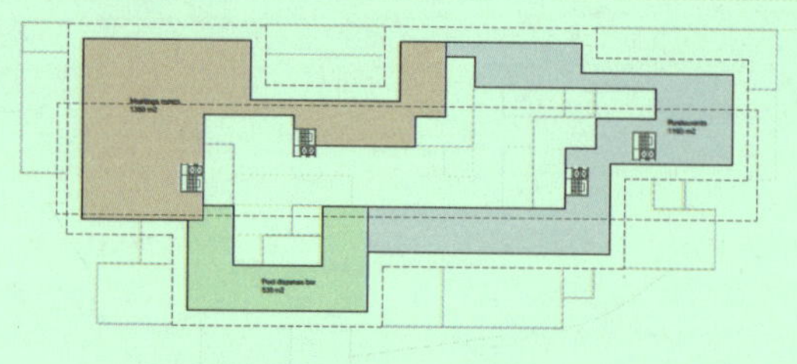

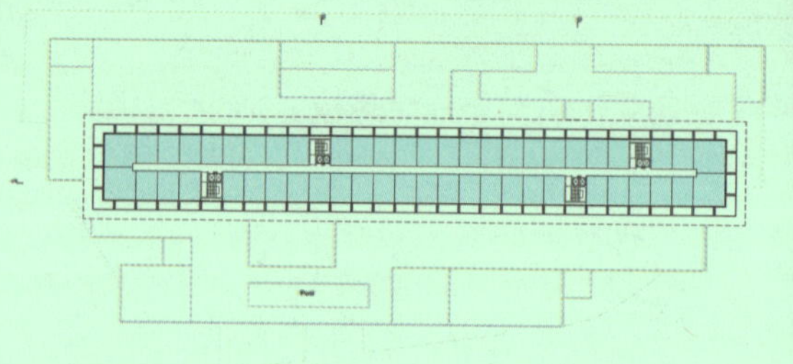

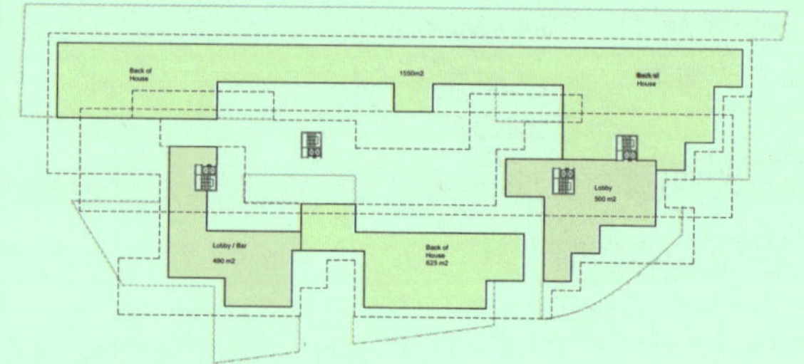

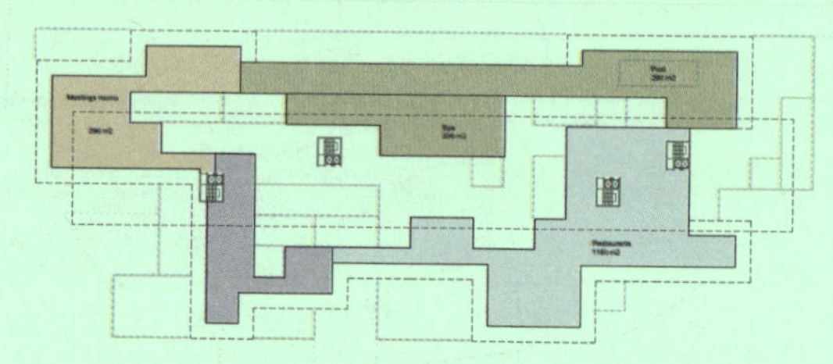

Plantas Esquemáticas

Alameda das Antas

DATA_2018
LOCALIZAÇÃO_Porto, Portugal
TIPO_Adjudicação
COLABORAÇÃO_Fusão, Quadrante, P4
FASE_Em curso, Projecto de Execução

Alameda das Antas

Vizinhança com variação e combinação de usos

Marcante Pré-existência, entretanto demolida

Integrado no Plano de Pormenor das Antas, da autoria de Manuel Salgado, criado para enquadrar e sustentar urbanisticamente o Estádio do Dragão para o Euro 2004, exploram-se modelos morfológicos e tipológicos recorrentes no urbanismo. Elogia-se a monotonia formal e funcional da habitação portuense, à semelhança da herança vinculativa e formativa da urbanística almadina dos séculos XVIII e XIX. Uma unidade maior produz outras menores capazes de regular a topografia e morfologia do lugar. Noções de vizinhança com diversidade e proximidade, através de uma variação e combinação de usos que lembra Jane Jacobs, experimentam uma estratégia cosmopolita que invade o interior do quarteirão com vocação e utilização partilhada, com usos recreativos e desportivos. Gestores de um funcionalismo no contruído e de um organicismo no não construído, os volumes desmaterializam-se através de superfícies vegetais verticais e horizontais, adicionando solos aéreos aos térreos. Genericamente habitacional, também comercial, os habitares de um e dois pisos apresentam-se versáteis e flexíveis, privilegiando os espaços comuns de reunião e distribuição dos usos mais individuais e tradicionais. Uma organização e combinação tipológica hábil concilia a estrutura e as infra-estrutura fixas com uma flexibilidade e diversidade formal animada, útil para a cidade contemporânea. Apesar do tema e da escala, a acção defende uma unidade com diversidade que contraria a composição simétrica inicial e axial.

Planta de Implantação

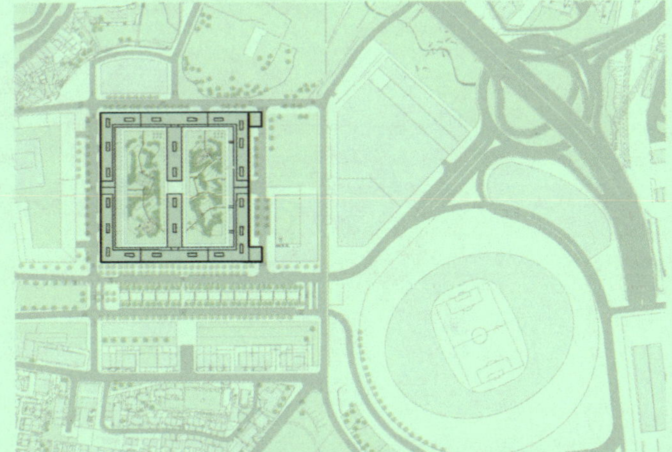

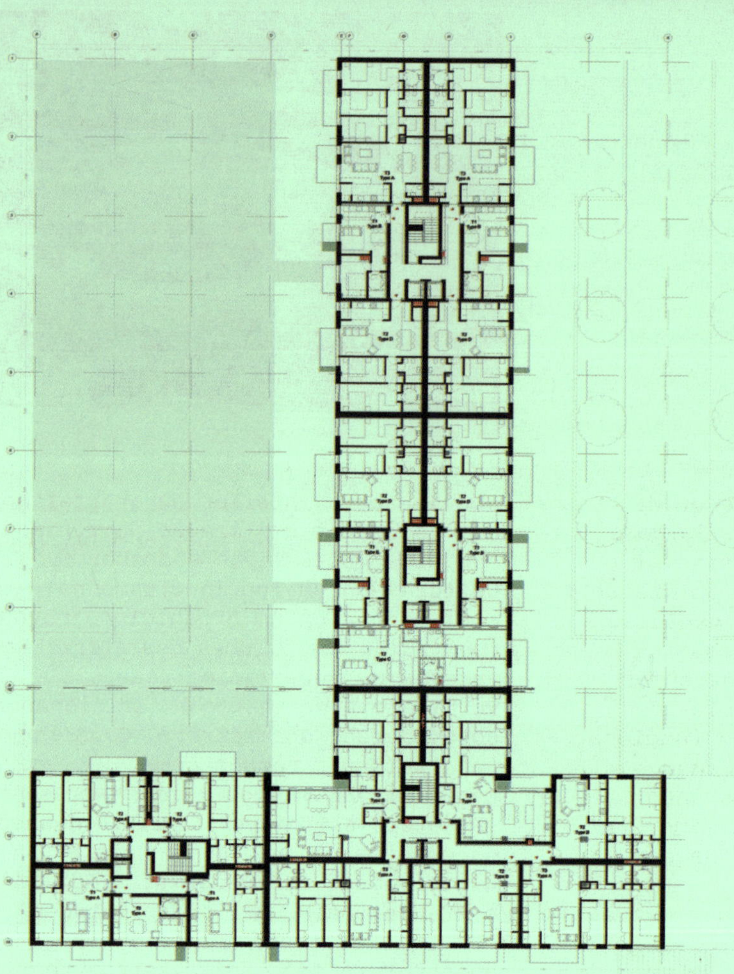

Planta Piso Tipo

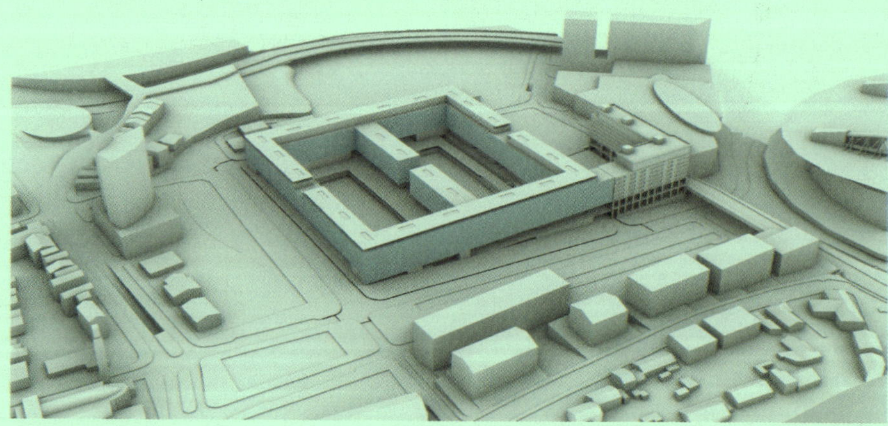

Vista Geral da Volumetria

Corte Construtivo

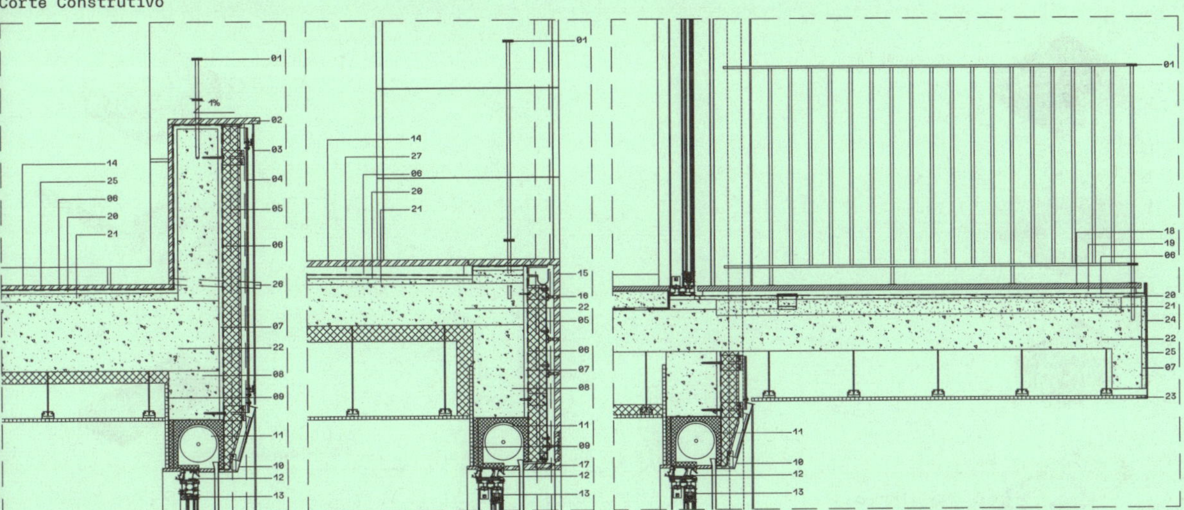

01. Guarda-corpo em aço galvanizado lacado
02. Capeamento em pedra natural 30mm
03. Painel cerâmico 6mm
04. Sistema de suporte aos painéis cerâmicos
05. Isolamento térmico de lã mineral hidrofugada
06. Impermeabilização
07. Reboco de Impermeabilização 20mm
08. Bloco térmico 250mm
09. Gesso cartonado para pintar 15mm
10. Padieira em chapa de alumínio 2mm com acabamento anodizado
11. Caixa de estores
12. Grelha de ventilação
13. Caixilharia de alumínio, com vidro duplo e acabamento anodizado
14. Pavimento em pedra natural 30mm
15. Fachada ventilada em pedra natural 30mm
16. Sistema de suporte e fixação da pedra
17. Padieira em pedra natural 30mm
18. *Deck* de madeira
19. Apoios para o *deck* de madeira
20. Regularização 20mm
21. Betonilha de enchimento para formação de pendente
22. Laje maciça de betão armado
23. Placa cimento para exterior
24. Painel cerâmico 3mm
25. Cimento cola
26. Trop-plein
27. Apoio de lajetas regulável

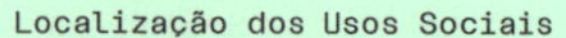

Localização dos Usos Sociais

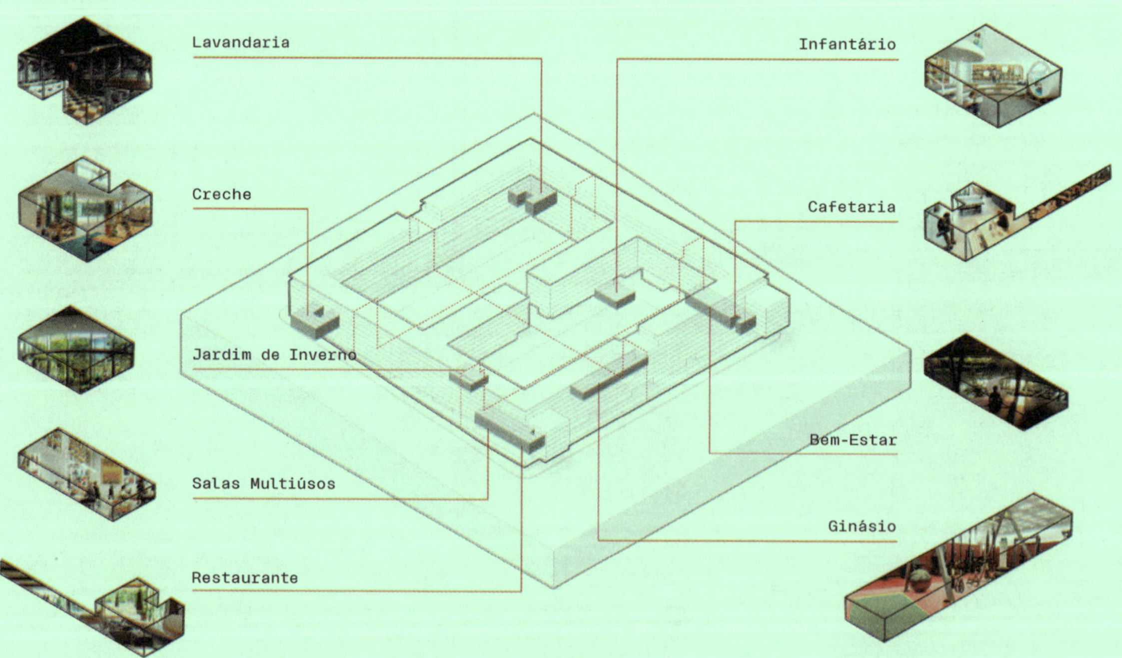

Alçado Poente

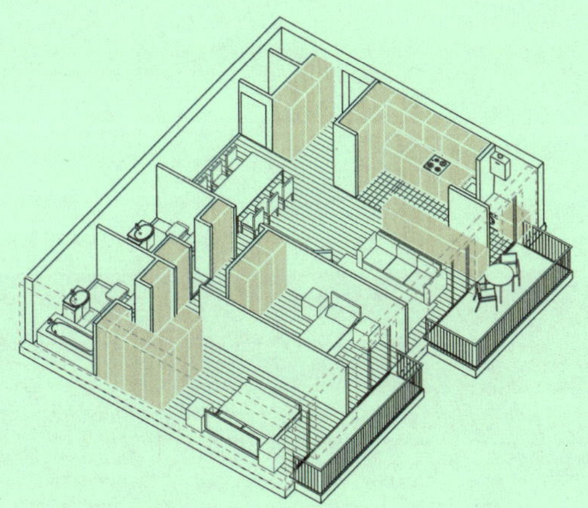

Tipologia T2

Desenvolvimento das Tipologias

"A extensão da fachada revelou ser o maior desafio. Estabeleceram-se as regras da sua composição ao longo dos vários lotes para se alcançar um desenho urbano que fosse simultaneamente unitário, diverso e dinâmico."

João Jesus

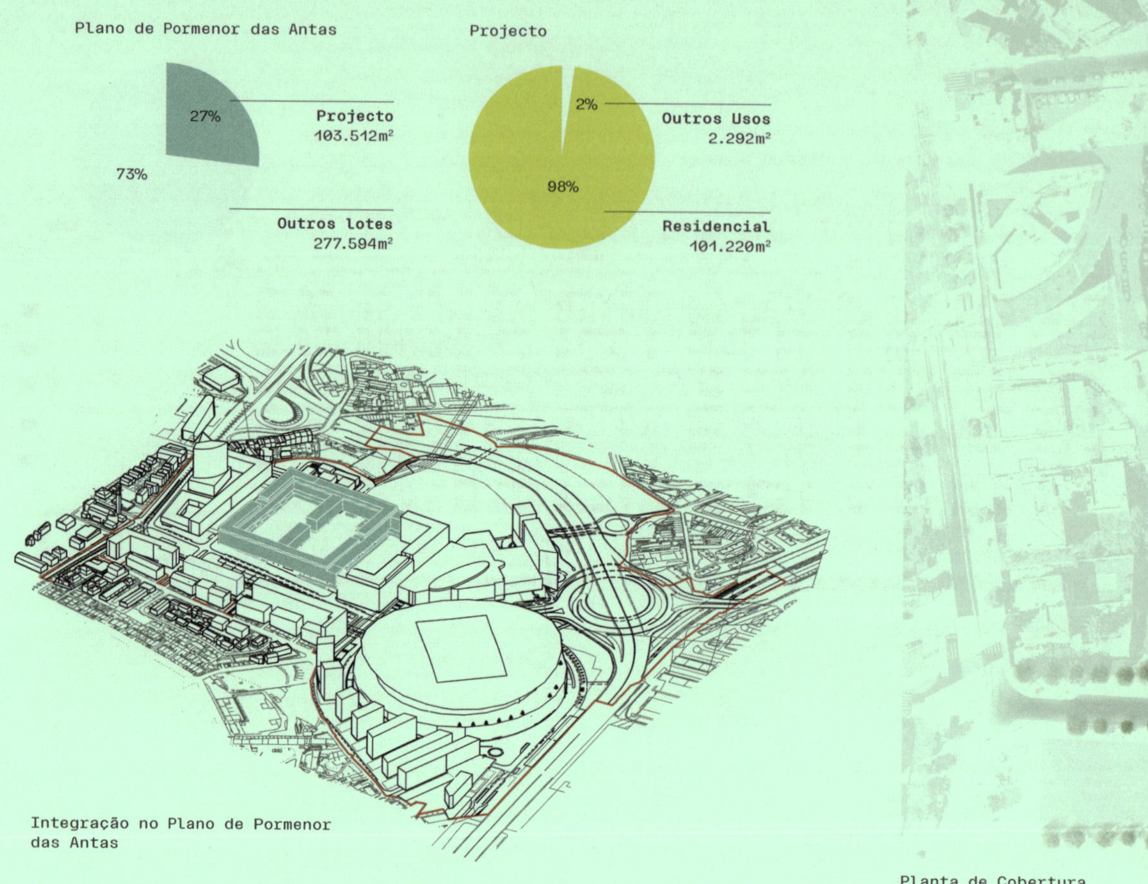

Integração no Plano de Pormenor das Antas

Planta de Cobertura

Douro Hotel & Winery 2

DATA_2019
LOCALIZAÇÃO_Tabuaço, Portugal
TIPO_Concurso por convite, 2º prémio
COLABORAÇÃO_Volta, Eleven, Fusão, P4
FASE_Ideia

Douro Hotel & Winery 2

Transformação e regulação da paisagem

Integrada na margem esquerda do Alto Douro Vinhateiro, Património Mundial desde 2001, a meio da encosta exposta a Sul, a unidade associa o uso turístico e o vinícola, a partir da substituição de arquitecturas de produção e habitação existentes na Quinta de Santo António, associadas a uma capela datada de 1560 preservada e integrada na composição. O programa integra um hotel e uma adega fisicamente afastados, mas aproximados por uma geometrização reguladora e transformadora, gerada com ortogonalidade. A estratificação dos usos confunde-se e funde-se nos socalcos que modelam a paisagem. A divisão do hotel em três plantas associadas ao movimento perpétuo da topografia, humanizada e reforçada por taludes, vinhas e percursos antigos, provoca a deslocação e a criação dos três volumes. Os corpos rodados e articulados por uma espinha comum albergam o programa – usos sociais, quartos normais e especiais – ligado por acessos e serviços comuns. A geometrização e a radicalização das arestas rodadas em função da sua vocação e orientação privilegiada na paisagem recorrem a um brutalismo formal e material, onde a verdade da arquitectura é também a verdade da estrutura. A revelação das formas e usos recorre ainda a uma materialidade iluminada e amaciada. O empilhamento dos volumes em rotação e deslocação permite utilizações diversas das coberturas inferiores. Um quarto momento destina-se à implantação e acomodação da piscina na topografia local.

Planta de Implantação

"A proposta pretende sobrepor e combinar conceptualmente um conjunto de referências e inspirações que surgiram ao analisar o lugar e ao pensar acerca da singularidade onde está inserido. O nosso impulso foi, então, criar um edifício proeminente como uma pontuação que se assume na natureza, mas de forma serena e integrada, enquanto explora o potencial conceptual dos socalcos tradicionais nas margens do Rio Douro."

Diogo Brito

Corte

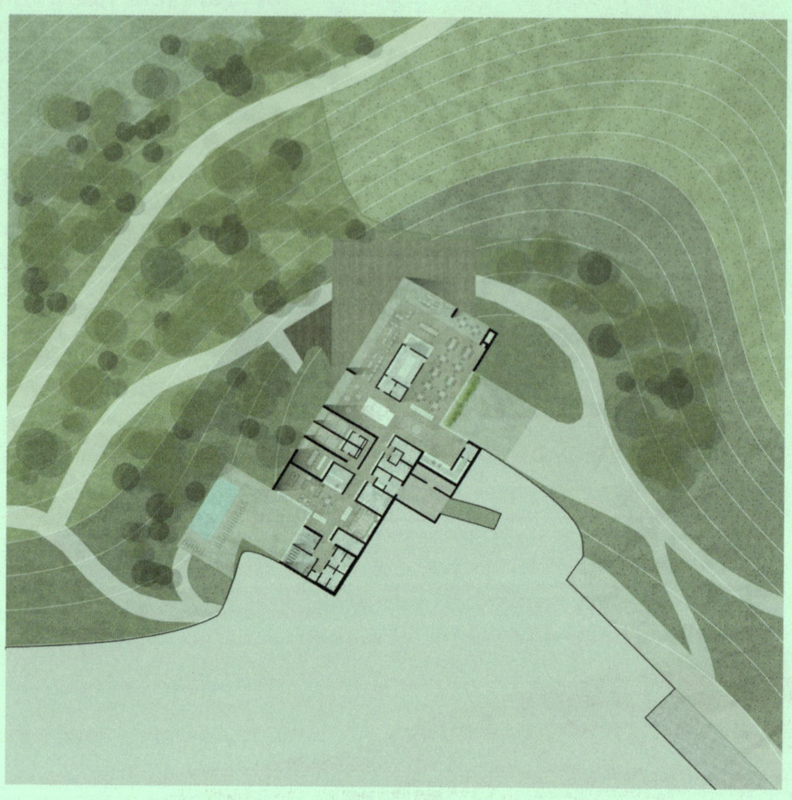

Planta – Entrada do Hotel

CCB Extension

DATA_2019
LOCALIZAÇÃO_Lisboa, Portugal
TIPO_Concurso, 1º prémio
COLABORAÇÃO_Mir, Fusão, P4
FASE_Em curso

CCB Extension

Evolução classicista e racionalista

A intervenção observa as três fases executadas das cinco desenhadas para o Centro Cultural de Belém, pensado para receber a primeira presidência portuguesa da então Comunidade Económica Europeia. Completa, assim, o conjunto urbanístico e arquitectónico fixado pela ideia de Vittorio Gregotti, no concurso de ideias internacional ocorrido em 1988. A monumentalidade do lugar obriga a gerir a proporção arquitectónica e a figuração simbólica e metafórica de uma envolvente cultural e historicamente notável. O protagonismo da arquitectura é ainda reforçado pela iluminação e exposição da marginal a Sul. Às valências de carácter oficial e cultural existentes, adicionam-se agora serviços capazes de rentabilizar e sustentar o lugar, nomeadamente o módulo 4 com hotel e o módulo 5 com escritórios e serviços complementares de apoio. A acção cria equilíbrios urbanísticos e paisagísticos importantes, através de geometrias estabilizadoras e reguladoras com um espaço público e lúdico vigorante. A padronização formal e a estandardização material que percorrem as várias escalas dos volumes são animadas por episódios de distinção e excepção espacial, e contrastam com a organicidade e artificialidade dos espaços vegetais e minerais exteriores. A linguagem, útil à expressão e identificação dos usos, reforça a racionalidade e modularidade abstracta simultaneamente sugerida pela envolvente directa e comprometida pela envolvente indirecta. Entre a frugalidade e neutralidade, a imagem classicista e racionalista italiana lembra Giuseppe Terragni ou Adalberto Libera no desejo simultaneamente representativo e especulativo.

Planta de Implantação

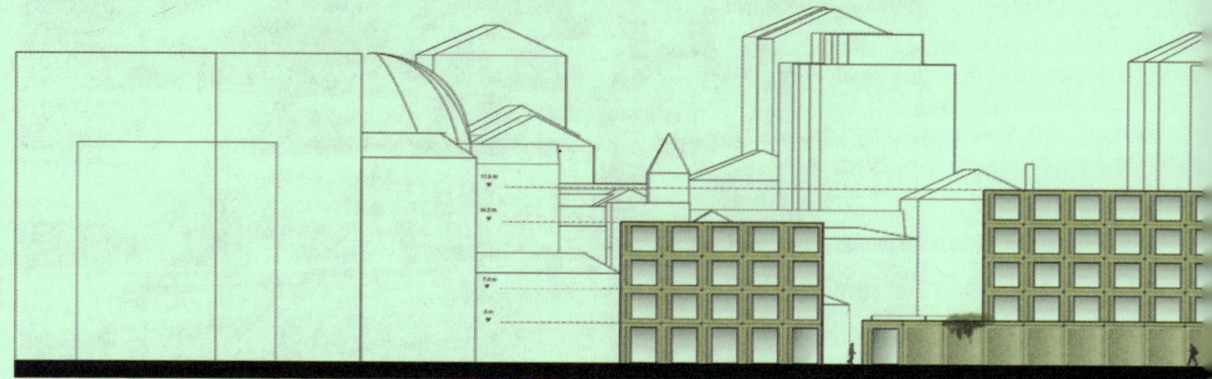

Alçado

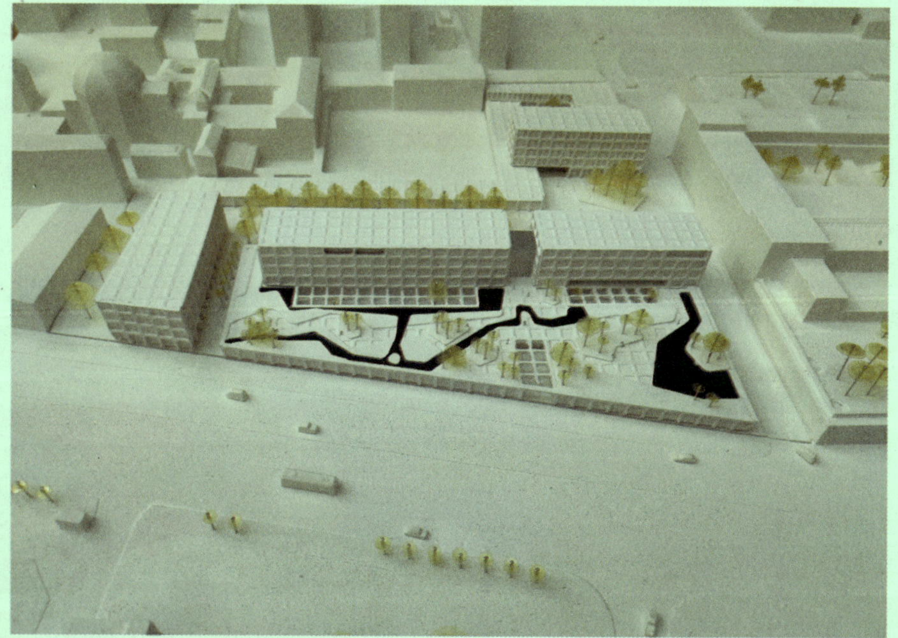

Maqueta de Apresentação

"Um projecto que procura inovar de forma subliminar, num contexto urbano de elevada importância patrimonial, onde a consistência e a sequência são fundamentais."

Rodrigo Vilas-Boas

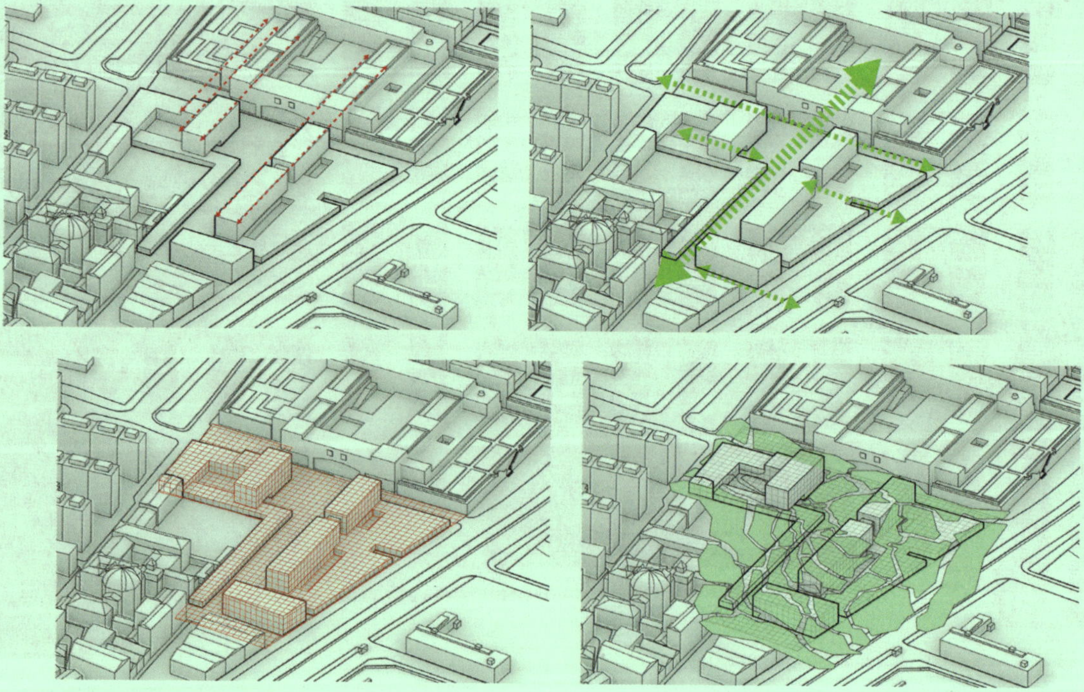

Abordagem Conceptual

"O CCB Extension é um projecto bastante respeitoso em relação ao que é o neo-racionalismo italiano que o Vittorio Gregotti de alguma maneira personifica, com uma linguagem cuidada, retomando a ideia dos terraços ajardinados (…) edifícios que são bastante austeros e que não mancham a relação com o CCB."

Nuno Grande

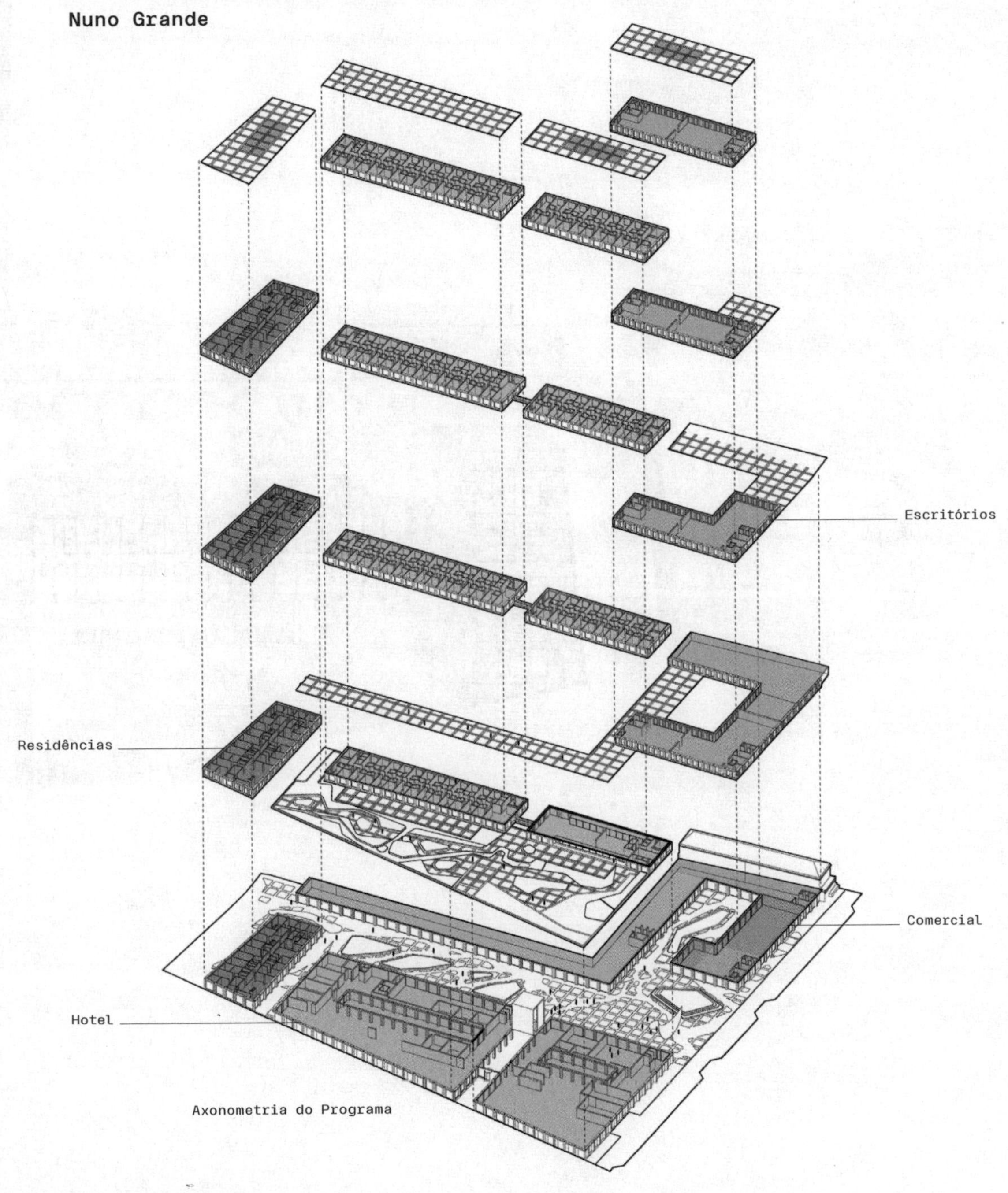

Axonometria do Programa

Planta Geral

Detalhe da Fachada

Catim

DATA_2020
LOCALIZAÇÃO_Porto, Portugal
TIPO_Concurso por convite
COLABORAÇÃO_LAIII, Fusão
FASE_Ideia

Catim

Gestor de opostos

Inspiração

O Centro de Apoio Tecnológico à Indústria Metalomecânica integra um *campus* vocacionado para instituições de formação e investigação tecnológica, de administração e gestão empresarial. A matriz de implantação e organização dos volumes cumpre um eixo Norte-Sul, regulador da diversidade e disparidade formal das intervenções. Um retângulo ortogonal e residual acolhe o centro constituído por uma *black box*, dominada pela abstracção e afirmação da sua linguagem texturada e referenciada no universo industrial que evoca. Entre a racionalidade e a versatilidade espacial, a matriz de usos e formas adoptada aposta na ideia de uma flexibilidade e sustentabilidade evolutiva. A planta térrea, com programas sociais e institucionais públicos, de recepção, representação e formação, concilia o átrio e pátio central e axial com o auditório e a nave de laboratórios de altura dupla que, juntos, invadem o subsolo destinado a infra-estruturas. Superiormente localizam-se espaços de formação e investigação laboratorial, simétricos ao pátio. A ideia gere opostos, alternando entre as escalas mais e menos densas, entre os topos e o centro, entre os laboratórios e o átrio ou pátio. Superiormente, os laboratórios estanques coroam o volume, implicando o quinto alçado, importante para a definição e concretização da *black box* translúcida, semelhante a um instrumento ou equipamento técnico que se equilibra entre a densificação superior e a levitação inferior, gerada pela fluidez que percorre o solo com aparente continuidade.

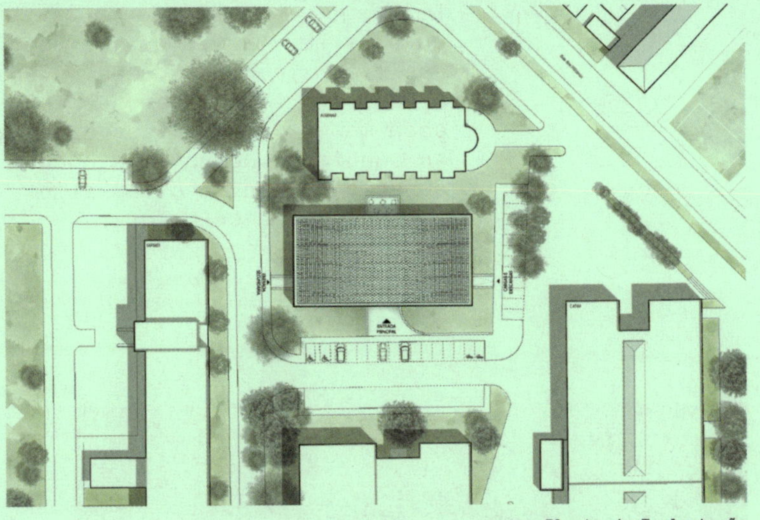
Planta de Implantação

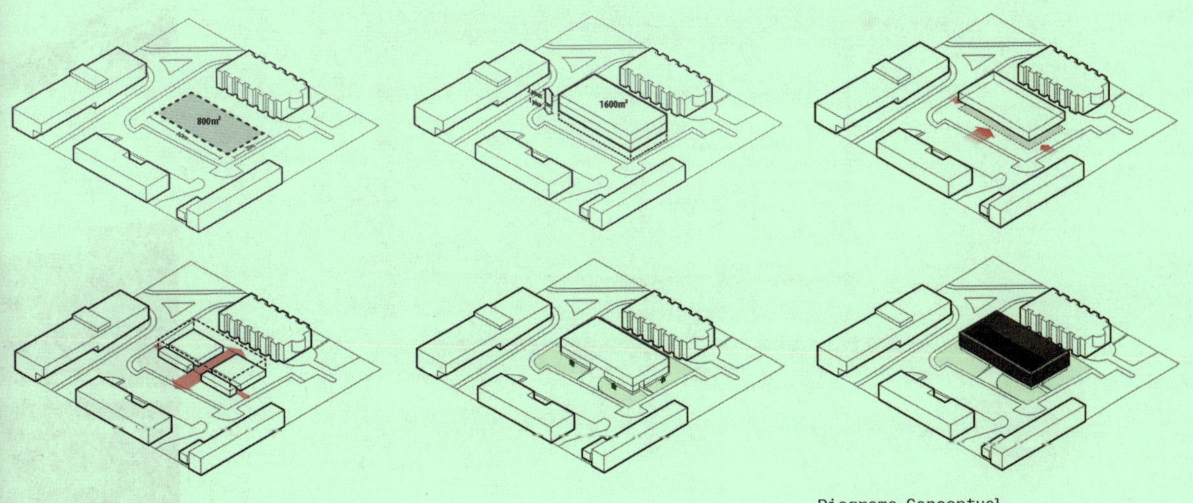

Diagrama Conceptual, Abordagem e Desenvolvimento

"Estávamos interessados que a proposta pudesse ser tradicional e evocativa, assim como contemporânea e vanguardista. Além disso, foi interessante que essa mesma pele pudesse aproveitar as condições actuais de conhecimento e tecnologia para criar algo sustentável e eficiente."

João Jesus

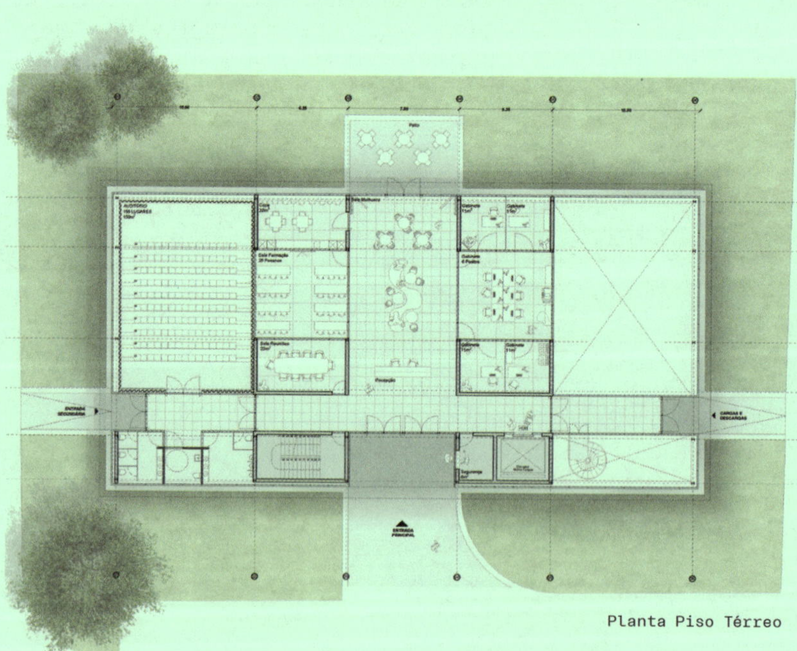

Planta Piso Térreo

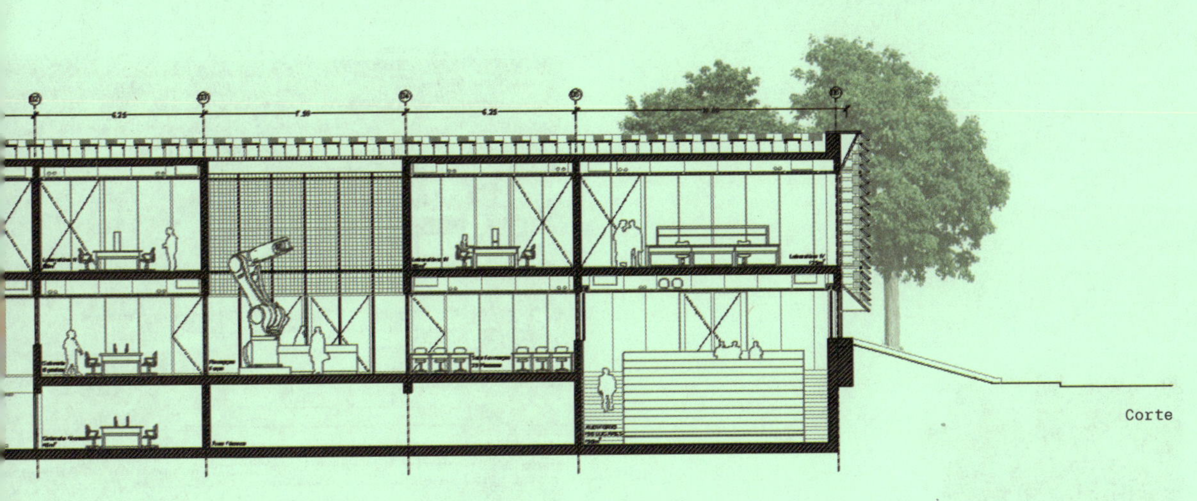

Corte

Maqueta de Apresentação

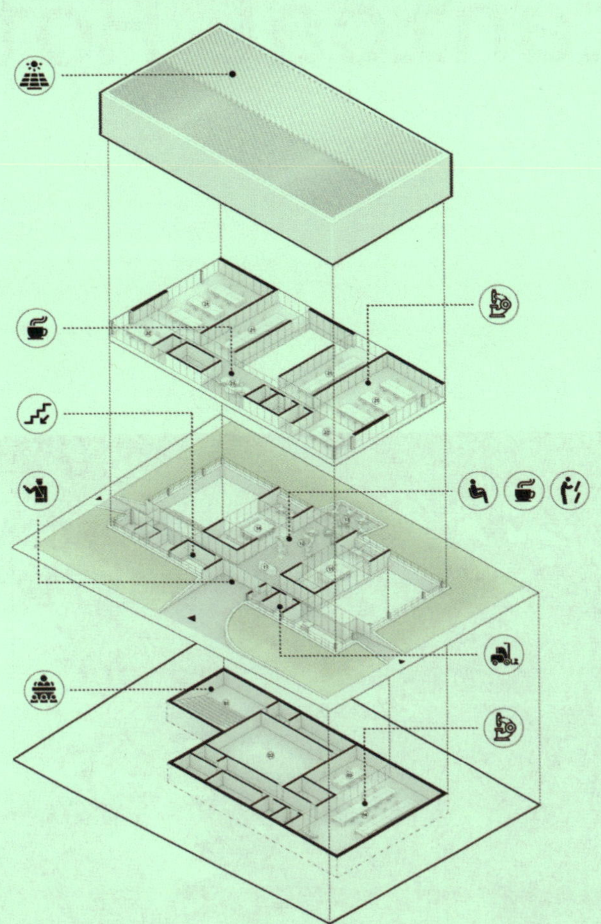

"A nossa proposta é conciliatória e pode ser definida em poucas palavras: um volume puro, ornamental e evocativo que flutua sobre o jardim anónimo do lugar."

Diogo Brito

Botanical Hotel

DATA_2020
LOCALIZAÇÃO_Bussaco, Portugal
TIPO_Adjudicação
COLABORAÇÃO_LAIII, Fusão, P4
FASE_Em curso, Licenciamento

Botanical Hotel

Adicionar tempo ao tempo

Planta de Implantação

A intervenção abrange a Quinta do Viso, uma extensa estrutura paisagística e arquitectónica contígua à Mata Nacional do Bussaco, património natural e cultural candidato a classificação pela UNESCO, detentora de uma importante biodiversidade e qualidade ambiental. A sua arquitectura cumpre os desejos de Emídio Navarro que convida artistas e ceramistas reconhecidos, capazes de criar e formar um universo sensorial e original revivalista marcadamente romântico, pontuado com casa, lago, estufa e adega, e rodeado por matas, pomares e vinhas. Conciliando valores orográficos e hidrográficos, opta-se por criar três universos maiores correspondentes ao hotel, ao *spa*, associado à casa existente, e ao restaurante. Adicionam-se ainda ambientes menores associados à piscina, entre outros usos recreativos. O imóvel existente, espacialmente desenvolvido em torno de um eixo dominado pelo vazio do pátio e pela torre, ricamente decorado nos revestimentos e acabamentos exuberantes, recebe usos sociais comuns que assentam sobre um pódio que levita e liberta a topografia. Esta base, adicionada e centrada com o existente, liga ao corpo destinado a quartos, quebrado e gerado pela topografia. A herança patrimonial e natural origina uma estratégia que se afirma com discrição e circunspecção. À unidade anterior, instalada com a lógica da melhor utilização e encenação do espaço, adicionam-se e transformam-se usos com uma lógica aparentemente sequencial e natural. Ligações verticais e horizontais criam os fluxos necessários e motivam a criação de pequenas edificações e instalações lúdicas que se juntam às existentes.

"O novo programa evita competir com o *Chalet* e com o Jardim. Pelo contrário, procura esconder-se numa simples incisão na paisagem."

Julião Pinto Leite

"Fomos visitar o local e ficámos inebriados. Era impossível recusar intervir num local tão especial e singular."

Rodrigo Vilas-Boas

Maqueta Conceptual

Cortes

Plano Geral

Planta do Hotel

Maqueta de Apresentação

9.

DIS SECÇÃO

MAIORIDADE

João
Rapagão

Quantas arquitecturas tem o futuro?

Rembrandt escreveria esta dissecção de forma original e magistral, tendo em consideração A Lição de Anatomia do Doutor Tulp (1632), encomendada e pintada aos 26 anos, onde disseca uma mão, a que desenha arquitectura, despoletando novos entendimentos de representação e enunciação na pintura. A obra proporciona, ainda, um encontro entre a arte e a ciência, lugar onde encontramos hoje a arquitectura.

Os anos inicias do colectivo OODA, com Diogo Brito, Rodrigo Vilas-Boas e Francisco Lencastre a riscar e arriscar tudo em concursos internacionais, sós ou em parcerias úteis com colectivos geracionais e operacionais semelhantes, capazes de permutar conhecimentos e alterar instrumentos, pertencem ao passado. Apesar da formação comum à sua geração, renunciam à cristalização e normalização da arquitectura praticada pelos seus pares.

Esta insatisfação potencia um *push the limits* generalizado, transgressor e promissor na criação e fixação de uma metodologia apreendida nas experiências europeias, próximas do futuro planeado e almejado.

Entre a atenção ao Centro Histórico do Porto e a ambição de internacionalização e implantação local, avançam com viabilidades de incitação e construção para investidores e com as primeiras *auto-proposal* para Angola e Brasil, estratégias a que regressam mais recentemente em S. Paulo e Porto,

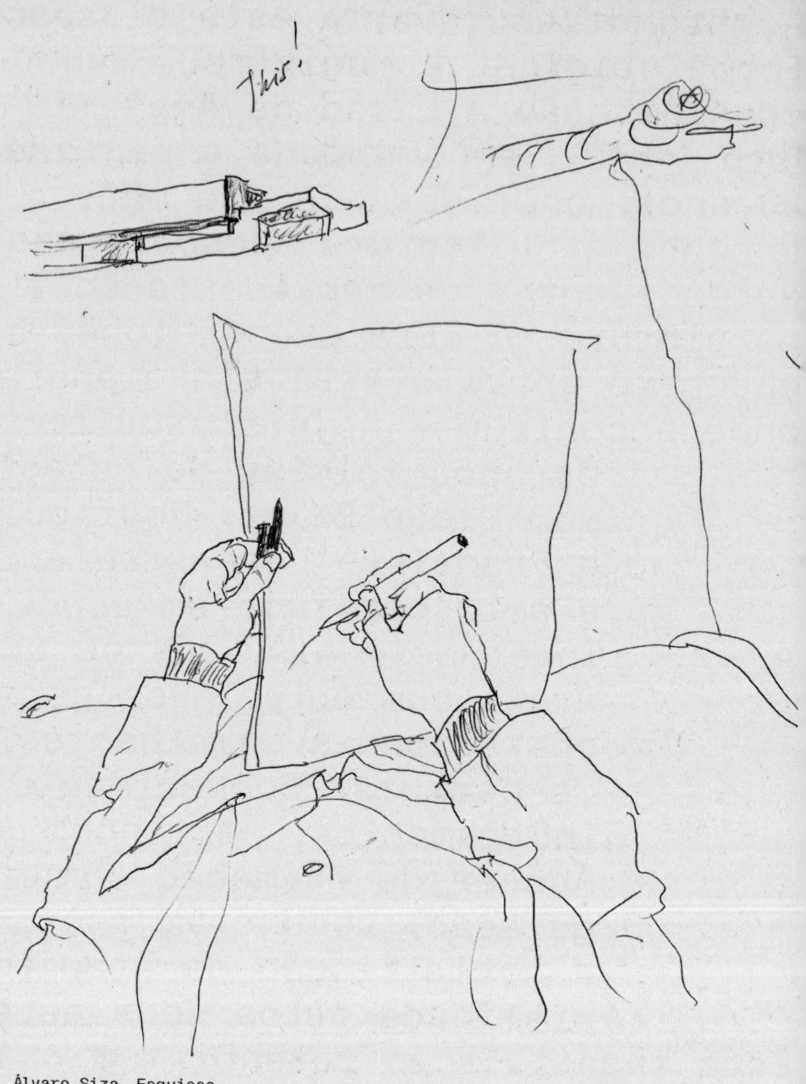

Álvaro Siza, Esquisso,
Arquivo Pessoal

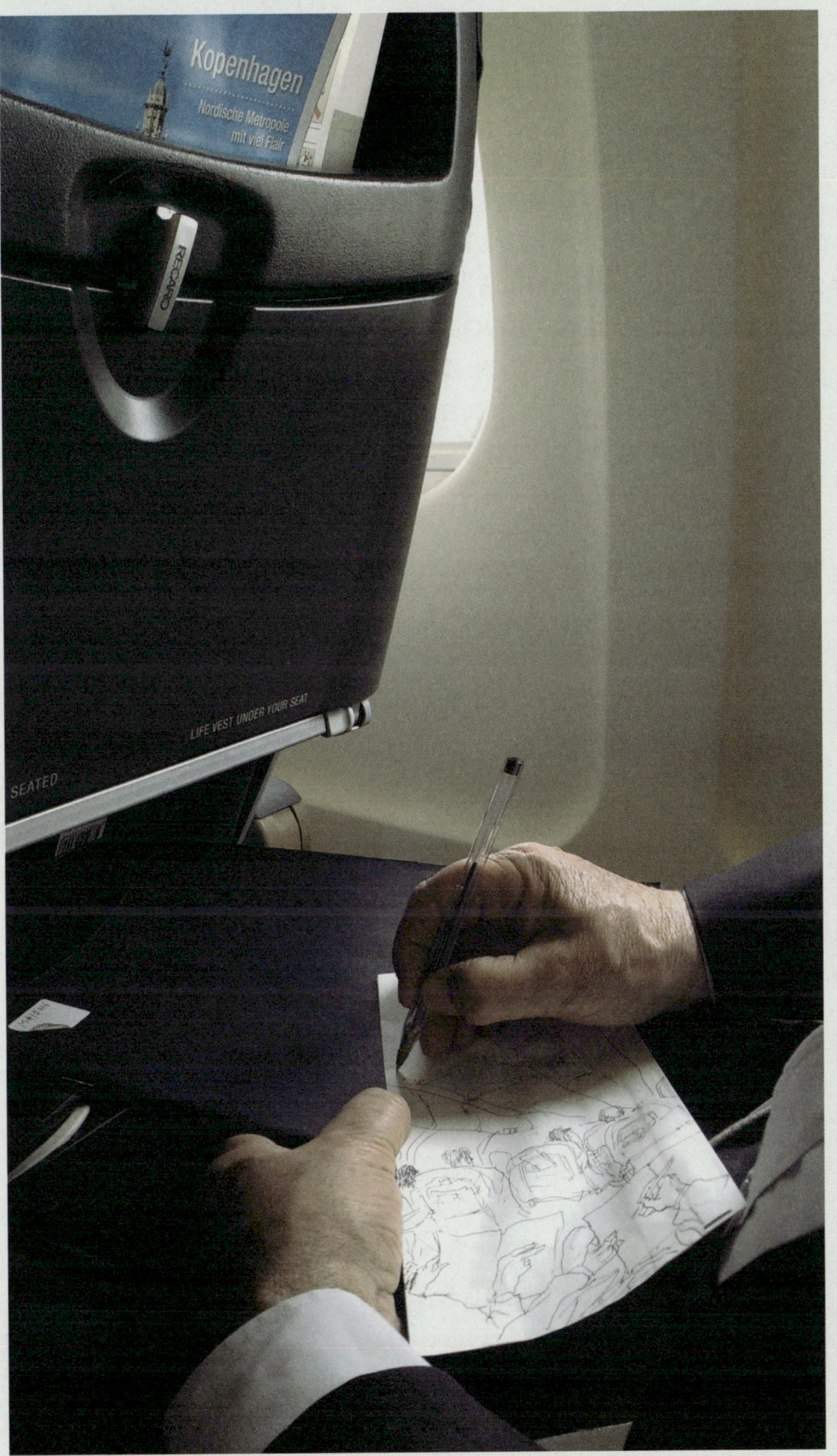

Álvaro Siza em viagem

aqui com operações úteis ao poder decisor político e económico da cidade. Pelo meio, associados ao colectivo And-Ré, estabelecem uma estratégia para o mercado dos Emirados Árabes Unidos.

A partir de uma conexão crítica entre ser global e ser regional, capaz de reconhecer glossários e vocabulários em mutação permanente, deixam progressivamente de ser genéricos e passam a ser específicos. A metamorfose não é, apenas, de formas e usos, mas sobretudo de modos de ser e fazer. A estética da diversidade e multiculturalidade é rica e aceita, entre tantos outros, o minimalismo. Surge associada à identificação e interacção com outras culturas — Kosovo, Harare, Catar, por exemplo —, assumindo colagens com apropriação e manipulação de diferentes fontes e a adopção e experimentação de novas identidades, coerentes inclusivamente na admissão de colaboradores com diversidade cultural e geracional.

O colectivo actua sempre à margem da crítica dos guardiões ideológicos e metodológicos dedicados a perpetuar e a travar a esperada actualização e evolução da arquitectura portuguesa praticada a Norte e, também, a Sul. Os seus integrantes estão, assim, libertos e mais focados e voltados para o interior da disciplina e, por isso, capazes de a acrescentar, renovar e notabilizar.

Afaste-se, no entanto, a ideia de uma postura acrítica, indiferente aos valores cruciais ou essenciais para a arquitectura. Acreditam na importância do arquitecto na sociedade, na geração de espaços a partir da resolução dos programas e da satisfação dos utentes, a par dos valores da tradição local praticados e assimilados na academia, sempre favoráveis e conciliáveis com a inovação assumida.

Entre 2010, com D. Manuel II, e 2015, com Monte dos Judeus, ainda polarizados no global e no local, acercam-se à obra e à pormenorização, criando novas vidas em arquitecturas existentes. Os concursos internacionais para a Central Mosque, mas principalmente para o Bavarian History Museum e o Maritime Science Centre marcam um tempo de conexão entre regional e internacional, com parcerias mais demoradas e focadas, com conhecimentos e desenvolvimentos instrumentais úteis.

Aparentemente alheios às alterações sociais, económicas e políticas ocorridas em 2016 e 2017 na Europa, experimentam novos programas que ampliam a estrutura operacional e a musculatura intelectual do OODA. A estratégia ideológica e metodológica para o futuro é óbvia. Focam-se nas cidades como fontes e palcos cosmopolitas, para arquitecturas de referência social e cultural. Surgem, por isso, por vezes, arquitecturas simbólicas e metafóricas impactantes, relacionadas

King Vidor, Vontade Indómita, 1949

também com a necessidade de animar e conquistar jurados, promotores ou decisores políticos.

O colectivo OODA, fiel à sua formação e implantação portuense, mantém a ponte entre a terra e o céu pensada por Martin Heidegger, onde o habitar e a sua qualidade e capacidade para determinar um lugar, estabelecem ligações entre uma ordem material e espiritual. Acusa ainda uma miscigenação com transversalidades sugestivas e criativas ricas, capazes de despoletar e extrapolar denominadores comuns futuros. Despolitizado e desideologizado, recorre a estratégias de comunicação com visibilidade e credibilidade. Testam-se e aprofundam-se procedimentos e instrumentos de actuação obstinados e focados, sempre, no futuro da arquitectura.

Em 2018, paralelamente à ampliação do colectivo aos *partners* João Jesus e Julião Pinto Leite, surge um aumento de encomendas maioritariamente locais e nacionais, gerado pela vitória no concurso internacional para o Matadouro no Porto, desenvolvido com Kengo Kuma. Igualmente em 2018, consagrando e celebrando a estratégia do OODA Business Plan, sem parcerias, vencem o CCB Extension.

Importa sublinhar hoje a existência de um vasto arquivo externo e interno com dez anos, onde testagens laboratoriais descontinuadas estão disponíveis para adopção e progressão disciplinar. Os discursos são, cada vez mais, de continuidade e credibilidade da arquitectura e, cada vez mais, também, abrangentes no campo teórico e artístico. Recrutando colaboradores e ampliando instalações nacionais em Matosinhos e Lisboa, o colectivo prepara-se hoje para regressar à internacionalização primeiramente desejada e programada, iniciando em Nova Iorque uma aventura com paragens duradouras a Oriente e a Sul do Equador.

Ana Aragão, a partir do Porto, e Ashley Simone, Fernando Serapião e Pedro Gadanho, a partir respectivamente de Nova Iorque, S. Paulo e Porto, e com lentes de objectivas distintas, dissertam sobre os dez anos decorridos. Antes, infografias diversas sumariam e consubstanciam os mesmos anos.

Estas retrospectivas e estas prospectivas emergiriam únicas nas objectivas cinematográficas de Ridley Scott, realizador capaz de nos fascinar e adiantar 2019 em Blade Runner (1982), entretanto ultrapassado e actualizado. Denis Villeneuve, director de Blade Runner 2049 (2019), antecipa agora o ano 2049, um futuro que está, entre outras, nas modelações e representações do Museu Neanderthal (2010) de Fabrizio Barozzi e Alberto Veiga utilizadas na previsão simbólica, fantástica e utópica do futuro.

A arquitectura, desde sempre, antecipa futuros. Os valores antecedentes e presentes no colectivo OODA evoluem para precipitar e validar um futuro que deseja ser atemporal, ainda e sempre entre a tradição e a inovação. Uma lição onde a sua dissemelhança e crença é um *case study* que importa acompanhar. É, ainda, a partir da intuição e ambição que acompanha o colectivo, uma lição de confiança e esperança, a que Diogo, Rodrigo, Francisco, João e Julião sempre quiseram para a arquitectura e que, certamente, os acompanhará nos anos vindouros. Hoje, o OODA surge imune ao passado. Tudo é, agora, presente e futuro.

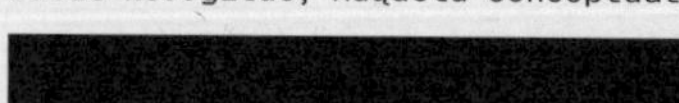

Casas Nevogilde, Maqueta Conceptual

Denis Villeneuve, Blade Runner 2049,
Filme, 2017

Barozzi e Veiga, Museu Neanderthal,
Piloña, Espanha, 2010

OODA, Porto

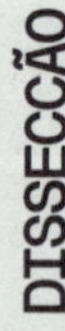

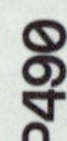

Manoel de Oliveira, Aniki-Bóbó, 1942

Infografias

A produção e evolução do colectivo OODA durante os dez anos decorridos é seguidamente abreviada e confrontada em infografias de análise e síntese úteis para uma interpretação e visão geral.
Genericamente percebe-se que o crescimento de encomendas evidente desde 2017, corresponde ao desinvestimento em *auto-proposal* e concursos. Entre o nacional e o internacional, informa-se a localização e distribuição dos estudos e projectos.

Número de Projectos

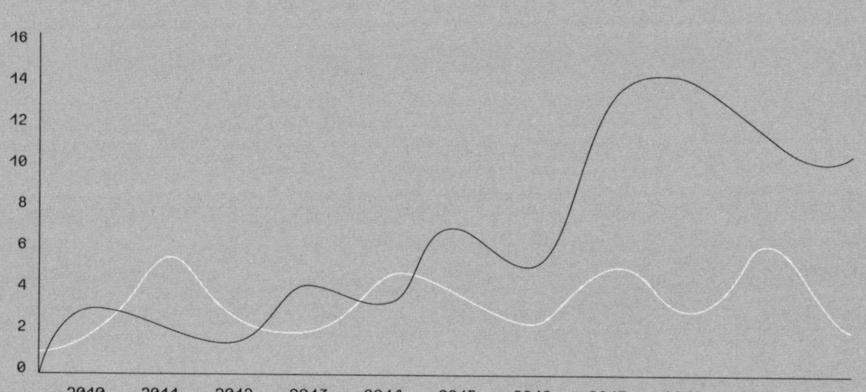

1_OODA Business Plan Book
2_Porto Business School
3_OODA Identity
4_D. Manuel II
5_Leeuwarden Masterplan
6_227 Flat
7_Disaster Prevention Centre
8_Taberna
9_Taiwan Tower
10_Baixaria
11_Opera House
12_Bavarian History Museum
13_Ginoeco
14_Art Museum
15_Central Mosque
16_Quinta da Cascalheira
17_Piratininga Tower
18_Kiosk Metro
19_Chengdu Gym
20_Maritime Science Centre
21_Benguela 88
22_Central Library
23_Casa do Futuro
24_DAG 1
25_DAG 2
26_1770 Apartment
27_Lóios
28_Marechal Saldanha
29_Monte dos Judeus
30_Jorge Reinel
31_DAG 3
32_Art Mill Museum
33_MR Apartment
34_Santa Catarina
35_Belmonte Apartments
36_Villa Fresca
37_Casa Tripla
38_Cerca Guesthouse
39_Pereira Leite House Revamp
40_Grande Hotel de Paris
41_Mouzinho da Silveira
42_Casas Nevogilde
43_Cupertino Miranda
44_Avenida Gabriel
45_São Paulo Multiplex
46_Hotel Transparente
47_Casas Nevogilde 2
48_Casas Nevogilde 3
49_Toy Museum & Library
50_EMA Silo-Auto
51_EMA Camilo
52_Parish Centre
53_Villa Delphis
54_Al Barsha Villas I
55_Al Barsha Villas II
56_Lobito Hotel
57_Hoso
58_Language Museum 1
59_Alcochete Hotel
60_Provezende
61_Quinta de Monserrate
62_Luanda Bay Residences
63_Campanhã Offices
64_Language Museum 2
65_Fábrica de Conservas
66_Liga Portugal HQ
67_Montevideu 156
68_GES Export
69_São Roque da Lameira
70_Miramar Tower
71_Casa D. João III
72_Vímara Peres Avenue
73_Quinta do Pinhal
74_Grijó Masterplan
75_86 Açucar
76_Jardins da Arrábida
77_CCB Extension
78_Palácio de Belmonte
79_Matadouro
80_Jorge Reinel
81_Casa CM
82_Casa RC
83_Rua de Salazares
84_Foco
85_Gondarém
86_Tower 15
87_OPO-City
88_Cedofeita Corner
89_Luanda Bay Hotel
90_Hotel Jornal
91_Casa Harlem
92_The Student Hotel
93_Lycée Français
94_Casa Jervell
95_Gama 550
96_Alameda das Antas
97_Gulbenkian Extension
98_Pêro de Amigos
99_Harare Radisson Blu
100_Leça Offices Lot 3 & 4
101_Farfetch Campus
102_Douro Hotel & Winery
103_Leça Offices Lot 14
104_Botanical Hotel
105_Moagem
106_Tower 1
107_Douro Hotel & Winery 2
108_Catim
109_Casa RJ
110_Sesimbra Allotment Plan
111_LakeShore Garden
112_Livro X!?

A equipa multigeracional é também multicultural. A mais-valia da diversidade de formações e de visões sobre arquitectura, europeias ou não, é evidente. Paralelamente, indicam-se os números de colaboradores totais e actuais.
Informa-se ainda, expressa em metros quadrados, a produção por usos relevantes e dominantes no OODA, durante os últimos dez anos. Cumprem-se, também, os seis alinhamentos e desenvolvimentos cognitivos disciplinarmente identificados no colectivo OODA.

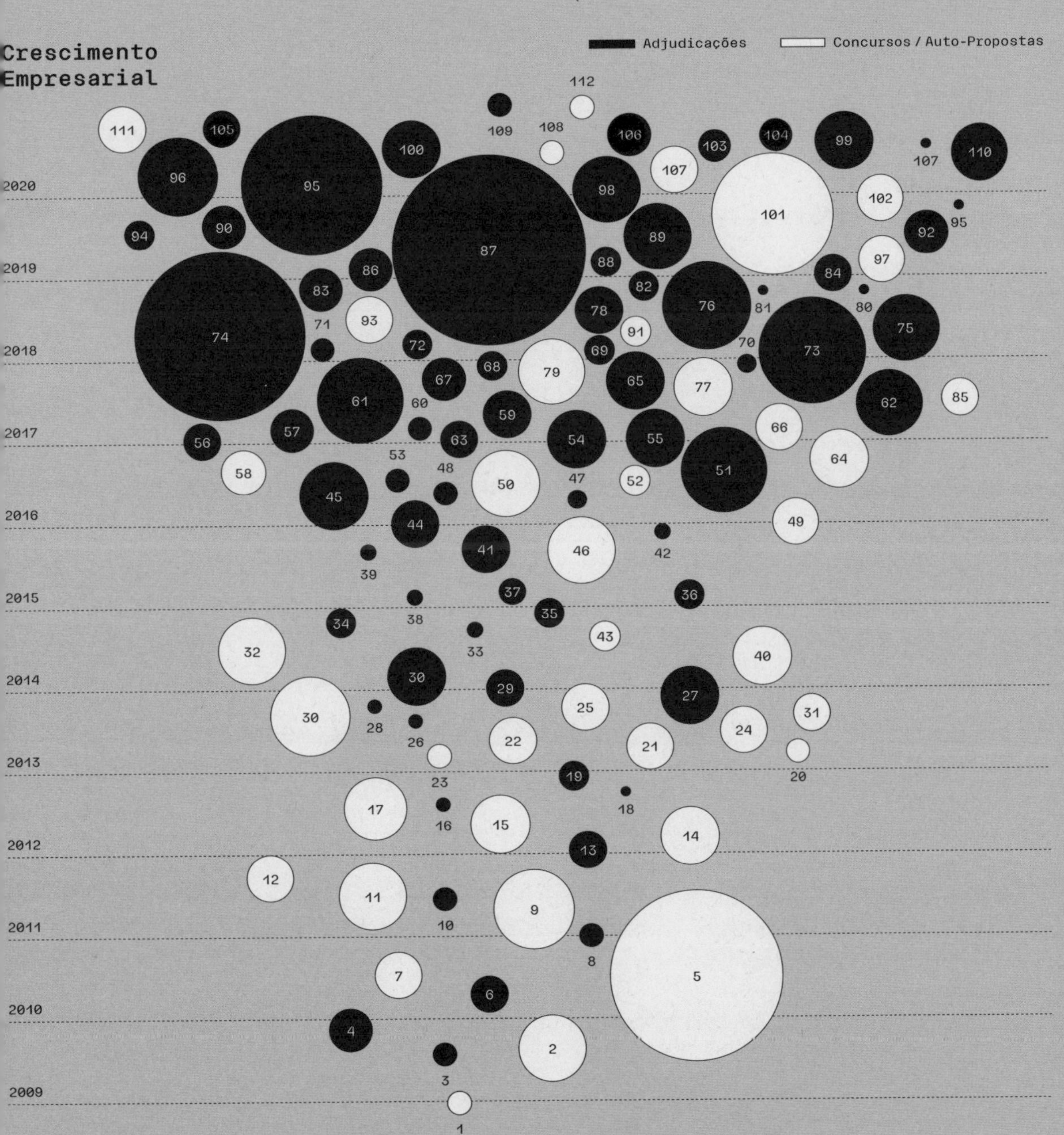

Localização dos Projectos

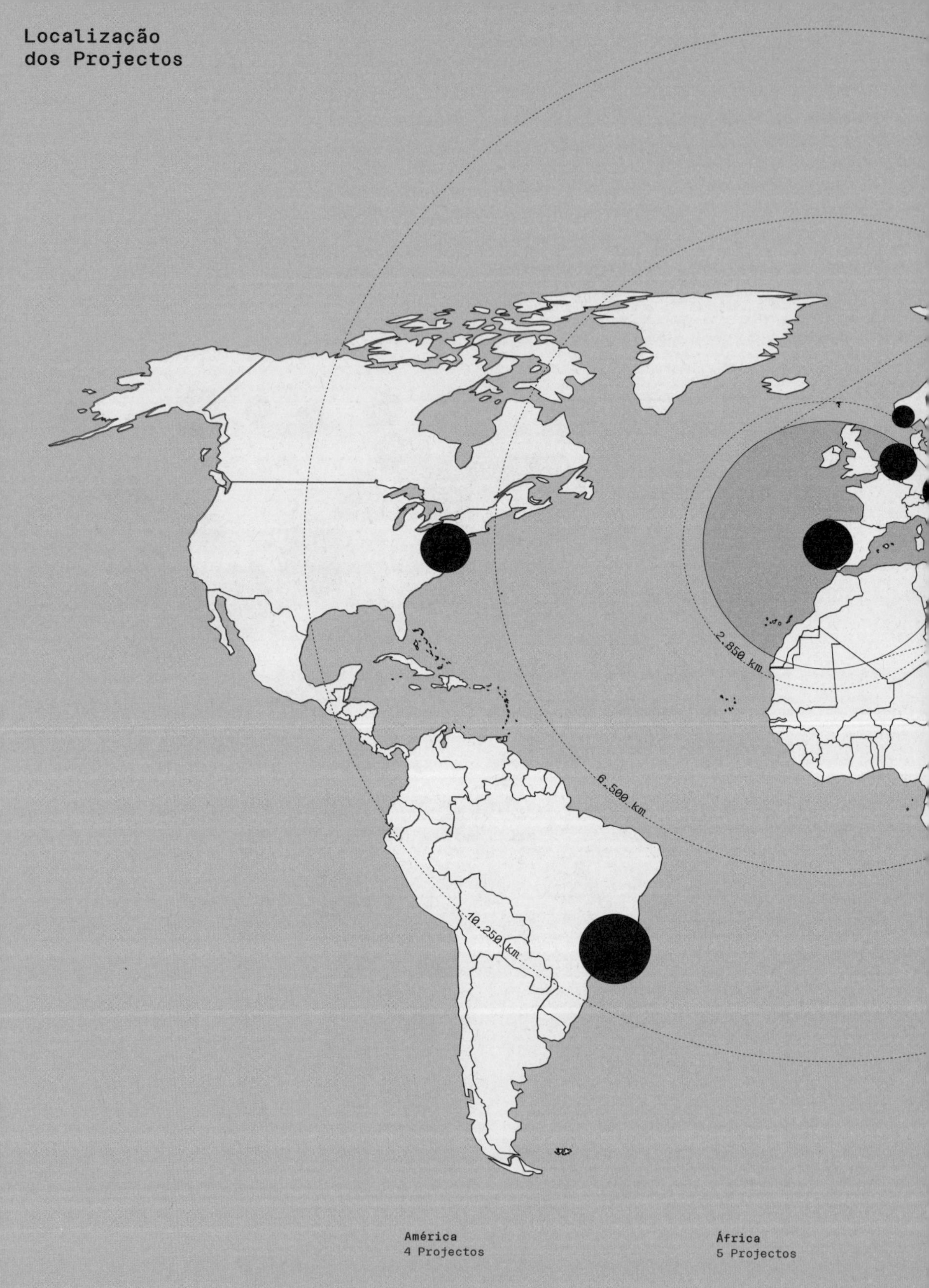

América
4 Projectos

África
5 Projectos

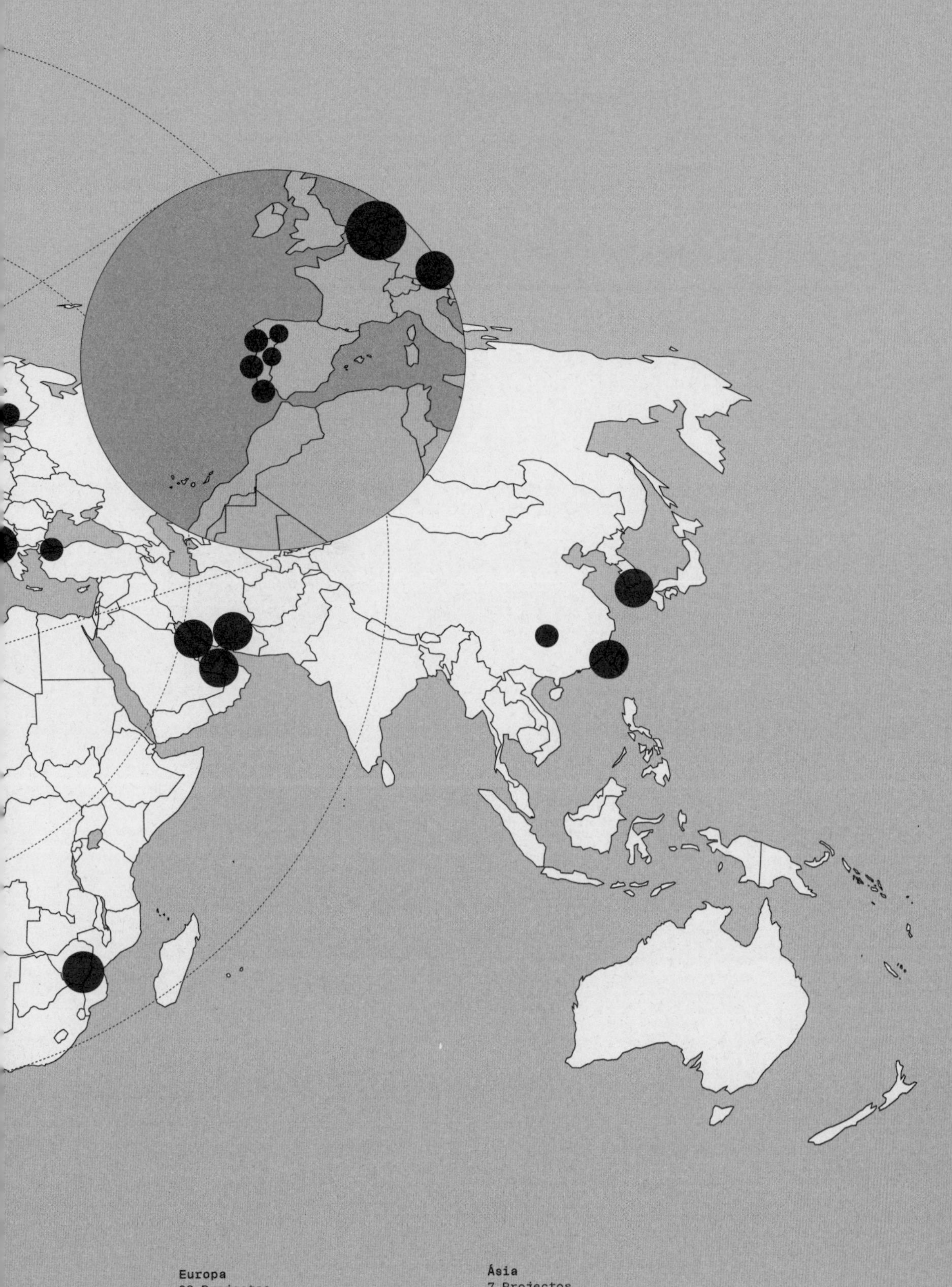

Europa
96 Projectos

Ásia
7 Projectos

Colaboradores

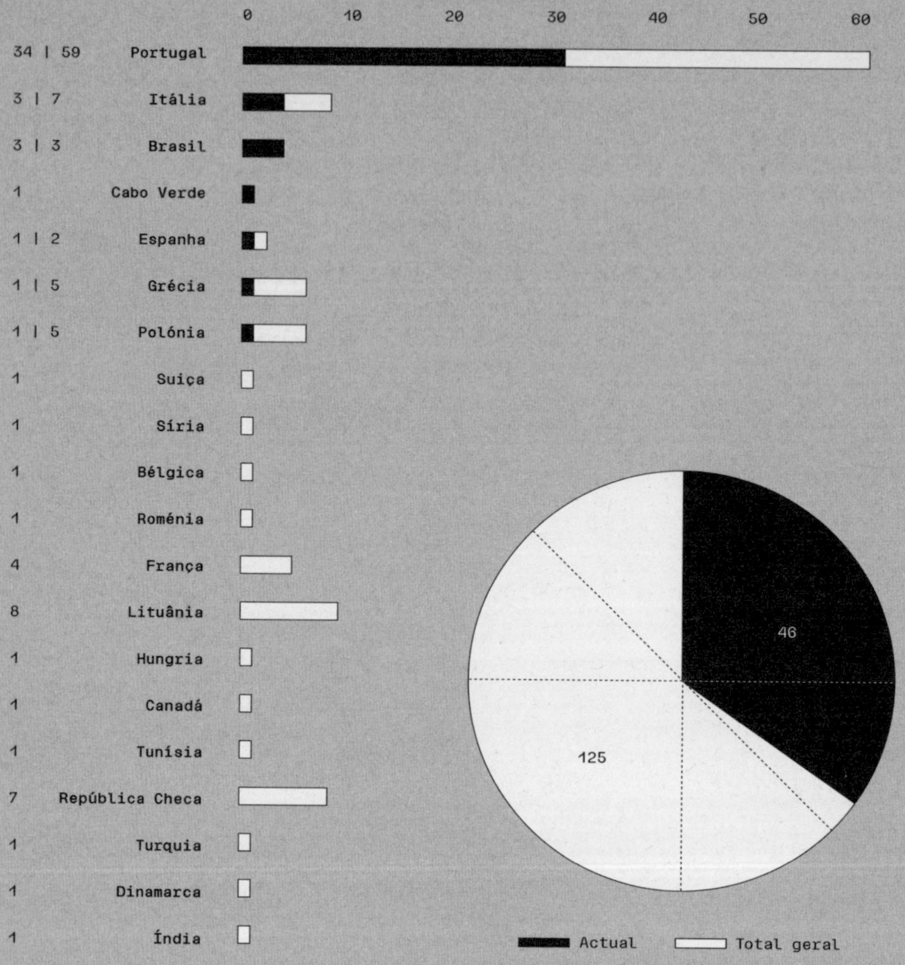

Os nossos colaboradores, desde os primeiros dias até ao momento actual:

Adriana Faísca
Agata Zardecka
Alaa Al Hariri
Aleksadra Posala
Alexandra Ezquerra
Alexandra Smeets
Ambra Delogu
Ana Baltac
Ana Catarina Fernandes
Ana Soares
André Cardoso
André Lima
André Veiga
Andrea Cavaggion
Anna Kaminska
Anna Siviero
Antigona Pinto
Artemis Papanikolaou
Arthur Paul Camille
Arthur Valleraut
Benas Vencevicious
Boroka Felso
Caio Guarana
Carlos Leite Pereira
Carlota Lima
Cristina Peres
Cristina Vivar Romero
Daniela Lopes
Daniela Mastronardi
Diogo Brito
Diogo Mesquita
Dominica Ufnal
Duarte Fontes
Duc Truong
Ellie Athanasiadou
Emanuel Grave
Evdoxia Golobia
Faustina Ruksenaite
Filipa Rodrigues
Filipe Estrela
Francisca Santos
Francisco Lencastre
Francisco Rugeroni
Gabriele Jureviciute
Giulia Kaiser
Gonçalo Castro
Grégoire Trutta
Gregory dos Santos
Inês Aires
Inês Monteiro
Isabel Vincke
Jiahong Huang
Joana Ferreira
Joana Sobrinho Maduro
Joana Valinho
Joana Vaz
João Jesus
João Oliveira
João Quinás
João Styliano
Jorge Salguero
José Mendalha
José Pedro Rocha
José Pedro Valente
Julião Pinto Leite
Kasparas Ziliukas
Kenza Attia
Klara Zugarova
Laura Leão
Liucija Cepaite
Lourenço Andrade
Lourenço Menezes Rodrigues
Lucas Blasco Sendón
Luís Carlos
Luís Choupina
Luis de Sousa
Luis Ferreira
Luísa Coelho
Maja Liro
Manuel Tavares
Margarida Maurício
Maria Helena Bernardo
Maria Papachristodoulou
Mariana Barbieri Cardoso
Marinos Skouras
Matej Smicka
Mia Baraka
Michaela Krizahova
Micol Pucciarelli
Milosz Korczak
Mónica Baia
Mustafa Anil Erkan
Natalia Tkaczyk
Nicolau Barrote
Nicòlo Sciolti
Nicolo Zingoni
Ondrej Jezbera
Ondrej Kralik
Pavel Dornicak
Pedro Cruz
Pedro Mesquita
Pedro Morais
Pedro Trindade
Piotr Andrzejewski
Rejane Oliveira
Rodrigo Vilas-Boas
Romane Terrien
Ruta Simutyte
Sílvia Afonso
Sílvia Martins
Simon Ruey
Thiru Manickam
Tiago Sá
Tiago Torre
Tomás Neves
Tomas Valentinaitis
Ugne Stankaityte
Valeria Cobianchi
Vânia Costa
Vânia Couto
Vânia Reis
Vânia Santos
Yilan Lu

Área projectada

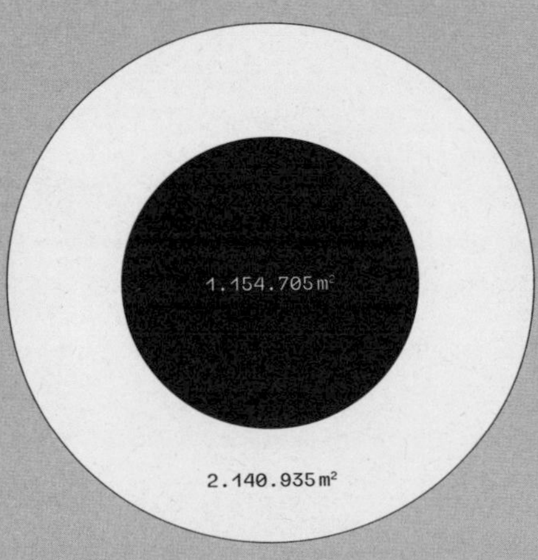

Total geral
2010/2020

Área total – Adjudicada
Área total – Projectada

Actual
2020/2021

Área total – Adjudicada
Área total – Projectada

Fase do Projecto
2.140.935 m²

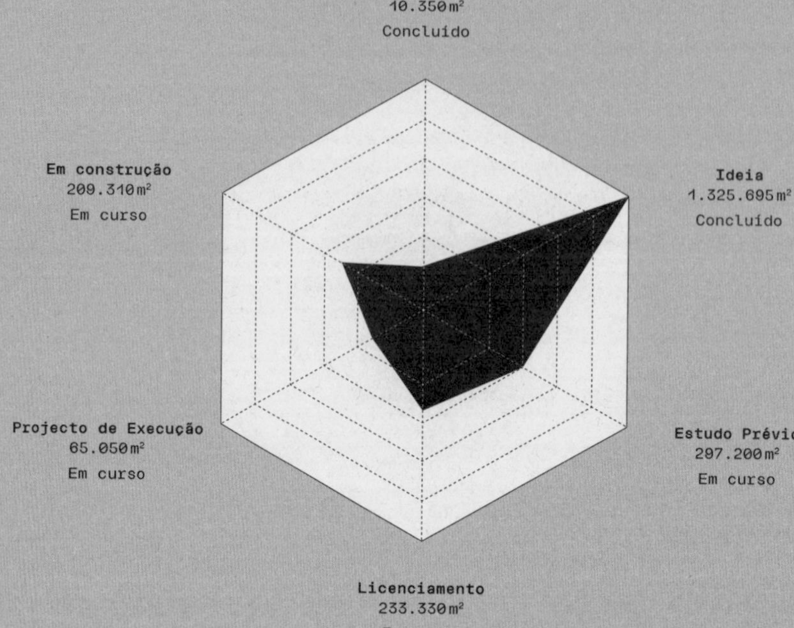

Contexto
567.660 m²

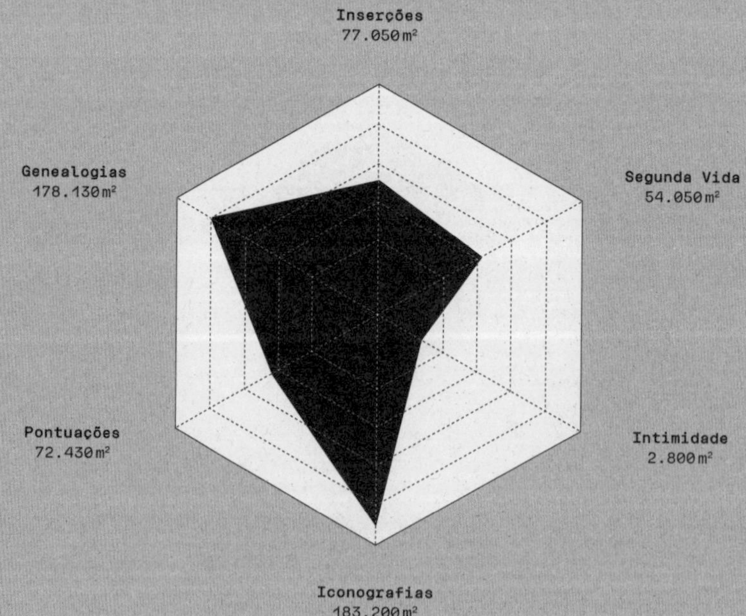

Programa
2.140.935 m^2

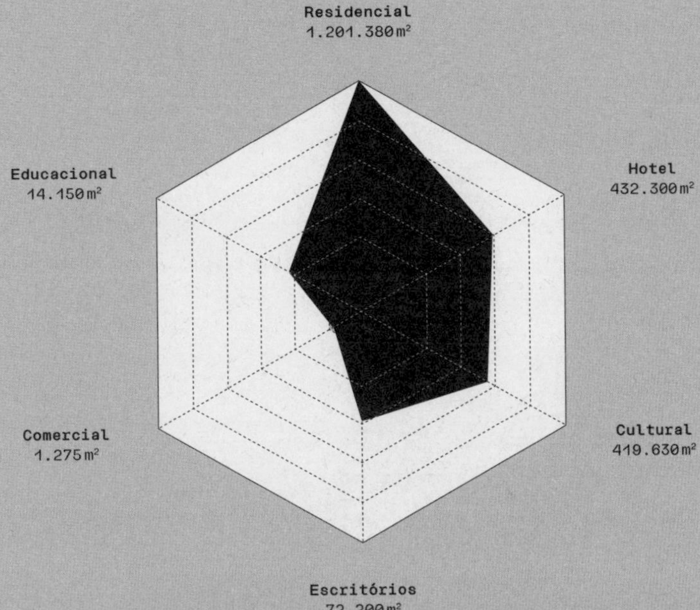

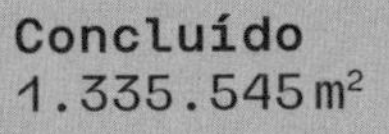

Concluído
1.335.545 m^2

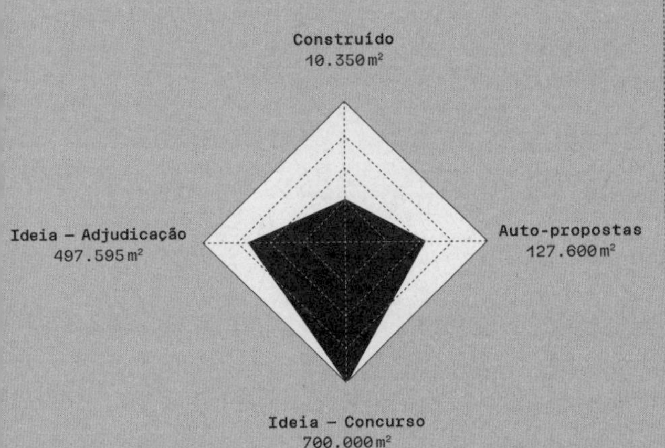

Em curso
805.390 m^2

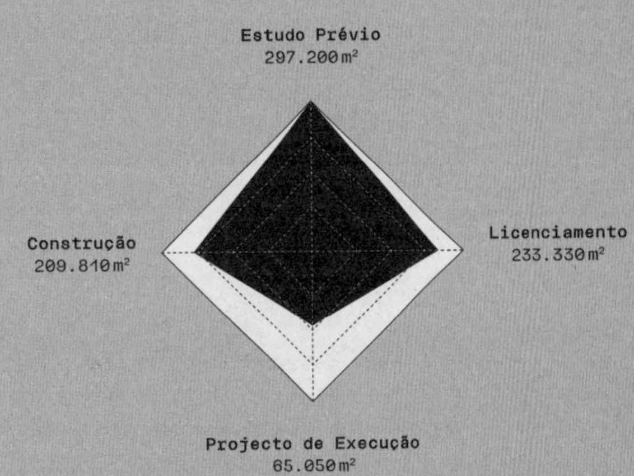

Ana Aragão

Para o OODA

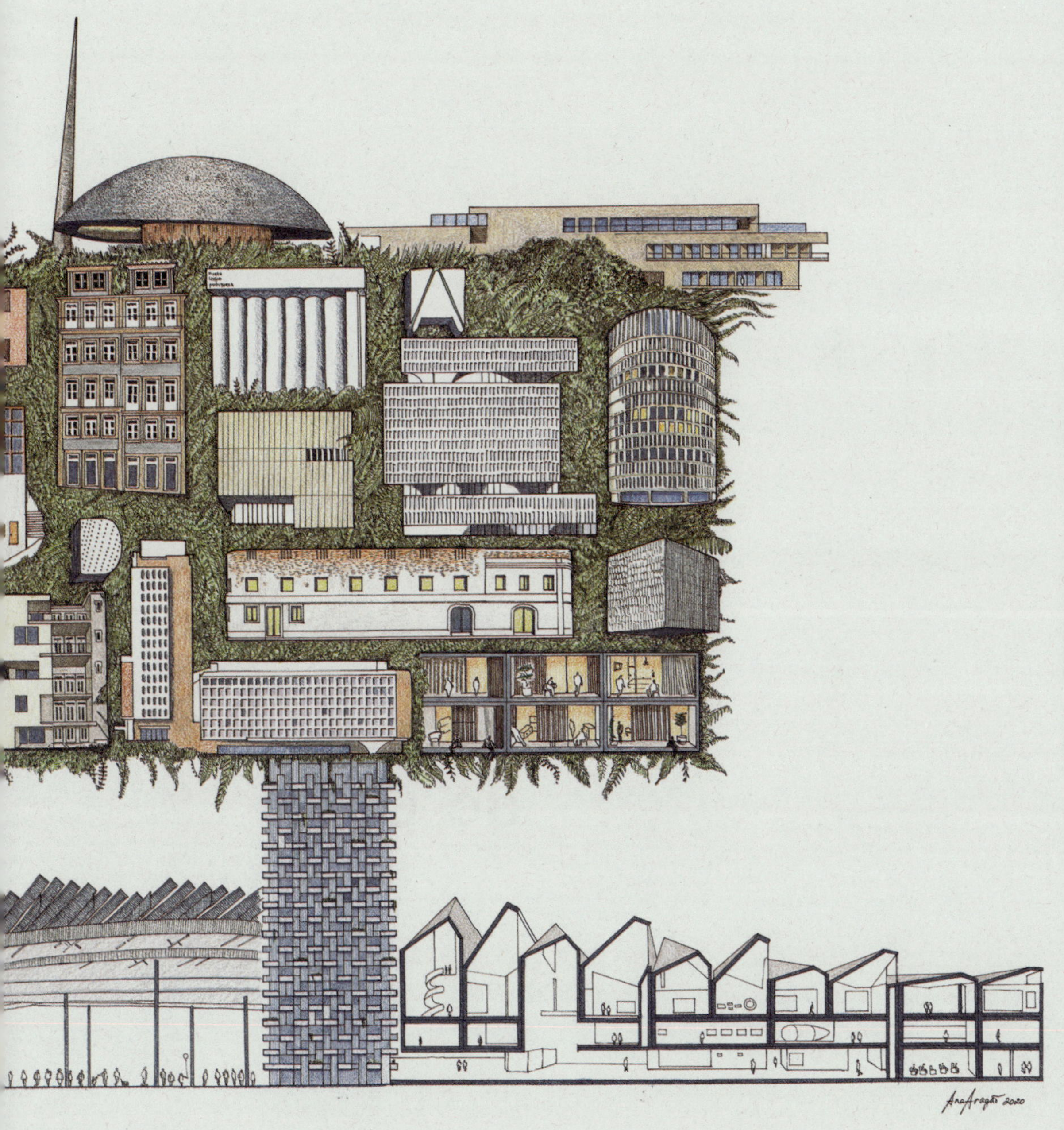
AnaAragão 2020

Ashley
Simone

Diferentes maneiras de ser: uma história do futuro do OODA

…as formas arquitectónicas resultam das condições impostas ao material pela função que é obrigado a desempenhar e ainda de um espírito próprio daquele que age sobre o mesmo material. (…) As casas de hoje terão que nascer de nós, isto é, terão que representar as nossas necessidades, resultar das nossas condições e de toda a série de circunstâncias dentro das quais vivemos, no espaço e no tempo. Sendo assim, o problema exige soluções reais e presentes, soluções que certamente nos levarão a resultados bem diferentes dos conseguidos até agora na Arquitectura Portuguesa. (…) É impossível, para os homens de hoje, poderem ver o resultado completo dos seus esforços; porém as grandes obras e as grandes realidades pertencem não a indivíduos, mas a uma comunidade constituída não só pelos presentes como pelos que hão-de vir, e dentro deste espírito ficaremos contentes em saber que as gerações vindouras obterão as soluções que sonhamos…"[1]

Nuvens lenticulares cinzentas e brancas riscam um céu azul, enquanto flutuam sem esforço sobre uma massa de terra que se estende até elas, numa imagem de Iberia (2009), uma projecção de vídeo que é uma obra do artista português Augusto Alves da Silva.[fig.1] Sob as nuvens e montanhas, três faixas de erva do deserto – a do meio desgastada por veículos que transportam viajantes – dobram-se, giram e desaparecem em busca de um horizonte que só recuará quando perseguido pela

1. Fernando Távora, "O Problema da Casa Portuguesa" (1947).

fig.1 Augusto Alves da Silva, *Iberia*, 2009
Projeção vídeo aleatória de 5.148 fotografias digitais, cor, som (estações de rádio espanholas transmitidas via Internet), Ed. 1/3, Col. Fundação de Serralves – Museu de Arte Contemporânea, Porto. Aquisição em 2012

câmara, continuando pela paisagem, registando as descobertas ao longo do caminho. A projecção de vídeo de fotografias estreou-se na Fundação de Serralves, no Porto, em 2010, ano em que Diogo Brito e Rodrigo Vilas-Boas fundaram o OODA na mesma cidade. Posteriormente juntaram-se a eles Francisco Lencastre, João Jesus e Julião Pinto Leite. Apesar de se tratar de uma colecção de imagens captadas pelo artista em Espanha, numa viagem pelo Mediterrâneo até ao Mar Cantábrico, importa ver a projecção no contexto de quem observa a trajectória cultural da qual surgiu o colectivo OODA, evocando Fernando Távora que enviou os seus alunos para percorrerem Portugal em meados do século XX, para fazer um registo da arquitectura vernacular do país.

A necessidade do registo que culminou na publicação "Arquitectura Popular em Portugal"[2], de 1961, fora anunciada por Távora em 1947 com o surgimento de "O Problema da Casa Portuguesa".[fig.2] Este ensaio vislumbrou uma mudança dramática para o futuro do ambiente construído do país, dando início a uma nova trajectória para a arquitectura portuguesa. O "sonho" colectivo anunciado por Távora colocava o optimismo e a fé nas "gerações futuras" que, sem dúvida,

2. Sindicato Nacional dos Arquitectos, *Arquitectura Popular em Portugal* (*Surveys on Portuguese Vernacular Architecture*) (Lisbon, 1961).

foram cumpridos pelos afamados Álvaro Siza Vieira e Eduardo Souto de Moura, bem como por uma geração de arquitectos que surgiu na última década e continua a desenvolver a disciplina da arquitectura em Portugal, também para além das suas fronteiras. Entre os arquitectos desta geração mais recente está o colectivo OODA.

A sua visão da evolução contínua da práxis arquitectónica – em Portugal e no âmbito internacional – demonstra uma consciência profunda das complexidades da arquitectura. Além disso, o colectivo comprometeu-se com um modo cosmopolita de prática que procura a troca de meios, métodos e ideias através da compreensão do lugar, tradução das condições sociais, políticas, culturais e tectónicas, e o cultivo de partilhas. A partir da sua prática multivalente no Porto e em Lisboa, o OODA está actualmente activo internacionalmente, com uma atitude familiar a jovens arquitectos igualmente ambiciosos: participando em concursos, em viagens e com primeiros anos de estágio em escritórios já estabelecidos. A formação dos *partners* inclui experiências nos escritórios de Zaha Hadid, Rem Koolhaas e João Luís

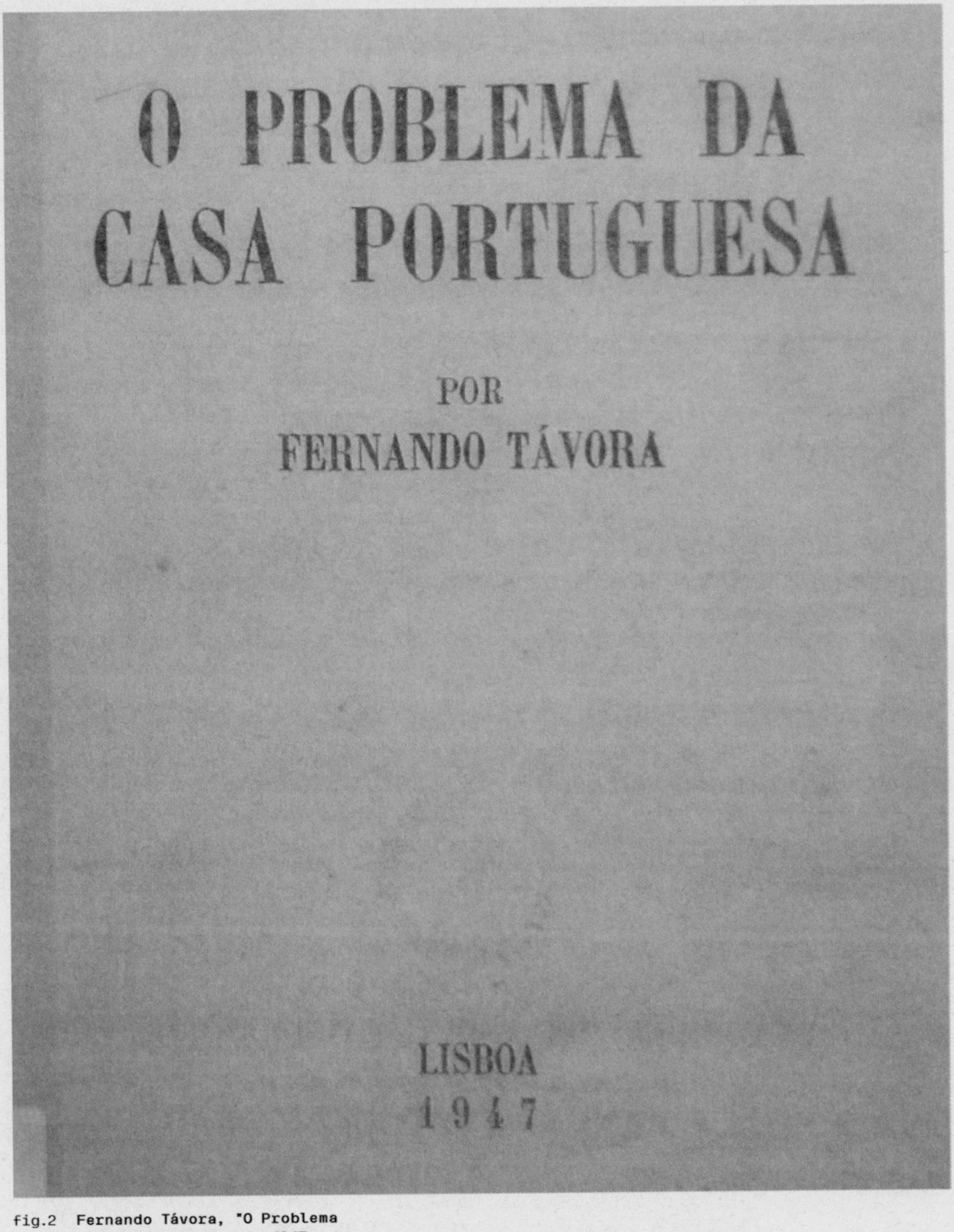

O PROBLEMA DA
CASA PORTUGUESA

POR
FERNANDO TÁVORA

LISBOA
1947

fig.2 Fernando Távora, "O Problema da Casa Portuguesa", 1947

Carrilho da Graça, entre outros, estabelecendo-se simultaneamente parcerias profissionais significativas com Kengo Kuma e Eduardo Souto de Moura. Embora permaneçam empenhados no avanço da sua posição em Portugal, o OODA está preparado para expandir os seus escritórios para Nova Iorque durante 2021.

A origem da sua trajectória, como de tantos outros arquitectos portugueses contemporâneos, pode ser rastreada até Távora. Além do manifesto de 1947 e das suas pesquisas nacionais, o arquitecto destacou a importância de se abrir ao mundo através do seu diário de viagem de 1960, Diário de "Bordo"[3]. Este acto específico de cultivar um intercâmbio cultural e profissional em permanente colaboração, fomentou uma natureza cosmopolita que impulsiona o OODA e será uma força orientadora no seu avanço em direcção ao futuro.

Távora e a evolução rumo à universalidade

Pouco depois de Távora destilar os problemas da arquitectura portuguesa, propôs-se resolvê-los. A sua carreira na Escola do Porto iniciou-se em 1952. Nesta época, Portugal vivia sob o regime autocrático de Salazar e a sua arquitectura permaneceu imune às formas de modernismo, tanto nos

3. Fernando Távora, *Diário de "Bordo" (Logbook)* (Porto: Casa da Arquitectura, 2012). A publicação, que foi recentemente republicada por iniciativa de Siza, documenta a experiência de Távora no exterior, incluindo os seus encontros com Frank Lloyd Wright, Aldo Rossi e Alvar Aalto. /
4. Távora (b. 1923), Siza (b. 1933), Souto de Moura (b. 1952). As três gerações teriam, mais tarde, os seus respectivos gabinetes localizados no mesmo edifício.

sentidos afirmados por Henry-Russel Hitchcock e Philip Johnson em "The International Style" (1932), como em relação a uma linguagem arquitectónica surgida de materiais tectonicamente avançados e com condições espaciais flexíveis. Na escola, Távora cruzou-se mais tarde com Álvaro Siza Vieira e Eduardo Souto de Moura, seus alunos e posteriormente integrados no corpo docente do Porto, quando os cinco membros do colectivo OODA concluíram a sua licenciatura. Formados entre 2005 e 2008, os *partners* do OODA estão a duas gerações de distância de Távora, com Siza e Souto de Moura na geração entre eles.[4]

No período entre a última guerra e o final dos anos 1970 e início dos anos 1980, a paisagem edificada em Portugal evoluiu paralelamente à pedagogia da Escola do Porto. Altamente influenciada por Távora, a escola de arquitectura veio alinhar-se com as atitudes do "regionalismo crítico" que seria, nesse mesmo período, codificado por Alexander Tzonis e Liane Lefaivre, e avançado por Kenneth Frampton[5]. Numa avaliação de Távora, Frampton aponta para a síntese do arquitecto da racionalidade moderna e da cultura vernacular, a partir do exemplo da adição à Pousada no Mosteiro de Santa Marinha da Costa em Guimarães que o arquitecto realizou em 1984[6].

Este pensamento, regionalmente sensível e inovador, surgiu da

5. Alexander Tzonis e Liane Lefaivre, "The Grid and the Pathway. An Introduction to the Work of Dimitris and Susana Amonakakis," *Architecture in Greece* 15 (1981), 164–78; Kenneth Frampton, "Towards a Critical Regionalism: Six Points for an Architecture of Resistance," in *The Anti-Aesthetic. Essays on Postmodern Culture*, ed. Hal Foster (Seattle: Bay Press, 1983). / **6.** Kenneth Frampton, *Modern Architecture: A Critical History*, 5th Edition (London and New York: Thames and Hudson, 2020), 562.

condição de pós-guerra e evoluiu ao longo de várias gerações, como surge evidenciado no trabalho de arquitectos portugueses contemporâneos cujo *modus operandi* é um testemunho da visão e influência de Távora. Para além dos seus alunos, e através dos seus colegas Siza e Souto de Moura, o impacto de Távora, e de outros notáveis formadores e arquitectos como Carlos Ramos e João Luís Carrilho da Graça, foi transmitido a jovens contemporâneos. Além do OODA, incluem-se Paulo Martins Barata, Francisco Vieira de Campos, Cristina Guedes, Inês Lobo e José Paulo dos Santos[7].

Seja a expressão arquitectónica resultante modesta ou grandiosa, há uma universalidade que pode ser encontrada nas abordagens dos arquitectos que adoptam atitudes de regionalismo crítico, seja produzindo aumentos sensíveis na cultura existente, seja gerando uma expressão heterónima baseada na inovação e evolução da tradição. Um exemplo evidente está na poética estrutural encontrada na forma catenária em cimento moldado *in situ* que Siza, em colaboração com Souto de Moura e o engenheiro Cecil Balmond, drapejou entre dois pórticos elevados situados junto ao Rio Tejo e que anteriormente abrigava um matadouro decrépito. A intervenção arquitectónica participa no reconhecimento da massa

7. Um agradecimento especial a Yehuda Safran cuja recente colecção de ensaios ilumina o cenário cultural e arquitectónico contemporâneo em Portugal. Ver *I have a Weakness for a Touch of Red: Essays on Art, Architecture and Portugal* (Zürich: Lars Müller Publishers, 2019).

de água adjacente, respondendo na altura à Exposição Mundial de Lisboa de 1998, concebida sob o título "Os Oceanos: Um Património para o Futuro"[8]. [fig.3]

Um exemplo mais modesto, mas que obtém um lirismo arquitectónico distinto é o Jardim de Infância em Cascais que o colectivo Promontório Arquitectos, sediado em Lisboa, realizou em 2010. A planta de forma topograficamente responsiva revela uma abordagem baseada na geometria formal de um padrão de favo de mel. Módulos intactos, emendados e fragmentados, variam em escala e introduzem fluidez espacial, presente na irregularidade que define a fachada de tijolo branco articulada e perfurada. Há uma alusão ao Brasil na porosidade das paredes externas, enquanto o módulo de tijolo se torna um motivo decorativo na paisagem, onde surge como pixéis de relva. Ao mesmo tempo, a fragmentação da planta do edifício na paisagem transmite uma atitude alinhada com o desconstrutivismo. Em última análise, o vernáculo português mistura-se com as preocupações pós-modernas, de modo a produzir uma harmonia sintética.

Embora muitos tenham ficado de fora, os três exemplos anteriores, o último em 2010, ano de fundação do OODA, demonstram os avanços rumo ao internacionalismo

8. David Langdon, "Expo '98 Portuguese National Pavilion / Álvaro Siza Vieira," *ArchDaily*, January 2, 2015, https://www.archdaily.com/583307.

fig.3 Álvaro Siza, Cecil Balmond, Pavilhão de Portugal Expo 1998, fotografia Balmond Studio

e à inovação que Távora incitou em Portugal durante os anos entre o seu apelo à mudança em 1947 e os primeiros dias do OODA. As estruturas e os ideais que os exemplos sustentam representam a arquitectura que surgiu no país durante os anos de formação dos cinco *partners*. A ampliação do mosteiro de Távora em 1984 inovou a tradição. A graciosa cortina catenária de Siza desvelou visualmente em 1998 a presença de um optimismo inventivo. Uma década mais tarde, a obra de uma geração duplamente afastada da de Siza apontava para um outro tipo de invenção, veiculada em Cascais pela mistura de linguagens arquitectónicas. O espírito de troca e reinterpretação também está presente neste último exemplo, fruto da ressonância entre o jardim de infância e os fragmentos de volumes que brotam dos planos irregulares das duas casas de Siza, construídas em Pego, Sintra, e Maiorca entre 2002 e 2007.

Cosmopolitismo e OODA

Giovanni Leoni em "Cosmopolitanism versus Internationalism: Távora, Siza and Souto de Moura" (2017) discute o mesmo período identificado acima, situando os seus métodos de *design* nas atitudes que Frampton atribui ao regionalismo crítico e também na tendência para usar a "linguagem dos outros", através da interpretação, tradução e empatia. Segundo Leoni, a capacidade de actuar desta forma está associada ao "cosmopolitismo arquitectónico", definido através de uma frase muitas vezes repetida por Távora: "Quanto mais local é a arquitectura, mais universal ela se torna"[9]. Ser mais "local", afirma Leoni, é possuir um carácter cosmopolita, uma universalidade que não remete para utilizadores homogéneos na arquitectura, mas, antes, para uma forma de consciência cultural contemporânea e global que aponta para o potencial de assimilação e transposição, em qualquer lugar, em qualquer enunciado e de qualquer modo.

A consciência cultural que constitui esta abordagem cosmopolita pode ser, então, resumida a uma universalidade preocupada com, nas palavras de Leoni, "uma forma auxiliar de um processo de sensibilização, interpretativo e transformador que remete para condições locais, específicas, únicas, em cada trabalho."[10] O cosmopolitismo incorpora e simultaneamente amplia o regionalismo crítico, exibindo diversas condições de equilíbrio entre os dois modos. Desta forma, é uma abordagem empática à cultura, lugar, sociedade e política que envolve a troca — formal e conceptualmente, sintáctica e fisicamente — e depende igualmente da apropriação, da colaboração e da abordagem democrática de comunicação de valor e experiência

9. Fernando Távora, citado em Giovanni Leoni, "Cosmopolitanism versus Internationalism: Távora, Siza and Souto de Moura," in *Cosmopolitanism in the Portuguese-Speaking World*, ed. Francisco Bethencourt (Leiden, The Netherlands: Brill, 2017), 164. / 10. Leoni, "Cosmopolitanism versus Internationalism," 165.

na busca de uma expressão universal no sentido 'távoriano'. É nesse sentido que o OODA posiciona o seu trabalho.

Uma genealogia do OODA

Antes de se unirem para formar um colectivo dedicado a um modelo de prática cosmopolita, os arquitectos que integram o OODA dispersaram-se da Escola do Porto, partindo individualmente para trabalhar em escritórios dentro e fora de Portugal. Diogo Brito foi para Londres trabalhar com Zaha Hadid, depois de uma passagem pelo Promontório (Paulo Martins Barata) em Lisboa. Rodrigo Vilas-Boas foi para Roterdão para se juntar a Rem Koolhaas. Francisco Lencastre manteve-se no Porto, começando a trabalhar com Cristina Guedes e Francisco Vieira de Campos no Menos é Mais, cuja aposta nos materiais e formas naturais é visível no Arquipélago – Centro de Artes Contemporâneas, São Miguel, Açores (2014). Realizado em colaboração com João Mendes Ribeiro, o conjunto de edifícios para a ilha ao largo da costa de Portugal teve início em 2007, enquanto Lencastre trabalhava ainda no gabinete. Entre os arquitectos com quem João Jesus colaborou, antes de se juntar ao OODA, encontram-se o OMA e o conhecido arquitecto português João Luís Carrilho da Graça. O trabalho deste último, muitas vezes, carrega uma dimensão teatral em termos de tipologia e capacidade de gerar uma interacção social, visível no teatro e auditório projectado para Poitiers, França (2008). Julião Pinto Leite é, juntamente com João Jesus, o último a integrar o colectivo portuense, depois de ter passado um período a trabalhar em Londres e depois de quase oito anos a trabalhar com José Carlos Cruz na realização de grandes projectos de hotelaria em Portugal. Um dos projectos mais sensivelmente realizados pelo escritório de José Carlos Cruz em 2013 é um hotel situado a 100 quilómetros a leste de Portugal. A sua planta apresenta um carácter de aldeia, enquanto as formas rectilíneas são detalhadas num estilo que parece uma síntese entre a tradição vernacular e a arquitectura árabe.

OODA e o presente

Os dados enunciados acima estabelecem a diversidade e o valor das experiências arquitectónicas às quais os parceiros OODA foram expostos durante o início dos anos 2000. Assim, a informação fornece meios para a compreensão dos critérios de avaliação das sensibilidades do trabalho do colectivo. A produção contemporânea – arquitectónica, cultural, artística – a que o trabalho do colectivo faz referência pode, por vezes, ter raízes derivadas. Paralelamente, há uma sensibilidade demonstrada ao contexto e à topografia na abordagem sintética abrangente que evidencia o cosmopolitismo. A primeira condição aparece na forma de disco do hotel e adega com cobertura vegetal que o OODA se propôs inserir na topografia íngreme do Vale do Douro. Este projecto relaciona-se com o Hotel Rural Casa do Rio em Castelo Melhor de Menos é Mais (2018) que também se encontra cuidadosamente situado numa paisagem adjacente ao Rio Douro. Nesta mesma categoria de sensibilidade contextual, mas de tipologia e escala distinta, encontra-se a intervenção habitacional Foco que o OODA projectou para o Porto, onde prevê um conjunto habitacional de baixa e média densidade, onde volumes rectilíneos revestidos com tábuas de madeira se elevam de um pedestal de cimento elevado, transbordado de plantas e apoiando-se nas paredes de cimento que sustentam e dividem as residências. O módulo de pranchas de madeira ecoa em formas de cimento deslocadas que marcam a paisagem.

A condição da anterior sensibilidade do OODA, referenciada no início deste trecho, pode ser identificada em 86 Açúcar, um desenho esquemático para Lisboa no qual a torre parece emergir da vegetação rasteira, contorcendo-se e crescendo, enquanto exacerba o afunilamento do edifício que marca o crescimento e a expansão na outra direcção. A forma aparentemente maleável lembra a arquitectura de Zaha Hadid que residiu em Londres e nasceu no Iraque. A "bigness" e a fachada em malha metálica do Museu da Linguagem 1 em Bragança, surgem de uma planta derivada da fusão de módulos circulares seleccionados e linearmente organizados, remetendo para a obra de Rem Koolhaas.[11] A influência do arquitecto holandês pode também ser encontrada na proposta do hotel de 2018 para Harare no Zimbabué. Aqui, os volumes rectilíneos que parecem crescer um após o outro são mediados por modelações de cimento orgânicas afiladas. No geral, a forma inspira-se na regionalidade das *Balancing Rocks* de Epworth, formações de granito que ficam a sudeste do centro da cidade de Harare. Perfurada por um módulo em vidro, laje a laje, consistente e uniformemente espaçado, a fachada articulada sublima a luz nocturna com

11. Rem Koolhaas "Bigness, or the Problem of Large," in *Small, Medium, Large, Extra-Large*, (New York: Monacelli Press, 1994), p. 494–517.

um efeito semelhante a pixéis luminosos. Considerados em conjunto, os elementos desses dois projectos — as formas rectilíneas em mutação e a fachada de malha metálica — lembram o New Museum (2017), projectado pelos arquitectos japoneses Kazuyo Sejima e Ryue Nishizawa (SANAA) para Nova Iorque. Esta mesma linguagem arquitectónica aparece manipulada na Fábrica de Conservas, concebida para a cidade de Matosinhos, a norte do Porto, em 2019. Neste contexto, as caixas de rede metálica participam na formação de um empreendimento multiúsos. Erguendo-se apenas quatro andares, os volumes que o compõem são distribuídos no interior, cruzando-se com o invólucro de alvenaria da antiga fábrica de conservas. A estrutura da fábrica e os volumes que esta contém ficam aquém da grandiosidade alcançada por Norman Foster na Hearst Tower (2006) de Nova Iorque, com a combinação de uma base neoclássica e de uma torre estruturalmente expressiva que dela se ergue, mas, em termos de configuração, existe uma semelhança entre estes projectos.

Embora se possa esperar que as referências ao Brasil surjam mais frequentemente, perante os fortes laços culturais entre este país e Portugal, elas estão claramente presentes na ideia inicial que o OODA apresentou para a mesquita em Pristina, Kosovo, em 2013. Através de um esquema urbano rico em materiais, uma cúpula de aço e cimento, rasa quando comparada com as realizadas pelo Império Otomano, paira sobre seis níveis do programa, dos quais quatro são subterrâneos. As plantas dos dois níveis acima do solo são altamente subdivididas, revelando a intenção de acomodar um programa variado, de modo a lembrar a densidade dos mercados locais da cidade. Essas plantas tornam-se a base de uma grande área de culto, situada sob uma cúpula posicionada obliquamente em relação ao plano do solo. Abrindo-se para o norte, o limite é feito, pelo interior e pelo exterior, com uma rede de elementos de aço finos e entrelaçados. A arquitectura concilia uma abordagem cosmopolita na sua combinação de referentes culturais, simbólicos, incluindo um obelisco e o envelope bulboso que faz referência a Oscar Niemeyer em Brasília, especificamente o Palácio do Congresso Nacional (1960).[fig.4]

OODA e colaboração

O calibre e a diversidade das parcerias do OODA concorrem para o seu cosmopolitismo. Em três projectos concebidos para o domínio público

fig.4 Oscar Niemeyer, Congresso Nacional, Brasília, 1960, fotografia de Mario Roberto Duran Ortiz

e sujeitos a condições urbanas totalmente diferentes, o OODA concebeu ideias para Regensburg, Alemanha, com Menos é Mais, em 2013; Doha, Catar, com Eduardo Souto de Moura e Menos é Mais em 2015; e para o Porto, com Kengo Kuma and Associates em 2019. A proposta de concurso desenvolvida com Kuma recebeu o primeiro prémio, enquanto as restantes registam condições inovadoras e têm vindo a cultivar relações e troca de ideias.

A proposta para o Bavarian Museum está localizada adjacente ao Rio Danúbio. É uma abordagem formal em que volumes irregulares e angulares, revestidos em pedra, recriam torres Românicas e Góticas numa espécie de paisagem montanhosa urbana. A agregação de formas é virada para o oeste e abrange cada volume, começando do leste e crescendo mais alto e mais torcido à medida que as coberturas se transformam, a partir de paralelepípedos, em formas triangulares. Uma vista aérea revela uma condição consistente de irregularidade, tanto no contexto urbano circundante quanto na articulação da cobertura do museu. Fatias vitrificadas em cantos seleccionados mostram a filtragem da luz nos cavernosos espaços interiores. Aberto inferiormente para a praça que se estende em direcção ao rio, e no sudoeste através duma viga cantilever, o museu foi projectado para se relacionar com o domínio público.

Há um espírito colaborativo evidente entre os dois colectivos de arquitectos. Este facto é observado se examinarmos o Centro de Artes Contemporâneas da autoria de Cristina Guedes e Francisco Vieira de Campos e a propensão do OODA em sintetizar padrões urbanos nos seus projectos, como aqui se verifica, na ressonância formal com o tecido adjacente.

A osmose é o conceito abrangente na intervenção à escala urbana que o OODA, em colaboração com Kengo Kuma and Associates, propôs ao Porto no ano passado, respondendo a um concurso internacional destinado a transformar o antigo matadouro da cidade, o Matadouro. O conceito é visualmente aparente nas coberturas dos dois andares existentes, revestidos com telha de cerâmica, projectados através de uma pele aparentemente permeável que unifica a intervenção. Dada a familiaridade com a condição urbana, o OODA conduziu a pesquisa contextual na sua cidade natal, propondo um reequilíbrio das densidades programáticas e uma nova condição espacial que pudesse sustentar a esfera pública, mesmo durante o tempo chuvoso. Também era necessária uma conexão entre secções da cidade, actualmente divididas por uma via de grande tráfego.

Os arquitectos reconheceram que a comunidade e a cidade podem ser melhor servidas por uma estratégia de preservação e revitalização, em vez de uma estrutura inteiramente nova. A osmose implica uma condição dinâmica, na qual as moléculas estão em movimento, procurando um equilíbrio. É um salto rápido das moléculas às partículas, e isso pode explicar as partículas de aço, vidro e cerâmica que compõem a pele ondulante que flutua sobre o Matadouro. No seu ensaio "The Anti-Objective Architecture of Kengo Kuma", Kenneth Frampton faz referência à "preocupação de Kuma com a 'particulização'"[12]. Aqui, enumera várias condições identificáveis na obra de Kuma, como no Museu Xinjin Zhi para Chengdu, onde telhas de cerâmica cinza, presas a fios e suspensas na cobertura, formam uma membrana externa. Assim configuradas, as partículas do ladrilho parecem flutuar, enquanto participam da sublimação do volume, à medida que se fundem com o meio envolvente.[fig.5] Na publicação onde está inserido o ensaio de Frampton, Kuma escreve: "A arquitectura é um acto de produzir uma coisa a partir de um lugar; é uma produção de quem mora no local.

12. Kenneth Frampton, "The Anti-Objective Architecture of Kengo Kuma," in *Kengo Kuma Complete Works*, 2nd Edition (London and New York: Thames and Hudson, 2018), 14.

Tais actos de produção ligam o lugar ao homem…"[13]. A matéria 'particulizada' da estrutura proposta para o Porto é simultaneamente da partícula e do lugar; pairando sobre o contexto urbano, está simultaneamente em lugar nenhum e em toda a parte. Alinha-se intimamente com o trabalho de Kuma, enquanto as condições às quais responde e o material cerâmico que incorpora – seja na própria pele ou nos telhados do matadouro histórico – estão ligados ao local de onde surge e aos seus colaboradores locais.

O presente e o futuro

A resistência de Fernando Távora contra a austeridade do regime de Salazar mudou a trajectória da arquitectura em Portugal. Ao longo da segunda metade do século 20, a práxis arquitectónica, a produção e a pedagogia no país mediterrânico evoluíram, cultivando dois arquitectos vencedores do Prémio Pritzker, enquanto estimulava gerações mais jovens de *designers* a serem recebidos no cenário internacional. Entre a geração mais jovem que vai liderar a trajectória está o OODA, um colectivo de cinco arquitectos que se sobrepôs emergindo da Escola do Porto no início dos anos 2000. Dispersando-se da universidade por lugares em todo o mundo, os arquitectos

13. Kengo Kuma, *Kengo Kuma Complete Works*, 9.

fig.5 Xinjin Zhi Museum, Chengdu, China, Kengo Kuma, 2011, Kengo Kuma & Associates_Exterior

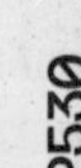

fig.5 Xinjin Zhi Museum, Chengdu, China, Kengo Kuma, 2011, Kengo Kuma & Associates_Interior

voltaram a reunir-se e, agora, assinalam dez anos de prática com esta publicação. O trabalho realizado durante esta última década, seja ideia ou construído, exala uma atitude cosmopolita e um optimismo. Essas características podem ser rastreadas numa série de projectos que variam em termos de escala, tipologia, programa e material. A diversidade dos projectos e da obra construída existente tem origem em várias fontes: experiência adquirida em todo o mundo em escritórios notáveis; ambição dos parceiros do OODA em procurar e atrair colaboradores que operem no topo da disciplina; e uma vontade de concretizar de forma edificada o ideal "universal" que Távora identificou numa abordagem "local". O cosmopolitismo arquitectónico exige curiosidade e compromisso com o cultivo da consciência cultural, social e tectónica. Também requer a tradução dessa consciência para respostas arquitectónicas que podem comunicar-se com uma comunidade arquitectónica global e, de suma importância, com os contextos em que aparecem e os usuários públicos e privados a que atendem.

Durante uma conversa recente, o sócio fundador Diogo Brito enfatizou o compromisso do OODA com a expressão universal. Em seguida, referiu-se à capacidade de Jacques Herzog e Pierre de Meuron em evitar a superficialidade, mesmo perante expressões de ornamento. O comentário lembrou-me o livro

de Farshid Moussavi "The Function of Ornament" (2006), onde afirma a necessidade da arquitectura usar formas inovadoras e espaciais de ornamento para "se integrar no ambiente urbano... para convergir com a cultura."[14] O seu apelo por uma convergência com a cultura, liga-se a uma ideia mais ampla sobre comunicação e cultivo do domínio público, parte integrante da ideia de uma arquitectura cosmopolita possuidora de uma dimensão universal. No seguimento da minha conversa com Diogo Brito, discutimos a sua recente publicação ToolBook (2019). O livro é um volume denso que examina os métodos de trabalho de práticas arquitectónicas bem estabelecidas, dirigidas por Norman Foster, Steven Holl, Bjarke Ingels, Kengo Kuma, Fernando Romero e Eduardo Souto de Moura. O volume fala da curiosidade e do compromisso do OODA com a devida diligência que se estende às restrições de um projecto específico e aos meios e métodos de operação no campo. O epílogo do livro termina com a seguinte reflexão:
"No final, fica a ideia de que a relevância da arquitectura se confirma na sua diversidade. Fica a ideia de uma profissão enquanto ferramenta que traduz o presente, mas, simultaneamente, evoca o passado e convoca o futuro. Um ofício que se renova, se ensina

14. Farshid Mousavi, *The Function of Ornament*, (Barcelona: Actar; Cambridge: Harvard University Graduate School of Design, 2006), 6.

e reinventa a cada dia nas convergências e divergências da singularidade própria de cada arquitecto, local e momento. É essa a derradeira intenção... Lembrar que, como dizia Aldo Rossi, "somos o que fazemos" e se há uma imensidão de formas de ser, há também uma imensidão de formas de fazer."[15]

No final da nossa conversa, perguntei ao Diogo se conhecia o trabalho do fotógrafo Augusto Alves da Silva que fez a projecção de vídeo Iberia, e ele respondeu que conhecia. A projecção revela secções da península com o mesmo nome, raramente atravessadas por paisagens, estruturas e seres humanos ou animais ocasionais. O artista concebeu a obra remisturando uma série de mais de cinco mil imagens recolhidas e apresentando-as de forma não sequencial. A mistura de imagens, complementada por sons de rádios locais, é uma forma de invenção. Há mais de meia década, Távora saiu à procura do futuro da arquitectura em Portugal. A procura e o apelo à inovação e universalidade na arquitectura renderam novos tipos de expressões arquitectónicas que proliferaram em Portugal e no mundo. Num futuro próximo, o OODA está preparado para ser um agente activo no futuro global da arquitectura.

15. Diogo Brito, *ToolBook*, (Matosinhos: AMAG, 2019).

Fernando
Serapião

Pé dentro,
pé fora

Se o desarranjo da economia levou a geração do coletivo OODA para fora de Portugal, foi justamente seu rearranjo o responsável por demandar os primeiros trabalhos do grupo, principalmente explicitados nas novas maneiras de hospedar turistas: reabilitando imóveis no centro do Porto, a equipe demonstra que o ar respirado fora de Portugal oxigena sua produção.

Fruto da imaginação do coletivo OODA, a Villa Delphis foi desenvolvida para ocupar uma gleba em região praiana ao norte de Lisboa. Envolvida por densa massa arbórea, a casa dá a impressão de se ancorar na topografia, contrastando a inclinação do sítio com superfícies planas, brancas e humanas que a configuram. A mediação entre aquilo que é natural e o que é racional – ou, em outras palavras, entre o perfil do terreno inclinado e o artefato construído plano – é amparada por muros de granitos que, delicadamente, também são utilizados intrincados à alvenaria em continuidade com panos de vidro no entorno de um pátio. O pátio, "esta espécie de enclave social" – como escreveu o historiador e crítico inglês de arquitetura Willian Curtis, "proporciona ao projeto um coração dinâmico, mas também ativa as percepções do entorno, da mesma maneira que uma escultura de

> Richard Serra acentua a sensação do corpo movendo-se através do espaço".[1]

A citação de Curtis trata de uma obra de Álvaro Siza. Contudo, ela vestiria como uma luva para definir o pátio da Villa Delphis. Para aqueles que, como eu, têm um pé fora, é notável a reverberação da arquitetura portuense em certos projetos do coletivo OODA, sobretudo os trabalhos de escala reduzida. Neste caso, além do pátio à *la* Siza, salta aos olhos de estrangeiros o detalhamento e a paginação dos brutos muros de granito adotados no dia-a-dia dos arquitetos do Porto em contraste com a alvenaria pintada de branca. Analisando outras informações genéticas da obra do coletivo, que corroboram para um teste de paternidade, o croqui da Villa Delphis tem traço semelhante aos desenhos à mão livre de uma série de arquitetos – desde o próprio Álvaro Siza até Eduardo Souto de Moura. Este parentesco também é patente em croquis de criação de outros trabalhos do OODA, como é o caso do Moagem ou do Montevideu 156, ambos edifícios concebidos para terrenos portuenses.

A maquete da Villa Delphis – branca, pura e imaculada – é outro item que se assemelha ao repertório dos modelos utilizados durante a criação das obras dos arquitetos da Escola do Porto. Propor a aproximação entre a tradição arquitetônica local

1. William Curtis. Notas sobre la invención: Álvaro Siza. *El Croquis*, n.95, p.23, Madrid, 1999.

e os jovens do OODA pode causar estranheza para aqueles que têm um pé dentro. Antes que denunciem minha miopia estrangeira, para acalmar os ânimos, aponto rapidamente um sintoma de anomalia: os croquis tipicamente portuenses que eles geram (e deixam o rastro do DNA portuense ao emoldurá-los com um arremate arredondado) são apresentados ao lado de diagramas coloridos que setorizam o programa de necessidades. Sim, me refiro aos indefectíveis diagramas que, apesar de utilizados no passado, foram difundidos na cena contemporânea a partir da década de 1990 quando o japonês Toyo Ito cunhou a expressão "arquitetura-diagrama".[2] Se Ito definiu o momento histórico, foi o pragmatismo dos holandeses quem popularizou o uso do diagrama. O mecanismo passou a ser praxe para explicar a produção de equipes como MVRDV, Neutelings Riedijk, Mecanoo, Nox, UNStudio e, sobretudo, OMA, liderado por Rem Koolhaas. Desde então, o diagrama foi incorporado como parte do vocabulário da arquitetura contemporânea por jovens de várias partes do mundo. Esta quase esquizofrenia arquitetônica, que põe lado-a-lado o croqui à moda do Porto e os

2. Peter Eisenman. *Diagram: An Original scene of writing*. In Garcia, Mark. *The diagrams of architecture*. Wiley, 2010.

diagramas ao molho holandês, pode ser um ponto de partida apropriado para tratar da produção do OODA.

A relação entre dentro e fora, ou nacional e estrangeiro, tem raiz clara: diplomados entre 2006 e 2008, os fundadores do coletivo integram a geração de arquitetos portugueses impelida para o exterior em consequência da crise econômica do *subprime*. Com pouco mais do que 20 anos de idade, ao invés de saírem da escola e serem recebidos por reluzentes oportunidades de trabalhos em seu próprio país, os imberbes foram surpreendidos pela maior crise econômica global desde a criação da Zona do Euro. O crescimento do PIB português, que em 2008 foi de 8%, inclinou-se para baixo no ano seguinte, atingindo o patamar negativo de 7%. A paralização atingiu o mercado da construção e, consequentemente, os projetistas. Com os investimentos quase congelados, muitos jovens aprontaram a mala para começar a vida profissional longe de casa. Aqueles moços que preferiram ficar em Portugal lançaram manifestos em relação às condições do mercado de trabalho no ambiente da arquitetura.

A diáspora da geração foi significativa, tendo como destinos longínquos o Brasil, a África e teve ainda quem rumou à Ásia. Sem deixar a Zona do Euro, os futuros fundadores do OODA se dividem entre aqueles que ficaram com pé dentro e quem botou o pé fora. Quem ficou, colaborou com arquitetos com práticas tão diversas como Menos é Mais, Carrilho da Graça, José Carlos Cruz, Serôdio Furtado e Manuel Ventura. Aqueles que viajaram, escolheram a Holanda e a Inglaterra, este último, o país que em 2010 mais atraiu os arquitetos portugueses. Em Londres, trabalharam com Zaha Hadid e Allies and Morrison, e em Rotterdam integraram os quadros do OMA. A história da arquitetura está repleta de casos em que colocar o pé para fora da própria realidade representou um ponto de inflexão na obra de inúmeros projetistas, de Le Corbusier a Vilanova Artigas. Mas, o que dizer quando isso ocorre no nascedouro da vida profissional? Tal deslocamento pode moldar técnicos dentro de cultura arquitetônica diversa? Quais as consequências desta produção? Se muitos integrantes da mesma geração que seguiram o mesmo rumo não retornaram a Portugal, eles voltaram ao Porto em 2009, criaram o OODA e começaram a produzir.

Nas primeiras obras realizadas, o "pé dentro, pé fora" pode ter outra interpretação. Refiro-me a uma série de obras, realizadas entre 2010 e 2015, em que foram responsáveis pela reabilitação de quatro antigos edifícios da região central do Porto: por fora, até mesmo por restrições patrimoniais, as morfologias são restauradas e os volumes passam por intervenções quase imperceptíveis; por dentro, seja na fachada interna ou nos interiores, a ação possui personalidade, diferindo das inúmeras reabilitações do gênero, em geral, mais serenas.

O primeiro deles é o D. Manuel II – ou DM2, como eles batizaram, transformando o antigo nome real numa sigla (algo que ajuda a explicá-los). Projetado em 2010 e situado quase ao lado do Museu Nacional Soares dos Reis, o edifício de cinco pisos possui morfologia típica dos imóveis portuenses do século 19: grossas paredes de granitos e envasadura regular, alternando andares com janelas e outros com varandas e gradil metálico. Compondo um conjunto urbano, o edifício se dilui na paisagem urbana, parecendo, à primeira vista, que passou apenas por uma boa limpeza. Contudo, duas sutis interferências marcam a fachada voltada para a via urbana.

A primeira interferência é a abertura de uma porta de garagem na fachada do século 19. Para concebê-la, o OODA misturou referências históricas de portas de pedras medievais com os painéis camuflados da arquitetura contemporânea, a exemplo da fachada da galeria *Storefront for Art and Architecture*, desenhada em 1994 por Steven Holl e Vito Acconci em Nova York. Quando escreveu sobre a solução da micro galeria nova-iorquina, Holl descreve os mecanismos elementares que usou para permitir "empurrar o espaço para fora ou puxá-lo para dentro".[3] O OODA substituiu parte do embasamento de granito por um portão revestido com o mesmo material. O mimetismo é tamanho que a passagem à frente da porta mágica é frequentemente impedida por carros estacionados por motoristas que não percebem a sutileza arquitetônica. A segunda interferência sutilmente aplicada pelo OODA à fachada é a inclusão de revestimentos com azulejos na alvenaria. Tal como o portão de pedra, os azulejos podem passar desapercebidos, pois tanto o material quanto as cores (azul e branco) estão presentes em grande parte dos prédios portuenses semelhantes. É necessário um olhar atento que preste a atenção no grafismo para perceber o truque: ele é puro, sem arabescos, somente uma diagonal que divide a peça com as duas cores.

Pé dentro, há muito mais liberdade nas intervenções e o contemporâneo tem mais ansiedade de aparecer. Neste caso, a sutileza da face pública dá lugar a uma energia

3. Steven Holl. *Parallax*. New York: Princeton Architectural Press, 2000. p. 234.

que cria formatos diferentes para janelas dos banheiros, inclina o piso e a marquise de acesso, que é apoiada por pilares que mais parece uma centopeia. Como se fosse um ornamento moderno, o quadrado cruzado em 45º foi adotado como elemento que marca a fachada posterior, ganhando a forma nos gradis das varandas do fundo e a paginação do piso do estacionamento ao ar livre. Nos pequenos apartamentos, o preto/branco da representação gráfica contemporânea que define espaços servidores *versus* servidos recebe tratamento literal, com revestimentos pretos em cozinhas e guarnições. Nas circulações comuns, a identidade visual e placas de OSB fazem o usuário esquecer que está dentro de um prédio de mais de 100 anos de idade.

Tônica semelhante foi adotada em outros três projetos aparentados. Localizado na Baixa, o Lóios foi desenhado em 2012 e herdou o nome do largo em que fica implantado. Trata-se de um edifício igualmente antigo, reabilitado para uso de lojas no térreo e 20 pequenos apartamentos destinados a turistas, distribuídos em seis pisos.

Se externamente não há nota de intervenção arquitetônica, internamente chama a atenção o módulo multifuncional de cada unidade, um elemento pré-fabricado que concentra sanitário e cozinha. A ideia reinterpreta os núcleos molhados de pavilhões modernos, a exemplo das casas de vidro de Mies van der Rohe e Philip Johnson, que podem ser circundados, como se fosse um objeto. Mas o núcleo do OODA vai além, ao incorporar parte do mobiliário: ao ser aberto, como se fosse uma caixa mágica, suas partes revelam-se camas, bancos, mesas e armários. Seu envoltório, por outro lado, transformou a história em *pixels*: os painéis são perfurados tendo como base imagens retiradas de painéis de azulejos de igrejas históricas do Porto, como as igrejas do Carmo e Ribeira Negra, e da estação de combóio São Bento.

A terceira obra de reabilitação realizada pelo coletivo na região central também fica na Baixa, mais especificamente no Monte dos Judeus, cuja ocupação possui mais de sete séculos. Com vista para o Rio Douro, o imóvel passou por uma intervenção mais radical entre as outras realizadas por eles. Desenhado em 2015, o edifício ganhou um volume novo em parte dos três últimos pisos. O acréscimo foi possível frente às restrições do patrimônio histórico, pois a construção contava com uma adição que lhe garantiu a volumetria. Contrastando com a alvenaria do embasamento, o fechamento novo é de estrutura de madeira e ardósia, e possui planos envidraçados para desfrutar da paisagem urbana.

Por fim, a mais recente reabilitação orquestrada pelo coletivo fica implantada na rua de Santa Catarina, junto à praça Marquês de Pombal, na confluência das freguesias de Santo Ildefonso, Bonfim e Paranhos. O prédio compõe um conjunto com outros três edifícios gêmeos, tendo somente um deles o térreo descaracterizado. Enquanto a fachada voltada para a rua foi restaurada, a face do fundo ganhou uma porção nova com fechamento metálico. Ou seja, pé para fora, a tradição é mantida; pé para dentro, a vez é da contemporaneidade. Os cinco pisos foram redivididos para receber nove apartamentos de um quarto, destinado a turistas.

Até o momento, as reabilitações de antigos imóveis na região central do Porto são as mais significativas obras concluídas do coletivo. Além de revelar a vitalidade de novas alternativas de hospedagem turísticas e da rápida recuperação da economia global pós-crise de 2008, os cinco exemplos afloram a criatividade da equipa. De certa maneira, eles configuram o pé dentro, um porto seguro, com encargos na cidade onde todos nasceram e estudaram. O pé fora é o que vem além, o exercício que o coletivo faz para ir mais longe. Uma das alternativas que adotam para alçar voos transnacionais e até intercontinentais são os concursos internacionais, a exemplo da Casa Harlem, para a configuração de um pequeno edifício residencial em Nova York, ou do Centro de Ciência Marítima, na Noruega. Independente do resultado, as disputas abertas são oportunidades de estudar programas mais complexos e singulares que normalmente estão fora do alcance de projetistas com menos de 40 anos de idade.

Para chegar mais longe, o coletivo está aberto a novas possibilidades e à absorção de novos conhecimentos, fato demonstrado ao compor a equipe de colegas mais experientes em alguns destes concursos. Um exemplo é a parceria estabelecida com Eduardo Souto de Moura e Menos é Mais na disputa pelo Art Mill Museum, em Doha. Saindo do âmbito dos parceiros portugueses, e colocando em prática o cosmopolitismo herdado pela prematura vivência profissional no exterior, o OODA entrou na disputa pelo desenho da revitalização da área do Matadouro do Porto na equipe do japonês Kengo Kuma. O consórcio formado por eles, encabeçado pela Mota-Engil, venceu a disputa. Com mais de 20 mil metros quadrados, o desenho está em desenvolvimento e abrigará áreas de convívio social, com espaços empresariais e para cultura. Por outro lado, o OODA está estruturado de maneira empresarial, com sede no Porto e em Lisboa, para responder à demanda de maneira mais eficiente que um ateliê de arquitetos.

O desejo de ampliar as zonas de atuação é evidente.

Eles também estão recebendo diversas encomendas diretas de projetos maiores, dentro e fora de Portugal. Neste sentido, estão trabalhando no desenho de complexos hoteleiros na África (em Angola e no Zimbabué) e edifícios residenciais e multifuncionais em Portugal, no Porto e em Lisboa.

Tanto nos concursos quanto nos trabalhos de maior escala, a pesquisa arquitetônica que aflora é diversa e sem linha definida. Mas eles entendem o fato como virtude, revelando a multiplicidade de vozes formada pelo coletivo.

Tal polifonismo fica evidente quando, às vezes, enviam para o mesmo concurso duas soluções distintas, caso do Museu da Língua Portuguesa, em Bragança.

Todavia, como em qualquer criação arquitetônica — ainda mais quando criado por vários autores —, muitos aspectos da produção do OODA têm origem incerta. É provável que a razão de determinadas decisões projetuais não sejam claras nem mesmo para os próprios criadores. A arquitetura do coletivo é portuguesa ou internacional? Ela representa valores da Escola do Porto ou possuem mais relações com a produção contemporânea da Inglaterra e da Holanda? Estão mais para Koolhaas ou Souto de Moura? Só o tempo e o desenvolvimento dos trabalhos irão ajudar nas respostas.

Por ora, resta lembrar de uma cantiga folclórica da Bahia, que também tem origem incerta: presente tanto em rodas de samba quanto nas brincadeiras infantis e em jogos de capoeira, ela é composta por um único verso – "pé dentro, pé fora/ quem tiver pé pequeno/ vá embora". A brincadeira consiste em formar uma roda onde cada integrante tem perto de si um pequeno círculo desenhado no chão. Cada um precisa manter um dos dois pés enquanto canta e dança, alternando-o. Para tirar um dos participantes da roda, o pegador, que está no centro, tem o objetivo de pisar no pé daquele que estiver com o pé fora na hora que a cantiga chegar ao fim. A melodia ganhou o imaginário brasileiro ao ser incorporado em canções populares dos anos de 1970 compostas por Caetano

Veloso e Tom Zé.[4] Mas, afinal, de onde ela veio? Sua raiz é portuguesa ou africana? Ela é um fruto do recôncavo baiano, terra de Caetano Veloso, ou veio ao mundo um pouco mais para o interior, em Irará, onde nasceu Tom Zé? Sem se preocupar com a origem, crianças, sambistas e capoeiristas seguem cantando e brincando, preocupados somente com a cantiga. A mesma despreocupação devem ter os integrantes do coletivo OODA, que devem seguir o ritmo que aprenderam – e está em seu DNA –, mantendo um pé dentro e outro pé fora.

4. As músicas são *Triste Bahia* (1970), Caetano Veloso e *Lavagem da Igreja de Irará* (1978), Tom Zé.

Villa Delphis, Maquetas Conceptuais

Monte dos Judeus, Porto

Pedro
Gadanho

Os outros

A peculiar história que quero narrar aqui começou alguns anos antes dos jovens fundadores dos OODA emergirem de uma escola de arquitectura no Porto.

No final do verão de 2004, numa Veneza ainda inundada por turistas, uma pequena sala no antigo Artiglerie dell'Arsenale recebeu uma representação de jovens arquitectos portugueses. A delegação escapou à fanfarra das anteriores embaixadas nacionais em Itália, como aquela mais mítica celebração dos feitos dos exploradores portugueses, cerca de quinhentos anos antes. E, no entanto, esta nova missão também trazia consigo uma certa promessa e vibração. Tinha uma ambição não proclamada, que certamente projectará alguma luz sobre o presente relato.

Apesar de, entre os arquitectos portugueses, os pioneiros modernos tivessem já uma reputação internacional desde a década de 1960, foi a primeira vez que uma participação portuguesa na Bienal de Arquitectura de Veneza foi intencionalmente proposta, organizada e comissariada. Através de uma fissura nos corredores institucionais, e antes que o *establishment* rapidamente tomasse conta desta via recém-percebida para brilhar num contexto global, uma exposição enigmaticamente intitulada Metaflux surgiu como uma oportunidade para ter um vislumbre do futuro alternativo da arquitectura portuguesa, e não apenas do seu presente santimonial.

Verdade seja dita, a edição anterior do mais importante evento de networking no mundo da arquitectura já tinha incluído representantes portugueses. Foi nesse ano que a bienal entregou o Leão de Ouro a Álvaro Siza Vieira – ao galardoar a sua primeira incursão brasileira bem-sucedida, a Fundação Iberê Camargo. Entretanto, perante a possibilidade de inaugurar uma presença oficial na Bienal de Arquitectura, as autoridades nacionais evitaram qualquer indício de uma escolha curatorial conflituosa. Até Veneza, levaram antes uma exposição individual dum arquitecto paisagista que, anterior e muito convenientemente, tinha viajado por cidades da província italiana.

Em contrapartida, dois anos depois, a *Metaflux* e o seu lançamento de "duas gerações na arquitectura portuguesa recente" visava um jogo diferente e mais provocador.

Metaflux alterou intencionalmente o título da Bienal de Veneza de 2004, *Metamorph*, e fundiu as respectivas conotações formalistas com a noção conceptual de *Influx*. Este, por outro lado, era o nome de uma série de exposições em que os curadores da mostra de Veneza – de que, aliás, eu era um – já tinham pesquisado e retratado uma série de práticas emergentes de arquitectura no contexto português.[1]

O argumento subsequente de *Metaflux* era que, devido a novas influências, a arquitectura portuguesa estava prestes a sofrer uma metamorfose. Tal como a transição democrática de 1974 alterou profundamente Portugal, e a sua adesão à União Europeia acelerou ainda mais essa transformação, as fronteiras que tinham mantido a arquitectura portuguesa relativamente isolada estavam a ser vencidas no curto espaço de uma geração. Durante as décadas de 1980 e 1990, o país floresceu com uma grande modernização infraestrutural, globalização económica e a adopção de uma cultura de consumo sem limites. Nos anos 2000, depois do programa de intercâmbio de estudantes Erasmus da União Europeia começar a produzir os seus primeiros resultados, o mundo fechado da arquitectura portuguesa estava também prestes a ser revolucionado. Da Geração X à Geração Y, dos que chegaram à prática após o final dos anos 1980 até aos que começaram uma década depois, pode-se vislumbrar uma mutação na elaboração de formas, na linguagem e temas, nas inspirações do

1. Pedro Gadanho e Luís Tavares Pereira (eds.), Influx, Arquitectura Portuguesa Recente. Livraria Civilização, Porto: 2003.

projecto e nos modos como as práticas eram concebidas[2]. Em retrospectiva, no entanto, é preciso reconhecer que a promessa da *Metaflux* estava à frente do seu tempo. Embora os sinais estivessem lá, uma mudança completa na linguagem arquitectónica não seria assim tão fácil. Bem estabelecida e reconhecida como era, a "Escola Portoguesa" – como Manuel Mendes, o perspicaz crítico do Porto, acertada e ironicamente a apelidou[3] – era também extremamente resiliente. Após os últimos esguichos pós-modernos da escola de arquitectura de Lisboa nos anos 90, a Escola do Porto espalhou a sua supremacia por todo o panorama arquitectónico nacional. Ela dominou não apenas as guerras de estilo, mas o próprio mercado. No seu abraço, eliminou qualquer semelhança de divergência ou resistência, incluindo as jovens promessas que a *Metaflux* apontara como a Geração Y. Notavelmente, os representantes da chamada Geração X, alinhados com o convencionalismo invasivo do minimalismo, prosperaram e perpetuaram lucrativamente o legado linguístico da Escola do Porto. Em contraste, os cinco "jovens turcos" da Geração Y foram-se progressivamente fragmentando e desaparecendo. A promessa de uma diversidade emergente de *Metaflux* terminou com eles – e o único atelier que persistiu entre os cinco foi, notavelmente, o que tinha sido designado como dando continuidade à tradição do Porto[4].

2. Pedro Gadanho, "X vs. Y-NOT = Diversity", in Pedro Gadanho e Luís Tavares Pereira (eds.), Metaflux. Instituto das Artes / Livraria Civilização, Lisboa: 2004. / 3. Isabel Salema, "Quando a arquitectura é feita de heróis," no Público, 5 de março de 2018. / 4. As cinco práticas seleccionadas para representar a Geração Y na exposição Metaflux foram a.s * atelier de santos, Bernardo Rodrigues, Nuno Brandão Costa, marcosandmarjan architects e S'A Arquitectos. Destes, apenas Nuno Brandão Costa manteve com sucesso uma forte presença no actual meio arquitectónico português.

Os debates arquitectónicos locais que se seguiram à *Metaflux* perseguiram aquela miragem de uma diversidade de práticas mais rica no contexto português – desde logo desenterrando o novo potencial de uma Geração Z.[5] Apesar disso, a promessa não se concretizou. Pelo menos não tão cedo. Mutações lentas ocorreram dentro dos cânones formais, como seria de esperar em qualquer processo evolutivo. No entanto, nos anos seguintes, não se verificariam propostas que consolidassem um hibridismo criativo almejado, que se distanciasse de uma "Escola Portoguesa" cada vez mais segura do seu domínio formal. Em vez disso, após um pequeno círculo de influenciadores culturais se renderem à linguagem cada vez mais universal da Escola do Porto, o domínio desta continuou a espalhar-se até que se tornou na gíria insípida que se imprimiu nas paisagens dum país inteiro. Avançando para 2020, enquanto as últimas formas sobreviventes dos vernáculos portugueses do século XX ainda surgem esporadicamente em *villas* novo-burguesas ou na aleatória estância turística de pendor regional, o *Porto Suave* assumiu definitivamente o seu domínio.

5. Luís Santiago Baptista, na revista Arqla, vários números, 2007–2008.

Quando fui recentemente solicitado a observar mais de perto a prática arquitectónica do colectivo OODA, esta história de promessas revolucionárias desvanecidas estava já há algum tempo a ser reaquecida na minha mente. Conhecê-los, visitar os seus escritórios e captar o seu entusiasmo e motivação levou a uma fervura rápida de tal percepção de uma certa evolução destes *affairs* arquitectónicos. Muitos anos depois, no meio dum estado de dormência insidioso, aqui estava uma inesperada reencarnação da Geração Y que, certamente, se aproximava das crenças originais numa potencial metamorfose da arquitectura portuguesa.
Aqui estava um colectivo arquitectónico que apontava todas as características que antes prometiam uma mudança na prática da arquitectura, mas com uma reviravolta curiosa.

Apesar de terem nascido dos preceitos pedagógicos da Escola do Porto, os cinco fundadores dos OODA exibiam um leque de aprendizagens profissionais cosmopolitas, que iam dos escritórios da Geração X do Porto e de Lisboa, até referências internacionais como OMA e Zaha Hadid Architects. Embora confiassem na herança formal e na tradição de desenho dos seus pares mais próximos, eles também importavam metodologias de projecto forasteiras, como os livretos de pesquisa exaustiva ou os impecáveis *renderings* 3D. Fiéis às transformações no seu próprio país, eles ambicionavam uma identidade europeia, e não apenas afinidades nacionais. Como é típico na sua geração, eles até tinham escolhido uma sigla pop, cativante e sem sentido para a designação oficial do seu *atelier*.

No entanto, a estes traços, outrora descritos como sinais seguros de pertença à Geração Y de *Metaflux*, os OODA também acrescentavam uma reviravolta inédita: revelavam um ímpeto menos comum, mas certamente determinado, para poder ir além da identidade arquitectónica regional autoimposta da "Escola Portoguesa". Recusando-se a actuar exclusivamente no e para o seu quintal, este atelier desnudava descaradamente a ousada aspiração de se tornar numa prática verdadeiramente global – tanto dentro, quanto fora do seu país. E, enquanto evitavam os caminhos mais óbvios do reconhecimento *media* nos habituais círculos de legitimação da disciplina, passaram os primeiros dez anos da sua prática a exercitar os músculos para alcançar tal ambição. Ao contrário do comum escritório português, os OODA conceberam uma estratégia de mercado e seguiram-na com uma ousada determinação. Sem desculpas, tiraram partido das suas redes sociais e pretenderam trabalhar de imediato com os maiores grupos económicos portugueses. Obviamente, participaram em todas os concursos internacionais de arquitectura que podiam fisicamente suportar. E, no entanto, o colectivo também foi suficientemente perspicaz para ficar a um passo de se tornar o próximo enfadonho e cinzento escritório de arquitectura corporativa no contexto português. Os OODA ainda acreditavam que, por mais ousados que pudessem ser, a qualidade arquitectónica e a criação de formas inovadoras eram essenciais para moldar a sua identidade. Avaliando com precisão o pano de fundo a partir do qual emergiram, os OODA ambicionaram uma prática transformadora — e sabiam que tinham as ferramentas e a vontade essenciais para conseguir essa necessária mudança.

A aspiração por uma mudança transformadora costuma ser confundida com a eliminação do passado. Como se o progresso implicasse necessariamente deitar o bebé fora com a água do banho, a inovação é frequentemente vista como inimiga da tradição — tanto quanto a diversidade e o pluralismo são vistos como perigos para uma qualquer fonte de identidade original pura e não contaminada. Essas formas de pensar, enquanto aparentemente tentam preservar uma determinada herança ou sistema, normalmente contribuem apenas para a sua decadência mais acelerada. Quando as inovações formais, conceptuais e práticas deixam de acontecer, a mediocridade acaba por prevalecer. Em vez disso, quando se continuam a procurar avanços, quando novos temas e possibilidades são explorados ou quando as ambições de superar as conquistas passadas persistem, a tradição evolui e uma dada herança é mantida viva. É por isso que, como se vê na obra de Álvaro Siza Vieira, um mestre construtor que continua a inovar se mantém uma referência, enquanto os seus seguidores muitas vezes se tornam irrelevantes. E é também por esta razão que, no décimo aniversário da sua prática, o trabalho do colectivo OODA, como acontece com muito poucos nas gerações mais jovens de arquitectos portugueses, me voltou a oferecer o vislumbre de uma promessa.

Seguramente, os OODA não vão revolucionar a "Escola Portoguesa". Mas com a sua ambição, bem como com o seu instinto para combinar uma certa tradição de projecto com uma criação de formas inventiva, eles podem oferecer um dos diversos caminhos que essa escola precisa para prosperar em novas direcções. Com certeza, como afirma o colectivo, eles possuem a combinação certa de optimismo e sensibilidade, o que lhes pode permitir deixarem para trás narrativas genealógicas e germinarem nos seus próprios termos. No entanto, dessa genealogia também retêm um ADN específico que os pode ajudar a prosperar em novos contextos.

> Tal como discuti à mesa de jantar com um dos fundadores dos OODA, se este jovem atelier portuense quer entrar num contexto internacional exigente, para além do seu ímpeto desembaraçado, eles devem também valorizar a combinação singular que representam. Tal como *os outros* de uma Escola do Porto cada vez mais diluída, a que qualquer arquitecto português agora pode reivindicar adesão, eles devem cultivar simultaneamente as suas ferramentas de projectos locais e internacionais, mas também apurar os temas conceptuais que podem contribuir para uma diferença específica num contexto global cada vez mais homogeneizado.

Tal como é hoje em dia reconhecível numa cidade global como Nova Iorque, os arquitectos que notoriamente conseguiram uma fatia recente do mercado da construção são aqueles que trazem consigo uma identidade cultural distinta. Frequentemente, carregam consigo uma formação europeia comum. Ocasionalmente, até compartilham uma história profissional, como no caso de várias *spin-offs* do OMA agora activas na *Big Apple*. Como parte de uma nova geração portuguesa, os OODA também têm no seu código genético uma sensibilidade cultural específica que bem pode servir a sua ambição.

Como outros numa Geração Y anteriormente imaginada, os OODA assumiram como seu traço analisar profundamente os locais de intervenção antes de iniciarem qualquer novo projecto arquitectónico. Nesses *zoom-ins* exaustivos, abundantemente ilustrados em livretos de *concept design* multiúsos, eles combinam a racionalidade metodológica duma escola anglo-saxónica pós-OMA com a intuição e o cuidado com o sentido de lugar que sempre foi apreciado como característico da Escola do Porto. Em certos projectos, essa particular fusão induziu resultados que podem ser vistos como uma das potenciais contribuições dos OODA para um vocabulário de criação de formas distintivo: uma maneira de ter o próprio lugar a moldar e quebrar a típica rigidez dos volumes e programas arquitectónicos.

Esta sensibilidade particular pode surgir como um subtil sentido de gradação física em que uma referência histórica permeia a linguagem estética de um projecto de renovação, como acontece no Hotel Alcochete. Tendo começado o seu percurso com muitas pequenas reabilitações, os OODA têm nos seus cromossomas o reconhecimento do valor criativo da reutilização adaptativa para os tempos que aí vêm. Mas essa sensibilidade torna-se ainda mais visceral e desafiadora nas propostas como a Casa CM, o Hotel Botânico no Bussaco ou o Douro Hotel. Nestes projectos, o sentido de um lugar pré-existente invade literalmente a arquitectura, mesmo que objectos e referências arquitectónicas ousadas ainda se agitem por baixo. As formas ousadas e os programas bem resolvidos estão lá, mas eles retrocedem inteligentemente diante de uma intensificada recriação de um forte sítio geográfico.

Esses processos de fundir arquitectura e paisagem tornam-se particularmente atraentes numa época em que as estratégias regenerativas são urgentemente chamadas a reposicionar a arquitectura face a uma crise ecológica iminente. Em particular, esses projectos apontam para o equilíbrio desejado entre as construções arquitectónicas que ainda são exigidas pelo mercado, e os espaços verdes que devem ser retidos e integrados num ambiente construído irreversivelmente antropocénico. Quando as correntes arquitectónicas actuais ainda revelam uma dificuldade real em abandonar estratégias de criação de formas que são comprovadamente insustentáveis e ecocidas, os OODA podem ter aqui uma abordagem particular para se tornarem únicos para clientes internacionais cada vez mais amigos do ambiente. Alguns dos estúdios globais mais progressistas, desde as forças corporativas como SOM ou Foster and Partners, até aos seus competidores em ascensão, como Snohetta ou BIG, já perceberam que os tempos estão a mudar porque uma alteração de *climax* está a chegar[6]. Deste modo, esses estúdios devem urgentemente propor estratégias inovadoras para transformar as suas práticas em respostas eficazes à crise climática e à demanda para descarbonizar as nossas sociedades. Outros se seguirão em breve. E aqueles que já demonstraram a habilidade e a audácia para conquistar mercados económicos com argumentos estéticos e culturais – como os OODA têm feito com sucesso – estarão particularmente habilitados para assumir a liderança na defesa duma mudança em direcção a propostas arquitectónicas ambientalmente sensíveis, cada vez mais necessárias.

Tirando proveito do facto de serem *os outros* numa "Escola Portoguesa" em processo de rigidificação, cada vez mais formalista e desconectada, os OODA têm o impulso global adequado para se alinharem com a mudança das marés e levar a sua herança arquitectónica a novos e relevantes rumos.

6. Pedro Gadanho, Climax Change! Architecture's Paradigm Shift After the Ecological Crisis, ACTAR Publishers, Barcelona/New York: forthcoming.

Os OODA demonstram a motivação necessária para finalmente cumprir a promessa de uma Geração Y que possa transformar a arquitectura portuguesa. Acrescentando à diversidade fecunda das suas propostas de projecto, para além das referências artísticas e literárias que já dominam, eles podem transformar a sua sensibilidade cultural herdada, as suas capacidades de desenho e a sua predisposição para a inovação numa linguagem arquitectónica que, a partir duma noção renovada de *genius loci*, acolhe um hibridismo eco-arquitectónico muito necessário. Afinal, se ainda se acredita nas vantagens de um pluralismo arquitectónico, a biodiversidade é a nova diversidade – e os OODA parecem possuir a intuição e a ambição para fazer dessa diversidade o princípio certo para os seus próximos dez anos de florescimento.

Douro Hotel & Winery

10.

GE NÉTICA

EQUIPA, PERFIL E ESTÚDIO

Expondo a identidade do colectivo OODA

O colectivo OODA, criado em 2010, surge do reencontro entre Diogo Brito e Rodrigo Vilas-Boas, com percursos pessoais e profissionais episodicamente cruzados e partilhados. Das estadias na Europa, respectivamente em Londres e Roterdão, das viagens em busca de oportunidades, também a interrogar e respirar imensa arquitectura, e do contraste entre estas realidades e a portuguesa, nasce o colectivo que, antes de ser uma estrutura de idealização, produção e gestão de arquitectura é uma ideologia mais ampla, pensada e publicada no guião estratégico e metodológico designado OODA Business Plan. A vontade em abrir a participação e a discussão sobre a actualidade da arquitectura leva-os a criar o *blog* Rolhas na Zara disponibilizado *on-line* (http://rolhasnazara.blogspot.com/), muito participado e assinado com alguma irreverência e ambivalência por Diogo Brito e Rodrigo Vilas-Boas, uma provocação e incitação ao pensamento inquestionado e instalado na arquitectura portuense. A arquitectura é, sempre, no OODA, o prólogo e o epílogo da acção. O seu *modus operandi* representa, em 2010, uma ruptura processual e profissional em Portugal e, principalmente, no Porto. Assume-se simultaneamente local e global e surge como exportador da arquitectura regional e importador da arquitectura internacional.

Antoine de Saint-Exupéry "Um objectivo sem um plano é apenas um desejo."

Persegue-se uma contemporaneidade, sobretudo a praticada e publicada mundialmente, e adoptam-se os ícones regionais que também integram aquele ecossistema referencial e excepcional.
Inicialmente instalado no Centro Histórico do Porto, o colectivo amplia-se primeiramente com Francisco Lencastre em 2011. Em 2018, João Jesus e Julião Pinto Leite ampliam o OODA para cinco *partners*. Actualmente localizado em Matosinhos, dispõe ainda de instalações em Lisboa, justificadas pelos investimentos e desenvolvimentos em curso. Os colaboradores incluem hoje cinco *project leaders* – André Veiga, Joana Ferreira, João Styliano, José Pedro Rocha e Manuel Tavares – que coordenam, entre séniores, júniores e *trainees*, 30 pessoas.
A coordenação de cada trabalho, adstritamente partilhada por dois dos *partners*, é, em momentos de confronto de opções e soluções para decisão, debatida e decidida conjuntamente. Auscultados os colaboradores para esta publicação, confirma-se a noção de colectivo alimentado por uma motivação e colaboração dinâmica que não abdica de uma coordenação e responsabilização individual.
A versatilidade e velocidade aliada à hierarquização e implicação pessoal exige um experimentalismo e pragmatismo sagaz que induz confiança e esperança à equipa.
À informalidade dos *partners* contrapõem-se as atribuições e as obrigações de cada um no colectivo. Importa, sempre, ao OODA, a melhor opção e a melhor solução, e todos os contributos, independentemente do autor, são auscultados, testados e ponderados. As diferentes identidades intelectuais e capacidades instrumentais dos cinco *partners* são tidas e lidas como vantajosas para o que resulta dos *brainstormings* semanais ou pontuais, quando necessários ao desenvolvimento e cumprimento dos objectivos.
A estrutura está identificada nas responsabilidades

Paulo Martins Barata "A arquitectura é uma prática que se interroga a cada momento. É essa interrogação e essa procura de respostas que lhe dá corpo."

Nuno Grande "É interessante! Eles fazem concursos entre eles mesmos."

e capacidades individuais, mas o dinamismo colectivo impera em todos os trabalhos em curso. O sujeito corresponde, sempre, por isso, à primeira pessoa do plural. A equipa adapta-se permanentemente captando ou transferindo efectivos para outras necessidades operacionais ou vocacionais, com observância das apetências e competências individuais, em busca da maior motivação pessoal e realização profissional. Criam-se cumplicidades e proximidades que produzem um sentimento e envolvimento transversal, onde todos e cada um integram o todo não segmentado, mantido *on-line* durante os meses de pandemia que acompanham esta edição e publicação. O grupo anima-se ainda com a instigação e participação autoral, onde o sucesso de cada um é o do colectivo. Resultam, assim, soluções mais pensadas, experimentadas e sustentadas, depois de contestadas, afastadas e arquivadas as opções menores.

Diogo Brito

"Nesta altura, o maior desafio que o escritório tem é deixar de ser um prestador de serviços e passar a ser uma marca. Quando deixas de ser um prestador de serviços, já não concorres com os teus pares, porque passas a ser alguém que acrescenta valor de forma intrínseca e automática. As pessoas reconhecem pela marca, porque sintetiza qualidade, capacidade de resposta, competência, diferença e superação. Deixam de escolher A, B ou C e passam a escolher uma marca pelo valor agregado que possui e que transmite em cada novo projecto, que é aguardado com expectativa e entusiasmo. Todos nós trabalhámos no passado nessas marcas."

Inês Moreira

"(...) e essa marca é um dos projectos do OODA!"

Equipa

Da ideologia subjacente à organização e conexão entre os recursos humanos multigeracionais e multiculturais do colectivo OODA, resulta a necessidade de tempos partilhados entre colaboradores, longe dos quotidianos, com programas de *team building* destinados a construir confiabilidade e proximidade, com roteiros motivacionais nacionais e internacionais de arquitectura e fins-de-semana partilhados por todos.
O tema da viagem em arquitectura lembra a herança de Fernando Távora que sempre entendeu a apreensão e a experienciação espacial *in loco* como metodologia de enriquecimento e investimento nas competências profissionais e pessoais do arquitecto. Estando o OODA a programar instalar-se primeiramente em Nova Iorque e posteriormente em países a Sul e Oriente, a viagem adquire uma importância acrescida para uma apreensão e visão global ampliada, potenciando a assimilação e manipulação de valores em diversas arquitecturas e culturas.
À juventude dominante não é alheia a irreverência formal e material que aceita contaminações de uma utopia interpelante e estimulante, mas consubstanciada e tornada tectónica. Essa é a distinção e contribuição do OODA, simultaneamente o desígnio da sua invenção e evolução futura, e, por isso, tão estimulante para as novas gerações. Um sentimento que gerou, em dez anos, embriões que são, hoje, também, colectivos na produção e especulação disciplinar portuguesa como, por exemplo, MASS lab, Isabel Vincke Arquitetura e Sastudio.

Ana Soares
Gestão e Recursos Humanos

Adriana Faísca
Arquitecta Estagiária

André Cardoso
Arquitecto Sénior

André Lima
Arquitecto Sénior, Coordenação BIM

André Veiga
Arquitecto Sénior, Coordenação de Projectos

Antígona Pinto
Arquitecta

Caio Cavalcanti
Arquitecto Estagiário

Luís Choupina

"Os *partners* são cinco heterónimos de um homónimo."

André Veiga "Gosto da liberdade que há e que se dá a cada um. Cria-se um dinamismo com abertura, passo a passo, degrau a degrau."

Carlos Leite Pereira
Arquitecto Sénior, Direcção e Coordenação de Obra

Catarina Fernandes
Arquitecta

Cristina Peres
Arquitecta Sénior

Cristina Romero
Arquitecta Júnior

Gonçalo Castro
Arquitecto Sénior

Inês Monteiro
Arquitecta Sénior

Helena Bernardo
Arquitecta Júnior

Joana Ferreira
Arquitecta Sénior,
Coordenação
de Projectos

João Styliano
Arquitecto Sénior,
Coordenação
de Projectos

José Pedro Rocha
Arquitecto Sénior,
Coordenação
de Projectos

Laura Leão
Arquitecta
Júnior

Inês Monteiro

"O grande potencial do OODA é a colaboração partilhada e integrada."

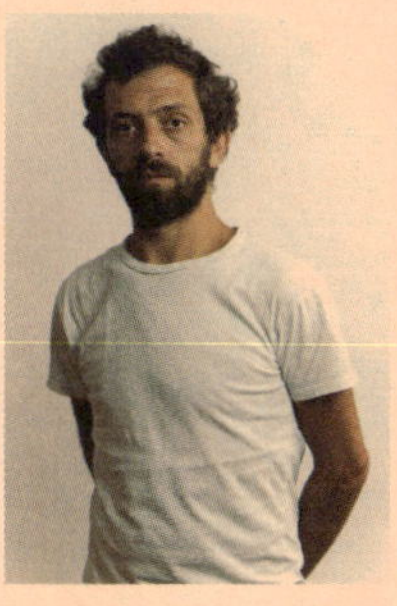

Lourenço Andrade
Arquitecto
Sénior

Luís Choupina
Arquitecto

Luís Carlos
Arquitecto
Estagiário

Luís Ferreira
Arquitecto

Manuel Tavares
Arquitecto Sénior,
Coordenação
de Projectos

Maja Liro
Arquitecta
Estagiária

Micol Pucciarelli
Arquitecta
Júnior

Marinos Skouras
Arquitecto
Júnior

Nicolo Zingoni
Arquitecto
Júnior

Mónica Baía
Assessora
de Imprensa

Pedro Mesquita
Arquitecto
Sénior

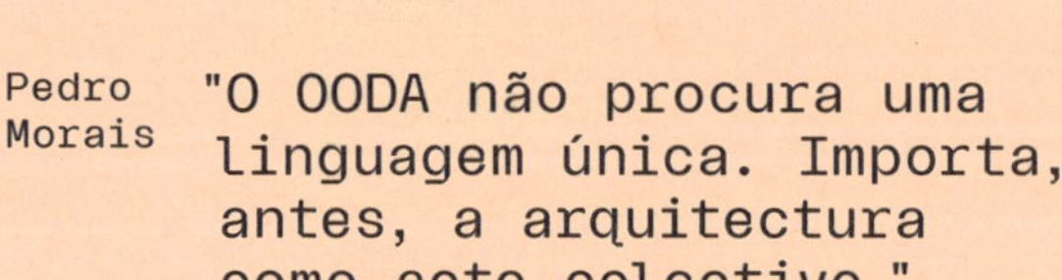

Pedro Morais "O OODA não procura uma linguagem única. Importa, antes, a arquitectura como acto colectivo."

Pedro Morais
Arquitecto
Júnior

Rejane Oliveira
Arquitecta
Sénior

Sílvia Afonso
Arquitecta
Estagiária

José Pedro Rocha

"Exaustiva no analisar, pesquisar e referenciar, a metodologia resulta simultaneamente cirúrgica e pragmática. É eficaz!"

Tomás Neves
Arquitecto
Estagiário

Vânia Costa
Arquitecta

Valeria Cobianchi
Arquitecta
Júnior

Vânia Couto
Arquitecta
Sénior

Diogo
Brito

Partner

"A arquitectura é pensamento.
A arquitectura nunca deve ser genérica e replicada, mas antes específica e adequada."

O Diogo, reconhecidamente poético e metafísico, gostaria certamente de ocupar o lugar do bibliotecário da

biblioteca infindável e inesgotável de Jorge Luis Borges, à procura do livro que contém a mensagem capaz de descodificar e desvendar

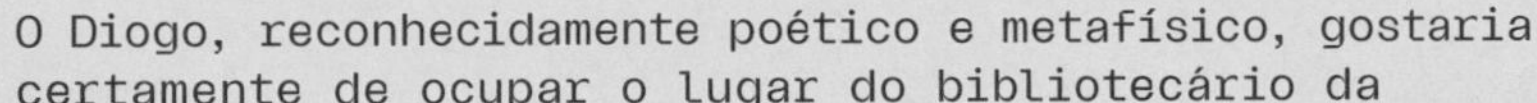

a espiral de possibilidades da realidade, imprescindível nas tecnologias de informação e comunicação actuais. Habitaria no conto A Biblioteca de Babel de 1944 ou no filme O Nome da Rosa de 1986, universos de volumes e volumes de certezas e incertezas reveladoras dos maiores e melhores conhecimentos, mas onde simultaneamente uma página é a manifestação e descodificação de um detalhe. À criatividade e assertividade junta uma perseverança única, obstinada e focada nos desígnios. Defende que a ambição e a dedicação se revertem em qualidade e capacidade de trabalho.

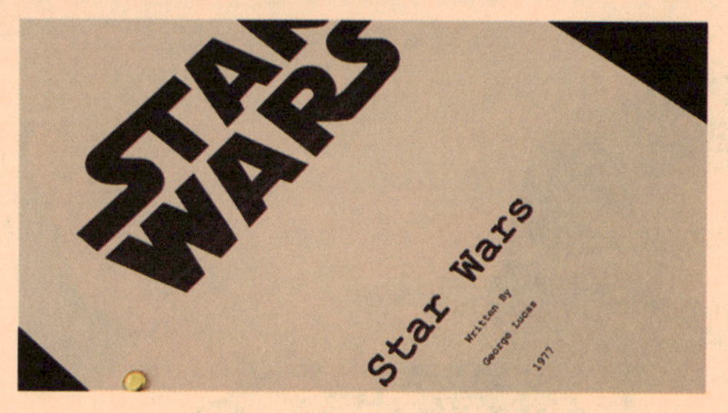

Sempre inconformado, privilegia o exercício laboratorial e experimental no colectivo OODA. Acredita no fazer e no fazer melhor, acumulando experiências tendentes à sustentabilidade e essencialidade futura da arquitectura. Da produção OODA, elege os habitares D. Manuel II, a Miramar Tower, o Douro Hotel & Winery e o Matadouro. *Business man* do OODA, empático com promotores, investidores e colaboradores pela capacidade de comunicação, é simultaneamente criativo e emotivo. É considerado, pelos restantes *partners* e colaboradores, um pensador e detentor de uma biblioteca mental e instrumental ímpar, útil nas fases de concepção e construção de um ideário em cada encomenda. Os colaboradores classificam a sua assertividade e criatividade como poética, para além da persistência e resiliência perante os desafios. Viaja pela escrita, da qual se alimenta, com um gosto adicional e especial por *screenplays*. Gosta, por isso, de lugares que o estimulam como Londres ou Nova Iorque, para além dos Açores. Das leituras da sua vida destaca o Livro do Desassossego de Fernando Pessoa, A Realidade do Artista de Mark Rothko e O Nome da Rosa de Umberto Eco. Dos filmes elege Star Wars, The Godfather, Taxi Driver, Interstellar, Good Will Hunting, Clockwork Orange ou a *sitcom* Seinfeld. Dos sons elege Pearl Jam, Pink Floyd, Bon Iver e, ainda, os compositores de bandas sonoras Hans Zimmer, Ramin Djawadi e Ólafur Arnalds. Submerge na arte com as motivações e contaminações disciplinares úteis de Pablo Picasso, Mark Rothko, Henri Matisse, Luigi Ghirri ou Donald Judd. Os seus heróis são Steve Jobs, George Lucas, Ayrton Senna, Rafael Nadal e Miguel Esteves Cardoso. Admira a arquitectura suíça e a arquitectura portuguesa, e de cada uma destaca, respectivamente, a dupla Jacques Herzog e Pierre de Meuron e Eduardo Souto de Moura. Comissário do encontro Outside Job – Reporting Design Process Overseas ou A Diáspora da Arquitectura

Diogo Brito "A qualidade gera mercado e isso potencia o nosso posicionamento. Nós somos a forma como nos posicionamos."

Diogo Brito "Nós saímos de Portugal por naturalidade e voltámos por romantismo."

Diogo Brito

"O João é um *nerd*, paramétrico e sistemático, o Francisco é muito experiente, organizado, o Julião tem uma enorme sensibilidade e muito gosto pelos ambientes. O Rodrigo é o meu irmão mais velho. Ele e eu chocamos sempre porque partimos sempre de opostos, e isso é muito estimulante. Eu sou eremita, mais desligado, sempre a vaguear."

Portuguesa, realizado na Casa das Artes em 2016, deu a conhecer como fazem e o que fazem os arquitectos emigrados e irradiados pelo mundo. Autor e editor de ToolBook, internacionalmente publicado em 2019, um livro centrado na prática da arquitectura do dia-a-dia dos arquitectos, percorre as metodologias instrumentais e mentais de Foster+Partners, Steven Holl, Bjarke Ingels, Kengo Kuma, Fernando Romero e Eduardo Souto de Moura. Funda o OODA com Rodrigo Vilas-Boas e, juntos, assumem em 2009 o compromisso enunciado e intitulado OODA Business Plan, um guião para o futuro animado e alicerçado nas experiências europeias de ambos e uma afirmação e *statement* do colectivo. Diogo colabora com Promontório em Lisboa entre 2006 e 2007 e, seguidamente, com Zaha Hadid Architects em Londres entre 2007 e 2009. Nascido no Porto em 1983, é titulado arquitecto pela Faculdade de Arquitectura e Artes da Universidade Lusíada do Porto desde 2006. Deseja descobrir a Austrália, atravessar os Estados Unidos ao volante, experienciar Machu Picchu e, ainda, perceber Auschwitz.

"No início era só o Diogo
e eu a discutirmos
os projectos.
Havia ideias diferentes.
Era sinistro. Ele dizia
coisas que eu achava
completamente imbecis
e ele eventualmente
pensava o mesmo de mim.
O OODA sobreviveu por
pouco! (risos)"

As histórias e memórias de infância com os avós ficaram marcadas pela liberdade de poder explorar e imaginar, em verões nos telhados e piscinas do Bairro Hollywood no Porto e em quintas e campos com cães, cavalos, vacas, coelhos, patos e raposas em Arreigada, Paços de Ferreira. As filhas levam-no a ambientes domésticos imaginários, com bonecos e cozinhas de brincar que conduzem a interessantes estados de imaginação e concentração, agitados quando anda de balouço e vê desenhos animados. Abstracção e meditação que lembram Steamboat Bill Jr. (1928) de Buster Keaton onde, sem truques e sem duplos, uma cena única percorre o exterior e o interior através de uma janela. Um ciclone transforma a fachada em secção, simultaneamente cenográfica e mágica. Joga-se com as escalas metaforicamente dimensionadas de uma rua ou uma cama.

Atravessado pela janela, resta o rosto e o corpo de um Rodrigo que tem uma serena confiança no mundo das crianças.
Sem necessidade de se ausentar ou afastar da arquitectura, é um desportista talentoso. Joga regularmente ténis em competições, após ter sido jogador profissional quando era jovem. Compete ainda na modalidade de padel que sucedeu ao ténis de alta competição. As imagens e os sons que acompanham a sua vida estão associados a episódios, sem destaques especiais.
A eleger, destaca a cinematografia de Quentin Tarantino, a que pode regressar a qualquer momento. Musicalmente ecléctico, lembra a paixão pelo ritmo *reggae*, dominada pela sua colecção de Bob Marley e o tema Redemption Song do álbum Uprising de 1980. Interessado em viagens interpretativas da abstracção, admirou Jackson Pollock pela expressão de máxima liberdade e brutalidade que atinge um caos atractivo e sugestivo. Hoje prefere as vanguardas menos *mainstream* e destaca a artista plástica espanhola Regina Giménez.
Junta ainda as contaminações e sugestões escultóricas de Eduardo Chillida e Richard Serra. Prefere os heróis virtuais aos reais e lembra Silver Surfer da Marvel, aparentemente de mercúrio, mas capaz de surfar e viajar à velocidade da luz.
Estima uma arquitetura local desenhada por um arquiteto com pensamento disciplinarmente transversal e global.
Semelhante à selecção musical, os arquitectos surgem associados a momentos, lembrando Carlo Scarpa, Álvaro Siza, Rem Koolhaas, Peter Zumthor ou Jacques Herzog e Pierre de Meuron.
Ambivalente e capaz de fazer convergir e gerir opostos, alia o seu dinamismo à sua frontalidade e proactividade disciplinar. Amante da concepção e parametrização da ideia, defende a legitimação e manipulação das ferramentas informáticas.
Entre o local e o global, acredita na unidade da diversidade como genética do OODA, numa partilha onde todos descobrem com todos.
Da produção OODA, elege o Alcochete Hotel, o Douro Hotel & Winery, 86 Açúcar, Miramar Tower

e o Harare Radisson Blu. Uma das suas *skills* no colectivo é a capacidade de inovar e criar arquitectura conciliada, desde cedo, com a sua materialidade. Os colaboradores reconhecem-lhe um dinamismo e pragmatismo meticuloso, constantemente entusiasta. Evidenciam o seu dom de liderança, sem deixar de ser divertido, na gestão dos recursos humanos. Cria o colectivo OODA em 2010 com Diogo Brito, com quem assina o guião OODA Business Plan. Integra o OMA de Rem Koolhaas como arquitecto entre 2007 e 2009. Igualmente diplomado pela Faculdade de Arquitectura e Artes da Universidade Lusíada do Porto em 2005, nasce no Porto em 1981. Nova Iorque é um lugar a visitar e desvendar brevemente.

Rodrigo Vilas-Boas "Entregámos os portefólios todos e estávamos já em Londres e já no fim do percurso. Vimos milhares de arquitecturas em toda a Europa. Essa é a parte mais interessante dessa etapa. Eu e o Diogo saíamos de manhã cedo para a rua. A primeira parte do dia era para entregarmos portefólios e a segunda parte para ver arquitectura. À noite, eventualmente, bebíamos um copo, mas não podíamos beber muitos copos porque o nosso dinheiro estava contado."

Francisco Lencastre

Partner

"Peço sempre para não me mandarem uma mensagem a dizer apenas que não gostam. Importa justificar para poder melhorar."

Praticante de golfe, elege Tróia como lugar pelas temporadas durante estágios e campeonatos, para sempre lembrado pelo dia em que vence o campeonato nacional.

A prática de golfe leva a uma abstracção e concentração total, obrigando-o a afastar-se de tudo e a focar-se no jogo ou na pancada. Lembra Aldo Rossi e a sua obra A Arquitectura da Cidade, a primeira das suas leituras no universo da arquitectura, marcante pelos temas, suas abordagens e suas aprendizagens. Guarda uma imagem do filme A Praia de Danny Boyle e evoca 11:14 de Greg Marcks e Crash de Paul Haggis. Musicalmente eclético, elege o vinil Fast Car de Tracy Chapman que o leva a momentos guardados e associados a um lugar. Artisticamente nomeia as escalas arquitectónicas e metafóricas de Anish Kapoor.

Os heróis reais são os seus filhos, mas o virtual é o Homem Aranha.

Os seus arquitectos nomeados, e respectivas obras seleccionadas, são Aldo Rossi com o Cemitério de San Cataldo em Modena, Itália, e Peter Zumthor com o Museu Kolomba em Colónia, Alemanha.

Pragmático e prático, a sensatez conduz a uma materialização e concretização realista.

A hesitação inicial deu lugar à aspiração e motivação do exercício de arquitectura em colectivo, onde passou a ter voto de decisão e não, apenas, de opinião. Acredita na distinção do OODA pelo pensamento e crescimento ideológico abrangente, capaz de acrescentar maturidade e qualidade futura. Ambiciona evoluir, mas, sobretudo, construir mais e mais. Entende que, dez anos depois, o OODA mantém a criatividade e a homogeneidade do pensamento, mas acrescenta soluções e opções inovadoras. Destaca, por isso, a capacidade de visão na acção do OODA, seguindo-se a criatividade e a proactividade. Admite ser, com Julião Pinto Leite, um agente na obra, descodificando e concretizando os *concept design* desenvolvidos pelo colectivo.

Da produção OODA, elege o Harare Radisson Blu, o Douro Hotel & Winery, a Fábrica de Conservas, a Casa CM, as Towers 15 & 1 e os habitares Lóios, o desafio inicial e real com o qual cresceu.

Motivado para a execução, pormenorização e construção, é considerado o principal gestor e controlador financeiro do OODA. Humano nas relações que estabelece em equipa, é considerado carismático e sistemático entre os colaboradores que enumeram outros valores como a flexibilidade e integridade profissional.

Francisco é ainda um *one-man-band* no OODA. Acode a diversos instrumentos com uma *performance* ilimitada na sua singularidade e inventividade que lhe permite ultrapassar fronteiras estilísticas e linguísticas. Associa-lhe a musicalidade da sua actividade como *disc-jockey* de um *hip-hop* saído da arquitectura e cultura urbana, onde as convicções teóricas e práticas de Sekou Cooke, expressas em 3D Turntables (2017) e na mostra Close to the Edge: The Birth of Hip-Hop Architecture,

Francisco Lencastre

"Ao aderir ao OODA (...) a única indecisão era trocar o certo pelo incerto. Um grande objectivo era ter ou pertencer a uma estrutura onde o meu voto fosse de decisão e não de opinião."

são a expressão vibrante e entusiasmante de uma cultura também de inclusão e apropriação *hip-hop* na arquitectura.

Nasce no Porto em 1983. Formado pela Faculdade de Arquitectura e Artes da Universidade Lusíada do Porto em 2007, ano em que recebe o Prémio Secil – Arquitectura – Universidades com a Casa das Artes no Barreiro, colabora com Cristina Guedes e Francisco Vieira de Campos (Menos é Mais) entre 2007 e 2011, antes de integrar o OODA em 2011 como *partner*.

As viagens por cumprir são a Roma, a Hong Kong e a Brasília, para além da Califórnia.

João Jesus

Partner

"Não estive presente nos primeiros anos do OODA, mas acompanhei de perto o seu trajecto. Em muitos aspectos, é um percurso semelhante ao que eu percorri, marcado pelas dificuldades de uma crise imobiliária e de uma classe profissional enfraquecida. O encontro de pensamentos entre nós foi muito relevante e natural."

Adepto de desportos radicais, experimenta paraquedismo e parapente, e pratica *scuba diving* como *hobby*, evasões aos quotidianos pessoais e profissionais que o transportam para lugares de abstracção e ilusão. O lugar guardado e lembrado é Peso da Régua, carregado de recordações da infância. Os tempos sem arquitectura são dedicados a correr, nadar e jogar futebol ou padel. Quando surge uma oportunidade, opta por viajar e mergulhar, experienciando o corpo como massa submergida no mar, campo de espacialidade em liberdade e profundidade total, explorado nas obras da série Onda (1977) de Helena Almeida. Ultrapassada a fronteira entre o mar e a terra, entre o estado líquido e sólido que é matéria na arquitectura, a água actua como preenchimento do vazio modelador e moderador de espaços, enfatizado com o azul utilizado e patenteado por Yves Klein que elege igualmente o vazio como tema.

A marcenaria é, paralelamente, pela inspiração e construção, um fetiche sem tempo para desenvolvimento e amadurecimento. Um livro marcante é The Seven Habits of Highly Effective People de Stephen R. Covey, uma nomeação que pertence a um género que não o convence, reconhecendo-lhe ser uma excepção. No género oposto, elege Ensaio Sobre a Cegueira de José Saramago. Destaca Dogville de Lars von Trier, uma arquitectura sem arquitectura em mensagem minimalista, e refugia-se no célebre The Köln Concert que Keith Jarrett interpretou e gravou com um piano de ensaio desafinado e danificado. Admira Ayrton Senna, pela determinação e inspiração que representa, e Banksy, enquanto artista e activista que alcança a celebridade sem identidade, um estatuto que é apenas seu, em obras com carga política e económica de crítica social e cultural. Elege Jørn Utzon na arquitectura porque concentra a maioria das interrogações e chavões na carreira de um arquitecto, vencendo o concurso internacional da Ópera de Sydney antes dos 40 anos, um projecto e obra para a vida. Destaca, ainda, a arquitectura moderna e principalmente todos os autores capazes de a inventar ou acrescentar. Actua quotidianamente com uma racionalidade a que associa um realismo e pragmatismo decisório. É reconhecido como perfeccionista, metódico e lógico. Mais interessado em sentir que pertence ao OODA do que sentir que o OODA lhe pertence, é processual e instrumentalmente abrangente, perfilhando todas as etapas de uma ideia. Defende ainda que os esquissos e as maquetas são instrumentos de representação e comunicação. A criatividade, a proactividade e a capacidade de visão surgem hoje ajustadas e equilibradas nos desígnios comuns. Internamente importa opinar e partilhar conhecimentos em equipas com ideias divergentes na fase inicial de um processo e convergentes na final. Acredita que a potenciação da espacialidade e da materialidade do colectivo, levará à sua afirmação nacional e internacional. Da produção OODA, elege a Miramar Tower, o Matadouro e o Alcochete Hotel. Dono de uma calma identificada e elogiada por todos, o João é polivalente e abrangente nas competências úteis ao OODA, devido talvez à experiência em LIKEarchitects.

João Jesus

"Sempre foi o meu perfil trabalhar em equipa e partilhar as responsabilidades e criar uma estrutura maior que eu. Que eu pertencesse a algo e não que algo pertencesse a mim."

É unanimemente considerado organizado, extremamente focado e consciencioso. Os colaboradores referem ser o mais agradecido dos *partners*, diligente e paciente com as equipas que coordena. Inicia colaborações, entre outras, com Rem Koolhaas do OMA entre 2006 e 2007 e com João Luís Carrilho da Graça entre 2009 e 2011. Antes de integrar o colectivo OODA em 2018, integrou o colectivo LIKEarchitects como *partner* entre 2012 e 2016.

Nasce em 1983 e é arquitecto pela Faculdade de Arquitectura da Universidade do Porto desde 2008. Um dia quer visitar e experienciar Svalbard, lugar extremo nos valores naturais e, por isso, atractivo.

João Jesus "Estávamos a sair da crise e eu lembro-me de me cruzar com o Diogo na Baixa, e ele estava a fazer exactamente o mesmo que eu, ou seja, (...) apresentar uma oportunidade de negócio a potenciais clientes. Lembro-me de me cruzar e pensar: será que ele vai mostrar o mesmo edifício que eu? Ele com os engravatados atrás e eu com outro senhor (risos)!"

Julião
Pinto
Leite

Partner

"As ideias nascem
da discórdia."

Dedica-se à ilustração, uma vocação e motivação mais do que um *hobby*. O *surf* e o *hiking* proporcionam-lhe o *unplug* total em momentos de afastamento e isolamento. Julião poderia, por isso, ocupar uma tela de Caspar David Friedrich como, por exemplo, a Wanderer Above the Sea of Fog (1818), experienciando uma ponte entre a materialidade e a espiritualidade. Solitário perante a natureza, pontuando e referenciando um espaço com profundidade e infinidade, cumpriria um desejo pungente e permanente de regresso à origem, metáfora emotiva e imaginativa sobre um futuro desconhecido que nasce e renasce diariamente. Recorda Miramar, especialmente o Parque da Gândara, lugar que persiste na sua memória e história da infância. Lembra ainda a Islândia porque o marcou especialmente. Devoto da escrita de José Saramago, não esquece a primeira frase do livro As Intermitências da Morte – "No dia seguinte ninguém morreu." – e que é, também, a última. Entre elas, o autor divaga sobre a vida e a morte, o sentido e a sua falta na existência do homem. O som mais ouvido é Pop dos U2 ou o Dark Side of the Moon dos Pink Floyd, a que regressa ocasionalmente. Gosta das filmografias de Quentin Tarantino, o cineasta da vingança, e Wes Anderson, o cineasta idiossincrático das narrativas visualmente excêntricas e simétricas. Destaca as obras de Mark Rothko da fase *color field painting*, capazes de lhe transmitir a serenidade e estabilidade necessária. Inspira-o o caminho que os seus pais perseguem e seguem juntos. Não há, por isso, lugar para outros heróis reais ou virtuais. Confessa-se seguidor e admirador convicto das arquitecturas de David Chipperfield, Peter Zumthor e Vincent Van Duysen.

Enfrenta os temas da arquitectura com um optimismo a que soma, com Francisco Lencastre, uma motivação e vocação acrescida para a obra. Defende a diversidade na operação e na convicção do pensamento no colectivo OODA. Amante e praticante da ilustração, recorre ainda ao esquisso para pensar e comunicar com as equipas, valorizando também as *skills* técnicas e informáticas. Considerado afável e sociável pelos colaboradores, acredita no surgimento e estabelecimento das ideias nas insónias e discórdias colectivas. Deseja o reconhecimento do OODA pela qualidade mais que pela quantidade. Reforça, por isso, a necessidade de maior e melhor *design* na cidade, palco da maior exposição e melhor aceitação pública. Da produção OODA, elege a Casa CM, Hoso, Alcochete Hotel, Miramar Tower e as Towers 15 & 1. O Julião dedica-se sobretudo aos temas da execução e construção, com uma sensibilidade acrescida para a espacialidade e materialidade. Ao pragmatismo necessário, alia uma versatilidade disciplinar útil na descodificação dos conceitos e ideias transportados dos *concept design*.

Os colaboradores destacam a sua experiência, aliada a uma assertividade e proactividade sensata. Referem-se ao Gião, como é conhecido, como um bom professor pela eloquência e paciência descontraída e amiga. Colabora com Serôdio, Furtado & Associados no Porto, em 2007, Allies and Morrison em Londres, entre 2008 e 2009, e com José Carlos Cruz no Porto, entre 2010 e 2018, ano em que se junta como *partner* ao colectivo OODA. Vem ao mundo em 1983 e está formado, desde 2007, pela Faculdade de Arquitectura da Universidade do Porto. Mantém uma atracção pela Nova Zelândia, um lugar a visitar pela proximidade entre a montanha e o mar.

Julião Pinto Leite

"Gosto de ter e manter o controlo de tudo, desde a formalidade até à escolha dos puxadores e das torneiras."

Eventos de *Team-building*

Jantares de Natal, OODA

Joana Ferreira

"O OODA não é uma entidade. É, antes, uma comunidade de arquitectura."

Viagens de Arquitectura, OODA

Festas de Verão, OODA

Julião Pinto Leite
Pedro Morais
Catarina Fernandes
Silvia
Ana
INÊS MONTEIRO
Vânia Couto
gdebavar
apinto@ooda.eu
helena_bernardo
andrea
André Cardoso
Vânia Costa
Cristina Peres
Gonçalo Coelho
Luís Choupina
JOANA
André Luís Veiga
Tomás Neves
André Lima

João Styliano

"As novas materialidades e as novas espacialidades são os melhores e maiores contributos do OODA. Ideias antes utópicas são hoje mais pensadas e mais fundamentadas."

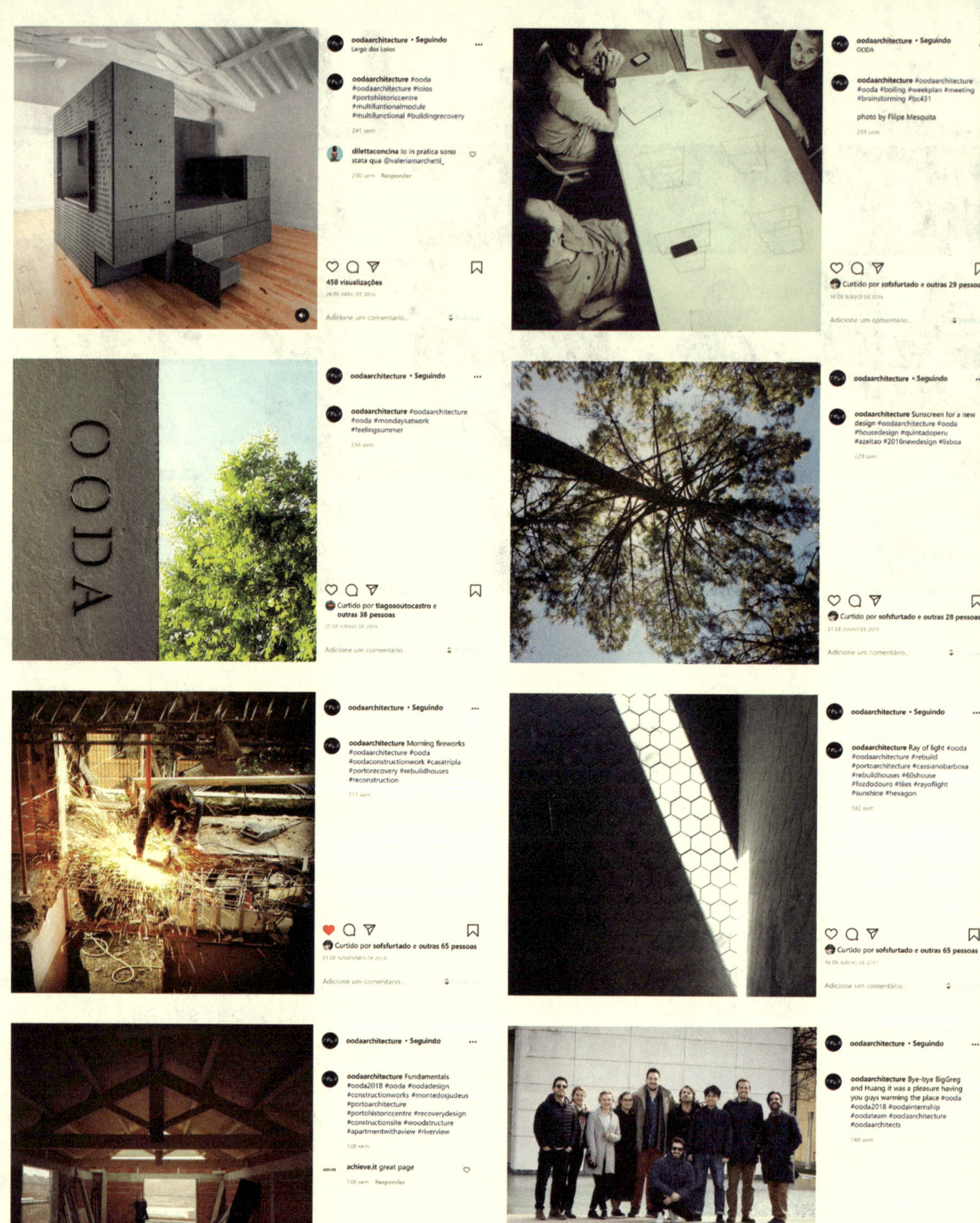

oodaarchitecture • Seguindo
Largo dos Loios
oodaarchitecture #ooda #oodaarchitecture #loios #portohistoriccentre #multifuntionalmodule #multifunctional #buildingrecovery
241 sem
dilettaconcina lo in pratica sono stata qua @valeriamarchetti_
230 sem Responder
458 visualizações
28 DE ABRIL DE 2016
Adicione um comentário...
oodaarchitecture • Seguindo
OODA
oodaarchitecture #oodaarchitecture #ooda #boiling #weekplan #meeting #brainstorming #bc431
photo by Filipe Mesquita
235 sem
Curtido por sofsfurtado e outras 29 pessoas
10 DE JUNHO DE 2016
Adicione um comentário...
OODA
oodaarchitecture • Seguindo
oodaarchitecture #oodaarchitecture #ooda #mondaysatwork #feelingsummer
234 sem
Curtido por tiagosoutocastro e outras 38 pessoas
20 DE JUNHO DE 2016
Adicione um comentário...
oodaarchitecture • Seguindo
oodaarchitecture Sunscreen for a new design #oodaarchitecture #ooda #housedesign #quintadoperu #azeitao #2016newdesign #lisboa
229 sem
Curtido por sofsfurtado e outras 28 pessoas
21 DE JULHO DE 2016
Adicione um comentário...
oodaarchitecture • Seguindo
oodaarchitecture Morning fireworks #oodaarchitecture #ooda #oodaconstructionwork #casatripla #portorecovery #rebuildhouses #reconstruction
211 sem
Curtido por sofsfurtado e outras 65 pessoas
25 DE NOVEMBRO DE 2016
Adicione um comentario...
oodaarchitecture • Seguindo
oodaarchitecture Ray of light #ooda #oodaarchitecture #rebuild #portoarchitecture #cassianobarbosa #rebuildhouses #60shouse #fozdodouro #tiles #rayoflight #sunshine #hexagon
182 sem
Curtido por sofsfurtado e outras 65 pessoas
16 DE JUNHO DE 2017
Adicione um comentário...
oodaarchitecture • Seguindo
oodaarchitecture Fundamentals #ooda2018 #ooda #oodadesign #constructionworks #montedosjudeus #portoarchitecture #portohistoriccentre #recoverydesign #constructionsite #woodstructure #apartmentwithaview #riverview
148 sem
achieve.it great page
148 sem Responder
Curtido por afragateiro e outras 122 pessoas
6 DE FEVEREIRO DE 2018
Adicione um comentário...
oodaarchitecture • Seguindo
oodaarchitecture Bye-bye BigGreg and Huang it was a pleasure having you guys warming the place #ooda #ooda2018 #oodainternship #oodateam #oodaarchitecture #oodaarchitects
148 sem
Curtido por sofsfurtado e outras 107 pessoas
9 DE FEVEREIRO DE 2018
Adicione um comentário...

oodaarchitecture • Seguindo
OODA
oodaarchitecture Concrete Casting#oodaoffice #oodaarchitects #housingdesign #concretecasting #concretemodel #ooda2018 #oodainternship #craftmodels #nevogildehousingproject #imperfectmodel
144 sem
Curtido por sofsfurtado e outras 102 pessoas
Adicione um comentário...
oodaarchitecture • Seguindo
Nevogilde, Porto, Portugal
oodaarchitecture Mate houses #oodaarchitects #oodaoffice #oodadesign #ooda2018 #concretemodel #concretecasting #portoarchitecture #housingdesign #nevogildehousingproject
138 sem
bypemo
138 sem Responder
tiagosoutocastro Incrível!!!
138 sem Responder
claudiaalves1981 Top
138 sem Responder
Curtido por giaopl e outras 143 pessoas
Adicione um comentário...
oodaarchitecture • Seguindo
OODA
oodaarchitecture Thank you Ugne&Rita, it was a pleasure having your colourful happiness in the office. #oodainternship #oodaarchitects #ooda2018 #architectureinternship
132 sem
Curtido por sofsfurtado e outras 81 pessoas
Adicione um comentário...
oodaarchitecture • Seguindo
São Brás de Alportel
oodaarchitecture Amazing site for a challenging design #oodadesign #oodaarchitecture #ooda2018 #zerocarbon #ecofriendly #ecodesign #algarve #saobrasdealportel #perodeamigos
106 sem
marouane_hammaaid Nice pic
106 sem Responder
Curtido por giaopl e outras 111 pessoas
Adicione um comentário...
oodaarchitecture • Seguindo
Matosinhos
oodaarchitecture OODA Aquarela Sketch #oodadesign #oodaarchitecture #ooda2008 #sketch #architectureaquarela #architecturesketch #handdrawing #aquarela
103 sem
f_jorge_d_portela
103 sem Responder
Curtido por giaopl e outras 139 pessoas
Adicione um comentário...
oodaarchitecture • Seguindo
Foz Do Douro, Porto, Portugal
oodaarchitecture Miramar tower - presentation model #oodadesign #oodaarchitecture #ooda2019 #housingdesign #housingtower #highendresidential #portoarchitecture #model #architecturemodels #architecturemodelmaking #cncarchitecture
82 sem
sergio.pereira.vaz Esse alçado é mais equilibrado.
82 sem Responder
ruijonas Sempre vai avançar?
Curtido por sofsfurtado e outras 324 pessoas
Adicione um comentário...
oodaarchitecture • Seguindo
OODA
oodaarchitecture Today we've submitted an important competition #fingerscrossed #modelbox #architecturemodel #oodadesign #oodaarchitecture #ooda2019 #architecturecompetition
66 sem
theyellowboatstore You rock @oodaarchitecture ! Tá ganho
66 sem Responder
theyellowboatstore You rock @oodaarchitecture ! Tá ganho
Curtido por maryhortaevale e outras 221 pessoas
Adicione um comentário...
OODA
model
oodaarchitecture • Seguindo
5120- Tabuaço- Douro Vinhateiro
oodaarchitecture OODA is pleased to unveil our design for a boutique hotel and a winery in a very special place in Douro. #oodaarchitecture #oodadesign #ooda2019 #winerydesign #douroarchitecture #dourovalley #dourowine #douroriver #dourovinhateiro #dourolovers
59 sem
anaosoriopimentel Que espetáculo, Rodrigo!!! Grande obra!!!
59 sem Responder
Curtido por cesartmourao e outras 599 pessoas
Adicione um comentário...

ÚLTIMA HORA: Câmara do Porto ganha recurso no TC e o Matadouro vai avançar para projeto assinado pelo arquiteto Kengo Kuma

24.04.2020

O último passo para a reconversão do antigo Matadouro Industrial num polo empresarial, cultural e social que promete transformar a zona oriental da cidade do Porto, está dado. A Câmara do Porto acaba de ganhar o recurso que interpôs acerca do chumbo do visto prévio dado pelo Tribunal de Contas à obra que será executada pela Mota Engil e cujo projeto é do famoso arquiteto japonês Kengo Kuma, em parceria com os portugueses da Ooda.

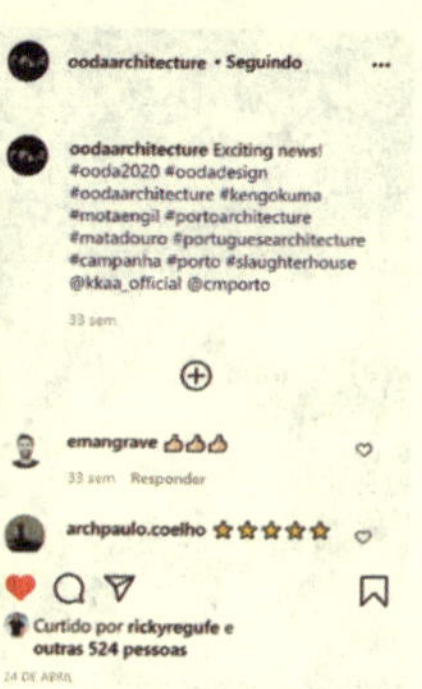

oodaarchitecture • **Seguindo**

oodaarchitecture Exciting news! #ooda2020 #oodadesign #oodaarchitecture #kengokuma #motaengil #portoarchitecture #matadouro #portuguesearchitecture #campanha #porto #slaughterhouse @kkaa_official @cmporto

33 sem

emangrave 👏👏👏

33 sem Responder

archpaulo.coelho ⭐⭐⭐⭐⭐

Curtido por **rickyregufe** e **outras 524 pessoas**

24 DE ABRIL

Adicione um comentário...

oodaarchitecture • **Seguindo**
Rua de Cedofeita

oodaarchitecture Cedofeita underconstruction #oodaarchitects #ooda2020 #oodaarchitecture #ooda #portorecovery #portodowntown #cedofeita #ruadecedofeitaporto #housingbuilding #housingdesigns #rooftop

25 sem

Curtido por **giaopl** e **outras 334 pessoas**

16 DE JUNHO

Adicione um comentário...

oodaarchitecture • **Seguindo**
Alcochete, Margem Sul

oodaarchitecture Hotel room view #ooda2020 #oodaarchitects #oodaconstructionwork #hotelarchitecture #hoteldesign

14 sem

Curtido por **cesartmourao** e **outras 251 pessoas**

2 DE SETEMBRO

Adicione um comentário...

oodaarchitecture • **Seguindo**
Porto, Portugal

oodaarchitecture OODA is happy to unveil the winning design for the new headquarters of Liga Portugal in Porto.

Officially named as 'Arena Liga Portugal', the new building will house not only offices areas but also a museum, an auditorium, restaurant and a high-tech multipurpose zone that could receive both national and international venues while it could work everyday as an educational facility specially dedicated for children and athletes. Placed in an expectant area of the city and fully integrated on a green area, the building will also serve as an anchor of development for the adjacent neighbourhoods.

Curtido por **cesartmourao** e **outras 940 pessoas**

14 DE OUTUBRO

Adicione um comentário...

oodaarchitecture • **Seguindo**
Rua Santa Catarina

oodaarchitecture Santa Catarina building almost recovered #oodaarchitecture #ooda2017 #santacatarina #portorecovery #portoarchitecture #portohistoriccentre #recoverydesign #rebuild #housingdesign

169 sem

Curtido por **sofsfurtado** e **outras 88 pessoas**

12 DE SETEMBRO DE 2017

Adicione um comentário...

oodaarchitecture • **Seguindo**

oodaarchitecture Construction works @Rua de Santa Catarina Housing #ooda #oodaarchitecture #portohistoriccentre #porto #portorecovery #historicwalls #architecturerecovery

214 sem

Curtido por **sofsfurtado** e **outras 66 pessoas**

3 DE NOVEMBRO DE 2016

Adicione um comentário...

oodaarchitecture • **Seguindo**
Oeiras, Portugal

oodaarchitecture CM house model #oodadesign #oodaarchitecture #ooda2019 #concretehouse #concretemodel #architecturemodels #housingdesigns

50 sem

cesartmourao 👏👏

50 sem 2 curtidas Responder

phineahs Lovely🔥

Curtido por **cesartmourao** e **outras 264 pessoas**

29 DE DEZEMBRO DE 2019

Adicione um comentário...

oodaarchitecture • **Seguindo**
Escadas do Monte dos Judeus

oodaarchitecture Freshly built #oodaarchitecture #oodadesign #ooda2019 #montedosjudeus #invenio #invenioengenharia #portoarchitecture #portorecovery #recoveryhousing #newapartmentbuilding #portohistoriccentre #joaomorgadophotography

57 sem

joaodmorgado 😍😍😍

57 sem Responder

anothermuser @faaelas

57 sem 1 curtida Responder

Curtido por **giaopl** e **outras 499 pessoas**

6 DE NOVEMBRO DE 2019

Adicione um comentário...

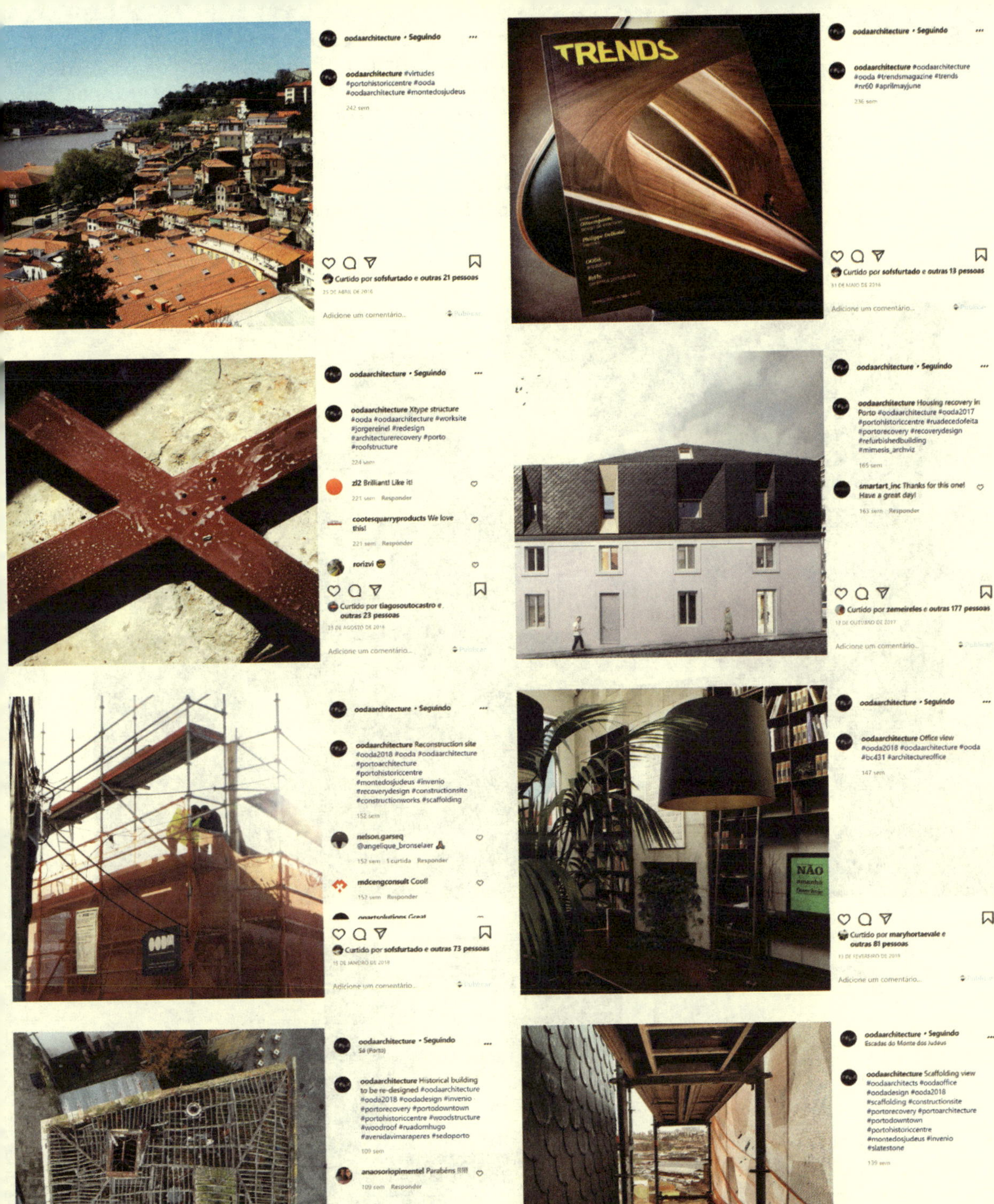
oodaarchitecture • Seguindo
oodaarchitecture #virtudes #portohistoriccentre #ooda #oodaarchitecture #montedosjudeus
Curtido por sofsfurtado e outras 21 pessoas
Adicione um comentário...
TRENDS
oodaarchitecture • Seguindo
oodaarchitecture #oodaarchitecture #ooda #trendsmagazine #trends #nr60 #aprilmayjune
Curtido por sofsfurtado e outras 13 pessoas
Adicione um comentário...
oodaarchitecture • Seguindo
oodaarchitecture Xtype structure #ooda #oodaarchitecture #worksite #jorgereinel #redesign #architecturerecovery #porto #roofstructure
zl2 Brilliant! Like it!
cootesquarryproducts We love this!
rorizvi
Curtido por tiagosoutocastro e outras 23 pessoas
Adicione um comentário...
oodaarchitecture • Seguindo
oodaarchitecture Housing recovery in Porto #oodaarchitecture #ooda2017 #portohistoriccentre #ruadecedofeita #portorecovery #recoverydesign #refurbishedbuilding #mimesis_archviz
smartart_inc Thanks for this one! Have a great day!
Curtido por zemeireles e outras 177 pessoas
Adicione um comentário...
oodaarchitecture • Seguindo
oodaarchitecture Reconstruction site #ooda2018 #ooda #oodaarchitecture #portoarchitecture #portohistoriccentre #montedosjudeus #invenio #recoverydesign #constructionsite #constructionworks #scaffolding
nelson.garseq @angelique_bronselaer
mdcengconsult Cool!
Curtido por sofsfurtado e outras 73 pessoas
Adicione um comentário...
oodaarchitecture • Seguindo
oodaarchitecture Office view #ooda2018 #oodaarchitecture #ooda #bc431 #architectureoffice
NÃO
Curtido por maryhortaevale e outras 81 pessoas
Adicione um comentário...
oodaarchitecture • Seguindo
Sé (Porto)
oodaarchitecture Historical building to be re-designed #oodaarchitecture #ooda2018 #oodadesign #invenio #portorecovery #portodowntown #portohistoriccentre #woodstructure #woodroof #ruadomhugo #avenidavimaraperes #sedoporto
anaosoriopimentel Parabéns !!!!!
Curtido por thisispacifica e outras 259 pessoas
Adicione um comentário...
oodaarchitecture • Seguindo
Escadas do Monte dos Judeus
oodaarchitecture Scaffolding view #oodaarchitects #oodaoffice #oodadesign #ooda2018 #scaffolding #constructionsite #portorecovery #portoarchitecture #portodowntown #portohistoriccentre #montedosjudeus #invenio #slatestone
Curtido por analeitefernandes e outras 131 pessoas
Adicione um comentário...

Estúdio

As instalações actuais e principais do colectivo OODA ocupam uma estrutura industrial e longitudinal antiga, contígua a outras similares em Matosinhos Sul, herdada do tempo áureo das actividades industriais e comerciais conserveiras, favorecidas pela anterior ligação ferroviária e portuária. Transposta a porta do número 431 da Rua Brito e Cunha, o átrio é amplo, informal e cordial. O ambiente confirma um encontro entre uma cultura local e internacional.

Ultrapassa-se uma fronteira entre Matosinhos e um lugar cosmopolita conotado com outras culturas referenciadas em Londres, Nova Iorque, São Paulo ou Tóquio. Há, ainda, um confronto entre a tradição herdada e as renovações e adições contemporâneas, respectivamente com as estruturas e as infra-estruturas atuais aparentes, propício a uma familiaridade e espontaneidade no recepcionar e estar.

Esgotada a lotação laboral e funcional do referido espaço, ocupam-se actualmente outros espaços em Matosinhos e em Lisboa, onde se encontram deslocalizadas algumas equipas alocadas a determinadas encomendas, especificamente em Lisboa. Em Matosinhos, está instalada a CNC (Computer Numeric Control) com velocidade e capacidade de modelação de modelos tridimensionais de experimentação ou apresentação de grandes proporções.

Organizados longitudinalmente, em contacto com o exterior nos topos, com a rua e, no tardoz, com o logradouro, os espaços apresentam condições de iluminação e ventilação ideais para o exercício da profissão. A proximidade entre *partners*, *project leaders*, colaboradores séniores, júniores e *trainees* corresponde à metodologia anteriormente descrita, sem compartimentações ou separações físicas ou hierárquicas.

Evitam-se, assim, perdas temporais e operacionais importantes. A mobilidade e versatilidade dos integrantes nas equipas de estudos e projectos obriga a que assim seja. A organização prioriza o *modus operandi* das encomendas, centrado na cooperação e conciliação instrumental, e desvaloriza outros conceitos de divisão segundo

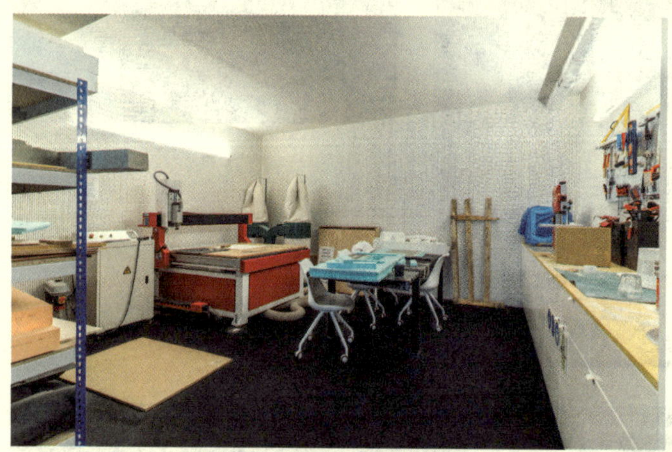

hierarquias ou outros considerados irrelevantes para o sucesso de cada encomenda. Os espaços consolidam e alavancam, assim, esta partilha espontânea entre todos. Repartir e distribuir informação, colaborar e ultimar tarefas, superar dificuldades conjunta e solidariamente são, aqui, iniciativas natas.

Escritório – Lisboa

Identidade

A imagem do colectivo OODA, Oporto Office for Design and Architecture, apresentada no OODA Business Plan inicialmente enunciado e publicado, desenhada e agora actualizada pela This is Pacifica, é, desde sempre, vital para a estratégia de comunicação e afirmação da identidade empresarial como marca.
Volvidos dez anos, aqui narrados e avaliados em perspectiva, a imagem renova-se com a convicção de uma continuidade e, simultaneamente, maioridade e maturidade do colectivo para os anos que se anunciam.
Destinada a suportes materiais ou virtuais, nos diversos canais de exposição e publicitação pública, a fonte acentuadamente boleada ou torneada inicial surge agora aprumada e rectificada. O logotipo com um gesto maleável e moldável dá lugar, hoje, a um traço mais consistente e resistente.

Architecture

Pedro Mesquita "A Pacifica e o OODA têm estado juntos desde o início de actividade, ainda que operando em áreas de trabalho diferentes."

Filipe Mesquita "O redesenho da identidade OODA introduz uma maior contemporaneidade nos elementos tipográficos e nas peças de comunicação."

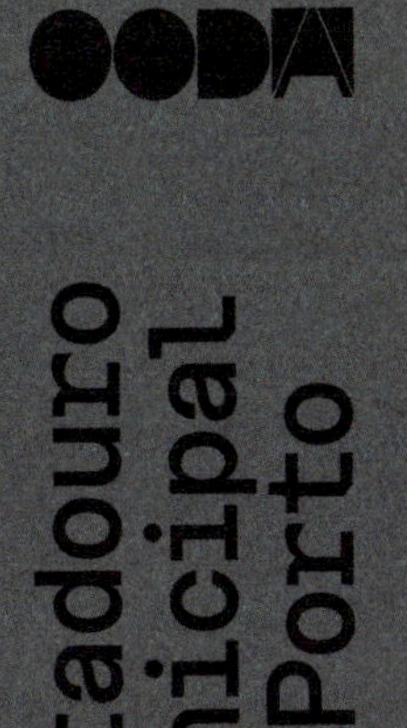

Competition Proposal
Kengo Kuma & OODA

Concept Model
February 2018

YEAR_2016
PLACE_Porto, Portugal
SIZE_450m²
TYPE_Commission

Problem solving with landmark statement

EMA Silo Auto

Pedro Serrão "Estamos muito entusiasmados com a continuidade desta relação ambiciosa, duradoura e recompensadora que estabelecemos com o OODA."

Fichas técnicas

Apresentam-se cronologicamente os 108 estudos e projectos desenvolvidos e concebidos pelo colectivo OODA durante os dez anos volvidos que incluem os concursos nacionais e internacionais, sem ou com parcerias. Identificam-se e explicitam-se exaustivamente promotores, colaboradores de especialidades, quantidades e tipologias, entre outros dados, permitindo outras leituras úteis ou simplesmente curiosas.

OODA Business Plan

DATA_2009
LOCALIZAÇÃO_Porto, Portugal
NÚMERO DE PÁGINAS_300
TIPO_Livro
COLABORAÇÃO_Pedro Vareta, Gonçalo Ramos
FASE_Impresso

OODA Identity

DATA_2010
LOCALIZAÇÃO_Porto, Portugal
ÁREA_N/A
TIPO_Adjudicação
COLABORAÇÃO_This is Pacifica
FASE_Em curso

227 Flat

DATA_2010
LOCALIZAÇÃO_Porto, Portugal
ÁREA_120m²
TIPO_Adjudicação
COLABORAÇÃO_Nenhuma
FOTOGRAFIA_Ivo Tavares, CTRL+N
FASE_Construído

Taiwan Tower

DATA_2011
LOCALIZAÇÃO_Taichung, Taiwan
ÁREA_68500m²
TIPO_Concurso Internacional, Menção Honrosa
COLABORAÇÃO_OOIIO
FASE_Ideia

D. Manuel II

DATA_2010
LOCALIZAÇÃO_Porto, Portugal
ÁREA_1100m²
TIPO_Adjudicação
COLABORAÇÃO_ASPP
FOTOGRAFIA_João Morgado
FASE_Construído

Porto Business School

DATA_2011
LOCALIZAÇÃO_Porto, Portugal
ÁREA_10000m²
TIPO_Concurso Internacional
PARCERIA_FR-EE/Fernando Romero, OODA
FASE_Ideia

Disaster Prevention Centre

DATA_2011
LOCALIZAÇÃO_Istambul, Turquia
ÁREA_5000m²
TIPO_Concurso Internacional
COLABORAÇÃO_Nenhuma
FASE_Ideia

Baixaria

DATA_2011
LOCALIZAÇÃO_Porto, Portugal
ÁREA_150m²
TIPO_Adjudicação
COLABORAÇÃO_EIME, Volta, Teresatypes, Kruella D'Enfer, ASPP
FASE_Construído

Art Museum

DATA_2011
LOCALIZAÇÃO_Nova Taipé, Taiwan
ÁREA_20000m²
TIPO_Concurso Internacional, Menção Honrosa
COLABORAÇÃO_Bence Pap
FASE_Ideia

Leeuwarden Masterplan

DATA_2011
LOCALIZAÇÃO_Leeuwarden, Países Baixos
ÁREA_300000m²
TIPO_Concurso Internacional, Europan 11
PARCERIA_OOIIO, OODA
FASE_Ideia

Opera House

DATA_2011
LOCALIZAÇÃO_Busan, Coreia do Sul
ÁREA_58000m²
TIPO_Concurso Internacional
COLABORAÇÃO_Ezhil Vignesh
FASE_Ideia

Central Library

DATA_2012
LOCALIZAÇÃO_Helsínquia, Finlândia
ÁREA_10000m²
TIPO_Concurso Internacional
COLABORAÇÃO_Fusão
FASE_Em curso, Projecto de Execução

Taberna

DATA_2011
LOCALIZAÇÃO_Porto, Portugal
ÁREA_110m²
TIPO_Adjudicação
COLABORAÇÃO_Joana Oliveira
FOTOGRAFIA_José Campos
FASE_Construído

Chengdu Gym

DATA_2012
LOCALIZAÇÃO_Chengdu, China
ÁREA_1000m²
TIPO_Adjudicação
COLABORAÇÃO_Fusão
FASE_Construído

Piratininga Tower

DATA_2012
LOCALIZAÇÃO_São Paulo, Brasil
ÁREA_70000m²
TIPO_Auto-proposta, Proactividade
COLABORAÇÃO_P4
FASE_Concluído, Estudo Prévio

Bavarian History Museum

DATA_2013
LOCALIZAÇÃO_Regensburg, Alemanha
ÁREA_10000m²
TIPO_Concurso Internacional
PARCERIA_Menos é Mais (Guedes + DeCampos), OODA
COLABORAÇÃO_Jet
FASE_Ideia

Central Mosque

DATA_2013
LOCALIZAÇÃO_Pristina, Kosovo
ÁREA_60000m²
TIPO_Concurso Internacional
PARCERIA_AND-RÉ, OODA
COLABORAÇÃO_Afaconsult
FASE_Ideia

Quinta da Cascalheira

DATA_2013
LOCALIZAÇÃO_Régua, Portugal
ÁREA_100m²
TIPO_Adjudicação
COLABORAÇÃO_Nenhuma
FASE_Construído

Ginoeco

DATA_2013
LOCALIZAÇÃO_Porto, Portugal
ÁREA_1800m²
TIPO_Adjudicação
COLABORAÇÃO_Nenhuma
FASE_Concluída, Viabilidade

Lóios

DATA_2013
LOCALIZAÇÃO_Porto, Portugal
ÁREA_1500m²
TIPO_Adjudicação
COLABORAÇÃO_CCAD, Gatengel, Noraqua, Paulo Queirós de Faria
FOTOGRAFIA_João Morgado
FASE_Construído

Kiosk Metro

DATA_2013
LOCALIZAÇÃO_Porto, Portugal
ÁREA_15m²
TIPO_Adjudicação
COLABORAÇÃO_Nenhuma
FASE_Ideia

1770 Apartment

DATA_2014
LOCALIZAÇÃO_Porto, Portugal
ÁREA_170m²
TIPO_Adjudicação
COLABORAÇÃO_Nenhuma
FASE_Construído

Casa do Futuro

DATA_2014
LOCALIZAÇÃO_Porto, Portugal
ÁREA_500m²
TIPO_Concurso, 1º prémio
COLABORAÇÃO_Jorge Group
FASE_Ideia

Marechal Saldanha

DATA_2014
LOCALIZAÇÃO_Porto, Portugal
ÁREA_160m²
TIPO_Adjudicação
COLABORAÇÃO_Nenhuma
FASE_Em curso

DAG1

DATA_2014
LOCALIZAÇÃO_Vila Nova de Gaia, Portugal
ÁREA_12100m²
TIPO_Concurso por convite
COLABORAÇÃO_GEG
FASE_Ideia

Maritime Science Centre

DATA_2014
LOCALIZAÇÃO_Randaberg, Noruega
ÁREA_3000m²
TIPO_Concurso Internacional
PARCERIA_AJA, OODA
FASE_Ideia

DAG2

DATA_2014
LOCALIZAÇÃO_Vila Nova de Gaia, Portugal
ÁREA_12100m²
TIPO_Concurso por convite
COLABORAÇÃO_GEG
FASE_Ideia

Jorge Reinel

DATA_2014
LOCALIZAÇÃO_Porto, Portugal
ÁREA_300m²
TIPO_Adjudicação
COLABORAÇÃO_Fusão, A3R
FASE_Em curso, Início de construção

DAG3

DATA_2014
LOCALIZAÇÃO_Vila Nova de Gaia, Portugal
ÁREA_12100m²
TIPO_Concurso por convite
COLABORAÇÃO_GEG
FASE_Ideia

Monte dos Judeus

DATA_2015
LOCALIZAÇÃO_Porto, Portugal
ÁREA_650m²
TIPO_Adjudicação
COLABORAÇÃO_Jerónimo Araújo Botelho Júnior
FOTOGRAFIA_João Morgado
FASE_Construído

Al Barsha Villas 1

DATA_2015
LOCALIZAÇÃO_Dubai, EAU
ÁREA_45000m²
TIPO_Adjudicação
PARCERIA_AND-RÉ, OODA
FASE_Concluído, Estudo Prévio

Grande Hotel de Paris

DATA_2015
LOCALIZAÇÃO_Porto, Portugal
ÁREA_7100m²
TIPO_Concurso por convite, 2º prémio
COLABORAÇÃO_Nenhuma
FASE_Ideia

Al Barsha Villas 2

DATA_2015
LOCALIZAÇÃO_Dubai, EAU
ÁREA_45000m²
TIPO_Adjudicação
PARCERIA_AND-RÉ, OODA
FASE_Concluído, Estudo Prévio

Mouzinho da Silveira

DATA_2015
LOCALIZAÇÃO_Porto, Portugal
ÁREA_1200m²
TIPO_Adjudicação
COLABORAÇÃO_Enescoord
FASE_Construído

Art Mill Museum

DATA_2015
LOCALIZAÇÃ_Doha, Catar
ÁREA_90000m²
TIPO_Concurso Internacional, Pré-seleccionados
PARCERIA_Eduardo Souto de Moura, Menos é Mais (Guedes + DeCampos), OODA
COLABORAÇÃO_António Queirós, Cariátides, Afaconsult
FASE_Ideia

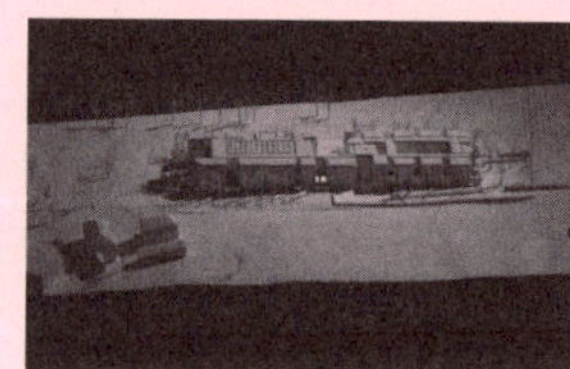

Parish Centre

DATA_2015
LOCALIZAÇÃO_Lousada, Portugal
ÁREA_2500m²
TIPO_Concurso por convite, 2º prémio
COLABORAÇÃO_Nenhuma
FASE_Ideia

Benguela 88

DATA_2015
LOCALIZAÇÃO_Benguela, Angola
ÁREA_19500m²
TIPO_Auto-proposta, Proactividade
COLABORAÇÃO_Nenhuma
FASE_Ideia

Pereira Leite House Revamp

DATA_2015
LOCALIZAÇÃO_Leça da Palmeira, Portugal
ÁREA_250m²
TIPO_Adjudicação
COLABORAÇÃO_Nenhuma
FASE_Construído

MR Apartment

ANO_2015
LOCALIZAÇÃO_Porto, Portugal
ÁREA_300m²
TIPO_Adjudicação
COLABORAÇÃO_Nenhuma
FASE_Ideia

Casa Tripla

DATA_2016
LOCALIZAÇÃO_Porto, Portugal
ÁREA_450m²
TIPO_Adjudicação
COLABORAÇÃO_Nenhuma
FASE_Construído

Santa Catarina

DATA_2015
LOCALIZAÇÃO_Porto, Portugal
ÁREA_1100m²
TIPO_Adjudicação
COLABORAÇÃO_LAIII
FOTOGRAFIA_João Morgado
FASE_Construído

Toy Museum & Library

DATA_2016
LOCALIZAÇÃO_Torres Vedras, Portugal
ÁREA_7000m²
TIPO_Concurso Internacional, 5° prémio
COLABORAÇÃO_A3R
FASE_Ideia

Avenida Gabriel

DATA_2016
LOCALIZAÇÃO_São Paulo, Brasil
ÁREA_6700m²
TIPO_Adjudicação
PARCERIA_Carvalho Araújo, OODA
FASE_Ideia, Estudo Prévio

Villa Fresca

DATA_2016
LOCALIZAÇÃO_Leça da Palmeira, Portugal
ÁREA_400m²
TIPO_Adjudicação
COLABORAÇÃO_LAIII
FASE_Obra em curso

Belmonte Apartments

DATA_2016
LOCALIZAÇÃO_Porto, Portugal
ÁREA_750m²
TIPO_Adjudicação
COLABORAÇÃO_Nenhuma
FASE_Ideia, Estudo Prévio

São Paulo Multiplex

DATA_2016
LOCALIZAÇÃO_Porto, Portugal
ÁREA_9500m²
TIPO_Viabilidade
COLABORAÇÃO_Nenhuma
FASE_Ideia

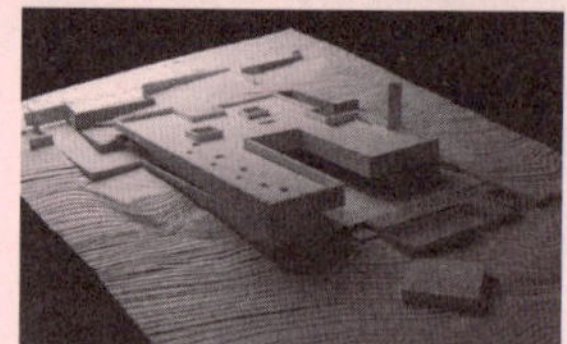

Villa Delphis

DATA_2017
LOCALIZAÇÃO_Sesimbra, Portugal
ÁREA_550m²
TIPO_Adjudicação
COLABORAÇÃO_LAIII, Fusão
FASE_Em curso, Início de construção

Gondarém

DATA_2017
LOCALIZAÇÃO_Porto, Portugal
ÁREA_1750m²
TIPO_Concurso, Adjudicação
COLABORAÇÃO_Abel Almeida, Penman, Penrea
FASE_Obra em curso

Lobito Hotel

DATA_2017
LOCALIZAÇÃO_Lobito, Angola
ÁREA_6250m²
TIPO_Adjudicação
COLABORAÇÃO_Fusão
FASE_Em curso, Licenciamento

Hoso

DATA_2017
LOCALIZAÇÃO_Porto, Portugal
ÁREA_9350m²
TIPO_Adjudicação
COLABORAÇÃO_A3R, TEKK, Fluimep, Alfaengenharia, Fusão, P4
FASE_Em curso, Início de construção

EMA Camilo

DATA_2017
LOCALIZAÇÃO_Porto, Portugal
ÁREA_30000m²
TIPO_Adjudicação
COLABORAÇÃO_LT Studio
FASE_Ideia

Casas Nevogilde

DATA_2017
LOCALIZAÇÃO_Porto, Portugal
ÁREA_750m²
TIPO_Adjudicação
COLABORAÇÃO_LAIII, Fusão
FASE_Em curso, Projecto de Execução

EMA Silo-Auto

DATA_2017
LOCALIZAÇÃO_Porto, Portugal
ÁREA_30000m²
TIPO_Auto-proposta
COLABORAÇÃO_Mimesis
FASE_Ideia

Casas Nevogilde 2

DATA_2017
LOCALIZAÇÃO_Porto, Portugal
ÁREA_750m²
TIPO_Adjudicação
COLABORAÇÃO_LAIII
FASE_Em curso, Licenciamento

Lycée Français Extension

DATA_2017
LOCALIZAÇÃO_Lisboa, Portugal
ÁREA_4150m²
TIPO_Concurso Internacional, 1° prémio
PARCERIA_Meandre ETC, OODA
COLABORAÇÃO_Alto, Panorama, Real Light 3D
FASE_Concluído

Language Museum 1

DATA_2017
LOCALIZAÇÃO_Bragança, Portugal
ÁREA_7400m²
TIPO_Concurso Internacional
COLABORAÇÃO_Cariátides, Miguel Palmeiro Design, Mimesis
FASE_Ideia

Cerca Guesthouse

DATA_2017
LOCALIZAÇÃO_Porto, Portugal
ÁREA_350m²
TIPO_Adjudicação
COLABORAÇÃO_Fusão
FASE_Em curso, Início de construção

Language Museum 2

DATA_2017
LOCALIZAÇÃO_Bragança, Portugal
ÁREA_7400m²
TIPO_Concurso Internacional
COLABORAÇÃO_Cariátides, Nicolau Barrote, Mimesis, Miguel Palmeiro Design
FASE_Ideia

Cupertino Miranda Aps

DATA_2017
LOCALIZAÇÃO_Porto, Portugal
ÁREA_900m²
TIPO_Concurso por convite
COLABORAÇÃO_Nenhuma
FASE_Ideia

Provezende

DATA_2017
LOCALIZAÇÃO_Sabrosa, Portugal
ÁREA_300m²
TIPO_Adjudicação
COLABORAÇÃO_Nenhuma
FASE_Em curso

Alcochete Hotel

DATA_2017
LOCALIZAÇÃO_Alcochete, Portugal
ÁREA_1800m²
TIPO_Adjudicação
COLABORAÇÃO_A3R, Niluft, Alfaengenharia, RG4E, Fusão
FASE_Obra em curso

Hotel Transparente

DATA_2017
LOCALIZAÇÃO_Porto, Portugal
ÁREA_8100m²
TIPO_Auto-proposta, Proactividade
COLABORAÇÃO_Nenhuma
FASE_Ideia, Viabilidade

Quinta do Pinhal

DATA_2017
LOCALIZAÇÃO_Vila do Conde, Portugal
ÁREA_160000m²
TIPO_Adjudicação
COLABORAÇÃO_Nenhuma
FASE_Em curso, PIP

Casa CM

DATA_2018
LOCALIZAÇÃO_Oeiras, Portugal
ÁREA_350m²
TIPO_Adjudicação
COLABORAÇÃO_TEKK, A3R, Fusão, P4
FASE_Em curso, Início de construção

Quinta de Monserrate

DATA_2017
LOCALIZAÇÃO_Matosinhos, Portugal
ÁREA_2000m²
TIPO_Adjudicação
COLABORAÇÃO_Nenhuma
FASE_Ideia

Alameda das Antas

DATA_2018
LOCALIZAÇÃO_Porto, Portugal
ÁREA_100000m²
TIPO_Adjudicação
COLABORAÇÃO_Fusão, Quadrante, P4
FASE_Em curso, Projecto de Execução

Matadouro

DATA_2018
LOCALIZAÇÃO_Porto, Portugal
ÁREA_22000m²
TIPO_Concurso Internacional, 1° prémio
PARCERIA_Kengo Kuma & Associates, OODA
COLABORAÇÃO_ESC, Ejiri, Mir, Luxigon
FASE_Em curso, Projecto de Execução

Casa D. João III

DATA_2018
LOCALIZAÇÃO_Porto, Portugal
ÁREA_300m²
TIPO_Adjudicação
COLABORAÇÃO_LAIII, Fusão
FASE_Em curso, Projecto de Execução

Harare Radisson Blu

DATA_2018
LOCALIZAÇÃO_Harare, Zimbabué
ÁREA_20000m²
TIPO_Adjudicação
COLABORAÇÃO_A400, Fusão
FASE_Em curso, Licenciamento

Montevideu 156

DATA_2018
LOCALIZAÇÃO_Porto, Portugal
ÁREA_5700m²
TIPO_Concurso por convite, 1° prémio, Adjudicação
COLABORAÇÃO_LAIII, Fusão, P4
FASE_Ideia

Campanhã Offices

DATA_2018
LOCALIZAÇÃO_Porto, Portugal
ÁREA_16000m²
TIPO_Adjudicação
COLABORAÇÃO_Nenhuma
FASE_Em curso, PIP

Luanda Bay Hotel

DATA_2018
LOCALIZAÇÃO_Luanda, Angola
ÁREA_20000m²
TIPO_Adjudicação
COLABORAÇÃO_Fusão
FASE_Em curso, Licenciamento

Foco

DATA_2018
LOCALIZAÇÃO_Porto, Portugal
ÁREA_9000m²
TIPO_Adjudicação
COLABORAÇÃO_A3R, TEKK, Fusão, Fluimep, Amplitude Acoustics
FASE_Em curso, Projecto de Execução

Luanda Bay Residences

DATA_2018
LOCALIZAÇÃO_Luanda, Angola
ÁREA_18000m²
TIPO_Adjudicação
COLABORAÇÃO_Mimesis
FASE_Em curso

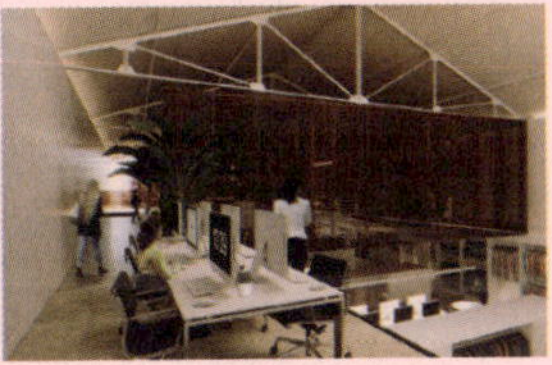

GES Export

DATA_2018
LOCALIZAÇÃO_Matosinhos, Portugal
ÁREA_1200m²
TIPO_Adjudicação
COLABORAÇÃO_A3R, Mimesis
FASE_Em curso, Licenciamento

Rua de Salazares

DATA_2018
LOCALIZAÇÃO_Porto, Portugal
ÁREA_1430m²
TIPO_Adjudicação
COLABORAÇÃO_Nenhuma
FASE_Concluído, PIP

Vímara Peres Avenue

DATA_2018
LOCALIZAÇÃO_Porto, Portugal
ÁREA_070m²
TIPO_Adjudicação
COLABORAÇÃO_LAIII, Fusão
FASE_Em curso, Projecto de Execução

The Student Hotel

DATA_2018
LOCALIZAÇÃO_Porto, Portugal
ÁREA_15000m²
TIPO_Adjudicação
COLABORAÇÃO_Fusão
FASE_Em curso

Miramar Tower

DATA_2019
LOCALIZAÇÃO_Porto, Portugal
ÁREA_6000m²
TIPO_Adjudicação
COLABORAÇÃO_GEG, Mir, Fusão, P4
FASE_Em curso, Início de construção

Douro Hotel & Winery 2

DATA_2019
LOCALIZAÇÃO_Tabuaço, Portugal
ÁREA_3000m²
TIPO_Concurso por convite, 2° prémio
COLABORAÇÃO_Volta, Eleven, Fusão, P4
FASE_Ideia

Casa Harlem

DATA_2019
LOCALIZAÇÃO_Nova Iorque, EUA
ÁREA_400m²
TIPO_Concurso Internacional
COLABORAÇÃO_Fusão
FASE_Ideia

Tower 15

DATA_2019
LOCALIZAÇÃO_Leça da Palmeira, Portugal
ÁREA_12000m²
TIPO_Adjudicação
COLABORAÇÃO_A400, Duarte Soeiro, Fusão, Inlighted
FASE_Em curso, Início de construção

Fábrica de Conservas

DATA_2019
LOCALIZAÇÃO_Matosinhos, Portugal
ÁREA_15000m²
TIPO_Adjudicação
COLABORAÇÃO_Fusão
FASE_Em curso, Projecto de Execução

Hotel Jornal

DATA_2019
LOCALIZAÇÃO_Porto, Portugal
ÁREA_14000m²
TIPO_Adjudicação
COLABORAÇÃO_Blacksheep, GEG, Bloomimages, Oxygen
FASE_Em curso, Projecto de Execução

Douro Hotel & Winery

DATA_2019
LOCALIZAÇÃO_Tabuaço, Portugal
ÁREA_3000m²
TIPO_Concurso por convite, 2° prémio
COLABORAÇÃO_Volta, Eleven, Fusão, P4
FASE_Ideia

Liga Portugal HQ

DATA_2019
LOCALIZAÇÃO_Porto, Portugal
ÁREA_13200m²
TIPO_Concurso, 1° prémio
COLABORAÇÃO_LAIII, Fusão, Mir, P4
FASE_Em curso, Licenciamento

Casa Jervell

DATA_2019
LOCALIZAÇÃO_Nova Iorque, EUA
ÁREA_550m²
TIPO_Adjudicação
COLABORAÇÃO_Nenhuma
FASE_Em curso

Gama 550

DATA_2019
LOCALIZAÇÃO_Porto, Portugal
ÁREA_170m²
TIPO_Adjudicação
COLABORAÇÃO_TEKK
FASE_Construído

CCB Extension

DATA_2019
LOCALIZAÇÃO_Lisboa, Portugal
ÁREA_22000m²
TIPO_Concurso, 1º prémio
COLABORAÇÃO_Mir, Fusão, P4
FASE_Em curso

Gulbenkian Extension

DATA_2019
LOCALIZAÇÃO_Lisboa, Portugal
ÁREA_9330m²
TIPO_Concurso por convite, 1º prémio
PARCERIA_Kengo Kuma & Associates, Vladimir Djurovic, OODA
FASE_Obra em curso

86 Açúcar

DATA_2019
LOCALIZAÇÃO_Lisboa, Portugal
ÁREA_50500m²
TIPO_Adjudicação
COLABORAÇÃO_Fusão, Haha, John Seymour
FASE_Em curso, Licenciamento

Cedofeita Corner

DATA_2019
LOCALIZAÇÃO_Porto, Portugal
ÁREA_500m²
TIPO_Adjudicação
COLABORAÇÃO_Fusão
FASE_Obra em curso

Casas Nevogilde 3

DATA_2019
LOCALIZAÇÃO_Porto, Portugal
ÁREA_750m²
TIPO_Adjudicação
COLABORAÇÃO_LAIII, Fusão
FASE_Em curso, Projecto de Execução

OPO-City

DATA_2019
LOCALIZAÇÃO_Matosinhos, Portugal
ÁREA_250000m²
TIPO_Adjudicação
PARCERIA_BIG, OODA
COLABORAÇÃO_Quadrante, Fusão
FASE_Concluído, PIP

São Roque da Lameira

DATA_2019
LOCALIZAÇÃO_Porto, Portugal
ÁREA_6000m²
TIPO_Adjudicação
COLABORAÇÃO_Nenhuma
FASE_Em curso, PIP

Grijó Masterplan

DATA_2020
LOCALIZAÇÃO_Vila Nova de Gaia, Portugal
ÁREA_200000m²
TIPO_Adjudicação
COLABORAÇÃO_P4
FASE_Em curso, Estudo Prévio

Casa RC

DATA_2019
LOCALIZAÇÃO_Famalicão, Portugal
ÁREA_350m²
TIPO_Adjudicação
COLABORAÇÃO_Fusão
FASE_Em curso, Licenciamento

Leça Offices –Lot 3&4

DATA_2020
LOCALIZAÇÃO_Porto, Portugal
ÁREA_13300m²
TIPO_Adjudicação
COLABORAÇÃO_Fusão
FASE_Em curso, Estudo Prévio

Jardins da Arrábida

DATA_2019
LOCALIZAÇÃO_Vila Nova de Gaia, Portugal
ÁREA_56000m²
TIPO_Adjudicação
COLABORAÇÃO_A400, Fusão, P4
FASE_Em curso, Licenciamento

Catim

DATA_2020
LOCALIZAÇÃO_Porto, Portugal
ÁREA_2500m²
TIPO_Concurso por convite
COLABORAÇÃO_LAIII, Fusão
FASE_Ideia

Botanical Hotel

DATA_2020
LOCALIZAÇÃO_Bussaco, Portugal
ÁREA_6700m²
TIPO_Adjudicação
COLABORAÇÃO_LAIII, Fusão, P4
FASE_Em curso, Licenciamento

Moagem

DATA_2020
LOCALIZAÇÃO_Porto, Portugal
ÁREA_9000m²
TIPO_Adjudicação
COLABORAÇÃO_Fusão, P4
FASE_Em curso, Licenciamento

Tower 1

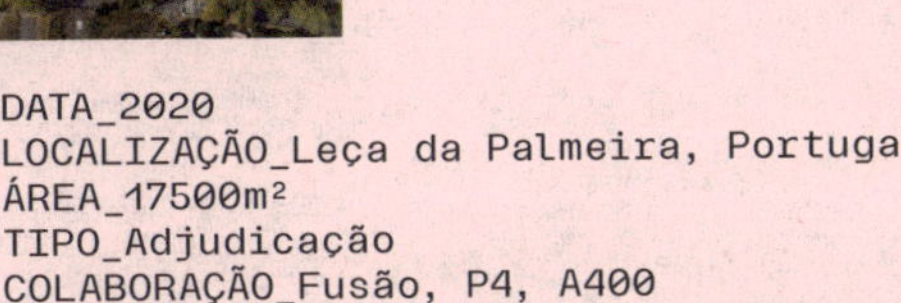

DATA_2020
LOCALIZAÇÃO_Leça da Palmeira, Portugal
ÁREA_17500m^2
TIPO_Adjudicação
COLABORAÇÃO_Fusão, P4, A400
FASE_Em curso, Projecto de Execução

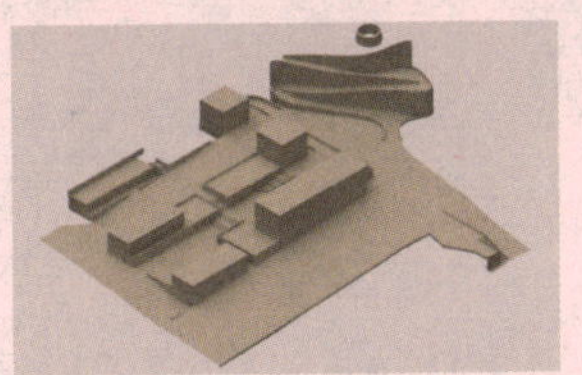

Sesimbra Allotment Plan

DATA_2020
LOCALIZAÇÃO_Sesimbra, Portugal
ÁREA_3800m^2
TIPO_Adjudicação
COLABORAÇÃO_Nenhuma
FASE_Em curso, Estudo Prévio

Leça Offices –Lot 14

DATA_2020
LOCALIZAÇÃO_Porto, Portugal
ÁREA_9200m^2
TIPO_Adjudicação
COLABORAÇÃO_Fusão
FASE_Em curso, Estudo Prévio

LakeShore Garden

DATA_2020
LOCALIZAÇÃO_Porto, Portugal
ÁREA_32590m^2
TIPO_Concurso
COLABORAÇÃO_LAIII, P4, Lucian R
FASE_Em curso, Estudo Prévio

Palácio de Belomonte

DATA_2020
LOCALIZAÇÃO_Porto, Portugal
ÁREA_5100m^2
TIPO_Adjudicação
COLABORAÇÃO_Fusão, Proyecto Singular, A3R, TEKK
FASE_Em curso, Licenciamento

Casa RJ

DATA_2020
LOCALIZAÇÃO_Porto, Portugal
ÁREA_280m^2
TIPO_Adjudicação
COLABORAÇÃO_Nenhuma
FASE_Em curso, Estudo Prévio

11.

ANOTAÇÕES

CRÉDITOS, NOTAS E REFERÊNCIAS

Biografia do Autor

João Rapagão

João Rapagão nasce em Lisboa em 1963. Termina o programa de doutoramento Arquitectura Moderna y Restauración na Escola Técnica Superior de Arquitectura da Universidade de Valladolid em 1992. Desenvolve actualmente a dissertação para Doutoramento em Arquitectura. Licenciado em Arquitectura pela Faculdade de Arquitectura da Universidade Técnica de Lisboa em 1988, é Professor Auxiliar Convidado da Faculdade de Arquitectura e Artes da Universidade Lusíada, desde 1997, e do Departamento Autónomo de Arquitectura da Universidade do Minho, de 2002 a 2008. É bolseiro da Fundação para a Ciência e a Tecnologia e da Fundação Calouste Gulbenkian. Preside ao Conselho Directivo Regional do Norte da Associação dos Arquitectos Portugueses e da Ordem dos Arquitectos no triénio 1996|1998. Integra o Conselho de Administração da Fundação para o Desenvolvimento da Zona Histórica do Porto entre 2000 e 2002. Integra júris em concursos públicos e prémios de arquitectura internacionais, nacionais e regionais. Intervém como orador em diversos congressos e encontros, especialmente nos temas do Património e do Exercício da Profissão. Seleccionado para diversas exposições em Milano, Lisboa, Frankfurt, Dessau, Salamanca, Aveiro, Coimbra e Porto. Exerce arquitectura desde 1988, especialmente em estudos e projectos de monumentos nacionais e equipamentos colectivos. É autor de ensaios monográficos em Ricardo Vieira de Melo – Habitar, da editora Caleidoscópio em 2004, e em Living in Porto – Floret Arquitectura, da editora Uzina Books em 2020. É autor e editor científico do Mapa de Arquitectura Arménio Losa e Cassiano Barbosa, editado pela Ordem dos Arquitectos em 2008, e do Guia de Arquitectura do Porto 1942|2017, editado pela A+A Books em 2018. É comissário, com Inês Moreira, do Open House Porto 2018, organizado pela Casa da Arquitectura – Centro Português de Arquitectura.

Biografias dos Colaboradores Convidados

Ana Aragão

Ana Aragão (Porto, 1984) é arquitecta licenciada pela Faculdade de Arquitectura da Universidade do Porto FAUP (2009), onde trabalhou também como monitora (2009). Foi bolseira da FCT no Doutoramento no Departamento de Arquitectura da Faculdade de Coimbra (2011–2014).
Com atelier no Porto desde 2012, dá continuidade à investigação acerca da cidade e imaginários urbanos através do desenho e ilustração.
Das suas exposições e projectos recentes destaca-se "Galeria X"(2020), exposição individual na Reitoria do Porto, "S.M.L.LX", exposição individual na Sociedade Nacional de Belas Artes (2019), "Vertical Reclamation of Individual Spaces" (2018), exposição individual e residência artística na Fundação do Oriente, Macau, a exposição individual "Imaginary Beings" em Macau (Taipa Village, 2017), a exposição individual em colaboração com a Jofebar "Future Frames" (2016).
Salienta-se ainda o desenvolvimento de ilustrações para a publicação comemorativa dos 25 anos do CCB (2018), a participação na representação portuguesa de Arquitectura na Bienal de Veneza de 2014 (Homeland).
Tem colaborado com diversas marcas em projectos, como Porto Barros, Porto Editora, Tapeçarias Ferreira de Sá, Schmidt Light Metal, Vista Alegre, Essência do Vinho, BSA, Underdogs, Meo Out Jazz, AEP, Grupo Almedina, entre outros.
Alguns dos seus projectos pessoais sobre espaços urbanos específicos são: Macau ("Drifting (in) Macau", 2018), Espinho ("Uma cartografia (des)encontrada", Festival do Norte, 2013), Braga (Noite Branca, 2013), Aveiro ("Lugares Múltiplos", 2015), Guimarães ("Futuros Incompletos", Casa da Memória, 2015).
Em 2014 integrou a selecção da Luerzer's Archive dos "200 Best Illustrators Worldwilde".

Ashley Simone

Ashley Simone é editora, escritora, fotógrafa e educadora na cidade de Nova Iorque. Fundadora da EDITRIX, uma consultoria editorial e curatorial em arquitectura, arte e cultura. O seu trabalho fotográfico foi exibido em Nova Iorque e em Londres e apresentado em vários jornais e revistas. Editora de *A Genealogy of Modern Architecture* (Zurique: Lars Müller Publishers (LMP), 2015), *Absurd Thinking Between Art and Design* (LMP, 2017), *Michael Webb: Two Journeys* (LMP, 2018) e *Frank Gehry Catalog Raisonné*, 1954–1978 de Jean-Louis Cohen (Paris: Cahiers d'Art, 2020). Co-editora de *In Search of African American Space: Redressing Racism* (LMP, 2020). Ashley obtém o mestrado em Arquitectura pela Columbia University Graduate School of Architecture, Planning and Preservation.
Antes de fundar a EDITRIX, trabalha para Bernard Tschumi Architects e seis anos na gestão de construção em Nova Iorque. O Drawing Center no Soho é o seu mais recente projecto de construção. Outros projectos incluem residências e a Burst House * 008 projectada por D. Gauthier e J. Edmiston para a exposição Home Delivery no Museu de Arte Moderna: Fabricating the Modern Dwelling.
Ashley é professora convidada na School of Architecture at Pratt em Brooklyn, onde lecciona desenho e escrita. Lecciona também história da arquitectura e cultura visual na College of Architecture at The University of Arizona, em Tucson. Bolseira pelo Pratt Institute e pela Columbia University. É actualmente membro da New Inc, a incubadora de design do New Museum for Contemporary Art de Nova Iorque.

Biografias dos Colaboradores Convidados

Fernando Serapião

Fernando Serapião nasce em São Paulo em 1971. Titulado em arquitetura e urbanismo na Universidade Mackenzie (1996), possui mestrado na mesma instituição (2006), com bolsa da Coordenação de Aperfeiçoamento de Pessoal de Nível Superior (Capes). Funda e dirige a Editora Monolito em 2010, sediada em São Paulo, sendo editor da *Monolito*, revista bimestral e monográfica. É autor de centenas de artigos publicados em periódicos especializados, no Brasil e no exterior, a exemplo da *Domus China* (China), *A&V* (Espanha), *Arquitectura Viva* (Espanha), *The Architectural Review* (Inglaterra), *Detail* (Alemanha), *Baumeister* (Alemanha), *l'Architecture d'Aujourd'hui* (França), *Area* (Itália), *Interni* (Itália), *Arquitectura Ibérica* (Portugal), *Summa+* (Argentina), *ARQ* (Chile), *Cityscapes* (África do Sul) e *Damn* (Bélgica). É autor de uma dezena de livros, entre os quais *Centro Cultural São Paulo: espaço e vida* (Editora Monolito, 2012), e de artigos para livros publicados no exterior, como *Brazil: restructuring the urban* (Londres: Wiley, 2016) e *Beton Concrete* (Munique: Edition Detail, 2016). Entre os prêmios recebidos, destaca-se o Prêmio Jabuti (1° lugar, em 2012, na categoria Arquitetura e Urbanismo, pelo livro *A arquitetura de Croce, Aflalo & Gasperini*) – a mais importante distinção literária do Brasil – e o prêmio internacional para Monolito na categoria periódicos pela 10ª Bienal Iberoamericana de Arquitetura e Urbanismo (10ª BIAU). Compõe o júri de diversos concursos de arquitetura, como o do Pavilhão do Brasil na Expo Xangai (2010) e da nova sede do Instituto Moreira Salles em São Paulo (2011), disputa que também atua como consultor. Entre as exposições fora do Brasil que é curador, destaca-se "Nove Novos", no Museu de Arquitetura de Frankfurt; *"10+10"*, em Viena, no Architekturzentrum Wien (ambas em 2012) e "Infinito Vão – 90 anos de arquitetura brasileira", montada na Casa da Arquitectura, em Portugal em 2018 e no Sesc 24 de Maio, em São Paulo, em 2020 (com cocuradoria de Guilherme Wisnik).

Pedro Gadanho

Pedro Gadanho é arquitecto, curador e autor. É Loeb Fellow da Graduate School of Design da Universidade de Harvard. Detém o grau de MA em Arte e Arquitectura, pela Universidade de Kent, e defendeu a sua Tese de Doutoramento em Arquitetura e *Mass-Media* na Universidade do Porto. Conduziu uma actividade reconhecida em renovação arquitectónica até 2012, quando assumiu o cargo de curador de arquitetura contemporânea no Museu de Arte Moderna, em Nova Iorque. No MoMA, coordenou o *Young Architects Program* e organizou exposições como *9+1 Ways of Being Political*, *Uneven Growth*, ou *A Japanese Constellation*. Foi o primeiro director do MAAT, o Museu de Arte, Arquitectura e Tecnologia, inaugurado em 2016, em Lisboa. Ao longo de 4 anos iniciou aí mais de cinquenta exposições, assumindo a curadoria de novas encomendas a artistas como Dominique Gonzalez-Foerster, Carlos Garaicoa, Tomás Saraceno ou Jesper Just, bem como de projectos e publicações interdisciplinares como *Utopia/Distopia*, *Tensão & Conflito* e *Eco-Visionários*. Editou o bookazine *Beyond*, *Short-Stories on the Post-Contemporary*, escreve o blog *Shrapnel Contemporary* e contribui regularmente para publicações a nível internacional. É o autor de *Arquitetura em Público*, recipiente do Prémio FAD de Pensamento e Crítica em 2012, e prepara actualmente o seu novo livro, *Climax Change*, sobre o impacto da emergência ambiental no futuro da prática arquitectónica.

Agradecimentos

Do Autor

Agradeço ao Tiago Vieira, à Suzana Faro, ao Francisco Coelho e à Eduarda Neves o apoio sempre amigo, à Ana Aragão pela visão e representação crítica dos 10 anos do OODA, e à Ashley Simone, ao Fernando Serapião e ao Pedro Gadanho pelos testemunhos críticos escritos capazes de diversificar e valorizar as perspectivas sobre os estudos e projectos do OODA, ao Guilherme Wisnik, à Inês Moreira, ao Nuno Grande e ao Paulo Martins Barata pelas leituras de análise e síntese partilhadas durante a quarentena e que animaram e consolidaram este livro, à Mónica Baía e à Ana Soares, braços direitos e esquerdos do colectivo OODA, ao André Veiga, à Inês Monteiro, à Joana Ferreira, ao João Styliano, ao José Pedro Rocha, ao Luís Choupina e ao Pedro Morais, por partilharem e mostrarem os quotidianos do colectivo OODA onde colaboram, e à This is Pacifica por descobrir e traduzir graficamente a ideia subjacente a este livro. Finalmente, agradeço ao Diogo, ao Rodrigo, ao Francisco, ao João e ao Gião a oportunidade e generosidade na colaboração e, principalmente, a lição de crença e esperança no futuro que recebo aos meus 57 anos, uma viagem vertiginosa de vivacidade e pluralidade na arquitectura.

Agradecimentos

Dos *Partners* do OODA

Às nossas famílias, pela compreensão na ausência
e pela paciência na presença,
ao Dr. Carlos Pereira e Eng. Arnaldo Furtado,
pelo inestimável apoio nos primeiros tempos
e pela orientação durante todo o percurso,
aos nossos colaboradores, por todo o trabalho
e alegria de fazermos esta jornada juntos,
aos nossos clientes, pela confiança e consideração,
ao João Rapagão, pela amizade e gentileza.

Créditos

Retrospecção

Página 10/29

_Diogo Brito e Rodrigo Vilas-Boas em Roterdão, 2006
_OODA Business Plan, 2009
_Instalações na Rua das Carmelitas, 100, Porto
_Benguela 88, 2015
_Piratininga, 2012
_OODA Showreel, imagem ©This is Pacifica
_Baixaria Bar, Porto
_Art Mill Museum, ©Souto de Moura, Menos é Mais, OODA
_Diogo Brito e Rodrigo Vilas-Boas, Conferência de Imprensa, FIAC 2012, São Paulo, Brasil
_Diogo Brito, Palestra, FIAC 2012, São Paulo, Brasil
_Diogo Brito e Rodrigo Vilas-Boas com Luis Fernández-Galiano
_Rodrigo Vilas-Boas, Diogo Brito e Francisco Lencastre
_227 Flat, 2012
_Zaha Hadid, Intelligent Life, imagem ©The Economist
_Rem Koolhaas, L'UOMO magazine, imagem ©Vogue
_Taiwan Tower, 2010
_New Taipei Art Museum, 2011
_Ilustração de Julião Pinto Leite, Fritz Lang, Metropolis
_Rodrigo Vilas-Boas, D. Manuel II em construção, 2012
_D. Manuel II em construção, 2012
_EMA Silo-Auto, imagem ©Mimesis
_Pedro Cabrita Reis, Central Tejo, imagem ©Gonçalo Rosa Silva/Fundação EDP
_Álvaro Siza e Eduardo Souto de Moura ©Paulo Pimenta, Publico.pt, 25 de Fevereiro 2018
_Eduardo Souto de Moura, esquisso do Estádio Municipal de Braga, ©Eduardo Souto de Moura
_Douro Hotel & Winery, Maqueta, 2019
_Villa Delphis, Maqueta, 2017

Extrospecção

Página 30/43

_Kengo-Kuma, 2018, ©Frederico Martins, Lalaland Studios
_The Student Hotel
_CNC impressora 3D, instalações OODA, Porto
_Hotel Botânico, maqueta
_Maqueta da Torre Miramar, maqueta
_Casa RC, maqueta, 2020
_*Booklets*, 2020
_Porto, Portugal, fotografia de Nienke Broeksema
_Nova Iorque, Estados Unidos da América, fotografia de Mike C. Valdivia
_OODA, Porto, imagem ©Pedro Sadio e Pedro Pulido

Inserções

Página 44/47
_Urbanscape, imagem ©Miguel Coelho
_Le Corbusier, Ronchamp, ©Fondation Le Corbusier / ADAGP, Paris / SPA, Lisboa, 2021
_Mansilla+Tuñón Arquitectos, Museo de Zamora, ©Mansilla+Tuñón Arquitectos
Página 48/121
_Conteúdos do projecto, imagens, fotografias, esquissos desenhos e ilustrações ©Fusão, João Morgado, OODA

Segunda Vida

Página 122/125
_OODA, Monte dos Judeus
_Giorgio Grassi, Chen Hao, Sagunto Roman Theatre, 1985–86 (1990–93)
_Marcel Duchamp, Fountain, 1917, replica 1964, Tate ©Succession Marcel Duchamp/ADAGP, Paris and DACS, London 2020
Página 126/203
_Conteúdos do projecto, imagens, fotografias, esquissos, desenhos e ilustrações ©João Morgado, Mimesis, Fusão, Luxigon, Mir, OODA

Intimidade

Página 204/207
_OODA, Casa D. João III
_Jørn Utzon, Can Lis, imagem publicada em Jot Down
_NILS-UDO, The Nest, Alemanha, 1978
Página 208/269
_Conteúdos do projecto, imagens, fotografias, esquissos, desenhos e ilustrações ©Fusão, OODA

Iconografias

Página 270/273
_Giovanni Guerrini, Ernesto Bruno La Padula e Mario Romano, The Palazzo della Civiltà Italiana, 1937
_Robert Venturi e Denise Scott Brown, I am a Monument, 1972, tinta sobre papel. ©Architectural Archives of the University of Pennsylvania | Venturi, Scott Brown Collection. Drawing Architecture.
_OMA, Villa dall'Ava, 1984-1991, imagem ©Esto, Cortesia OMA
Página 274/333
_Conteúdos do projecto, imagens, fotografias, esquissos, desenhos e ilustrações ©Eduardo Souto de Moura, Menos é Mais, AND-RÉ, AJA, Fusão, Mir, OODA

Pontuações

Página 334/337
_Beniamino Servino, Italian pittoresque
_Jacques Tati, Playtime, 1967
_Frank Lloyd Wright, Mile-High Illinois (Chicago), imagem ©The Frank Lloyd Wright Foundation Archives
Página 338/397
_Conteúdos do projecto, imagens, fotografias, esquissos, desenhos e ilustrações ©Bloomimages, Mimesis, Fusão, Mir, OODA

Genealogias

Página 398/401
_Vincent Van Duysen, VM Residence, imagem ©Koen Van Damme e Vincent Van Duysen architects
_Barozzi / Veiga, Tolila + Gilliland, Maritime History Museum, imagem ©Barozzi / Veiga
_Yoko Ono, The Learning Garden of Freedom, Serralves Museu de Arte Contemporânea
Página 402/475
_Conteúdos do projecto, imagens, fotografias, esquissos, desenhos e ilustrações ©Fusão, Mir, OODA

Dissecção

Página 476/567
_Esquisso, Álvaro Siza, Arquivo pessoal
_Álvaro Siza em viagem, imagem ©Chiara Frau
_Ayn Rand, The Fountainhead, 1949, Howard Roark (Gary Cooper), imagem ©Life Magazine
_Maqueta das Casas Nevogilde
_Denis Villeneuve, Blade Runner 2049, 2017
_Barozzi Veiga, Neanderthal Museum, Piloña, Espanha, 2010 ©Barozzi Veiga
_OODA, Porto, imagem ©Pedro Sadio e Pedro Pulido
_Manoel de Oliveira, Aniki-Bóbó, 1942
_Ilustração de Ana Aragão, 'For OODA', 2020
_Augusto Alves da Silva, Iberia, 2009, Projeção vídeo aleatória de 5.148 fotografias digitais, cor, som (estações de rádio espanholas transmitidas via internet), Ed. 1/3, Col. Fundação de Serralves – Museu de Arte Contemporânea, Porto. Aquisição em 2012
_Fernando Távora, Livro O Problema da Casa Portuguesa, 1947
_Álvaro Siza, Cecil Balmond, Expo 1998, Pavilhão de Portugal, imagem ©Balmond Studio
_Oscar Niemeyer, Congresso Nacional, Brasília, 1960, imagem ©Mario Roberto Duran Ortiz
_Xinjin Zhi Museum, Chengdu, China, Kengo Kuma, exterior, 2011, Kengo Kuma & Associates
_Xinjin Zhi Museum, Chengdu, China, Kengo Kuma, interior, 2011, Kengo Kuma & Associates
_Villa Delphis, maquetas
_Monte dos Judeus, Porto
_Douro Hotel & Winery, imagem ©Fusão

Genética

Página 568/629
_João Jesus, Diogo Brito, Julião Pinto Leite, Francisco Lencastre, Rodrigo Vilas-Boas, Porto, imagem ©Pedro Sadio e Pedro Pulido
_Apresentação nacional do Matadouro em Campanhã com a presença do Presidente da República de Portugal e o Presidente da Câmara do Porto, imagem ©Miguel Nogueira
_Francisco Lencastre e João Jesus
_Julião Pinto Leite, Monte dos Judeus
_Rodrigo Vilas-Boas, Brainstorming

Colaboradores
_OODA, Porto, imagem ©Pedro Sadio e Pedro Pulido

_OODA, colaboradores, imagem ©Pedro Sadio e Pedro Pulido

Estúdio
_OODA escritório #1, átrio, Porto
_OODA escritório #1, átrio, Porto
_OODA escritório #1, piso 1, Porto
_OODA escritório #1, piso 1, Porto
_OODA escritório #1, piso 0, Porto
_OODA escritório #1, piso 0, Porto
_OODA escritório #1, sala de reuniões, Porto
_OODA escritório #1, sala de reuniões, Porto
_OODA escritório #1, sala de reuniões, Porto
_OODA escritório #2, Porto
_OODA escritório #2, workshop, Porto
_OODA escritório #3, Lisboa
_OODA escritório #3, Fachada, Lisboa, imagem ©Pedro Sadio e Pedro Pulido

Sócios
_Diogo Brito, imagem ©Frederico Martins, Lalaland Studios
_Diogo Brito, ToolBook, 2019
_George Lucas, guião Star Wars
_Étienne-Louis Boullée, Bibliotheque du Roi, França, 1785
_Rodrigo Vilas-Boas, imagem ©Pedro Sadio e Pedro Pulido
_Filhas do Rodrigo a brincar
_Rodrigo Vilas-Boas a praticar ténis
_Jackson Pollock, imagem ©Hans Namuth
_Francisco Lencastre, imagem ©Pedro Sadio e Pedro Pulido
_Francisco Lencastre a praticar golfe
_Aldo Rossi, Cimitero di San Cataldo, imagem ©Mario Ferrara
_One-man band, fotografia do final do século XVIII
_Filip Dujardin, Untitled, das séries 'Fictions'
_João Jesus, imagem ©Pedro Sadio e Pedro Pulido
_João Jesus a praticar mergulho
_Ayrton Senna, Formula 1, 1988, imagem ©McLaren
_João Jesus com Rem Koolhaas
_Julião Pinto Leite, imagem ©Pedro Sadio e Pedro Pulido
_Ilustração do Julião Pinto Leite
_Caspar David Friedrich, Caminhante Sobre o Mar de Névoa, 1818
_Julião Pinto Leite, Islândia

Identidade
_OODA's Identity, imagens ©This is Pacifica

Anotações

Página 630/656
Biografia do Autor
_João Rapagão, imagem ©Frederico Martins

Biografias dos Colaboradores Convidados
_Pedro Gadanho, imagem ©Pedro Guimarães

Bibliografia

_ARENDT, Hannah – *Verdade e Política*. Lisboa: Relógio D'Água, 1995. ISBN: 9789727082827

_BENJAMIN, Walter – *The Arcades Project*. Cambridge: Harvard University Press, 2002. ISBN: 9780674008021

_BRANDI, Cesare – *Teoría de la restauración*. Madrid: Alianza Editorial, SA, 1989. ISBN: 9788420670720

_BRITO, Diogo – ToolBook, Matosinhos: AMAG, 2019.

_CAPITEL, Antón – *La Arquitectura del Patio*. Barcelona: Editorial Gustavo Gili, SA, 2005. ISBN: 9788425220067

_CAPITEL, Antón – *Metamorfosis de monumentos y teorías de la restauración*. Madrid: Alianza Editorial, SA, 1998. ISBN: 9788420653600

_CURTIS, William – Notas sobre la invensión: Álvaro Siza. *El Croquis*, n.95, p.23, Madrid, 1999.

_DOBBERSTEIN, Tore – Dance of the marketing mix. In *Wonderland Manual for Emerging Architects*. 2nd revised edition. Basel: Birkhäuser – Verlag für Architektur, 2018. ISBN: 9783709108222

_EISENMAN, Peter – *Diagram: An Original scene of writing*. In Garcia, Mark. *The diagrams of architecture*. Wiley, 2010.

_FOSTER, Norman – *My green agenda for architecture* [registo video]. Munique: DLD 2007 Conference, Janeiro de 2007. Acedido em: 01 de Agosto de 2020, em: https://www.ted.com/talks/norman_foster_my_green_agenda_for_architecture

_FRAMPTON, Kenneth, MIGAYROU, Frédéric e HOLL, Steven – *Steven Holl*. 2nd edition. Bordeaux: arc en rêve centre d'architecture e Basel: Birkhäuser – Verlag für Architektur, 1996. ISBN: 9783764355357

_FRAMPTON, Kenneth – Modern Architecture: A Critical History, 5th Edition, London and New York: Thames and Hudson, 2020.

_FRAMPTON, Kenneth – "The Anti-Objective Architecture of Kengo Kuma," in Kengo Kuma Complete Works, 2nd Edition, London and New York: Thames and Hudson, 2018.

_FRAMPTON, Kenneth – "Towards a Critical Regionalism: Six Points for an Architecture of Resistance," in The Anti-Aesthetic. Essays on Postmodern Culture, ed. Hal Foster (Seattle: Bay Press, 1983).

_FRIEDMAN, Milton – *Capitalism and Freedom: Fortieth Anniversary Edition*. Chicago: University of Chicago Press, 2002. ISBN: 9780226264219

_GADANHO, Pedro e PEREIRA, Luís Tavares – *Metaflux: duas gerações na arquitectura portuguesa recente*. Porto: Livraria Civilização Editora, 2004. ISBN: 9789722622257

_GADANHO, Pedro e PEREIRA, Luís Tavares (eds.) – *Influx, Recent Portuguese Architecture*. Livraria Civilização, Porto: 2003.

_GADANHO, Pedro – "X vs. Y-NOT = Diversity," in Pedro Gadanho and Luís Tavares Pereira (eds.), Metaflux. Instituto das Artes / Livraria Civilização, Lisboa: 2004.

_GADANHO, Pedro – *Climax Change! Architecture's Paradigm Shift After the Ecological Crisis*, ACTAR Publishers, Barcelona /New York: forthcoming.

_HEIDEGGER, Martin – *Ser e Tempo*. 10ª edição. Petrópolis: Editora Vozes, 2015. ISBN: 9788532632845

_herzog & de meuron 1983–1993. *EL CROQUIS*. Segunda edición. Madrid: El Croquis Editorial, ISSN: 02125682. Nº 60 (1994).

_HOLL, Steven – *Parallax*. New York: Princeton Architectural Press, 2000. p. 234.

_HUXLEY, Aldous – *Admirável Mundo Novo*. Lisboa: Edição Livros do Brasil, 2007. ISBN: 9789723828184

_HUXLEY, Julian – *Evolution: The Modern Synthesis*. Cambridge: The MIT Press, 2009. ISBN: 9780262513661

_KATAKURA, Motoko – *Bedouin Village: A Study of a Saudi Arabian People in Transition*. Tokyo: University of Tokyo Press, 1977. ISBN: 9780860081760

_KAPOOR, Anish – *The John Tusa Interviews* [registo áudio]. Londres: BBC3, 6 de Julho, 2003. Acedido a: 01 de Agosto de 2020, em: https://www.bbc.co.uk/programmes/p00ncbc1

_KOOLHAAS, Rem – *Delirious New York*. Oxford: Oxford University Press, 1978. ISBN: 9782851081735

_KOOLHAAS, Rem – "Bigness, or the Problem of Large," in Small, Medium, Large, Extra-Large, New York: Monacelli Press, 1994.

_LANGDON, David – "Expo '98 Portuguese National Pavilion / Álvaro Siza Vieira," ArchDaily, January 2, 2015, https://www.archdaily.com/583307.

_LEONI, Giovanni – "Cosmopolitanism versus Internationalism: Távora, Siza and Souto de Moura," in Cosmopolitanism in the Portuguese-Speaking World, ed. Francisco Bethencourt, Leiden, The Netherlands: Brill, 2017.

_MÃE, Valter Hugo – *O filho de mil homens*. Porto: Porto Editora, 2015. ISBN: 9789720685957

_MILANO, Maria – *Do Habitar*. Matosinhos: Edições ESAD – Escola Superior de Artes e Design, 2005. ISBN: 9729830320

_MOUSAVI, Farshid – The Function of Ornament, Barcelona: Actar; Cambridge: Harvard University Graduate School of Design, 2006.

_NEUMANN, Dietrich – *Film Architecture: From Metropolis to Blade Runner*. London: Prestel Pub, 1999. ISBN: 9783791321639

_NIETZSCHE, Friedrich – *A Genealogia da Moral*. 11ª edição. Lisboa: Guimarães Editores, 2016. ISBN: 9789726655381

_OODA & AND-RÉ – *OODA International Group on Design Architecture*. Porto, 2015.

_ORWELL, George – *1984*. 2008 Edition. London: Penguin, 2008. ISBN: 9780141036144

_PEREIRA, PEREIRA, D. B., VILAS-BOAS, R., VARETA, P. e RAMOS, G. – *OODA Business Plan*. Porto, 2009.

_PFEIFER, G. e BRAUNECK, P. – *Casas con pátio | Casas-pátio*. Barcelona: Editorial Gustavo Gili, SA, 2009. ISBN: 9788425222719

_PRIX, Wolf D. – *The Architecture of Clouds*. Acedido em: 01 de Agosto de 2020, em: www.coop-himmelblau.at/architecture/philosophy/architecture-of-clouds

_*Revista FORBES Portugal*. Sem ISSN. Nº 49 (Abril/Maio 2020).

_RIMBAUD, Jean-Arthur – *Obra Completa*. Lisboa: Relógio D'Água, 2018. ISBN: 9789896418427

_ROTHKO, Mark – *The Artist's Reality: Philosophies of Art*. New Haven: Yale University Press, 2006. ISBN: 9780300115857

_SAFRAN, Yehuda – *I have a Weakness for a Touch of Red: Essays on Art, Architecture and Portugal*, Zürich: Lars Müller Publishers, 2019.

_SALEMA, Isabel – "Quando a arquitectura é feita de heróis," in Público, 5 de março de 2018.

_SANTIAGO BAPTISTA, Luís, in Arq|a magazine, several issues, 2007-2008.

_SIZA VIEIRA, Álvaro – *Imaginar a Evidência*. Porto: Edições 70, 2012. ISBN: 9789724413907

_SIZA VIEIRA, Álvaro – Oito Pontos. In *Álvaro Siza Obras e Projectos*. Milão: Electa, 1986. ISBN: 8481560820

_TARANTINO, Quentin – *It's a corrupted cinema*. In The Talks. Acedido em: 01 de Agosto de 2020, em: https://the-talks.com/interview/quentin-tarantino/

_TÁVORA, Fernando – *Diário de "bordo"*. Matosinhos: Casa da Arquitectura, 2012. ISBN: 9789892033945

_TÁVORA, Fernando – "The Problem of the Portuguese House," trans. Bárbara Miglietti, Porto, 1947.

_TZONIS, Alexander and LEFAIVRE, Liane – "The Grid and the Pathway. An Introduction to the Work of Dimitris and Susana Amonakakis", Architecture in Greece 15, 1981.

_VALÉRY, Paul – *Apontamentos. Arte, Literatura, Política & Outros*. Lisboa: Pergaminho, 1994. ISBN: 9727110495

Cólofon

Título
_X!? 2010–2020
DEZ ANOS OODA

Publicado por
_Actar Publishers,
Nova Iorque, Barcelona
www.actar.com

Autor
_João Rapagão

Ideia
_OODA
_João Rapagão

Editado por
_OODA
_João Rapagão

Design
_This is Pacifica

Com contributos de
_Ana Aragão
_Ashley Simone
_Fernando Serapião
_Pedro Gadanho

Gráfica
_Arlequin & Pierrot,
Barcelona

Impresso em papel Antalis Image Coloraction, em polpa ECF de florestas certificadas pelo FSC® com EU Ecolabel, ISO 14001, Certificat metale grele e REACH.

Apoios
_Fundação Calouste Gulbenkian
_Fundação Manuel António da Mota
_Casa da Arquitectura – Centro Português de Arquitectura

Distribuição
_Actar D, Inc. Nova Iorque, Barcelona

Nova Iorque
440 Park Avenue South, 17th Floor
New York, NY 10016, USA
T +1 2129662207
salesnewyork@actar-d.com

Barcelona
Roca i Batlle 2–4
08023 Barcelona, Spain
T +34 933 282 183
eurosales@actar-d.com

Indexação
_ISBN: 978-1-63840-000-4

Impresso em
_Espanha, Europa

Data de Publicação
_Setembro 2021